李在全 —————— 著

变动时代的法律职业者

中国现代
司法官个体与群体（1906-1928）

Modern Chinese Magistracies in a Period
of Great Change:

Individuals and Groups, 1906-1928

社会科学文献出版社
SOCIAL SCIENCES ACADEMIC PRESS(CHINA)

谨以此书

纪念我的祖母彭友谦女士（1900.1.8～1989.1.21，己亥年十二月初八日——戊辰年十二月十四日），感怀在祖母膝下的童年时光。

序　言

法治，中国现代史上的高频词之一。何为法治？虽然各人理解有别，但对多数现代中国人而言，大体意指一种正义的法律精神，一种理性的办事原则，一种民主的治理模式，一种理想的社会秩序，一种规则化、制度化的治国方略，为现代中国所必需。经由"法治"，国家将步入正轨，民权得以确立，民生得以幸福，民族得以复兴。缘此，法治一词，在现代中国也颇具神圣色彩。然而，一些具有批判洞识的法学家在当时即告诫世人："法治这东西是八面玲珑的。它可以和君主同居，也可和民主结合，还可同独裁握手。"① 这提醒我们，在探讨现代中国法治问题之时，应该尽量淡化附丽于法治语词上的神圣色彩，而考察其历史本相。

综观那些大致已经走上法治之路国家的历史经验，法律程序（制度因素）与法律职业（人员因素）的结合，乃关键所在。本书无意全面探究如此宏大问题，审之慎之，只考察现代中国的法律职业者，换言之，从人员的角度观察现代中国的法治问题。法律职业者，很难精确定义，但基本指的是受过法律专业教育与训练，具有较为娴熟的法律职业技能，并且具有相应法律伦理之人员。

作为一种职业而言，法律职业在中国具有久远的历史。在古代中国，既存在刑官这样的职业官员，也有讼师这样的职业角色，还有从事律学、刑名之学的研究者，他们都从事与律法事务相关的职业活动。在传统社会中，刑官或律学家多半是国家行政官僚的一部分，亦属于维系传统社会秩序的知识精英。显而易见，传统中国的法律职业者，与源于西方传统、如今演化成具有现代世界意义的法律职业者不甚相同。有法律史学家从诉讼形态角度，对

---

① 蔡枢衡：《近四十年中国法律及其意识批判》，氏著《中国法理自觉的发展》，清华大学出版社，2005，第 58 页。

中国传统法文化进行了考察，得出的结论是，在世界各主要文明中，中国是距离法治最为遥远的一种，甚至可以说与欧洲形成两极相对的反差；在古代中国，法律仅作为来自国家权力的成文法而出现，主要是刑法和有关官僚机构管理的规则，因此，"像在欧洲所能见到的，与国家权力在不同程度上相分离而具有独立地位的法律界精英们从理性的探索中产生出学说、判例，创造并支持着法这样一种现象……在中国几乎寻找不到。欧洲法的历史有一半可说就是法学的历史，而与此相对，言之有据地讨论中国法学史却近乎于不可能"。① 如此论断是否符合史实，在此暂且不论，但无疑说明，中国法律制度与法律职业有着自己的传统。

近代以降，伴随着西方的坚船利炮、殖民征服、贸易往来，世界各地交往互动日渐频密，中国自然不能例外。晚清以来，"西方"的到来，逐渐把中国纳入（西方主导的）世界体系。这对中国而言，可谓"数千年未有之巨劫奇变"，② 由于此"劫"极"巨"，只能以"奇变"应对，因此，"变"成为现代中国最为显著的动态特征。不过，值得注意的是，西方对中国的影响，在不同地域、不同领域并非等量划一和共时推进的，有的领域，如对内地民间社会之影响相对迟缓，与此不同，其在政治体制与法律制度领域之影响，明显且迅速。在传统中国的治理体系之中，不乏司法事务，但司法体系并未有独立的制度设置，大致可以说，司法是内附于行政之中。晚清时期，尤其在清末新政改革中，情况剧变，西方政体框架被移植到中国，法律制度与司法体系是其中重要一部分，而且格外引人注目。无怪乎史学家柳诒徵感叹："清季迄今，变迁之大，无过于法制。综其大本，则由德治而趋法治，由官治而趋民治，潆濒激荡，日在蜕变之中。而世界潮流，亦以此十数年中变动为最剧。吾民竭蹶以趋，既弃吾之旧法以从欧美之旧法，又欲弃欧美之旧法而从彼之新法，思想之剧变，正日进而未有艾。"③ 随着清末修律变法和新式司法机构的设立，新式的现代法律职业者产生了。

---

① 滋贺秀三：《中国法文化的考察——以诉讼的形态为素材》，王亚新、梁治平编《明清时期的民事审判与民间契约》，王亚新等译，法律出版社，1998，第 2 页。

② 陈寅恪：《王观堂先生挽词》，《陈寅恪集·诗集》，三联书店，2001，第 13 页。

③ 柳诒徵：《中国文化史》下册，上海古籍出版社，2001，第 924 页。

现代中国的法律职业者，大体包括法官（审判官）、检察官、律师、法律研究者等，他们共同构成法律制度运行中"人"的部分。在这些法律制度运行的主体之中，司法官是关键部分。清末民国时期，在官方正式分布的法律、法规、公告中，对"司法官"与"法官"的称谓，很多时候是混用的。确实，"司法官"与"法官"两者在很多情况下是可通用的，但二者还是有所区别，"法官"是对审判人员的通称，无论审判人员的正式称谓为何（审判官、裁判官、推事、判事等），均可谓之法官，不包括检察人员；"司法官"指称范围较广，既包括法官——审判人员，也包括检察人员。① 故在本书中，用"司法官"这一称谓，主要包括审判官（法官，当时一般称推事）和检察官两类司法人员。当然，由于研究关联，本书也会涉及其他法律职业者，如律师、法律研究者、法科毕业生、司法行政官员等相关人员。

从研究时段上说，本书上限为 1906 年，因为是年清政府推行官制改革，产生了现代意义上的新式司法机构和司法人员；下限为 1928 年，因为这年民国北京政府终结，中国进入国民党的党治时期。从 1906 年至 1928 年，除了清政府和民国北京政府之外，中国还存在多个政权，如南京临时政府、孙中山等人在南方建立的政权，这些政权统治区域的司法官，不在本书论说之列。易言之，本书主要以掌控中央政权的清政府和北京政府的司法官为研究对象。当然，很多历史上的人物、事件、制度是承续与流变的，很难说在某个年份戛然而止，故本书会根据研究对象的具体情况予以变通。

在中国现代政治史、法律史研究脉络中，以法律职业者之个体与群体为研究对象的专门著述，尚不多见。即使有所论述者，也多集中于静态结构方面，例如研究司法官群体者，多侧重于群体的人员组成、学历结构、地域分布等。本书除关注静态结构之外，更着力将其置于"变动时代"中加以观察，尤其关注政治变动（如政体改革、政权更迭等）对法律职业者之影响。近年来，学界已意识到历史研究中的主体不彰问题，即"人的隐去"，本书试图对此有所因应。法律职业者，虽以法律事务为职业，但其首先是

---

① 在很多欧陆法系国家中，法官和检察官也统称为"司法官"。茨威格特、克茨：《比较法总论》，潘汉典等译，法律出版社，2003，第 191 页。

"人"，历史进程中的个体与亲历者，他们对变动时代的法制变革有着自己的观察、体验与感受。这些其实已经成为中国现代法制、司法变革中不可分割的组成部分了，对治史者而言，不能不察。

有鉴于此，在法律职业者的相关研究过程中，本书力避只见制度、不见主体，只闻宏观论说、不闻微观个体声音之倾向，力求宏观与微观、结构与主体、群体与个体之平衡；同时，力图做到政治史、法律史、社会史、思想史之结合。从内容与篇章安排而言，本书从中国现代司法官产生的"旧"路径（刑官转换成为推事）与"新"知识（留日法科学生的养成），清末制度变革与司法官群体组合，清末法界领袖沈家本在民国元年（1912）的经历与感受，辛亥鼎革后司法官群体的分流与重组，民国北京政府时期法律界的交游网络与内外生态，时代环境变动与法律职业者个体选择等方面展开论述。大体而言，本书各章都有独特的核心史料和讨论话题，具有专题讨论性质，也能统摄于本书主题之下。如此篇章结构安排，意在既能保证专题讨论的深度，又能兼顾学术专著的统一性与整体性。

先贤云："著述之难，史为最。"①　其实，今天的史学研究又何尝不是如此！在艰苦的史料查阅、爬梳之后，我们试图走进历史，与古人对话；然后又试图走出历史，做出诠释。实际上，这些都谈何容易。"历史的统一性在于，任何人试图叙述它的一小段，必定会感到第一句便扯破了一面无缝的大网。"②　西方法律史先哲的告诫，使我在历史研究中时刻保持小心谨慎，如履薄冰。

本书写作之始，我尚未及而立之年，转眼十多年过去了，如今付梓，我已年逾不惑。年齿徒增，学问无进！谋食京师，庸碌度日。在感慨唏嘘之余，自己深知：本书只是对该问题的阶段性解答，也姑且作为自己生命历程的一个交代与纪念吧！

戊戌年春于京师东郊隐心斋

---

① 严云绶等主编《桐城派名家文集》第 6 卷，安徽教育出版社，2014，第 25 页。
② 泰格、利维：《法律与资本主义的兴起》，纪琨译，学林出版社，1996，第 1 页。

目 录
CONTENTS

第一章　亲历清末官制改革：
一位刑官的观察与因应

随着清末新政朝立宪方向推进，清廷遂有光绪三十二年（1906）的丙午官制改革之举。具体到司法体制，此次官制改革中，"刑部著改为法部，专任司法；大理寺著改为大理院，专掌审判"。① 无疑，三权分立、司法独立成为清末宪政变革的理想图景和实践指向之一，组建与传统刑官有别的、独立的、专业化的司法官队伍成为清末宪政改革的产物之一。按官制改革的规定，原先通常称为"刑官"的审判人员，在新设司法机构中改称"推事"，② 大体相当于如今所言的"法官"。③

在丙午官制改革中，从刑官到推事是如何承接与转变的？变与不变分别为何？如果这一转变能具体落实到个体身上，亲历这一变革的人是如何观察并因应的？毋庸置疑，这是中国近代政治、法制转型中非常值得探讨而既存研究中鲜有论述的问题。当然，这需要新史料的发掘和利用。由此着眼，晚清刑官唐烜可谓一个典型，其日记较为完整地记录了历史亲历者的观察与感受。

---

① 中国第一历史档案馆编《光绪宣统两朝上谕档》第 32 册，广西师范大学出版社，1996，第 196 页。

② 《法部大理院奏为核议大理院官制折并清单》，《大清新法令》第 2 卷，商务印书馆，2011，第 119 页。

③ 若以分权制衡与官僚专业化观点来看，传统中国自难存在现代意义上的"法官"，但中国历史上确实存在一部分厕身刑曹、参与"刑"之运作的官员，大体可以"刑官"称谓概括之。在沈家本论著中，此类官员也是概括为"刑官"，详见沈家本《历代刑官考》，氏著《历代刑法考》第 4 册，中华书局，1985，第 1951~2019 页。

第一节　唐烜及其日记

唐烜，字昭卿、昭青、照青，晚号芸叟，约咸丰五年（1855）生[①]，直隶盐山人。光绪十一年乙酉科举人，十五年己丑科进士，以主事用，签分刑部。光绪二十二年任刑部山东司正主稿。三十一年二月任工巡总局发审处委员，五月补刑部四川司主事，九月接充民政部预审厅委员。三十二年四月补刑部福建司员外郎，十月经大理院奏调，次年三月任大理院刑科第三庭正审官，八月奏补推事，三十四年七月调任大理院刑科第二庭正审官。[②] 民国成立以后，唐烜以清遗民自居，依然活动于北京地区，并参加一些公益事业。[③] 1917 年以后情况，暂不予考。

晚清时期，唐烜虽为进士出身，且是体制内官员，然由于时局动乱、家族接连遭祸，其人生经历颇为困苦。在光绪二十七年除夕，唐烜记述了自己经历，忆及许多艰难往事：光绪四年，二十四岁时，"值岁大祲，比屋流离，饿殍载道，家无宿粮，糠核不充。春间时疫流行，连遭灭族之丧，情绪尤恶。"是年，年仅十九岁的三弟殇亡，这使他"肝肠崩碎，万念俱灰"。[④] 光绪二十五年一月，唐父病故，按制丁父忧，又"忽为纤人交构，侮难纷沓，自知罪戾悼悔，几不欲生。由此贫病无聊，百忧丛集"。同年夏"拳匪之乱作，六十日中炮火惊心，举家槁饿，城将陷，急走郊外，奉先枢浅厝，仓皇回寓，引领待尽，侥幸待尽，侥幸无恙"。至光绪二十七年九月起复，唐烜不无凄凉地写道："回忆三载以来，国祸家难，所遭之不幸，有非笔舌所能宣者。"

---

① 唐烜出生年份，其日记所记与履历记载（官年）不一，在此采日记所载，系根据年龄推算所得。

② 秦国经主编《中国第一历史档案馆藏清代官员履历档案全编》第 8 册，华东师范大学出版社，1997，第 310、417、464 页；陈玉堂编著《中国近现代人物名号大辞典》（全编增订本），浙江古籍出版社，2005，第 1075 页；潘荣胜主编《明清进士录》，中华书局，2006，第 1147 页。

③ 《恽毓鼎澄斋日记》第 2 册，史晓风整理，1915 年 5 月 3 日、9 月 22 日，1917 年 2 月 8 日，浙江古籍出版社，2004，第 731、749、777 页。

④ 唐烜日记可能存在笔误，未便擅改。

但不幸还没结束，光绪二十八年八月丁母忧，直至三十年十二月起复。可以想见，虽为朝廷官员，但唐烜经历并不顺利，生活状况并不佳，谈不上富足。光绪三十三年一月十八日，其在日记中道："前数年窘困万状"，"庚子历浩劫，七八年中几无生人之乐"。如此经历，不免使得唐烜对世事的观察略带一丝悲凉色彩。

综观唐烜在晚清之经历，刑官是其主要职业。唐氏本人也认同这一职业身份，其在日记中自道"身为刑官"（光绪三十二年八月二十六日）。[①] 此外，作为科举出身的士人，唐烜还"工诗，善书，间作山水画"。[②] 在近代（尤其是河北）诗歌史上，唐烜占有一席之地，所著《戊戌纪事八十韵》，收入徐世昌编《晚晴簃诗汇》。[③] 1917 年前后，唐烜印行诗集《虞渊集》，其在自叙中云，"虞渊集者，感清亡而作也"，"以抒孓遗之痛"，[④] 诗风"沉厚老苍"。[⑤]

唐烜早年即有日记记事习惯，他曾自述："予自未冠时，即窃有记录。日间趋庭之暇，喜抄前言德行之可则效者，或师友讲习必谨志之，而故家父老过从偶谈旧事，凡岁时之丰歉，方里之变迁，以及土风乡俗之有涉今昔升降之故者，悉缕述无遗。"后因天灾人祸、亲友故去等事，日记曾有间断，但很快又复行记事。唐言："迨通籍后，在都门因应略烦，惧有遗忘，辄复逐日登记，然已非复少时之蹊径矣。"（光绪二十七年除夕）可见，唐氏曾长期坚持写日记。可惜，唐烜日记大部分已经遗失。现今所见日记，藏于中国社会科学院近代史研究所档案馆，原名《留葊日钞》，手稿本，共八册：第一册，光绪二十四年一月一日至九月三十日；第二册，二十二年三月一日

---

① 本章所引唐烜日记，时间一般是光绪三十二、三十三年，凡在正文中已经说明时间的，不再另注；若正文未说明，则在文后用括号注出。

② 潘荣胜主编《明清进士录》，第 1147 页。

③ 徐世昌编《晚晴簃诗汇》第 177 卷，中华书局，1990，第 7723~7725 页。

④ 唐芸海：《虞渊集注》，赵键注，香港，中国民盟文化出版社，2009，"自叙"，第 11 页。

⑤ 马国华：《有道平生无党籍，听山余事做诗人——郭家声先生的〈忍冬书屋诗集〉》，《东京文学》2009 年第 5 期。恽毓鼎阅读唐烜所作《虞渊》诗九首后，也深感其诗"感慨苍凉，格调高迈，不期似杜而自近之"。《恽毓鼎澄斋日记》第 2 册，1915 年 7 月 22 日，第 741 页。

至十一月三十日①；第三册，二十八年一月一日至七月十二日；第四至第八册，三十二年六月十九日至三十三年十一月十五日，是连续的。唐烜日记记载了其刑曹生涯、京中见闻、社交应酬及文化活动等。毋庸置疑，该日记在近代史研究中具有重要价值，特别是在近代政治史、法律史方面。② 本章即以该日记为主要史料（尤其是第四至八册），来探讨唐烜对丙午官制改革前后时局与司法变革的观察，及其由刑官到推事是如何转变与因应的。

第二节　改革中的部院筹设

光绪三十二年七月十三日，清廷宣布官制改革。次日，派载泽、铁良、戴鸿慈、徐世昌、袁世凯等为官制编纂大臣，著地方督抚端方、张之洞等选派司道大员进京随同参议，并指派奕劻、孙家鼐、瞿鸿禨为总司核定大臣，③ 参照君主立宪国官制草拟、编纂官制改革方案。在此之前，七月九日，唐烜就听闻"政府协考查政治大臣并北洋袁慰帅会议新政。传闻已定立宪宗旨，先行厘定官制，内裁九卿，外裁府道州县，官均升为三四品大员，与督抚立接办事"；因是传闻，唐氏也"未知确否"。十七日，即宣布官制改革后第四天，唐听人"谈及近日改官制大略，权之为述天津保定各项新政，及各局所章程"。天津、保定的各项新政，即袁世凯主办的直隶新政。庚子事变后，袁世凯继李鸿章出任直隶总督兼北洋大臣，成为权倾朝野

---

① 按时间先后，第二册应排序为第一册，当系文献整理时误识所致。

② 晚清史研究者对唐烜及其日记应不陌生。孔祥吉先生就利用唐氏戊戌年之日记考证了谭嗣同所写《狱中题壁》诗是真实可信的，并对戊戌维新中其他一些问题做了考察和论证（孔祥吉：《谭嗣同〈狱中题壁〉诗刑部传抄本之发现及其意义——以唐烜〈留庵日钞〉为线索》，《历史研究》1996 年第 5 期，收入氏著《清人日记研究》，广东人民出版社，2008，第 128～141 页；孔祥吉：《难得一见的百日维新史料——读唐烜稿本〈留庵日钞〉》，《学术界》2004 年第 1 期，收入孔祥吉、村田雄二郎《罕为人知的中日结盟及其他——晚清中日关系史新探》，巴蜀书社，2004，第 316～336 页。说明："莾"为"庵"之异体字，手稿本为"莾"字）；李细珠先生在研究晚清政治史中也注意到该日记（李细珠：《张之洞与清末新政研究》，上海书店出版社，2003）。但除此之外，学界对唐烜日记鲜有关注与利用。

③ 中国第一历史档案馆编《光绪宣统两朝上谕档》第 32 册，第 128～129 页。

的重臣。袁氏主政直隶时，推行新政，清廷许多重要举措皆先在直隶试办，然后向各地推广。时人称："中国各省新政之布，必资模范于北洋。"① 因此，在很多官员眼中，官制改革多半是直隶新政的"扩大版"而已。

从七月十三日清廷宣布官制改革，到九月二十日新中央官制正式公布，历时两个多月，此间多方角力，政潮涌动。官制改革事关所有官员的切身利益，因此，他们对其中的种种争斗，甚是关切，唐烜也不例外。七月二十四日，唐记：

> 连日闻会议立宪及改官制，各大臣因意见不合，屡有龃龉。前数日至有对面喧争之象，亦可见诸巨公之器局矣。立宪之说，唯南北洋两大臣持之最力，皇族中唯泽公言之尤切，枢臣中王仁和相国鹿定兴尚书则反对者也，庆邸徐菊人尚书主骑墙之见者也，荣华卿瞿子玖两协揆铁宝臣尚书则貌似赞成而内实不愿者也。筑室道谋，固今古所同慨，唯以为此大政而以官气躁心当之，遂望旋转乾坤，谁则信之。

唐烜对奕劻、载泽、铁良、王文韶、袁世凯、徐世昌、瞿鸿機、荣庆、鹿传霖等大员之于立宪、官制改革态度的观察与判断，证诸史实，基本属实。唐烜乃普通京官，无法亲临权力中枢，其获取高层政治信息，大半来自以下三途：其一，报刊（含邸钞等）。晚清时期，对很多士大夫而言，阅读报刊已经成为工作、生活不可或缺的一部分。此时同为京官的孙宝瑄就说："报纸为今日一种大学问，无论何人皆当寓目，苟朋友相聚，语新闻而不知，引为大耻。不读报者，如面墙，如坐井，又如木偶，如顽石，不能与社会人相接应也。"② 唐烜亦然，日记中也经常记述其阅报得知各方信息。其二，与僚友等交流所得。唐烜日记多次记载，其入署当值或散值后社交应酬时，从僚友中听闻各种资讯。其三，自己对高层政治的观察、判断与推测。

---

① 《学员李廷玉臧守义陈宝泉刘宝和陈清震等筹议义务教育办法十四条禀并批》，甘厚慈辑《北洋公牍类纂》第11卷，京城益森印刷有限公司，光绪丁未年（1907），第2~3页。

② 孙宝瑄：《忘山庐日记》下册，光绪三十二年七月二十一日，上海古籍出版社，1983，第917页。

虽然自己与清廷中枢相隔较远，无法得知确切信息，但唐烜对清廷高层角力保持关注。十月二十二日，唐再次记述中枢人事纠葛："上月改官制之旨下，而鹿、徐、荣、铁四人同日退出军机。鹿乃自请解枢职者，荣铁皆与庆邸不合，徐则连类而及者。噫，国事阽危，而当政巨公争权竞势惟日不足，奈何。"

九月二十日，清廷公布新中央官制改革方案，当天唐记："本日已颁谕旨，改定官制。刑部改为法部，并十七司为六司，设一尚书两侍郎。"二十一日，清廷公布中央各部院长官人选，是日唐接记各部院的人事任命。他注意到：共设十一部，外、商、学、警四部堂官仍旧，其他七部更动，其中"左堂沈子惇侍郎改为大审院正卿"，即原刑部左侍郎沈家本出任大理院正卿。当日，唐烜供职的刑部传来音讯，要求各员照常进署公办，"忽档房传知堂谕，嘱署中向来办事诸人，仍逐日进署，切勿观望"。

二十三日上午，唐烜得知自己同乡、同年刘若曾"已实授大理院少卿，为正三品"。①依常理推测，唐获悉这一人事任命后应感到兴奋，因为毕竟在司法部门高层有"自己人"，可以为之奥援；但另一方面，唐颇为伤感，因为同年进士者，刘氏已是正三品官员了，而自己此时仅为刑部从五品员外郎。故当十月六日获悉刘氏要调自己入大理院时，唐感慨道："噫！冯唐易老，李广难封。偃寒半生，久已委心任运，无志腾骧。"不过，感慨归感慨，在官制改革前后唐烜认真考虑过自己的出路问题，是可以肯定的。

二十四日，新任法部尚书戴鸿慈到任。这一天，唐烜赴北京西城刘若曾宅贺喜，可惜未遇；他还出城至戴鸿慈宅、沈家本宅道贺，并到各处"投刺"。这时，唐烜观察到："连日各衙门司员，衢巷过从，马烦车殆，类皆营谋求乞，关心得失，大有昔年秀才望榜情景。"显然，官制改革搅动了整

---

① 刘若曾，字仲鲁（唐烜日记中有时记为"中鲁"），直隶盐山人。光绪十五年己丑科进士，翰林院编修，曾任湖南长沙府知府、考察各国政治大臣参赞、大理院少卿（代理正卿）等职。民国以后，任直隶民政长、北京参政院参政等（参见王树楠《清大理院正卿刘公及配刘夫人合葬墓志铭》，卞孝萱、唐文权编《辛亥人物碑传集》，团结出版社，1991，第763～765页；徐友春主编《民国人物大辞典》，河北人民出版社，1991，第1429页）。刘若曾与唐烜同为直隶盐山人，均是光绪十五年己丑科进士，乡情年谊兼备；通观唐烜日记，亦可见刘唐关系非同一般，详见下文。

个官场，官员们开始为谋缺图位而奔走了。十月三日，唐烜入法部署，堂官谕令"各司员写具履历"，唐发现"同司诸君到者七八人，皆向不入署者也"，很多平日不上班的人员，在此官制改革的关键时候都现身了。

十月六日，唐烜从一位自刘若曾宅来的友人口中得知刘要将自己调往大理院，"意甚歆动"。同日，唐到法部署，同僚梁星秋员外郎"过司相访，极意挽予；而中鲁说项，求调院官，并代予筹划一切"。这里点出关键所在——"中鲁（即刘若曾）说项，求调院官"，并"代予筹划一切"。可见，唐烜由刑部转调大理院，大理院少卿刘若曾是关键人物。唐烜随即往四牌楼访刘，"谈许久，留晚餐，二更后始归"。从日记记载来看，这是官制改革正式公布后唐第一次见到刘，二人相谈甚久，想必谈到唐调任之事。唐还在刘宅看到"官制节略并法部大理院官制清单，共十二部五院"，若非亲近之人，刘一般不会出示这些文件，由此可佐证刘、唐关系非同一般。在看到官制清单后，唐认为："设官应较旧制加数倍，十年之内恐难实行。"十三日，唐又访刘。

除刘若曾这一因素外，以唐烜自身条件来看，他应该既可留任法部，也可调往新设的大理院，唐最终决定调任大理院。对官员而言，调任无疑是大事，唐本人也是经过反复权衡后做出的决定，可谓谋定而后动。唐烜如此选择，一个不可能不考虑到的因素是，在新设衙门升迁较为容易，这是当时人所共知的。恽毓鼎就观察到："自各新衙门之设，求进者麇集辇下。无一定之级，无一定之途，人人存速化之心，习钻营之术。此近五年朝局大变象也。"[1] 御史徐定超在一份奏折中道明出现这种状况的原因："旧衙门各员有二三十年不得补缺者，新衙门则一二年即可补缺。"[2] 其实，官员喜进新衙门的现象，存在于整个清末时期。清廷最高层也清楚这点，宣统元年（1909），上谕就承认："近年新设衙门、新建省分往往多坐此弊。"[3] 从这种整体的官场状况来看，自然就不难理解为何唐烜最后决定调往大理院。唐

---

① 《恽毓鼎澄斋日记》第 1 册，光绪三十三年九月二十一日，第 354 页。
② 《徐御史奏请划一部院规制》，《申报》光绪三十四年四月十三日，第 1 张第 3 版。
③ 《吏部奏酌拟考核调用人员切实办法折并清单》，《大清新法令》第 5 卷，商务印书馆，2010，第 56 页。

本人也承认："建设新署，凡涉于行政司法者，皆以为终南捷径。"（十月九日）

光绪三十二年十月，唐烜被大理院奏调，但并未补授实缺，底缺仍在法部，① 因此，他得部、院两头跑。从光绪三十二年十月到三十三年上半年，大理院与法部均在筹建中，故唐烜亲历了院、部筹设过程。

十月十七日，大理院上奏调员名单，唐烜获悉这份名单中"所调人员，共四十一名"，他本人也名列其间。其实，唐早就知道此事，故称"此事在二十日前已有所闻"。调任大理院已属既成事实，于是，次日唐烜前往大理院正卿沈家本宅"道谢，递名刺而归"，之后，还往刘若曾宅，但未遇见。几天之后，报纸公开了这份名单，这些人绝大多数调自法部；按照大理院的说法，调人以"熟悉律例，才优听断者"为原则，但事实并不尽然（详下）。关于调任程序与方式，大理院奏请援照学部及巡警部成案，即"毋庸开去差缺，遇有升转仍因其旧，俟臣院奏补实任后，再行照例办理"。② 易言之，就是暂不开去原衙门的缺位，一旦有机会升转，可照旧进行，等到该员在大理院补实缺后，方再按照程序办理调入手续。二十二日，唐烜赴大理院，谒见两堂官，发现"法部所调各员均到"。其实，这只是大理院第一次大规模调员，后续不断有调员举动，其中，光绪三十三年二月大理院再次大规模奏请调员，奏调多达44人，③ 大部分依然调自法部。

大理院设录事官缺，加上总检察厅共34名，"掌缮写文牍、承办庶务"，秩八、九品，委用官。④ 录事以考试方式招收，而唐烜则参与其事。十一月十四日，一位欲参加录事考试的熟人来咨询唐烜，"欲捐监投考"，唐一面"怂恿之"，一面也担心"此事院长极为郑重，职数甚隘，恐不易获隽也"。两天后，唐在署内听闻，考试定于二十日在法律学堂举行，报名者达"百余人"。二十日，唐赴法律学堂，发现"与考者共三百余人"。据《大公报》报道：入考者二百八十余名，且由沈家本亲莅考场命题，试题为"法者，

---

① 这是官制改革中通常的做法，详见下文。
② 《大理院奏请调用司员》，《申报》光绪三十二年十一月六日，第1张第3版。
③ 《大理院续调司员》，《大公报》光绪三十三年二月十三日，第3版。
④ 《法部大理院奏为核议大理院官制折并清单》，《大清新法令》第2卷，第122页。

天下之仪论"。① 此后几天，唐烜参与阅卷事宜。

大理院招考录事之事，舆论颇为关注。《大公报》还进行连续报道，认为大理院此次招考录事"所订考规极严"，规定：吸食鸦片者、楷书不精者、不谙大清律者、无切实保者，凡具一项者"概不录取，以免贻误"。② 初试名单出榜后，于十二月十四日复试，考取人员"一律自呈本身照片一纸，并须出结官亲往识认，其系贡监出身者，均于复试之日呈验各照，以昭慎重"。③ 十二月十三日，唐记："大理院知会明日录事复试监场"，次日，复试录事138名，临点不到者4人，扣年貌不符者1人。复试后"共取一百余名。先传五十名入法律学堂肄业六个月，然后到院办公。其名次列后者，须第二次传到"。④

《大公报》公开、连续报道大理院招考录事，实非大理院堂官所乐见，因为此事他们本不想对外公开。唐烜说：大理院两堂之原意，即不采学堂开考方式，因为这次大理院招人甚少，"若出示招考，则千数百人不止"，很多应考者"远路迢迢，徒劳资斧"，可谓劳民伤财，"故而各司员告知，嘱其转告外人"。换言之，此次招考对内是公开的，对外则没有公开。即便如此，报考者也多达三百余人。此举，外界"皆臆度院署堂司引用私人，不肯早日宣示，仓卒定职"，唐烜认为："平心论之，似觉非礼，无怪时议笑也。"（十一月二十四日）

大理院附设看守所，须招考所丁。沈家本拟招募狱卒数十名，"饬令附入法律学堂演说监狱大义及看守规则，以期改良监狱"。⑤ 报名条件是：年龄在30岁以下，不吸洋烟及无他项嗜好，能写认500字者。⑥ 但此事运作起来并不容易。光绪三十三年二月二十五日，唐烜入大理院署，上堂商议监狱事宜，原拟先传考取所丁60名入署当差，问题是这些人员"皆系生手，

---

① 《考试纪题》，《大公报》光绪三十二年十一月二十四日，第4版。
② 《严定考规》，《大公报》光绪三十二年十一月二十八日，第4版。
③ 《定期复试》，《大公报》光绪三十二年十二月八日，第5版。
④ 《录事复试揭晓》，《大公报》光绪三十三年一月二十六日，第5版。
⑤ 《狱卒入堂》，《大公报》光绪三十三年一月十三日，第4版。
⑥ 《出示招募》，《大公报》光绪三十三年一月二十五日，第5版。

茫然不知看守犯人为何事，殊难经理"。沈家本转而打算调取民政部巡捕十数名以行守卫兼巡护之责，但民政部巡警厅长官不愿担此责任。这时，唐烜建议：可与民政部堂官及厅丞等人商量，仅借用数人，由大理院发给饷项，然后令他们教习新考取的所丁，两月分班再调取，如此"或可徐徐收效"。对唐氏的建议，沈家本"颇为首肯"。

光绪三十三年二月二十一日，唐烜至大理院，"观吏役搬移什物往工部新署"。丙午官制改革中，工部并入农工商部，几经周折后，工部衙署成为大理院办公场所。次日，唐赴大理院新署，"上堂谒见，一揖贺喜。又刊出同官录，均令自己填写籍贯、出身及原衙门、原阶级并院中奏调日期、到署日期"。二十八日，大理院"各差已由堂点派"，大理院分四处六庭：详谳处、当月处、庶务处、收发处，刑科四庭、民科二庭。唐被点派为刑科第二庭审判官（后在刑三庭），兼详谳处行走。

除大理院外，唐烜也亲历了法部筹设过程。据《盛京时报》报道，法部尚书戴鸿慈从光绪三十二年十月二十二日起考试部中各司员，"逐日同棹研究各司案件应如何判审为去留之分别。近日已然考过数司，视此法部颇加整顿以免滥竽充数"。① 二十九日，接续报道：刑部自改法部之后，"所有大小司员尚无一定位置，顷由该堂官议商，拟将各司员分别考试律例以定去留，刻正逐日传考，俟考试后必有一番更调"。② 法部考试司员确属事实，但内中实情外界报纸并不尽详。十月二十五日，唐记："连日署内堂官面考各司实缺人员"，但考法颇莫名其妙，"闻系绍任廷侍郎③主政，每人各一题，即照律例各门中摘取一二句，被考者往往不能成幅，盖门类条件太繁，不独素未披览者茫茫莫解，即日理刑名者，亦难随举无滞。合署实缺人员往往有终年不到署者，因此，颇以为苦"。显然，如此考法，即使精于刑名者也无法应考，何况终年不到署者。故而有人当场对此提出质疑。④ 当日轮考到福建、浙江两司，唐烜系福建司实缺官员，但他没参加考试，唐解释说：

---

① 《戴尚书整顿法部》，《盛京时报》光绪三十二年十一月一日，第2版。
② 《法部考试司员》，《盛京时报》光绪三十二年十一月二十九日，第2版。
③ 绍任廷，即绍昌，时任法部侍郎，主持此次考试。
④ 徐一士著，徐禾选编《亦佳庐小品》，中华书局，2009，第290页。

当日到署，本拟参加考试，但一位同僚对他"谈及此举，大不为然，并力阻予行，遂作罢"。唐以外还有很多司员未参加（或曰拒绝参加）考试，唐就听闻：福建、浙江两司参加考试者仅有六人，"盖不到者居半也"。如此一来，法部堂官初始意图自然大打折扣。

十一月七日，唐烜从也是由法部调任大理院的同僚治良口中获悉：唐未与考，"堂宪意颇不悦"。后来又得知"治君亦未与试，堂宪又传其补考，殊可骇怪"。然而，唐烜像其他很多司员一样，最终还是参加了考试。十二月九日，唐记："自改法部后，即调考署中实缺候补各司员，无一能免者。予初次未到，至今日阖署已考讫矣。有未预考者九人，堂谕补行接见。"但事实上，在考试时，唐烜与另一名同僚（陈华圃）只走个过场，因为主持考试事宜的法部侍郎绍昌是唐烜的己丑进士同年，绍昌当场说，"诸君中，陈老（即陈华圃）即系山西司主稿，逐日晤谈可勿庸与考；照青（即唐烜）同年，亦天天入署办事者"，故此二人可免考。可见，官制改革过程中很多部院所举行的考试，人情、关系等因素在其中作用很大。

中央官制改革方案确定后，各部院须议定官制。此事，法部起步其实不晚，光绪三十二年十月，法部就着手改订官制，派司员十余员，"公同会议，其他满汉档房各员均可随时呈递说帖至该部"。①但与其他部院相比，法部此后的官制改革进程颇为迟缓，如裁撤书吏工作至光绪三十二年十二月初仍未进行，②因此，作为出洋考察宪政的五大臣之一、时任法部尚书的戴鸿慈受到两宫责斥。受斥责后，戴氏迅速推进官制改革进程，次日到部，"催促与议官制之司员赶速拟稿，呈堂入奏"。③十二月十八日，法部奏核官制，并陈明办法。④唐十九日记载："闻昨日法部正班已奏定官制"。至二十五日，法部尚书、侍郎之下的主要官员得到任命：左丞定成，右丞曾鉴，左

①　《法部自议官制》，《大公报》光绪三十二年十月八日，第3版。
②　《裁撤书吏之确息》，《盛京时报》光绪三十二年十二月四日，第2版。
③　《两宫催法部改制》，《大公报》光绪三十二年十二月二十日，第4版；《戴尚书召见被斥》，《申报》光绪三十二年十二月二十三日，第1张第1版。
④　《法部奏核议法部官制并陈明办法折并清单》，《大清新法令》第2卷，第106～109页。

丞参余肇康，右丞参王世琪。在主要官员人选确定后，光绪三十三年一月，法部开始着手整顿"吏刑皂狱卒"。戴鸿慈认为：法部"书吏刑皂狱卒人等盘踞多年，素为人民所切齿，急宜迅速裁撤以符新制"。为此，他训示各司员：法部官制已经制定，"君等宜躬亲庶政，不得假手书吏，否则查出定不姑宽，勿谓言之不预也"。① 法部是司法行政机构，虽不再掌理审判事务，但也要求办事人员具备一定的法律知识，即"虽无法律专门之学，亦颇知法律为何事"，但很多"旧有各员直连法律二字且不解，实难敷衍迁就"，因此，戴氏奏请把"旧有各员严加裁汰，或年轻新就捐班，或年老颓唐太甚者一律开差，仍给原俸，以资体恤；其稍堪造就者，即饬入律学馆肄业"，获准办理。②

光绪三十三年二、三月，法部在奏折中说明：原刑部"向来差与缺分，实缺之员不尽办事，并有常不到署者，虚名徒寄，迁就滋多"，如今"既分职掌而专责成，欲严杜乎滥竽"，势必改弦更张；加之，法部实缺人员"经各衙门奏调者不少，而以大理院奏调为尤多"，这些已在其他衙门办事的人员仍然占着法部缺额，"以本部之员办他署之事，势必多数派署，与明定职掌之义不符"。鉴于此，法部奏请：凡经各衙门奏调的法部实缺人员，"一律开去原缺"。③ 三月，法部司员实缺开去六十多人。④ 法部的人事变动，牵动着唐烜的神经，其在日记中多次提及此事：二月二十日，唐获悉"（法）部中将于廿七日奏补各缺"；三月十八日，"闻法部已揭晓矣。日前正班奏补各缺，其中得失不一，欣戚悬殊，盖缺望者多矣"。四月法部奏补员缺，被大理院奏调各员"均开底缺"，因此各司员"颇多观望"。⑤ 如此一来，唐烜在法部的底缺就被开去，完全成为大理院的人员了。很快，法部奏补司员清单公布。⑥ 至此，法部人员大体确定。

① 《法部裁吏先声》，《大公报》光绪三十三年一月十九日，第3版。
② 《法部澄清吏治》，《大公报》光绪三十三年二月三日，第4版。
③ 《法部奏改补员缺分别补署并详陈办法折》，《大清新法令》第2卷，第110~112页。
④ 《法部司官六十余员开缺》，《盛京时报》光绪三十三年三月二十六日，第2版。
⑤ 《法部奏补员缺》，《申报》光绪三十三年四月二十七日，第1张第3版。
⑥ 《法部奏补司员清单》，《大公报》光绪三十三年五月二日，第4、5版。

第三节　部院之争

官制改革中，由于权力与利益的重新分配，各部门之间不免发生争端，其中，法部与大理院之间的争执（法律史上谓为"部院之争"）尤为引人注目。关于部院之争，目前学界已有较多研究，[①] 但仍存进一步申论之可能与必要。作为历史亲历者的唐烜，在日记中记载了其对此事件的观察及许多鲜为人知的细节。无疑，这将深化对该事件的认识。

光绪三十三年一月十六日，唐烜听闻，法部将于二月一日把所有已结、未结案件交大理院接办。十天之后，他在二十六日写道：

> 连日闻大理院与法部为交代事大起龃龉。董绶金员外康与曾焕如右丞鉴，至觌面诟厉。盖法部新放之左丞定振平成者，原由刑部出守兖州，内升少卿，其在刑部掌印时，亦颇有能名，性最喜事，专以舌辩竞长，又与新政反对，故自到任后，极意挑拨致起争端。而董君又自许名士，近甫自东瀛考察法律回国，方欲矜能见好，不顾大礼，盖皆逞一己之私见而忘协恭之大谊。持之謇笄，识量不啻儿童。近日号称能事者，大抵如此，其奈之何哉。本日法部大理院奏请展限一月，再行交代，盖原定在二月初一日，因迁署事，争执不下。原拟大理院移用法部旧署，而法部移入工部之署。兹闻前议尽翻，旧署归两处，中剖分用，将来必益多缪辖也。

"董绶金员外康"即董康，原任职于刑部，此时调入大理院，为沈家本倚重之人；"曾焕如右丞鉴"即曾鉴，时任法部右丞；"左丞定振平成"，即定成，时任法部左丞。[②] 据日记所载，唐烜也是事发几天后才听闻大理院董

---

① 很多中国现代法律史论著对"部院之争"有所论述，如朱勇主编《中国法制通史》第9卷（法律出版社，1999）；李贵连《沈家本传》（法律出版社，2000）；张从容《部院之争：晚清司法改革的交叉路口》（北京大学出版社，2007）等。其中，张著的研究最为精审。

② 据《法部官制》，法部左丞、右丞是仅次于尚书、侍郎的重要官员。

康与法部曾鉴争执之事。据《盛京时报》报道："法部大理院之冲突萌芽于秋审处之团拜。缘正月二十日法部秋审处诸员借湖广会馆作团拜，是日曾君鉴与董君康大起冲突。"① 目前学界对部院之争的研究，也以光绪三十三年一月二十日的曾董之争为冲突公开化的起点，但此外的信息语焉不详。上述的一月二十六日唐烜所记至少提供了以下两点信息：曾、董之外，尚有关键人物——定成②，这是既存研究中未曾关注的人物；既存研究多从法部与大理院之间权限划分的角度加以考察，此固属事实，③ 但在唐烜看来，部院之争首先是"人"的问题，无论大理院方面的董康，还是法部方面的曾鉴、定成，都是"所用非人"，因此，唐在同日的日记中，用很多笔墨记述"王安石变法"中的用人问题，这是既存研究尚未注意到的考察视角。

曾董之争，背后反映的是部院堂官的矛盾。事实上，法部与大理院的堂官关系经历了一个变化过程，而非一般认为的双方关系伊始即不洽。三十二年十月《大公报》报道："顷得确实消息，法部大理院二署办事权限刻已由各堂会议划清。嗣后凡有关于司法之事，均归法部；其一切行法事宜，统归大理院管理。其法部衙署则以工部旧署改充，大理院衙署即占刑部之官廨也。部院各堂已决意照此举办矣。"④ 可见部院分设之初，双方并无冲突。这点在唐烜日记中也得到证实："去岁法部与大理院堂宪均甚融洽，所有权限建置等事议定奏闻，并将法部旧署让大理院，而法部迁至工部，限三月后

---

① 《法部大理院之冲突已平》，《盛京时报》光绪三十三年二月二十五日，第 2 版。

② 定成，字镇平，满洲正蓝旗人。光绪九年癸未进士，签分刑部主事，后外放山东兖州。光绪二十九年二月任太常寺卿，三十二年九月裁缺，改任法部左丞。光绪三十三年九月署理大理院正卿，十一月补授，宣统三年十一月去职。

③ 光绪三十二年十月二十七日，大理院上奏《审判权限厘定办法折》，且奏准《大理院审判编制法》，规定：大理院对各类案件的司法权；大理院及其直辖京师各级审判厅（即京师高等审判厅、京师内外城地方审判厅、京师分区城谳局）的组织结构与管辖权限；大理院除拥有自身的司法行政权外，还拥有京师各级审判厅的筹建与人事权等（《大理院奏审判权限厘定办法折》《大理院审判编制法》，《大清新法令》第 1 卷，商务印书馆，2010，第 377～379、380～385 页）。很明显，在司法审判权之外，大理院还拥有本应该由法部职掌的部分司法行政权，即部院之间权限存有交叉，这为"部院之争"埋下伏笔。

④ 《划分司法行法权限》，《大公报》光绪三十二年十月八日，第 3 版。

交代……年前大理院奏调法部人员，皆两署密议，并无违言。"（三十三年二月十二日）显然，无论是权限划分、公署分配、人员调任，部院之间起初都能协商解决，无甚芥蒂。但在三十二年十一月，部院堂官关系颇显微妙，《大公报》报道："法部三堂初接任时，因沈子敦大理（即沈家本）系刑部熟手，故一切公事皆就沈商酌。现在因权限上之问题，法部与大理院两处堂宪颇有意见。"① 部院堂官之间的矛盾很快就体现在所属司员之间，故次年一月曾董发生争执，就不足为奇了。

部院之争的消息很快在京城传开，但受实际影响最大者，还是唐烜这样已被大理院奏调但底缺仍在法部——夹在部院之间——的人员。因此，唐烜对部院之争非常关注，且深感焦虑。三十三年一月二十九日，唐记："近日法部与大理院相持颇急，外间亦有所闻"，托人"探问此事原委"。二月五日，"近日法部奏调人员事。去岁大理院初设，先调法部三十余人，近又续调十数人。而法部因与大理院龃龉，又将先调人员奏留十数员，以致人情惶惑，不知所届，殊可叹也"。十二日，"与法部风波未平，各有意见"。次日，"连日北京报纸论说中，议及法部大理院之风波，语颇中肯。此事已通国皆知，而两署司官之好事者，方构拨不休，可叹也"。

在唐烜看来，部院起初关系融洽，但"自年前法部简放丞参，遂会议交代事宜，骤生龃龉，以致嫌隙愚不可解，移署之议，既为画饼。近在江苏馆会议，专为民政部移交预审厅事宜，而法部堂派新参数人前往，力持梗议，意在地方裁判及区裁判，一切官制仍归法部管理。其无理取闹横生波折，识者皆谓曲在法部云……正月内又续调十八人，近日法部忽调回，大半意在构衅……阖署人心惶惑，已有瓦解之势"（三十三年二月十二日）。唐烜所言，部院之争后"阖署人心惶惑，已有瓦解之势"，确属事实，但谓法部"无理取闹横生波折，识者皆谓曲在法部"，则是唐（亦可认为是大理院一方）的一面之词，未可尽信。

事实上，在外界看来，道理多在法部一方，而非大理院一方。光绪三十

---

① 《法部最近之调查》，《大公报》光绪三十二年十一月十九日，第3、4版。

三年二月十六日《盛京时报》报道："大理院自议订新章以来，极力推广权力。"①从报道中用"极力推广权力"之措辞可见外界对大理院的不以为然。二月十七日《申报》报道："大理院欲将中下级之裁判暂归大理院管理。法部不允，谓此系司法上之行政，应归法部，不应归大理院，大理院只管裁判而已。虽司法应独立，然大理院只能自己独立，不能管中下级之裁判，亦须独立，所谓裁判署层层独立也。议者皆谓法部之言为是。"②显而易见，舆论更多站在法部一方。从法理上分析，作为最高审判机构的大理院职掌的是司法审判权，法部职掌的是司法行政权，国家的中下级司法机构的筹设事宜理应由法部掌管。这就不难理解，当二月三十日法部尚书戴鸿慈致函在日本的梁启超说明部院之争情事时，与此事本身没有瓜葛的梁启超也认为：将"一切用人行政区划审判区域修律各事，皆作为该院权限，恰恰倒置也"；"此事之曲，却不在法部，而在大理院"。③

部院之争有所起伏，光绪三十三年二月法部似乎有所让步。二月十六日，大理院刑科推事文需就对唐烜说："本日谒法部张侍郎（即张仁黼，引者注），为中下级裁判接收事，渐有和平处置之消息。"二十五日《盛京时报》也以《法部大理院之冲突已平》为题，报道："今闻法部堂官已将高等裁判、地方裁判等事俱让归大理院主持，于是风潮平息矣。"④

但问题并没有解决。法部多半认为，若就此妥协，事关权限划分等制度（核心）问题，于己不利。这段时间，法部应在多方探听、搜集于己有利的理据。前述戴鸿慈致函远在日本的梁启超，询问到底如何划分法部与大理院权限及部院关系等问题，应即其中一举。在得到理据（可能就包括梁启超回函）后，以戴鸿慈为首的法部决定，各级裁判等事宜不归大理院管理，并草拟《法部奏酌拟司法权限折》。⑤该折上奏日期虽然标写是"四月三日"，但在此前，作为争执对手方的大理院其实已经获悉大概（注意：部院

① 《法司衙门力争权力》，《盛京时报》光绪三十三年二月十六日，第2版。
② 《法部大理院之意见》，《申报》光绪三十三年二月十七日，第1张第4版。
③ 丁文江、赵丰田编《梁启超年谱长编》，上海人民出版社，2009，第249~250页。
④ 《法部大理院之冲突已平》，《盛京时报》光绪三十三年二月二十五日，第2版。
⑤ 《法部奏酌拟司法权限折并清单》，《大清新法令》第1卷，第368~371页。

之间人员相通，信息亦相通）。因此，在三月二十三日，唐烜记："本日在署，闻地方裁判事宜，法部仍向政府争执须由部管理。日前闻院中官制业经政府画诺矣。忽庆邸索阅，又送军机处，交法部看详，事遂中变。将来恐不免重起风波也。"此则日记至少透露了以下信息：其一，"地方审判事宜，法部仍向政府争执须由部管理"，一个"仍"字，说明此前法部已经向大理院（可能也包括军机处）争取过，但未果，现在再次争取。其二，庆邸介入此事，这是既存研究中未曾提及的环节，当然，庆亲王奕劻介入此事多半非出于政争考虑，而很可能是此时已在社会上闹得沸沸扬扬的部院之争引起他的注意。"忽"字值得注意。其三，法部于四月三日单独上奏该折，未与大理院会奏，但包括奏折内容等信息事由，大理院方面是了解的（当然可能不充分），所以，在法部还没有正式呈奏之前，唐烜就预感"将来恐不免重起风波也"。

果不其然。四月三日，法部上《奏酌拟司法权限折》并附清单，不仅要求地方裁判厅的筹设权，而且要求人事权，对于大理院的推丞、推事及总检察厅检察官，大理院也要会同法部奏请任命，此外，还要求拥有重罪复核、监督审判机关等权。如果说，法部在此前的部院之争中处于守势，那么，此奏以后，则转入攻势。无疑，法部此折使部院之争进一步升级和公开化。四月七日唐记：

是日，座中许际楼、周林叔（即许受衡、周绍昌，引者注）两提调均到，谈及近日部院为官制事又起冲突，各抱不平。盖上次正班之前数日，大理院所订官制已送至军机处，经合王大臣画诺矣。忽庆邸索还覆阅，径交法部。法部各堂大愠，谓院订官制未曾与部会商，仍争监督之权，遂独上封奏，以大理院由五品推事以上之官，将来补署须由部会奏，而自高等裁判以上皆由部设置，拟有章程十二条，已奉旨依议。是大理院不得为独立衙门，以权则牵制，以事则窒碍，而所谓更张者，非徒无益，反致贻害，较之从前不过多耗国用耳。噫，中国变法之代多矣。今尽付之，若而人者，是固曾布吕惠卿所不屑，而适与无事自扰之语相合也，惜哉。

面对法部的出击，以沈家本为首的大理院只好应战。他们草拟《大理院奏谨就司法权限酌加厘订折》，于四月十二日上奏。在奏折中，沈氏希望部院双方能相互"见谅"，在关键的权限问题上，沈对法部前述清单中的第一、五、六、九条提出异议，认为此四条款必须"重加厘订"。此四条款的关键是死罪重案复核权和大理院人事权。关于重案复核权，沈认为"法部只能监督裁判，处理其司法上之行政事务，不能干涉其裁判权"，法部"并无驳审之权"，但基于现实考虑，沈还是提出了"通融办法"；关于大理院（包括总检察厅）人事权，沈以"今日开办伊始，应由臣院请简奏补，以一事权而免贻误，异日法学材多，法部编制法纂定颁布，自可部院会商，公同奏请"。① 显而易见，此番大理院让步良多。

面对部院之争，军机大臣面奉谕旨，要求部院"和衷商办，不准各执意见"。同时，清廷下令把大理院正卿沈家本与法部右侍郎张仁黼对调。② 此举大为出人意料。唐记："闻沈大廷尉调法部右侍郎，而张劭予侍郎调大理院正卿，为之愕然。盖政府又为此调停之见也。夫大理院既专司裁判，岂可以书生学究不知名法之人，厕其间乎。真令人无从索解矣。各庭人情惶惑，散值甚早。"（四月十二日）唐所言"为之愕然""无从索解""人情惶惑"，真切地道出部院之争时大理院人员的心态与情状。根据清廷训示，法部尚书戴鸿慈与新任大理院正卿张仁黼于四月二十日会奏《遵旨和衷妥议部院权限折》③，部院权限得以大体划分，部院之争告一段落。

部院之争虽告一段落，但对清廷以堂官对调的"平衡术"止息部院之争的做法，时人也多感莫名其妙。被盛宣怀派驻北京刺探政情的陶湘，致函盛氏云："大理院与法部因争权限事，屡烦两宫之劳顾。昨忽以沈张对调，乃请君入瓮之意。事固高妙，而臣下之办法愈难，政治终无起色。"④ 《申

---

① 《大理院奏谨就司法权限酌加厘订折并清单》，《大清新法令》第1卷，第371～375页。
② 朱寿朋编《光绪朝东华录》第5册，中华书局，1958，第5669页。
③ 《法部大理院会奏遵旨和衷妥议部院权限折并清单》，《大清新法令》第1卷，第375～376页。
④ 《辛亥革命前后盛宣怀档案资料选辑之一》，转自李贵连《沈家本传》，第240页。

报》报道："调沈家本之补法部侍郎也，朝廷以沈在大理（院）时于独立审判，持之甚坚，乃调法部，俾弭部院之冲突。然意见之是非可以调停而解除之，政体之是非不可混合而两全之。""吾推朝廷之意，谓沈既调回法部，则自为法部计，决不至再分畛域。岂知沈所争者，为大理院也，为法部也，非为个人之位置也。个人之位置可朝东而暮西，法部大理院职掌所分断不能强彼以就此。"① 显而易见，时人多认为清廷此举只是治标之策，没有解决事关政体、制度、权限划分等根本问题。

综观唐烜对部院之争的观察，不难发现，他较少从制度设置、权限划分的角度着眼并分析，而较多从"人"的角度看问题。与同时期很多视野"开通"的士大夫相比，唐烜的观察视角与分析方法不免有些"落后"。这时任职于邮传部的孙宝瑄也注意到官制改革中存在的权限纠葛问题，他认为："今朝廷革官制，厘权限，期清界域不相侵；而诸部院行政范围，犹视其长官之强弱为广狭，强者往往横溢其势，虽涉人之藩不顾。弱者含忍，不敢与争，乌得云平，是固当置权限争议裁判矣。"显然，孙氏不仅看到"人"的问题，而且立即想到应设立"权限争议裁判"（颇似欧陆法系国家的行政法院）解决此问题。当孙氏调任大理院"行走"后，他再次关注到这一问题，依然认为应设"政治裁判"。② 无疑，孙宝瑄的观察与解决之道比唐烜"先进"，也符合现代法治的原则与方向。这从一个侧面反映了身处新旧变革时代的唐烜，总体上仍属传统刑官的范畴，而非能从制度、规则、权限角度分析矛盾纠纷的现代司法官员。身已在新时代，心则停留于旧社会。

第四节　新旧之间的司法变革

丙午官制改革中设立的大理院，是中国第一个具有现代意义的司法审判

---

① 《沈家本曷为而入法部乎》，《申报》光绪三十三年四月二十七日，第1张第2版。
② 孙宝瑄：《忘山庐日记》下册，光绪三十三年二月十九日、十一月十一日，第1004～1005、1116页。

机关。其人员主要来源于法（刑）部、原大理寺及其他各衙门，但大部分来自法（刑）部。① 至光绪三十四年，大理院人员基本完成配置。在清末大理院这个司法机构中，宣统元年之前奏调的人员构成其"基本盘"。这可在唐烜日记中得到证实，像唐烜这样的原先在刑部任职的实缺刑官相当部分都被奏调到大理院成为实缺推事。

清代刑部官员，大多为科举出身的士人。科举的知识与刑官的知识颇为不同，科举出身的士子要想成为合格的刑官，必须进行知识更新和必要的专业训练。董康撰文道：清代学校科目，"一以经义及策论为主，并缺律令一课，固无足称为法律教育"；刑部官员大多为进士或拔贡小京官出身者，签分到部后，要"一方读律，一方治事"。② 曾任晚清刑官的许世英在其回忆录中也证实这点。许氏由拔贡签分刑部后，除了审理案件，还要校读刑部尚书薛允升编的《法律全书》。③ 换言之，一面研习《大清律例》等，一面进行司法实务训练，经此，一位士子才可能被造就为一名合格的刑官。当然，终身不得门道者也不少。清末御史陈善同就指陈："刑部司员必在署读律办案十余年，方能确有见地，然尚有终其身而不得门径者。"④ 这些以传统律学知识为主的刑官，在接触现代法政知识、进入新式司法机构后，如何反应并应对呢？

辛丑议和后，八国联军撤离北京。光绪二十七年二月，清廷设立京城善后协巡总局，办理京畿善后营务和巡捕等事。二十八年四月设内城工巡局，三十一年七月又设外城工巡局，下设发审处，沿原先五城理讼之例，办理词讼事宜。光绪三十一年九月巡警部设立后，"所有京城内外工巡事务，均归管理，以专责成"，内外城工巡局发审处改为内外城预审厅，由部直辖。次

---

① 《大理院为本院奏请试署推事各缺期满各员补授事致民政部咨文》（光绪三十三年八月二十日），中国第一历史档案馆藏民政部档案，档案号：1509/6/002、006。

② 董康：《我国法律教育之历史谭》，何勤华、魏琼编《董康法学文集》，中国政法大学出版社，2005，第737页。

③ 许世英：《许世英回忆录》，台北，人间世月刊社，1966，第29～36页。《法律全书》之书名应有误，多半系许氏晚年回忆不确所致。

④ 《御使陈善同奏各省审判检察等厅遇事冲突受诉推诿请饬严切考核等片》，《政治官报》第1342号，宣统三年闰六月一日，第8页。

年九月，巡警部改为民政部，内外城预审厅改隶民政部。内外城预审厅掌民事、刑事案件，办理词讼事宜。有关民事重要案件，随到随结，如遇徒流以上重案，则须先由预审厅讯明情由，再咨送刑部办理。大体而言，其相当于京城地方的初级司法机关。① 大理院成立后，原属民政部的内外城预审厅逐渐裁撤，有关案件移交大理院。

光绪三十一、三十二年，唐烜先后充任工巡总局发审处委员、民政部预审厅委员，缘此，唐氏亲历了京师地方初级司法变革。光绪三十二年六月三十日，唐记："刻内城已设预审厅，置正审官、诉讼审判官、记事官各一员。"同日唐"写一片付班役带至东城谳局请假五日"，并自道"予久不乐为此，拟趁此数日辞差矣"。事实上，唐并未辞差。九月十四日，唐说："谳局自改预审厅后，凡词讼分民事刑事。近日新章又定为审判诉讼法，归入民事者，到案两造均立而不跪。自此审判之人更觉纷扰矣。"显然，长期担任刑官的唐烜对这种新式审判方式预感不佳，不甚适应。其实，不仅唐烜感觉如此，大理院少卿刘若曾也认为："中国民俗浇薄情伪万端，莫可究诘，将来国中遍设裁判，一切仿照西法，而刑讯已停，有裁判之责者，恐不免棘手也。"（三十二年十月二十八日）

面对新式司法，唐烜虽不甚适应，但现实还是要面对的。光绪三十二年十月八日，唐烜收到一位名叫"刘韵生"的人自日本寄来"新译法政书一册"；次年一月十八日，又收到"刘韵生自东洋寄到早稻田学堂讲义一册"；三月九日，再"接刘韵生由东洋寄来法政讲义一册"。刘韵生为何不断向唐烜寄来新学书籍（主要是法政类），由于此前日记已遗失，不得而知，很可能是此前唐烜向刘韵生交代过此事，所以才不断寄送。由此可大致推断，唐烜是有意于了解新式法政知识的。三十三年二月二十七日，当一位从日本归来的友人"谈东洋风土"时，唐便觉"甚可听也"。可见，政治上保守的唐烜，其实并不排斥新式法政知识，也谈不上反对司法改革。这样的人当时应

---

① 张德泽：《清代国家机关考略》，学苑出版社，2001，第288、292 页；朱先华：《清民政部简述》，中国第一历史档案馆编《清代档案史料丛编》第9 辑，中华书局，1983，第277、284 页。

不少。同为京官且与唐烜有交往的恽毓鼎对新式法政知识就持开放态度，并有相当了解。光绪三十二年四月，当友人从日本给恽氏寄来新译《法政粹编》17种时，恽就认为"殊有实用"；七月，恽氏在日记中道，他将专攻法律之学，依次学习宪法、民法、刑事诉讼法、民事诉讼法（附裁判所构成法）、国际公法、国际私法；当友人将宪法编成20卷赠给他后，他表示"余须破除各事，尽三五天之力，仔细斟酌。在家苦烦扰，拟逐日到局，专意看书，亦借以研究法学也"。① 从这一角度观察，此时的中国士大夫，已经很少存在完全意义上的守旧者了，"变"成为国人的共识，有别的只是如何变及变之轻重缓急。

晚清时期，废除严刑酷法的呼声不绝于耳。刘坤一、张之洞在"江楚会奏变法三折"中就明确提出"恤刑狱"主张。② 光绪二十八年，清廷任命沈家本、伍廷芳为修律大臣，改订旧律、草拟新法，主要目标之一就是使《大清律例》经改订后能适应新时代的需要。参与修律事业的董康后来回忆说，修改刑律的主要工作为三项：废止凌迟枭示、免除缘坐、废止刺字。③ 简言之，修订《大清律例》的主旨是删除其中的严刑酷法。沈家本等人不时将新拟刑律上奏，清廷让官员们提出意见。身为刑官的唐烜对这些新刑律很关注，光绪三十二年九月十六日，当他看到一位广西官员逐条驳斥新颁刑律的奏折后，认为此折"极有见地，逐件指斥其窒碍不可通者，语意尤周到"。这反向表明唐对清末法制与司法改革持较为保守的态度。值得注意的是，持此类观点的官员应不少，即使是对新旧知识均有了解、视野开通的孙宝瑄，也持与唐烜类似的看法，认为："凌迟之刑，古无有也，始于五代，沿宋、元至今，始一旦除之，甚盛举也！然有穷凶大憝，一人而伤多命，仅断其首不足蔽辜者，似宜留是刑以待之，方满人意。国民程度未进，徒轻其刑，亦无益也。"④ 换言之，刑罚必须与社会、"国民程度"协调，在社会条件未备时，贸然废除严刑酷法未必可取。这足以提醒现代法律史研究者，关

① 《恽毓鼎澄斋日记》第1册，光绪三十二年四月一日、七月六日，第306、321页。
② 苑书义等主编《张之洞全集》第2册，河北人民出版社，1998，第1415~1420页。
③ 董康：《中国修订法律之经过》，何勤华、魏琼编《董康法学文集》，第461页。
④ 孙宝瑄：《忘山庐日记》下册，光绪三十三年十二月二十五日，第1133页。

于清末法制变革中，长期存在的以沈家本、董康等人为"进步"，而以他们对手一方为"保守"的认识，值得重新审视。

与严刑酷法相关的是刑讯行为。唐烜对此持较为开明的态度，认为作为新式审判机构的大理院，应尽量不采刑讯，但事实上，大理院的刑讯并未停止。与唐烜同在刑科第三庭的文需①，就不时刑讯逼供。光绪三十三年三月八日，唐烜"连日睹其举动并裁判各事，仍是昔日病痛，且好用刑责。本日讯拐案，有十六岁龄之女牵连到案，竟两次掌责，予耳语止之"。次日，唐烜入署后，发现文需"已提犯杖责讯供矣"，唐烜为此还到详谳处向许受衡（后任刑科推丞）、周绍昌（后任民科推丞）反映，"谈及各庭讯供是否仍用刑责，两君金言不可"，唐还特别"嘱其至明日知会各庭，俾有所限制，应不至残酷者放手无忌也，两君均诺之"。显然，大理院多数人员在禁止刑讯问题上颇有共识。很快，法部也明令"禁用非刑"，② 但事实上，严刑逼供这套传统时代惯用的审案方法在此后依然延续着。稍后调任大理院"行走"的孙宝瑄，也目睹了大理院刑讯场面，其日记载："观讯囚，倮然而敝衣垢面者，相继引入。俄鞭扑交作，呼声极惨。"③

现代司法注重程序，但此时新的司法程序大体上未付诸实践。光绪三十三年四月一日，唐烜赴东城预审厅，未见所要找的人，但"遇有一债务案，两造均传到，无人讯办，予随唤入讯诘"。既然原被告双方都到了，想必预审厅事先已告知他们，但原被告都到庭了，审案人员却没到，最后由临时出现的唐烜审理。这很可能仅是一件轻微的民事债务纠纷，但也足窥京师基层司法事务无序、散漫之一斑。唐烜所言"随"字，值得琢磨，其与现代司法讲求的"程序"很不协调。

---

① 文需，字济苍，满洲人，据光绪三十三年二月十六日《唐烜日记》记载，"济苍向官刑法员外郎。予在山东司主稿时，渠为帮印，相交颇洽，予丁艰后，渠已调他司掌印。庚子联军扰都城后，设局审判地方词讼，渠在局充委员，有能名。廿九年因案被控查办，得降级处分，后近调入大理院"。

② 《法部禁用非刑》，《北京公益报》第 269 号，光绪三十三年六月二十三日，第 2 版。

③ 孙宝瑄：《忘山庐日记》下册，光绪三十三年十一月二十六日，第 1122 页。

在清代,刑部现审案件绝大多数系徒罪以上案件。原则上,徒流军遣罪案件,由刑部自行审结,死罪案件,须由三法司(刑部、都察院、大理寺)会审。《大清会典》规定,"凡刑至死者,则(刑部)会三法司以定谳",易言之,"罪应斩绞之案,(刑部)会同三法司核拟具题"。① 《大清律例》吏律(同僚代判署文案)条例规定:"刑部遇有三法司会勘案件,即知会都察院、大理寺堂官,带同属员至刑部衙门秉公会审,定案画题。"② 根据参审官员级别,三法司会审可分为"会小法"与"会大法"。长期供职刑部的唐烜,对这些司法运作模式自是熟谙,光绪三十三年八月二十一日,唐在日记中详细载述了三法司是如何会审的,及其在官制改革后是如何演化、消亡的:

> 凡定拟死罪人犯,向来三法司会讯。其制则于刑部定案后,行文都察院、大理寺两衙门,定期会讯。至日,则副宪、少卿各一人至部,部中各堂均到,延入白云亭坐定,呈上各犯供词,按名提犯,跪听书吏在旁朗诵该犯原供毕,即持下,另易一犯,犯皆无言;方带犯时,用两青衣皂夹持之,盖银铛在身,不便行走也。若立决之囚,皆于具奏之前一日会讯,俗名谓会大法。所谓会大法者,以先有会小法也。凡部中罪犯,由本司讯明画供后,即行文都、理衙门,定期会讯。先是本道御史及大理寺丞过部中,在本司阅犯供,提犯上堂,书吏诵供毕,仍会该犯,手画并印记毕,带下收监。若犯人有翻异,则俟两员散去后,重新提讯,必令输服无词,始再发行文,定期另会大约。会小法时犯人间有狡供者,至会大法则不复翻异矣。自去年改官制后,大理院为裁判最高衙门,且系独立,而三法司向来核议会审之制悉废矣。故凡死罪犯,只于各庭画供后即定案拟罪,俟将具奏时,堂官提犯至,诵供如旧式,名为亲提,即奏中所称"臣等覆亲提研鞫"也。

① 《大清会典》第53卷,第1页,转自那思陆《清代中央司法审判制度》,北京大学出版社,2004,第186页。

② 田涛、郑秦点校《大清律例》,法律出版社,1999,第166页。

丙午官制改革主要是一场政治体制改革，但此举已根本变革了传统司法体制，包括三法司会审制在内的许多传统司法模式为之一变。如《清史稿》载：迨光绪变法，三十二年，改刑部为法部，统一司法行政。改大理寺为大理院，配置总检察厅，专司审判。于是法部不再掌现审，各省刑名，划归大理院复判，并不会都察院，而三司之制废。① 政治体制变革之于法制转型的作用，由此可见一斑。

第五节　士风、仕气与司法执业

传统士人多以观风觇国为己任，唐烜也不例外。他察觉到清末士人多刻意求新、求异，且不好读书："近日，论学者皆刻意求新，作未经人道语，又好诋諆前辈，皆不读书之过也"（三十二年八月十六日）；"近十年来，有志者，醉心欧化"（三十三年六月三十日）。士风如此，与士农工商社会结构在晚清的变动密切关联。唐烜观察到，在传统社会中，"士农工商四民各有业，而士独先于四民者，以所操之业尊，而工商者皆待治于士者也"，易言之，在传统四民结构的社会里，士为四民之首，为其他三民之楷模，分配给民众的社会角色是追慕者。但现今状况大变，"后世士风里，假其业往往不足以自达，而有夤缘攀附苟且之行以求快于一时，所谓文章气节扫地尽矣"。作为官僚来源的士人的变化，自然影响到官员与官场，可谓士风与仕气相互作用。唐烜察觉到，"古之为仕者，皆士之业成者也，不患无位，患所以立；今乃自为士之时，即挟一诡遇之见，则士之业，从可知矣，士之业既可知，固无怪今之为仕者，苟可以利达，虽自处于苟贱不廉之地，亦毅然为之也"，故唐感叹："今天下无士矣，仕途安可问哉。"（三十二年十二月二日）

光绪三十二年九月二十日中央官制改革方案确定并公布后，接下来就是各部院机构的重组，人员的去留是官员们的关切所在，一时间人心浮动。唐烜感觉："自改官制之谕旨颁后，朝士多有三月无君之惧。"（十月九日）各

---

① 赵尔巽等：《清史稿》，志一一九，刑法三，中华书局，1977，第4215页。

人无不利用各种门道谋求出路，"各衙门司员鼎沸数月，至今未已。其大力者，则极意夤缘纳贿乞怜，无所不至，总以蹿进而垄断为目的；次者，亦舍旧图新，惟恐不及"。因此，他感叹曰："噫！朝廷方以励精图治为心，乃适成臣下市恩干泽之愿，世风如此，尚忍言哉。"（十一月二十八日）御史胡思敬晚年的回忆证实唐之所言，胡氏说：清末改官制中"奔走小吏夤缘辐辏于公卿之门，投其意向所趋，高者擢丞参，次者补郎员，人不能责其徇私"。①

光绪三十三年一月二十二日晚，唐烜与在畿辅学堂读书的三儿谈论科举、学堂、士风等问题。在晚清，士风日下，一般人皆归咎于科举制度，认为解决之道是废科举、兴学堂："中国士风之不振，论者咸归咎于科举……盖以停科举而专力于学堂，始可渐图自强之基也。"但在唐烜看来，学堂与科举其实无甚区别，他说，"庸知今之学堂，犹昔之科举也"，并对此分析曰："科举之所以弊者，人人皆存侥幸之心耳，暗中摸索一日之长，立致青紫，故往往经史皆束置高阁，只熟读烂墨艺数百篇遂登上第者，并有胸无点墨纯事抄袭亦得入榜者。乡会试之集于京师者，数千大万人，孰不希冀一得哉。幸而得矣，得之者不自知其为幸也。天下多一幸进之人，即少一实学之士。久之，而趋实学者，群笑其迂，亦从而变计矣。"推而广之，农工商者也"各怀一幸心以立于世界中，安得不尽归于败坏耶"。缘此，整个社会风气日渐败坏。

如此士风、仕气明显地表现在唐烜置身其中的司法机构里。唐观察到其所在的大理院刑科三庭同僚多不安所业，心猿意马。光绪三十三年四月二十二日，唐记述道：

> 自予莅任第三庭，庭中同僚共九人。二帮审金冯两君，三录供编案刘范王三君，外有二行走，则闵赵二君。唯冯君系法部旧人，余皆他衙门所调者。然冯君，系由孝廉捐纳到署，在部近十年，每日来庭从未见其著手公事，亦不知其明暗何如。金君，人极聪敏，又西洋毕业生也，

---

① 胡思敬：《国闻备乘》，中华书局，2007，第74页。

唯不习法学，且已经奏留商部矣，渠之来特流览之助耳。闵君，亦孝廉，年少美才，亦兼外城巡警厅差使，不能兼顾。赵君，喜用功，志锐而才敏，然在署兼医官，又兼外城医院功夫，万难久靠。刘范王三君，皆大理寺旧僚奏留者。中唯刘君肯用心趋事，亦果闻其先已报指知府，年内外即想分发出京。范君，人极谨饬，而向习俄文毕业，兼某部翻译官差使。王君，年甚少，文义不甚深造，到署往往略坐辄去。此三庭办事诸僚友之大较也。

唐烜所列同僚中几无人安心任事，这样一群司法官可谓"貌合神离"；不安所业之外，且多为"外行"。唐直言：同僚中的冯、金、闵三人"皆外行，不甚谙律例，以为只可曲法也"（三十三年六月十五日）。由如此人等组成的司法队伍，执业中自然问题百出。光绪三十三年七月，大理院在致法部的公文中把"斩"误写为"绞"，"一字之误"导致大理院与法部又起矛盾。[1] 唐烜对此感叹道：大理院"新设各庭，除正审官外，大半由夤缘而来，或调自外衙门者，或调自京外官者，即法部旧人亦非平素勤事者流，一概茫如故，致此笑柄"（七月二十二日）。一个多月后，唐再言："冯（采臣）君在法部将十年，调院已半载，于日行公事尚不可靠如此，近来人才可知矣。"（九月一日）

这些既外行又不安心审判事务的人员为何会聚集在大理院呢？原来他们所思所图的仅是品秩、缺位，而非审判事务本身。光绪三十三年五月七日，唐烜到大理院，听闻"署中已拟定补署各缺，明日将具奏"，这是署中人员最为关心的大事，唐感觉"阖署人员累月悬望，心旌摇摇，至是欣戚各半"。对此，唐深感失望，说："自去秋改制以来，中外悬望措施，今颓败至此。入其中者，犹日夕营营唯差缺之是求，不得则攒眉缺望，而忘己身之短长优劣，甚至不知律例为作何用者。"七月三十日，唐入署，又得知"堂定奏署推事典簿主簿各缺，共推事六人，典主各一人"，此次拟补推事六

---

[1] 此次因"一字之误"导致的事件，在外间应流传甚广，以致成为官制改革趣闻之一。徐一士著，徐禾选编《亦佳庐小品》，第 291 页。

缺，原拟为胡、孙、冯、涂、欧、林六人，且"已具考语画稿会衔法部"上奏。但这时，大理院少卿刘若曾"将林君衔名撤下"，唐也"不知何意"。鉴于唐与刘的特殊关系，署中诸君都劝唐向刘说项，让林君也能如愿补缺，但刘态度很坚决。在这种情况下，唐烜"大窘汗出如渖，不得已，始正言告诸君，云：'此乃极要公事，安有以私情干者，且用舍进退，堂官自有权衡，成竹在胸，岂能以数语挽回者，不第无此政体，亦徒费唇舌，自取侮辱。'诸君谅之，于是议始罢"。此事虽罢，但让唐感慨仕气之坏："噫！近来专讲速化，凡厕身新署者，皆以升补为捷径，稍有不遂则怨抑形于词色，而职业之能否胜任，固无论也。"唐烜之言可谓道出了司法执业现状的症结所在。

光绪三十三年八月十二日，唐烜听闻"正班简放院推丞之信"，刑科推丞为许受衡，民科推丞为周绍昌。许、周二人前一年"始补主事缺"，主事是六品官，当年就升任四品的推丞，擢升如此迅猛，除本人努力"夤缘"、"大力者"背后运作外，官制改革前后任人无规则、紊乱也是重要的环境因素。对此，唐烜认为：许、周二人的任命乃"乘时藉势之利也"。相比之下，唐烜确实不善于夤缘、钻营。他自道："予通籍以来，从未尝向人营谒。即调大理院后与中鲁不时晤叙，未曾涉及公事一语，中鲁尚知我，亦不以私情相酬答。数月中，如详谳处总核，人皆视为美差（亦其可保推丞也），予则无一念及之。"（三十三年七月三十日）唐烜此言未可尽信，但足见唐颇为清高（或因无奈所致），故当他得知自己也列名补缺名单中，系"正五品"时，表现出来的是"一笑置之"（三十三年五月七日）。史载唐烜其人"性沉默，深自韬晦"，[1] 考诸史实，应大体不差。据《恽毓鼎澄斋日记》记载，唐、恽最迟应在光绪三十三年即有交往，[2] 但直到民国三、四年，恽才知道唐"学问博雅，闭户吟哦，世鲜知者"。[3]

---

① 马保超：《河北古今编著人物小传》，河北人民出版社，1991，第343页。
② 《恽毓鼎澄斋日记》第1册，光绪三十三年三月二十七日，第349页。
③ 《恽毓鼎澄斋日记》第2册，1915年7月22日，第741页。

作为一名晚清京官，唐烜对丙午官制改革十分关注，因为事关自己切身利益及未来出路问题；作为一位刑官，面对伴随这场官制改革而来的司法变革，唐烜除有意识了解些许新式法政知识外，在多数情况下，他是被动接触新近引入的司法制度的。例如，对诉讼分别民事、刑事案件，依新订诉讼法，民事诉讼中原被告两造均立而不跪等审案方式，他颇感不适，这反向说明，唐烜多半是被动接受新式法制与司法模式。虽然由于现存的唐烜日记时段较短，无法从较长时段考察唐烜的变化，但基本可以肯定，唐烜主动因应这场司法变革的心理与举动不多。缘此，亦可推断，官制改革后，已身为现代、新式推事的唐烜，总体上仍不出传统、旧式刑官的范畴，其知识主体依旧是传统律学，而非现代法学，司法推理、审案方法也变化无多，变化最大者，莫过于身份与官名——从刑官变为推事。

政治体制的变革与新式司法制度的引进，产生了"新式"司法官，其实这只是职业身份的变化，可在短时间内完成，而实质上的转变则是渐进的、缓慢的。历史变迁往往如此，即使在过渡时代或激变时代，也常常如此：制度的移植能在短期内完成，但操作此制度的人员依然是旧式的、传统的，或新旧参半的。

就个体生命而言，唐烜有其特殊性。他为进士出身、高学衔者，在刑部当差多年，勤勉有加，大体可算合格的刑官，且为实缺官员。在丙午官制改革中，实缺人员相对容易获取新官缺，因此，唐烜在调往大理院后，很快就成为正五品的实缺推事。[①] 唐烜个体情况也具有相当的普遍性。在清末司法改革第一阶段中[②]，新式司法官群体（尤其是大理院和京师高等审检厅）多为拥有传统功名者，且高级功名者比例很大，特别是大理院，进士者占实缺

---

①　前文曾述，清末在新设衙门升迁较为容易，证诸唐烜个体情况，也大体成立：光绪三十二年唐烜为刑部从五品员外郎，调任大理院后，三十三年即升任正五品推事。
②　若从司法人员结构变化角度观察，大体可以宣统二年第一次全国规模的司法官考试为标界，把清末司法变革分为前后两阶段，第一阶段是光绪三十二年至宣统元年，宣统二、三年为第二阶段。

推检人员总数的近一半。① 与此相对，那些候补候选人员在此次改制中，压力更大，变数也更大，他们更多地需要靠"夤缘""奔竞"等常规制度以外的途径才能谋求新缺。毋庸讳言，清末整体的官员选任规则的败坏、人事制度的紊乱，加大了官制改革中人员变动的可能范围，也加剧了"夤缘""奔竞"之风。

丙午官制改革是清朝体制内的改革，对类似唐烜这样的体制内人员而言，虽事关切身利益，但多半是职位官缺的变动，失去饭碗的可能性不大，仅是饭碗里饭菜多与少的问题。五年之后，辛亥革命爆发，清廷倾覆，政权更迭，中国从帝制走向共和、从帝国嬗变为民国，使他们面临真正的威胁，很多人失去饭碗。民国元年，现代中国的首批司法官面临着历史的抉择，留任还是去职？唐烜最终选择了去职。他在赠别法曹僚友的诗中吟唱："华清宫畔人初散，王谢堂前燕别飞。"② 心境略显悲凉与感伤。去职，多半是没得选择的选择。

---

① 详见本书第三章"制度变革与身份转型：清末新式司法官群体的组合、结构及问题"。
② 唐芸海：《虞渊集注》，第9页。

第二章 "新人"如何练就：清末一位留日法科学生的阅读结构与日常生活

　　清末留日学生，在以后的历史叙述中，往往被视为"新人"，以区别于传统科举制度下产生的"旧人"。这里就存在一些值得细究的问题，如"新人"是如何"新"的，"新"的程度如何，新旧之间如何承续与转变，等等。

　　学界对清末留日学生的研究，历时多年，成果累累；[①] 对于其中的法政学生，也有不少成果问世。[②] 不过，既存研究多半集中于人数规模、籍贯来源、群体结构、课程设置等层面，论题也以法政速成科为多。[③] 无疑，对这些问题的讨论是必要和有价值的。若要将该论题引向深入，尚需探究的问题仍不少，例如，法政学生如何学习、阅读何书、生活状况如何，以及由此形

---

① 相关成果很多，重要者有：舒新城《近代中国留学史》，中华书局，1927；黄福庆《清末留日学生》，台北，中研院近代史研究所，1974（2010年再版）；林子勋《中国留学教育史（1874～1975）》，台北，华冈出版有限公司，1976；实藤惠秀《中国人留学日本史》，谭汝谦、林启彦译，三联书店，1983（北京大学出版社，2012）；李喜所《近代中国的留学生》，人民出版社，1987；王奇生《中国留学生的历史轨迹（1872～1949）》，湖北教育出版社，1992；沈殿成主编《中国人留学日本百年史》，辽宁教育出版社，1997；章开沅、余子侠主编《中国人留学史》，社会科学文献出版社，2013；等等。

② 郝铁川：《中国近代法学留学生与法制近代化》，《法学研究》1997年第6期；王健：《中国近代的法律教育》，中国政法大学出版社，2001，第二章；浦依莲：《二十世纪初中国留日学生的法政教育》，许苗杰译，法国汉学丛书编辑委员会编《法国汉学》第8辑，中华书局，2003，第250～284页；裴艳：《留学生与中国法学》，南开大学出版社，2009；等等。

③ 关于日本法政大学法政速成科，学界已有较多研究，如贺跃夫《清末士大夫留学日本热透视——论法政大学中国留学生速成科》，《近代史研究》1993年第1期；翟海涛《法政人与清末法制变革研究——以日本法政速成科为中心》，博士学位论文，华东师范大学历史系，2012；朱腾《清末日本法政大学法政速成科研究》，《华东政法大学学报》2012年第6期；等等。

成的知识结构与思想状况如何，这些是否足以将其造就成"新人"，等等。本章无力全盘解答这些问题，仅从个案角度试做初步探究。

本章利用的主要史料为黄尊三日记。① 该日记名《三十年日记》，始于光绪三十一年四月，终于民国十九年十一月，分为四部：第一部分自光绪三十一年至民国元年，为留学日记；第二部分，自民国元年至民国十三年，为观奕日记；第三部分，自民国十三年至民国十七年，为修身日记；第四部分，自民国十七年至民国十九年，为办学日记。② 黄氏自述："其实四部即为一部，性质上实无分之可能，兹特为分之者，不过借便观览耳"，"本日记记事，多注重个人修养方面"（凡例）。关于日记之目的，黄氏在自序中言："易曰：'天行健，君子以自强不息'，日记之作，意在斯乎？"即日记之作，目的在于督促自己，供修养之用。为该日记作序的近代湖南名流周震鳞，谓黄乃"笃信谨守之士"，"用写日记，以自克责"（序言一）。综观黄氏日记，确实可谓一部修身日记。③ 这或许就包含一定的"示人"成分。特别提醒的是，该日记在著者生前出版，付梓之前，应有不少删改；日记中也有编改此前日记的记述，如1927年前后"编留东日记"，后世研究者当注意及此。但这对该日记的史料价值来说，总体上影响不大。

---

① 黄尊三（1880~1950），字达生，湖南泸溪人。早年就读于湖南高等学堂，光绪三十一年由湖南官费赴日留学，就读于宏文学院、正则学校、早稻田大学预科，宣统元年考入明治大学法科。武昌起义后短暂回国参与革命，不久再度赴日完成学业。1912年7月回国，先后执教于江汉大学（武汉）、中国公学（上海、北京）等校，并任北京政府内政部佥事、（编译处）编译等职。1927年南京国民政府成立后，执教于民国大学（北平），任总务长。1931年九一八事变后，携眷南归，先后任教于湖南辰郡中学及省立四中、泸溪简易师范学校。1950年7月于泸溪病故。上述生平简介，根据黄氏日记，并参考湖南省泸溪县志编纂委员会编《泸溪县志》，社会科学文献出版社，1993，第571~572页。

② 黄尊三：《三十年日记》，湖南印书馆，1933。事实上，黄尊三日记应该延及晚年，见《黄尊三日记选载》（即1935年日记），中国人民政治协商会议湘西土家族苗族自治州委员会文史资料研究委员会编《湘西文史资料》第3辑，1984。其他年份日记不知现存何处。

③ 日记、日谱等在中国文化中有着悠久历史，修身日记在宋明理学中颇具传统，明清以降，尤其是明代中晚期阳明学盛行之后，修身日记大量涌现。相关研究详见王汎森《明末清初的人谱与省过会》《日谱与明末清初思想家——以颜李学派为主的讨论》，《权力的毛细管作用：清代的思想、学术与心态》（修订版），台北，联经出版事业股份有限公司，2013，第227~340页。

相对而言，既存对留日学生思想状况的研究，多从相关报刊中所发表的言论文本中去挖掘探求（包括一些忆述资料），甚少从学生们当时的阅读中去考究。其实，个体的阅读吸收、知识构成与思想变化互动相生，关系极为密切。若能从这一角度着眼，比静态的分析言论文本，更能拓展近代新式知识人思想文化的研究视野与空间。本章主要利用《三十年日记》中的第一部，即留学日记，自光绪三十一年起至民国元年（其他部分日记，另文详述），记述了黄氏留日期间的读书求学、社交应酬、文化活动及日常生活等内容，是清末留日学生为数不多的较为完整的日记史料，[①]似为法科学生中仅见，价值颇高。从事清末留日教育及相关问题研究者，对该日记应不陌生，日本学者实藤惠秀在《中国人留学日本史》第三章中摘录利用过该日记，且将该日记翻译成日文；[②]其他相关主题的论著也有零星利用，但完整、系统利用者似不多见，尚存进一步申论之处。[③]实际上，若转换研究视角，从阅读、生活角度着眼，该日记无疑为了解留日（法科）学生知识结构、思想状况，如何成为"新人"等，提供了史料基础。

晚清时期，出洋留学渐成时代潮流。日俄战争后，赴日留学勃兴，赴日人员犹如"过江之鲫"，成千上万，黄尊三即此中一员。光绪三十一年四月，湖南巡抚端方选派湖南高等及师范学堂甲班生约六十名，以官费遣送日本留学。黄为湖南高等学堂甲班生，在选送之列。这时，从留日学生人数上看，风气尚不及沿海省份开通的湖南，反而位列全国前茅。[④]

---

① 黄尊三留学日记，虽然下限延至民国元年，但整体而言，可视为一部清末时期的留学日记。

② 实藤惠秀：《中国人留学日本史》（修订译本），谭汝谦、林启彦译，北京大学出版社，2012，第103~119页；黄尊三：《清国人日本留学日记：1905~1912》，实藤惠秀、佐藤三郎译，日本东方书店，1986。

③ 以笔者目力所及，相关成果有：郭斌《黄尊三的留日活动初探》，《北方文学》2010年第3期；范铁权《黄尊三留日史事述论——以黄尊三〈留学日记〉为依据》，《徐州师范大学学报》（哲学社会科学版）2012年第4期；杨瑞《辛亥变局与留日学人心态裂变——以湘人黄尊三心路历程为个案的考察》，《史学月刊》2013年第10期。上述郭文仅千余字，过于简略；范文、杨文与本章的视角不同，所论自然有别。

④ 据1905年2月中国留日学生会馆的调查统计，中国18省中，湖南留日学生人数位列第二。见《教育时论》第731号，明治38年8月5日，转引自日本法政大学大学史资料委员会编《清国留学生法政速成科纪事》，裴敬伟译，广西师范大学出版社，2015，第216页。

第一节　难过语言关

　　留学需过语言关。对很多留学者而言，最难过的也是语言关。赴日之前，黄尊三就读的湖南高等学堂，原为湖南时务学堂，赵尔巽抚湘时，改名为高等学堂，招各县高才生数百人，课程设置方面"注重理化、算学、英日文"（光绪三十一年四月十日）。[①] 可见，赴日前，黄已有一定的外语基础；[②] 赴日途中，仍不断"练习日语"，且有不少心得："看日本文，初看似易，仔细研究则甚难。"所用教材为梁启超编著《东文入门》二册，黄认为该教材"最便初学"，在高等学堂时就曾加以研究，其中"不了解者甚多，拟至东京后，加工学习"（五月十日）。抵日后，黄首入宏文学院，地处日本北丰岛郡之巢鸭，完全为一乡村地区，专为中国留学生而设，具有普通中学之性质，注重日语与普通学科，为将来考入高等大学之预备，"因中国学生，大抵缺乏普通科学，非补习之，不能求高等专门学问。普通中学外，另有师范班，为年长之留学生，及中国官吏短期学习而设"（五月二十四、二十七日）。开课第一天，"教日本字母二十五个"（五月二十九日）。接下来黄日常生活安排基本是"上午习日语，下午阅报"。环顾此时留日学生，绝大多数是在类似的注重语言学习、具有预科或速成性质的学校中就读，据1905 年《朝日新闻》报道：中国留日学生共 2731 人，其中弘（宏）文学院1100 人，振武学校 305 人，法政大学速成科 295 人（正科仅 1 人），成城学校 151 人，同文学校 148 人，经纬学堂 139 人，进入日本著名高等学府者寥寥无几，东京帝国大学 5 人，京都帝国大学 2 人。[③]

　　除日语外，当时日本很多学校对英文也有要求，列为考试科目。初抵

[①]　文中所引黄尊三日记，时间一般是光绪三十一年至民国元年，凡在正文中已经说明时间的，不再另注；若正文未说明，则在文后用括号注出。黄尊三留学日记，光绪三十三年正月初一日之前以农历纪年，此后用阳历，本书与此一致，不做统一处理。

[②]　相对而言，自费生外语基础不及官费生，光绪三十年自费赴日留学的谢健，"日语毫无基础"。谢健：《谢铸陈回忆录》，台北，文海出版社，1973，第 22 页。

[③]　《朝日新闻》明治 38 年 8 月 7 日，转引自《清国留学生法政速成科纪事》，第 216～218 页。

日本，黄对是否学习英文，尚有疑虑。同学们打算开设英文夜班，邀黄参加，黄认为自己"东文尚未成，若再习此，恐无一得"，遂婉拒之（八月二日）。十月、十一月，因为"取缔规则"事件（详下文），很多留日学生回国，黄也归国。次年三月，黄再赴日，即入正则英语学校，该校为"日本唯一之英文补习学校"（光绪三十二年三月二十三日）。显然，黄意识到学习英文之重要性，"欲强中国，在输入东西文化，然文化多从书籍输入，非熟习外国文，无从看东西新书，故进正则学英文，即为看东西书籍之预备，为输入文化之先声"（三月二十四日）。其实，这也是很多留日学生的共识，入正则学校学习者"人山人海"（三月三十日），可以为证。

除课堂学习外，黄意识到可通过多种途径提高外语水平，如参加演讲会、聘请日人教授补习、阅读翻译报刊书籍等。赴日不久，黄就认识到："以后凡有演说，必当去听，盖借此可以增长见识，并练习日语。"（光绪三十一年八月十五日）次年闰四月三日起，黄聘请一日人"每晚教日文日语一点钟"，因为"余之日语文，程度不足，非补习不能考学校"。月余后，即五月十三日，黄"定《朝日新闻》一份"，一方面是因为该报"议论平正，材料丰富，闻每日发行四五万份。为日本新闻中最有价值者"；另一方面是想通过阅报，提升自己日文水平。五月十九日，黄开始"转译日本历史"，原因是"余学日文，将近一年，稍有所得，故取此学译之"。虽然学习日语近一年，但程度并不够，七月二十三日黄参加一讲演会，尚不能听讲，故遗憾曰："余虽学日语一年，然程度颇低，不能听讲，以后非力学不可。"

这时，黄已办理了早稻田大学留学生部普通预科手续，按学校课程设定，一年卒业，升入特别预科；半年毕业，升入高等预科。这条途径是可以免考的，但时日较长。一些程度较好的同学，就直接报考高等预科，这也让黄甚感郁闷，"因入学校学普通，空掷一年半光阴，颇为懊悔，然已履行入学手续，不便退学，只有忍耐而已"，同学中有二人在正则英语学校补习，"拟考高等，余对考试，亦无把握，为免考试计，不能不牺牲一年半光阴"，只能以"随遇而安"安慰自己。七月二十四日，早稻田大学普通预科开学。

但黄并不死心，在用功准备半年后，还是参加早稻田大学高等预科考试，科目为"英文翻译、英文法、作文、日文、历史、算术，而尤注重英文"。黄自估"余英文答案最下，料无录取希望"（1907年4月3日）。果不其然，五天后，考试成绩发布，黄因为"英文不及格"，不获取录，仍在普通班。显而易见，黄的英文程度不够，尚需补习，故其计划暑期"仍入正则，补习英文"（7月5日）。

对日语、英语的学习，贯穿于黄氏留学生涯的日常生活中，即使在紧张备考时期，亦是如此。1907年3月18日，黄正准备应考，还特别在日记中记述："伟人格言，必按日译录，不可间断。"4月2日记："日来一面上课，一面预备高等预科，故甚忙，除每晚译一二格言外，不作别事。"黄氏留学日记也是一部修身日记，日记中几乎每天都抄录伟人格言事迹，并将其翻译成英文、日文，由此，黄将学习外语与修身养性结合起来。1908年2月1日，为旧历除夕，黄记述："伟人日记格言，于昨日完成，其中除孔孟之格言外，欧西伟人之言为多。为得全意故，不计文之修美，参照英日文，字字译释。其中错误，固所难免，然大体或者不差，区区百余条，补益于我之身心实多矣。"学习外语、修身、日常生活统合为一。1908年7月5日，黄"上午看英文，《莎翁文集》《鲁滨逊漂流记》；下午练习日文日语；灯下作英文日记"；次日起，"每日写英文日记，即先成中文，再译成英文"。学习外语，如此日复一日，贯穿黄之整个留日生涯。

因个人天赋有别，学习外语成效差别很大。对黄而言，虽投入极大精力学习外语，但效果未必佳。黄在赴日将满四年之际，1909年4月7日记述："虽日夜忙忙，仍是预备时期，尚未入学问门径。每日为日英文，占去时间不少，而语言学重记忆，与余性颇不相宜，余性喜思考与情绪，视机械学如仇敌，故虽日日用工，而成绩不见。然亦只好忍耐而已。"两个月后，黄又感叹："每日白日上课，晚上温习，耗精力于外国文字者大半，无暇看中国书。虽心所不欲，然为入大学计，不得不由此经过，英文字典，翻破两本，可见日在机械中讨生活也。"（1909年6月8日）不难看出，黄本不喜亦不擅长学习外语，仅为"入大学计"而硬着头皮学习，这样不仅效果不佳，而且深感痛苦。次年 12 月 11 日，黄还自叹："出洋留学以来，日为语言文字所困。"在语言方面如此费时费力且效果不佳，自然影响了黄在其他方面的求学。幸好，功夫不负苦心人，经过六七年的勤学苦练，到 1911 年前后，黄的外语水平有较大提高。1911 年 2 月 5 日日记中，黄罗列了各种学科功课表后，自道："欲求科学上专门学问，非外国文字成功，多看外国书不可。日本科学书颇少，一专科不过二三种书，两月工夫，就无书可看了。读书要能供献于社会，方有实用，以后拟选择一二名著译之，以为供献之初步。"这时，黄已经可以主动地翻译外文书籍了（此前多为被动翻译）。有此语言基础，为其学习专门之学提供了条件。

第二节　学习法科

从职业而言，黄尊三可谓"法律人"。但黄氏走上法科之路，则是包括黄本人在内未曾预料的，其中包含很多无奈。早在赴日之初，黄就想过将来所学之专业，光绪三十一年九月六日记："伏枕思维，将来普通毕业，究学何科，考何校，工业固佳，似近于机械，与本性不宜，他科一时又不能决定，反复筹思，不觉睡去。"黄留日第一年在宏文学院、正则学校，几乎全部时间精力都花在外语上；光绪三十二年七月进入早稻田大学普通预科；年余后，1907 年 9 月进入特别预科；半年后，1908 年 3 月升入高等预科；又经过一年多学习后，在 1909 年 6 月进入大学部考试中，可惜未通过："今日发榜，余不及格。"（1909 年 6 月 28 日）接下来怎么办？

当日，友人建议黄"另考明治大学法科"，但黄认为"余于法律素不嗜好"，碍于情面，黄只能"姑应之"。接下来一个月时间里，黄内心非常痛苦，7 月 17 日记："此一月内，无事不想，无时不忧，身虽坐明窗净几中，而心如在阿鼻地狱……是日炎热极，午睡醒来，无端抑郁。"7 月 23 日，友人来访，又言及学校事，黄曰："立教大学文科，与余性相近，拟试考；若不取，再考明治大学。"此时，黄还无法下决心，次日，他还至独乙语（即德语，引者注）学校及音乐学校取章程。就在这时，友人罗百仓劝黄不可入立教大学，① 理由是"该校专为传教而设，以进明治为上"，又劝黄"不必定学文科，以文科之效迟而狭，不如法科之效速而且广"，且言"法律乃现世一门大学问。坐而唱学说，起而办国事，皆无不可"。黄觉得罗氏所言有理，周围的多数友朋也认为入读明治大学为妥。黄乃处事犹豫之人，多数友朋意见对促成其应考明治大学法科应有很大作用。应考早大落榜，明大法科又非所愿，自然影响此时黄的心境，27 日黄至"料理馆，沽酒一瓶。且饮且看桌上时报，无一快人意事"，心情不佳也勾想起了许多家国往事："自戊戌变政，至今十有余年，所办之事，无一可观，正如我自游学以来，无一成就。岁月已逝，国事日非。"

接下来，报考明治大学法科较为顺利。1909 年 9 月 1 日，黄询问明大试验事，4 日报名，8 日试验。13 日黄至明大看榜，未得结果，顺便拜访了当初建议自己报考明大的友人罗百仓，罗言："求学之道，年愈久则学自愈深，多读几年书，较回国混事，其佳固不待言。四年光阴，转瞬间耳，后日归国，欲再求学，不可得也。"黄认为罗氏所言"有至理，开余心胸不少。余当时决计照办"。17 日，黄得知明大考试结果发布——自己被录取了。23 日，黄办理明大入学手续。一桩心事终于了却，故 24 日记："学校定局，心中亦稍安"。25 日，明治大学开课。换言之，在赴日四年多之后，黄终于开始学习专业知识。

1909 年 9 月 28 日，黄读《印度法》，这是日记中第一次记载阅读法律书籍。数日后，又阅《法学通论》（10 月 3 日）。在学校、专业确定的情况下，黄之日常生活也在"课事如恒"中度过。在理性认识上，黄明白"法律为改良社会，维持风俗之要素"，是国家所需的学问（1910 年 1 月 1 日）。但学习法律，对黄而言，并非兴趣，也不合性情，是不得已的选择，故学习

---

① 立教大学（志成学校）为美国圣公会所派威廉姆斯主教 1874 年在筑地设立的立教学校，后改称立教学院。总理塔克为让中国留学生接受基督教化，且作为日本学校预备教育，向传道局申请设立新校，并获许可与帮助。明治 39 年（1906）4 月，将学校设在学院内。主事为越石乙太郎（台湾长老教会中学校教师），在小田原町设置寄宿舍。明治 41 年末，有学生四十至五十名，持续至大正 2 年（1913）。参见《立教学院百年史》，昭和 49 年，转引自《清国留学生法政速成科纪事》，第 263 页。

过程中不免纠结与痛苦。1911年1月18日记："每看法学书，觉苦于干燥"；次日记："本日读法律书，初觉讨厌，久之亦觉有味"；2月13日记："是日忽思由法科改政科，以法科大半为法律，与自性不甚相宜，故研究亦少进步，转念入法科已二学年，今又改动，殊非所宜，遂作罢。"可见黄的纠结与痛苦。当然，也谈不上排斥，在没有其他选项的情况下，也勉强可以接受，似乎有点"先结婚，后恋爱"的感觉。

在广博的学问与专精的法科之间，学问的有用与无用之间，黄亦不时纠结。1910年11月8日记："学问一途，浩如渊海，虽举毕生之力，无有举世间之一切学问，尽行穷究。若不量自己之才能，审当今之时事，就其中选择一二，为将来应用之地，则如是泛泛研究，恐卒业而归，无一门稍有把握，所失莫大焉。今姑就余平日学校所习者，选择数种，精以研之。"在黄看来，最为重要者，以下三门——国际公法、宪法、经济学，必须精研。月余后，黄又琢磨此事，"转瞬卒业，将何以贡献祖国？""吾人之志愿，不外欲举所学，归而见诸施行，然古今东西之学问无穷，吾人之才能有限，既不能尽学，自必选择数种，于吾性之相近，及祖国之所急需者学之。今日第一急务，要为宪法；次行政法；次国际法。"黄认为这三门学问"乃救国之要具，不可不特别注意及之也"（12月11日）。显而易见，在学习过程中，黄不断思考习法之用何在，且认为所学应当以"吾性之相近"与"祖国之所急需者"为出发点。需特别注意的是，黄前后开列的两份重要学科名单，除经济学外，[1] 就法科之中，如宪法、行政法、国际（公）法，全部属于公法。[2] 可见，在研习法科一段时间后，黄对国家结构与组织、权力分配与运行、公共领域、国家之间关系的关注。

学习法律，尤其侧重公法，为黄对自己国家与国际问题提供了知识背景与解释力。1910年底至1911年初，黄在研读宪法，日记显示他几乎天天"看宪法"。1910年12月14日，黄与（已被日本吞并的）韩国人李德奎交

---

① 1909年7月24日记，"余性与商业不近，不可学"，可见黄对经济学不甚感兴趣。

② 在欧陆法系中，法律主要分为公法和私法。公法是规范国家和人民之间关系的法律，如宪法、行政法等；私法指调整平等的民事主体之间的法律，如民法、商法等。日本法制改革即移植欧陆法系。

谈后，感觉"李君乃一青年志士，其言颇有亡国之痛，惜其知识缺乏，昧于世界大势耳"。易言之，缺乏现代知识不足以救国。在黄研读宪法期间，1911 年 1 月 6 日记："余对上杉之主权解释，殊不为然。日本宪法，固君主国宪法，而上杉又官僚之学者，勿怪其然。"此处所言"上杉"，即上杉慎吉（1878～1929），① 为日本一位推崇军国主义的宪法学者，曾留学德国，他不满西方民主宪法，对《大日本帝国宪法》进行绝对主义解释，强调天皇神的地位，主张"天皇主权说"；② 这与日本另一位宪法学者美浓部达吉的"天皇机关说"之间形成激烈交锋，不过学界与舆论界大多数是支持美浓部达吉一方的。③ 宪法之后，黄开始研读国际法（尤其是国际公法），1911 年 2 月 7 日记："日来读国际法，于主权二字，颇有领会。"这自然而然联系到自己国家主权现状："我国名为完全主权国，实则一不完全主权之国家，任人保护，任人租借，任人协调，所幸对内主权，尚未完全落外人之手，若再并此而失之，虽不瓜分，亦不国也。"由此可见，国际法乃有用之学。24 日，黄写道："读国际法，能养成国家观念，知主权之不可丧，而领土之不可侵。余读是法，竟于中国之领土主权，生无限悲观，因中国之领土主权，皆不完全故也。只可谓之不完全主权国。"显而易见，学习了这套现代法科知识后（尤其是公法），黄对自己国家的现状更生悲愤。从这点看，黄有别于前述那位"知识缺乏，昧于世界大势"的韩国人李德奎。

第三节　日常阅读

如前所述，除了花费大量时间与精力在外语（尤其是 1905～1911 年）、法科讲义（尤其是 1909～1912 年）上之外，黄尊三日常阅读何书？根据日记，笔者整理如表 2－1 所示。

---

① 1910 年 9 月 26 日日记显示，上杉慎吉在黄尊三就读的明治大学法科第二学年课程中教授《行政法》。
② 成春有、汪捷主编《日本历史文化词典》，南京大学出版社，2010，第 399 页。
③ 王天华：《国家法人说的兴衰及其法学遗产》，《法学研究》2012 年第 5 期。

表 2-1 黄尊三日常阅读目录

类别		题名	备注
古书	文史	水浒传、西厢记、随园诗话、红楼梦、吴梅村诗集、陶渊明诗、燕山外史、聊斋、白香词谱、桃花扇、徐州莲花漏铭(苏轼)、花月痕、张舜民词、辛幼安词、滕王阁赋、杜诗、离骚、左传、汉书(报任少卿书)、后汉书(光武列传)、山阳诗、唐诗、通鉴	
	修身	陈白沙先生集、明儒学案(阳明学案)、韩愈文集(五箴并序、送孟东野序)、曾文正公集(日记)、宋元学案、行己箴(李翱)、西铭(张载)、孟子、大学、指南录、吕语集粹、王荆公集、书经(尚书)、庄子、出师表	
	其他	舆地	
新书	中国	东文入门(梁启超编著)、天演论、植物学、德育鉴、心理学、饮冰室文集(学术类)、谭浏阳集(谭浏阳诗集、莽苍苍斋诗、道吾山诗)、光绪政要	
	日本	日本历史(日本史，译)、博物学(译)、成功论、白鸟集、不如归、自治要义(译)、自治精髓(译)、西洋历史(译)、福翁百话(福泽谕吉作品)、货币论(译)、梧窗漫笔、历史、欧美自治、日本小说	译，为黄尊三翻译
	其他	泰西学案、鲁滨逊漂流记、基督新约全书、加富尔传、培根文集、伊苏普传、莎翁集(汉姆莱特传)、海科蓝开特之诗集、布兰克集、文学史(英文)、英文小说	
报刊	中文	新民丛报、民报、复报、时报、汉风、国风	
	外文	朝日新闻、燕尘(日人在北京所办杂志)、泰晤士、一等国、成功、太阳、国家学杂志、英文周刊、英报	
法科		印度法、法学通论、经济学、民法(债权、物权、继承)、约章大全、宪法、刑法、国际法、行政法、国法学、中国宪法大纲、宪法大纲驳论、票据法、海商法、国际私法、保险法、财政学	
其他		女子教育、满洲最后之处分、革命党讨清檄文(一纸)、修养与研究、英雄传、英雄崇拜论、命运观	

注：表中类别仅是为便于分析而采取的简单分类，未必恰当周全，例如，将黄尊三阅读书籍分为古书与新书，事实上很难如此截然两分，晚清士人孙宝瑄就说："以新眼读旧书，旧书皆新书也；以旧眼读新书，新书亦旧书也。"(孙宝瑄：《忘山庐日记》上册，光绪二十八年四月二十八日，第526页)

　　由表 2-1 可知，除了外语与法科讲义之外，黄尊三日常阅读书籍，大体可分为古书与新书两类，二者数量相当，但黄阅读古书时流露出来的认同感超乎新书。古书主要有两部分——文史类、修身类，这也从侧面说明黄是一位感情细腻又注重养性之人，方志记载黄"生性沉静，不谙政治，喜读书吟诗，国学素养高深"。①

　　文史类书籍，以小说居多，如《水浒传》《西厢记》《红楼梦》《聊斋》等，日记中显示黄多次阅读，大多属"消遣"性阅读。关于《红楼梦》，光绪三十一年五月六日，尚在赴日途中的黄指出：世人对此书有不少批评，或称为言情小说，或称为家庭小说，或批为"诲淫"，但黄认为："红楼实可谓一部醒世小说，以佛之真理，揭人之妄情，始于至情，终于无情。"一年后，黄还认为："人以红楼为言情，吾则作哲学观。"（1907年2月23日）《水浒传》，黄也甚是喜读，认为此书"笔墨非常简洁老当，梁山泊上英雄，非甘心作盗，实朝廷用人不当，有以激成，故国家行政，欲求弭盗，贵在得人"（光绪三十一年四月三十日）。《聊斋》，"虽文章小品，而典丽风华，叙事亦简洁老到，寓劝惩于风月，诚小说中之不可多得者"（光绪三十一年十月十九日）。对《西厢记》则赞美曰："西厢之词，真千古传奇妙笔。"（光绪三十一年五月二日）《桃花扇》，"该书以词曲妙品，传儿女私情，然处处寓意国家兴亡，痛山河之变迁，作渔樵之佳话。一部伤心史"（1908年7月14日）。当然，黄所读文学作品，并非均为其喜欢之作，如《花月痕》，该书为清人魏子安所作小说，是继《红楼梦》后又一部长篇言情小说，为后来鸳蝶派之滥觞。黄虽也多次翻阅该书，但"觉命意不高，多文人牢骚语，穿凿亦其简单，不耐思味"（1909年4月3日）。事实上，这些文学作品，在晚清民国拥有广泛的读者群，与黄尊三差不多同时留日的宋教仁、朱希祖、钱玄同等人，在日记中也多次记载阅读这些作品。②

　　除文史书籍外，黄尊三阅读修身书籍也很多，其中，黄费时最多者当

---

① 湖南省泸溪县志编纂委员会编《泸溪县志》，第571页。
② 刘泱泱整理《宋教仁日记》，1906年9月19日，10月6、7日，中华书局，2014，第229、251、252页；朱希祖：《朱希祖日记》上册，1906年1月1日、3月22日，中华书局，2012，第1、22页；杨天石主编《钱玄同日记》上册，1906年2月20日、7月6日、9月10日、9月11日，北京大学出版社，2014，第22、51、57页。对这些文学作品，主观立场不同的人观感自然不同，与黄尊三颇有往来的湖南同乡、此时已是革命者的宋教仁，在阅读《红楼梦》第21卷后，感觉"除写恋爱嫉妒之情外，无他文字，甚觉其平云云"；读至第33卷，"无甚趣味，但见中国家庭教育之野蛮而已"。

属王阳明与曾国藩之文字。与朱熹等"圣人"型传统人物相比，王、曾则属"豪杰"型之楷模，在内忧外患、追求富强的近代中国，更易于为士人所宗。因 1905 年 11 月"取缔规则"事件，黄曾回国数月，再次赴日后，注意研读阳明之学。光绪三十二年三月二十四日记，"灯下静坐，念此次重来，一切外物及幻想，当根本铲除，专心向学，求学必先立志，志行不高，学来亦无用处"，黄认定"阳明良知之说，乃为学之根本"，据其在日本的观察，阳明学说，"日本学者，多提倡之，且用为改造人心之具"，国人不采，殊为可惜，黄自觉"吾人求学海外，固杂得新知识，而本国固有文明，更当注意"。月余后，黄购买《王阳明学案》，"于灯下读之，阳明主张知行合一说，而尤重在行，以知而不行，同于不知，则非真知，唯真知为良知，良知则必能行"；由于黄对理学"素欠工夫"，故阅读此书，不能十分了解，自想"以后当细心研究之"。再次对阳明学说"墙里开花墙外香"、中国人不讲求的状况感慨："闻日本东乡，及乃木大将，均笃信阳明学说，东乡有一生低首拜阳明之句，日本汉学之士，信之尤笃，并以之为国粹，采入教科书，我中国人，反不讲求，殊可愧也。"（光绪三十二年五月十九日）数日后，"读阳明学案，觉津津有味，放心为之顿收"（五月二十一日）。实际上，阳明学说在近代士人中影响广泛。与黄颇有往来的湖南同乡宋教仁也经常阅读阳明之书，宋在日记中记载："吾思阳明先生之书共二十余册，其间精要者，皆散见各帙，余以前读时或随录之于日记，拉杂无次弟，难得要领，遂拟以后当用另册择要录之，将来要随时体验时，亦免散乱也。"① 由此可见，宋教仁经常阅读阳明之书，甚是喜欢，颇有体悟。

1908 年 4 月 5 日，黄读《曾文正公集》，认为曾"一生学问，得力于恒字、平字居多"。数月后，黄购买《曾文正公全集》，"于灯下细阅，觉趣味横生，与吾志意甚相契合，猛然醒悟，立誓重新为人，除去一切邪念、妄念、怠念、利禄念"。当阅读曾氏家书时，觉其"骨肉手足之情，笃厚逾常"（1908 年 8 月 4 日）。此时，黄为功课学业所累，内心烦闷，转而拜读

---

① 刘泱泱整理《宋教仁日记》，1906 年 2 月 9、10 日，第 128 页。

湘乡之书，求助于心性之学。次日，黄赓续阅读曾集，甚是服膺曾氏读书之道数端："穷经必专一经，不可泛读，读经以研究义理为本，考据名物为末；读书有一耐字诀，一句不通，不看下句；读史莫妙于设身处地。经以穷理，史以考事，舍此二者，则无学矣。"由此，黄认同曾氏读书之道——"读书唯专一而后有成"，以及曾氏修养"主敬、存诚"，志学"专一、有恒"。数日后，黄在读完曾日记二卷后，对照自我，觉己之心病有三：好名、好利、情执（8月8日）。近一年之后，在郁闷之时，黄再次阅读曾日记，顿感"心中旷达多多，因举二条以自儆：慎思、慎言"（1909年6月26日）。

综观日记，黄存一习惯，即心情郁闷时，往往读修身之书以养性。除王阳明、曾国藩文字外，其他一些古书也具这种功效。1909年11月15日，"看报，心中闷闷不快。看《吕语集粹》，心中大快"；黄云，"《左传》为吾幼时熟读之书，现趁暑中无事，拟温习一次"（1908年7月15日），两年多后，再读《左传》，黄依然认为该书"文理事实兼备，为余生平所最喜读之书"（1911年1月5日）。

黄所读新书中，相当一部分是译书，内容为西方的。光绪三十二年六月二日，黄读严复译《天演论》，认为"文笔甚古，说生存竞争之理甚透，足起玩懦"。七月二十一日，读《泰西学案》，此书为王兰、周流合辑，述古希腊至近代西方重要学者的思想观念之书；[①] 读后，黄将其与中国多部学案做了比较，认为"此书叙欧美历代学者之学说及思潮，如中国宋明儒学案，但宋明儒学案，多偏重理学，此则包罗哲学科学各方面"。年余后，黄再读《泰西学案》"以静养"（1908年2月4日），修身养性亦可借鉴域外经验。1909年4月12日，黄阅读美国人《布兰克集》，摘录其修养法：一摄生、二沉默、三规律、四决断、五节俭、六勤勉、七正直、八正义、九中和、十清洁、十一静逸、十二节操、十三谦逊。黄云："按布兰克氏之修养法，与中国古圣贤之说，若合一致，谓中西道德观念不同，吾未之信。"同日，黄还阅读日人所著《成功论》，认为命运开拓之条件有七：一卫生、二知足、

---

① 熊月之主编《晚清新学书目提要》，上海书店出版社，2014，第369页。

三人望、四正直、五同情、六勇气、七忍耐。黄也认为这七条件"与孔孟之说，大略相同"，原因是"日本之精神学问，完全得之中国，如日本伟人西乡南州，东乡大将，尤服膺王学"。其实，在中国近代士人修身之中，不仅具有本土传统资源，也注意吸收外来资源。与黄同时留日的宋教仁，也多方购阅中外书籍，谨慎行事，提倡道德，修身养性。1906 年 2 月 13 日，宋氏从友人处借得颜元《习斋记余》《存学编》，李塨《恕谷后集》，黄宗羲《明儒学案》；另购《华盛顿》《拿破仑》《比斯麦》《格兰斯顿》《意大利建国三杰传》《道德进化论》等书；当晚"观《王阳明年谱》"。次日，致函友人，劝以"谨慎作事"，且"须极力提倡道德"，认为："凡古昔圣贤之学说，英雄豪杰之行事，皆当取法之。如王阳明（守仁）之致知，刘蕺山（宗周）之慎独，程明道（颢）之主敬，以及华盛顿之克己自治，拿破仑之刻苦精励，玛志尼之至诚，西乡隆盛之不欺，皆吾人所当服膺者也。"[1] 中外兼采，一目了然。

黄尊三也不时阅国外书籍中的文学作品。当他读莎士比亚《汉姆莱特传》（今译作《哈姆雷特》）后，"深为同情。吾人要以汉姆莱特之心为心"（1909 年 8 月 15 日）。但黄认为多半外国书不如同类的中国书。1909 年 7 月 4 日，黄购得日本小说《白鸟集》《不如归》，"拟借此消夏"，阅读后感觉作为日本最流行小说的《不如归》，"书命意尚佳，其构造之精密，则远不如中国小说"（1909 年 7 月 16 日）。总体而言，在黄所读的文史作品中，基本观感是：新书不如古书，外国书不如中国书。这也许是当时很多对中国传统文化持较为"温情"态度的读书人的普遍观感，清末有人就撰文指出："今试问，萃新小说数十种，能有一焉如《水浒传》《三国演义》影响之大者乎？曰：无有也。萃西洋小说数十种，问有一焉能如《金瓶梅》《红楼梦》册数之众者乎？曰：无有也。"[2]

报刊也是黄尊三日常阅读的大宗。光绪三十一年六月八日，黄读《新

---

① 刘泱泱整理《宋教仁日记》，1906 年 2 月 13、14 日，第 129、130、131 页。

② 天僇生：《中国历代小说史论》，《月月小说》第 1 卷第 11 期，光绪丁未年十一月，第 5 页。

民丛报》，这是日记中第一次提及该报，黄认为其"文字流畅，议论闳通，诚佳品也"。且知晓该报为梁启超等人主办，但黄未必认同梁氏观点。在此前后，日俄战争爆发，日本由此提出各种侵略东北理论，这时梁启超在《新民丛报》上撰文，"主张以满洲为永久中立地，分藩而治"，① 观点颇为天真，六月二十八日，黄在《新民丛报》上阅读及此，很不为然："余意满洲属吾国完全领土，虽旅大为外人租借，然岂可举全境放弃，殊不以梁言为然"。约半年后，十一月三日，黄开始阅读《民报》，这是日记中第一次提及《民报》。黄亦知晓该报为宋教仁、汪精卫等所办，是革命党之机关报，"鼓吹革命，提倡民族主义，文字颇佳，说理亦透"，而且特别指出该报"价值在《新民丛报》之上"。光绪三十二年六月十五日，黄至书店买《民报》《复报》各一册，认为："二书俱为革党机关报，专鼓吹革命，但《复报》为小品，不如《民报》材料之丰富，其价值亦远逊之"。可见，在黄认知中，《民报》是革命类报刊中最具价值者。从整个留日生涯来看，黄阅读最多的报纸是《民报》，由此可见，革命言论对当时留日青年颇具吸引力。②

除中文报刊外，黄也常常阅读外文报刊。光绪三十二年五月十三日，黄订阅《朝日新闻》，认为该报"议论平正，材料丰富，闻每日发行四五万份。为日本新闻中最有价值者"，由此既能了解资讯，亦有助于提高日文。1909 年 8 月 5 日，日本友人以日人在北京所办之《燕尘》杂志见示黄尊三，黄即感觉其"载中国事颇详"，遂借来十册，阅读过程中黄察觉由此"足见日人对于我国无所不用其经营也"。光绪三十二年四月十四日，黄致函上海友人，请代订《时报》，四个月后，黄收阅该报，"于灯下看之，颇足消遣"

---

① 梁启超：《日俄战役关于国际法上中国之地位及各种问题》，《饮冰室合集·文集之十五》，中华书局，1989，第 11~18 页；梁启超：《读〈今后之满洲〉书后》《评政府对于日俄和议之举动》《再评政府对于日俄和议之举动》，夏晓虹辑《〈饮冰室合集〉集外文》上册，北京大学出版社，2005，第 257~272、276~277、278~279 页。

② 当然，不同的人对《民报》观感有别。1905 年冬，跟随兄长（钱恂，时任湖北留日学生监督）赴日留学的钱玄同，阅读《民报》时认为："此为兴中会（孙文所组织者）之机关报。内容不甚佳，《江苏》杂志之俦耳。"杨天石主编《钱玄同日记》上册，1905 年 12 月 18 日，第 10 页。

（光绪三十二年八月二十一日）。这说明清末中日报刊的互通，虽然耗时较长，但交流尚属通畅。① 值得注意的是，几天之后，黄将阅读过的《时报》，又寄送给湖南泸溪的友人，因为"泸邑交通阻塞，无报可看也"（八月二十七日）。这样，一份报纸可以在国内外辗转多地，信息流亦借此形成，但存时间差，并不同步。

留日学生人数最多的是东京，尤其是东京神田。日本学者研究表明：中国留学生齐集东京，以神田区为中心，逐渐分散于牛込、本乡、麹町、赤坂、四谷、小石川等地区；中国留学生的中心地神田，堪称留学城；留日学生总部——清国留学生会馆，就在本区骏河台铃木町；本区尚有各省同学会、各种学会，以及图书杂志发行所；又有以中国人为对象而开设的书店，例如在南神保町的古今图书局、里神保町的中国书林、小川町的大华书局及启文书局等。② 留学生在此购买中国书籍，非常便利。换言之，报刊传播，在日本与国内存在时间差，不大同步；就书籍而言，留日学生与国内沿海口岸地区（如上海）应无大差别。黄尊三经常光顾神田书店，光绪三十二年闰四月十四日记："日本神田市，书铺林立，学生多藉为临时图书馆，随意翻阅，店主亦不之禁，穷学生无钱买书，有每晚至书店抄阅者。其新书则日有增加，杂志不下百余种，足见其文化之进步"；八月八日记：至神田书店为家人"买教科书六部"，委托友人"便带至家，因我邑风气不开，地方无书可买，并寄送石源铎《教育学》二部"。十月十四日，黄再赴神田买书，"赠送泸溪小学堂，以作教员学生参考"。

第四节 公私生活

光绪三十一年五月二十四日，黄尊三抵达位于日本北丰岛郡巢鸭的宏文学院。除课堂学习外，这里各式各样的同学、同乡社团活动很多。三十日，

---

① 光绪三十二年在山西太谷任家塾教师的刘大鹏，三月二十九日（4月22日）阅读正月十九日的北京《中华报》，相距七十天左右。刘大鹏：《退想斋日记》，乔志强标注，山西人民出版社，1990，第150页。

② 实藤惠秀：《中国人留学日本史》（修订译本），第31页。

西路同乡开欢迎会，^① 这是黄抵日后第一次参加同乡会。数日后，六月七日，开湖南同乡大会，"到会约三百余人，杨度主席，演讲'道德'二字，至为动听"。十三日，同学开自治会于南寮，"议自治规则若干条，举书记二人，纠察员二人"。次日，开湖南同乡会，"议论六件事"。二十九日，又开同学会，"议自治规则"。

随着社团活动的增多，黄逐渐发现其中诸多问题。光绪三十一年九月二十六日，开湖南同学会，改选干事，纠察员某君报告："报载我国学生某某，因某案被捕，有辱国体，请研究善后。"（注意：仅因报纸报道，即付同学会讨论）黄主张，"调查事实，并由会设法取缔，果有此败类，当立即遣送回国"，众人主张开大会解决。次日，开同乡全体大会，议决前一日未决事件，到者数百人，湘阴人仇式匡"主张非常激烈"，会长刘庚实则"有偏袒犯事人之嫌"，众人哗然，欲去刘另举，于是"因某案而牵涉会长问题"。黄仍持前议，主张不必牵连，但"众不以为然，遂无结果而散"。如此事情，对于初抵日本求学的黄尊三而言，尚属首次经历，心情不能平复，故在二十八日记，"是夜心浮燥，不能用功"，显然影响了他的课业。十月二日上午，黄赴神田锦辉馆湖南全体大会，议决"格黜刘庚实会长，某案付本会裁判部判决，再交中国留学生总会办理"。至此，事情并未完结。七日，湖南总会开各属代议士会，意在"解决会长问题"，代表到者数十人，"刘会长庚实辞职，众许可"，黄发现，"议事时，代表随便发言，毫无秩序，蒉蒉嚷嚷，几至用武"，遂感慨："留学生不能运用代议政治，于此可见"。接着，更严重事情发生："许刘辞职，本无问题，奈与刘有嫌者，偏欲加以革职字样，刘党不服，遂起冲突，亦甚无意义也。"可见留学生社团内部的派系纷争与生态不良。二十三日，在湖南会馆开全体大会，选举新会长，黄"因病未往，在家随意看书"，估计也无意参加此会了。

但是，此后议会访友之事并未减少。这让本想求学、性情安静的黄尊三深感难受，感叹："余到东数月，工课毫无进步，白日则开会访友，疲于奔

---

① 湖南西路大体为湖南西部沅澧流域地区，以常德为中心。黄尊三为湘西泸溪人，故属西路同乡会。

命，入夜则魂梦颠倒，每惊醒，汗流如注，神气沮丧，不胜懊恼。"（光绪三十一年十月五日）来年依旧，光绪三十二年七月二十日记："近顷朋友往来，几无虚日，时间半耗于应酬，殊觉可惜，然此几成为留学界之风气，无法挽回。"但黄还是不时参与其间，其解释为"个人神经复杂，思虑太多，借朋友之往还，可以减少思虑，调剂神经，故明知耗费时间，亦安之而已"。不管如何，对黄而言，长期经常参与社团活动，弊还是大于利。黄后来反省自己"职分"何在，认为每个人必须认清各自的"职分"。他意识到："今同学多抛弃学问，日奔走于青年会，同乡会，日救亡救亡。究之亡不能救，而学则已荒。此职分不认清之咎也"；"吾人碌碌终日，无所用心，或奔走呼号，而毫无办法，徒劳无益，只足济其欺世盗名之资。此古人之所深耻也。吾意欲救国，当从自救起。若学问能力不养成，则自己将堕落于九渊。救国云乎哉"（1909 年 8 月 27 日）。反省归反省，现实是现实，在留日的多半时间里，黄在这种纠结的心境中度过。

社团生活之外，黄的日常状况也不佳。光绪三十一年六月十五日记："余性孤鄙，体弱而精神不佳，到东以来，终日抱病，学业固毫无进步，友朋亦绝少联络，殊为恨事"。综观黄氏日记，黄确属不善交际之人，且体弱多病，抵日后，应酬交访增多，加之水土不服、饮食不适等原因，长期处于病痛之中。二十九日，黄记述："余自东渡以来，无日不病，然不喜服药，更不欲进医院。"这时，黄注意到：周围的同学、同乡病重身故者不在少数，"东来同学，多患脚气病者，因日本四面近海，地卑湿，其米亦多湿气，多食则病脚，且甚危险，友人石君声颢，即因此病故，可不警惕"（六月十七日）。数日后，黄又获悉"同学廖楚章，吐血而死，为之凄然"。七月二十六日记："同学来东者，十九多得病，特为奇怪。"两天后，又有友人谈及此事，黄"闻之愀然"。与黄尊三同时留日的朱希祖，记述日本有三大患——大地震、脚气病、胃病，并认为此"皆猝不及防"，并感叹："人之生命甚轻如朝露，实难防也"。[①] 从黄尊三日记所载来看，赴日留学人员中病故者不少。

黄尊三属湖南官费生，可凭"通账"按时至使馆领取经费，生活尚有

[①] 朱希祖：《朱希祖日记》上册，1906 年 2 月 6 日，第 11 页。

保障。对清政府而言，往往借由驻日使馆发放经费、学生之间互相监督等手段遥控学生。黄氏日记中记载这样一事：某晚友人告诉黄，"本日见（使馆留学生）监督，谓有人报告吾兄不在东京"；黄闻之，甚为怪异，心想，"余平日不敢丝毫得罪朋友，何竟有此无影之阴谋，人情鬼魅，防不胜防"；黄提醒自己以后"更当有所儆惕也"。次日，黄至使署见监督，果然如友人所言，故黄"当面声明而还"（1910年4月30日、5月1日）。由此说明，清政府驻日使馆往往通过学生之间相互监督而控制学生。从日记所见，黄留日前中期尚未明显存在生活经费紧张问题，但在留日后期，生活经费颇为紧张，不时需借债度日。1910年2月23日，因经济困难，黄至西路会场左仲远处借款，① 借款方法是"将通账抵押，如借三十元，将通账交彼，至期，彼至使署领三十三元，大概合月息三分之高利"，黄自叹："余不幸，亦走入是途，平日之不节约，可以想见。"据黄观察，"留学生中之不经济者，大都借此以度日，愈借愈穷，既为经济所困，遂至荒废学业，比比皆是"，可见当时留学生经济状况。

由于多数学生经济紧张，故经常相互借用"通账"。黄的"通账"也时常在他人之手，1910年11月23日，为讨债，黄致函好友熊芷斋，"因彼月前将余通账借抵，余之生活，几至断绝，究竟押钱多少，年限久远，余全不知。似此，真是进退两难"，并感慨："无论何等朋友，不要有银钱交涉。"此后几天，黄为此事费心伤脑，24日，至熊处取款，"仅得数元"，估计双方为此有所冲突，均感不快。25日记："月来为芷斋款事，致余对朋友信用皆失，奈何奈何。"但因为手中无款，"诸事不能了结，读书亦不能精心"（26日）。无奈，黄只能再次向他人借款。12月1日，黄再赴左仲远处借款，可惜未获。次日，黄将"出入账目记清，亏累不少，日日为经济奔走，时间精神，两不上算，以后总以节俭为妙"。吃一堑长一智，有此经历，后来又有人来借"通账"，黄"婉却之"（1910年12月11日）。此后经费问

----

① 1910年2月23日记：左仲远，原姓陈，名淘溪，湖南桃源人，因革命亡命日本，无以为生，不得已与日本资本家联络，代放高利贷于中国留学生，彼亦赖以为生。性慷慨，不拘小节，对于革命党，亦颇能尽力帮助，唯不好读书，故稍带市井气，亦境遇使然欤？

题依然不时困扰黄尊三。1911 年 9 月 11 日，明治大学开课，但黄不能上课，因为"无钱缴学费"，黄自责："国家年费巨款，送余辈留学，学费尚不能缴，留学之意义何在，言之汗下。"后来东凑西借，终于把学费缴付了，但生活现状依然是"欠债累累，书无钱买"（9 月 14 日）。需提醒，黄属官费生，生活状况尚且如此，自费生情况可想而知了。光绪三十年至宣统元年的留日自费生谢健，晚年忆述也颇能证实且说明上述状况，谢云：官费生每月所得官费为日币三十三元，常用不完，自费生大都很穷，遇有手头不便，多以高利贷向官费生挪借救急；再不然，亦可向公使馆要求贷款，数目大抵不会超过二十元，但须找三个官费生作保，到期借款无法归还，便扣官费相抵，故官费生被自费生拖垮情事，时有所闻。[①] 由此不难解释，黄尊三在留学后期为何愈发窘困，简直无法度日了。

据黄氏日记所载，留学生搬家移居乃家常便饭，黄本人也不断迁居。黄坦言："余好迁居，稍不如意，即不能耐。故留东数年，少有住定一年以上者。"（1910 年 10 月 25 日）由于经常搬家，黄也自感乏味、疲劳，自省"迁居一事，屡屡苦余脑经，若有神鬼使之，临时不能自主，事后思之，真是何苦，费钱，费神，费时，如何上算"，黄环顾东京可租之宿屋，"迁来迁去，不过几间破败房间，有何不同，以后无论如何，总以安居为上，切不可见异思迁"（1910 年 11 月 30 日）。不仅中国学生为住宿烦恼，日本人士也注意到这是一个问题，认为"大多处于一种无监督状态"；中国学生日常起居之所，"多为盈利公寓，且于一屋集居者，多仅支那人"，在这样聚居状况下，"日本素来善良风气及文明无从吸收，丝毫不能感染良好风习"；相比之下，当初日本派往欧美的留学生住宿情况与此不同，日本的欧美留学生"绝无仅与本国人集合一处，且多数宿于一屋者，各自居于不同公寓，或寄宿于普通家庭，得以浸染欧美善良家风"。日本人由此质疑：中国学生"如此远来日本留学，其效果减损不知几何"。[②]

---

① 谢健：《谢铸陈回忆录》，第 23~24 页。
② 《中央公论》第 20 年第 1 号，明治 38 年 1 月 1 日，转引自《清国留学生法政速成科纪事》，第 211 页。

第五节　思想变动

言及清末留日学界的思想，一般会与"革命"关联，这固属事实，但留日学界的"革命化"是一个演变过程：早期并不明显，革命倾向的普遍公开化，到 1903 年才比较明显。[①] 黄尊三于光绪三十一年五月抵达日本，这时留日学界已比较"革命化"了。五月二十五日，即黄抵达日本宏文学院的第二天，"同人均于是日剪发"，黄也剪去辫子，"颇觉轻快"。从日记信息所见，黄此行为，多半是随大流的行为，应无多少革命意涵。数天后，六月二日下课后，"忽有日本警察来校，检查同人行箱，检毕，毫无所得而去"，对此，同学们非常气愤，黄也很恼怒，是晚"一夜不能安眠，弱国人之不能自由，此其见端"。在列强国家求学，弱国人的心灵往往很敏感。次日，风潮遂起，"为昨日搜检事，同学拒绝上课，并议退学"，但由于意见不一，未有结果。四日，同学们仍不上课，在自修室商议此事，黄主张："为学业计，忍辱上课"，但"激烈派多反对之，无结果而散"。五日，继续罢课，湖南同乡、留日学生领袖之一的范源廉（静生）来，"以检查非院长意，乃日政府行政权之发动，劝同学忍耐上课"，同学们自知无更好办法，就听从范之建议，次日复课。从事后情况来看，这确是行政部门的一次例行公务，并非难为留学生的故意行为，但弱国学生的心理敏感，易起风潮。从对这事件的反应来看，黄尊三还是一位较温和、理性、克制的学生。

半年之后，光绪三十一年十一月，留日学生因日本政府颁布"取缔规则"而发起了一场群体抗议活动，这无疑是中国学生民族精神和爱国激情的张扬，其实也是由弱国青年敏感心灵而引发的风潮。但就"取缔规则"本身来看，从出台缘由、性质到具体内容，实属正常的教育整顿，旨在规范日本留学教育。但留日学生因日俄战争中遭受的民族耻辱，日常生活中遭受不公平待遇，积之日久，形成强烈的反日情绪，以"取缔规则"为导火线，把教育问题演变成一场激烈的政治抗争运动。事实上，留日学生对此规则存

[①]　桑兵：《清末新知识界的社团与活动》，三联书店，1995，第 161 页。

有诸多的误解与误读，"情绪化的激情有余，冷静的客观分析不足"。[①]　此事在黄尊三日记中有较详细记载，亦可见黄之反应。十一月五日，宏文学院同学开会讨论，"群以日本政府，专与留学生为难，不尊重吾辈人格，如不取消取缔规则，宁全体退学，言时非常愤激，此外毫无办法，匆匆散会"。次日下午，黄至各处遍找日本取缔规则，不得，日报亦未见登载；对此，黄"殊为不解"。可证黄头脑尚属清醒，必须找到规则条文本身，不可人云亦云。七日，黄访宋教仁，"询以取缔规则究竟，伊言确有其事，问其意见如何，答以个人亦未有具体研究，闻学界颇激昂，问题或将扩大，甚至退学，或归国，亦未可料云。"八日，黄参加西路同乡全体会议，商议抵制日本取缔规则事，"群主张以停课要求，若日本政府不许，则全体退学回国"，黄主张"详细调查日本政府取缔留学生之原因，与规则之内容，及各省同乡会对此问题之应付情形"，但黄之意见未获多数支持，"众以为不必调查，即日停课，多数举手，一哄而散"。这也再次表明，黄是较为冷静的人。如此之人，在激烈的群体风潮中，大半会感觉痛苦，十一月九日记："因取缔规则事，全体停课"，"余睹此风潮，坐卧不安，绕室彷徨，不知所措"。十日，黄致函宋教仁，"问取缔规则消息"，可见黄一直想知道事件之究竟，而非盲从，但无下文。在这样风潮中，个体显然不能自主，无法依个人意愿行事，黄很快也卷入风潮中，采取与众人一致之步骤及应对方法。十一日上午，开同学会，举纠察员，监视同学行动，这时一位张姓同学来"言日本人名福寿究仁者，上书政府，痛骂留学生之野蛮，请用压制手段对待，闻之不胜愤慨"。随后几天，众人情绪高涨，黄的思想也随之发酵。

十一月十二日，黄至西路会场开会，"仍议罢课事"；次日，"同乡共议取缔规则事"。十四日上午，湖南同乡会开会，"决定全省留日学生，一律退学回国。各省同乡会，日来亦纷纷开会，闻多数与湖南取一致态度"；午后，友人来，"谓同乡陈君天华，为取缔规则事，愤而投海，遗书数千言，

　　① 李喜所、李来容：《清末留日学生"取缔规则"事件再解读》，《近代史研究》2009 年第 6 期。

勉励同人，非进到取消取缔规则目的，决勿留东，闻之深为哀悼"；① 晚上，宏文学院代表持愿书来找黄署名，黄"即书愿归，并画押其下"。此时，学生们又听闻使馆消息："公使与日本文部大臣交涉取消规则事无效"。在这种情况之下，最终"同学全体，决定退学归国"。十五日上午，赴西路同乡会讨论归国事宜，"全体一致，赞成归国"；下午，黄至中国留学生总会，商议归国事，到者数千人，"最后决议一致退学归国"。在激烈的群体风潮中，对较为理性的人来说，尚有一定的自我独立空间，这时他会省思得失进退，十七日记："自取缔规则起，无一日舒展，日既废学，夜不成眠，晚，辗转床褥，呼天长叹，念古人学书学剑，能以一艺自成其志，余求学无地，救国无才，茫茫天壤，归将安为。思至此泪潸然下。"可见，黄未必真想退学归国，但群体行动已容不得个人选择，最终只能随大流，为潮流所裹挟，二十五日启程回国。这也是黄赴日后首次回国。

从黄尊三对清廷的态度来看，赴日之初，黄并无"革命"想法。当从报纸上得知清廷派端方、戴鸿慈、徐世昌等出洋考察政治，以为立宪之预备的报道，黄认为："果尔，亦祖国前途之幸也。"（光绪三十一年六月十七日）月余后，阅报获悉清廷下诏停止科举，黄的反应是"甚喜，以科举不停，科学断不能发达。此后中国，科学或有一线光明"（八月十四日）。这些表明留日初期，黄对清廷无"革命"之念，至少可谓不排斥。但在长期浸淫在留日学生日趋激进的氛围当中，黄对清廷、革命等观感与态度均发生变化。1907 年 8 月 15 日，黄访同乡宋教仁，谈及国事，宋言"满清绝不知国家为何物，不革命无以救亡，而革命则端赖吾辈"，并劝黄加入同盟会，黄答："革命，余固赞成，但非空言所能成功，贵在实行。而奔走国事，与求学，势难两立。余学业正在半途，今何可遽弃。"对此，宋也表示同意。

---

① 研究表明，陈天华投海主要原因是，激愤于中国留学生在"取缔事件"中的盲动、蛮干、纪律差，尤其是少数人的不知自爱，借机胡来，让日本人找到了口实，污蔑中国人"放纵卑劣"，但留日学生闻讯后，在没有仔细研读陈天华遗书的情况下，就将其解读为由于他们抗议日本政府不够激烈，陈天华是以死来激励他们，于是号召留学生全体罢课，退学回国。参见秦裕芳、赵明政《关于"取缔规则事件"的若干流行说法质疑》，《复旦学报》（社会科学版）1980 年第 2 期；李喜所、李来容《清末留日学生"取缔规则"事件再解读》，《近代史研究》2009 年第 6 期；等等。

这表明，黄与那些从事革命学生不同，读书求学还是首要的。黄的这一想法，坚持较长时间。1910 年 11 月 9 日，好友熊芷斋约友数人"商议组织政团事"，黄也在内，但黄认为"学业未就，为时尚早"，故不想赴会，后来熊强约黄赴会，到了会场，"尚未议有眉目，余不耐久坐，恐误功课，先告归"，并表明己见：学问优先，无意政团组织事务。在此前后，黄周围友朋组织成立一雄辩会，黄也参加其中，该会与政团无涉；但会中袁、王二君"欲将该会改为政党，田、卢及同人，多以为不可，余以卢君之见为然"（1911 年 1 月 17 日）。这再次说明，及至此时，黄对政团事务仍不感兴趣。①

1911 年前后，随着国内外形势的变化，黄之思想也在变化。这时，国内国会请愿运动勃兴，并与清廷发生冲突。1911 年 1 月 10 日，黄得知清政府"拘留国会请愿代表温世霖于新疆"后，就感觉清政府"野蛮举动，不顾民意，真是可悲"。次日，黄在日记中感慨："我国近来稍有活气，要为咨议院议员之热心鼓励所致，自温世霖被逐后，咨议院人噤若寒蝉，绝口不敢言宪法。日本报多讥评之，是可以窥我国之人心，吾固知非大破坏不能收建设之果。"证诸史实，黄对温世霖被拘事件只知其一不知其二：宣统二年十二月七日（1911 年 1 月 7 日），温氏在天津寓所被警察拘捕，随即遣戍新疆；作为清廷国事钦犯，温氏在西行沿途却受到很多官绅的照顾、礼遇。②此中折射出清廷权威的丧失和民间反满情绪的蔓延，这是身处东洋的黄尊三无法了解与感受的。不过，此处黄所言"非大破坏不能收建设之果"，几乎可谓"革命"的另一种表述。1 月 12 日，获悉国内各省督抚上奏三事（组织内阁、委本省全权于督抚、以巡警直隶于陆军部），黄的第一感觉是："名为图新，其实为督抚个人扩充权限而已。中国大官，有几人真为国家者。又因温世霖请愿被刑，咨议院本日闭会，足见政府所谓宪法，纯是欺人

---

① 辛亥革命爆发，中华民国成立后，黄对政党政治态度有所改变，参加政治活动。1912 年 4 月 22 日日记载：一位友人来谈，"以国家既改共和，政党一物，为共和国家所不可少，且为民众政治之集团，我辈既研治政法，当然不能脱离政治关系。余是之"。

② 温世霖：《昆仑旅行日记》，李德龙、俞冰主编《历代日记丛钞》第 167 册，学苑出版社，2006，第 33～35、37、41～42、50～51 页。

自欺。"可见，此时的清廷，在黄眼中已经负面化了，黄氏距离"革命"也不再遥远了。

1911 年 2 月 8 日，报载"俄国进兵蒙古，又汉口英人击毙我国苦力若干，外人不以人类待我，不以国家视我"，黄认为此是"我政治之不良使然"，并预感"此后中国事更不易为也"。果不其然。19 日，报载"英俄交涉愈益迫切，有旦夕破裂之势"，问题是中国政府尚无相当应付方法，阅报后，黄内心感觉"真是不堪痛恨"，"掷报于地"，随即赴早稻田大学谈话会，会议主题即伊犁事件，"因伊犁事，特别发起者，到者十余人"。留日学生吴少仙演说伊犁交涉事件，声泪俱下，吴认为"大抵以屈从为便，战乃不能，因中国平日既毫无预备，临时只有屈伏，吾人今日报国，唯有二途：一、就时事之重要者，专心研究，著为论说，以忠告政府，而警醒国人；二、运动咨政院，或咨议局，或陆海当局，遂行改革之目的，此外无别法焉"。黄发言，主张"中国国事至此，除断行革命外，一切都是废话，革命重在实行，文字鼓吹，已非其时，吾人唯一方法，只有大家归国革命而已"。显然，这时黄改变了此前操持的克制、理性、与政治无涉的态度，明显倾向"革命"。当晚，黄"蒙被而卧，一夜不能安眠"，在日记中述："余自受外交问题之刺激，为人读书，猛进一步，欲念一时尽去，只想如何方求得学问，救得祖国。"情绪激愤之人，容易滑向革命一端。伊犁事件并未结束。1911 年 2 月 21 日，听悉"俄人要求六款，清廷均许之"，黄觉"耻辱真有不堪言者，愤极恨极"，黄在日记中写道："人不受刺激，则无进步，此次受外交上之刺激，自觉孑然一身，他无希冀，只要能雪耻报国家，虽万牺牲有所不惜，而学问二字，又其末焉者也。余于是有退学返国之志。"与此前的"取缔规则"事件相比，黄这次的反应明显不同了，在黄内心里，此时"雪耻报国"已经超过了"学问"，"退学返国"与"革命"也只剩一步之遥了。

2 月 22 日上课，明治大学校长演说，主要内容是："求学时代，当专心求学，不要管国家事情，卒业后，再为社会国家服务不迟。"黄当即认为"此言，对日本人说法则可，中国与日本国势不同，故观念不能不异。学问万能一语，似不能适用于中国"。当晚，黄与友人熊芷斋相谈，黄询问熊对国事之主张，熊不能明白答复，只云"立宪即足救亡"，黄当即指出："立宪不过一种制度，制度之运用在人，今之政府，能运用立宪之制度乎？吾殊未之敢信。况立宪之空名，政府亦未必轻与。以余拙见，简直说非革命不可。"对此，黄、熊二人发生了严重的语言冲突。在黄看来，救国已是"非革命不可"了。3月1日，两位友人来谈，二君"皆以前日开大会，数百学生，闹至使署为不当"，黄则不以为然，双方辩论良久，二君"以为余为过激派，余以二君过于老成持重，殊不敢赞同"。时过境迁人亦变，原本被别人视为"老成持重"的黄尊三，如今认为别人"过于老成持重"；原先视他人"过激"的黄尊三，现在被别人视为"过激"，可谓时事逼人急。这时，黄观察到"数日来因英俄进兵事，学界异常激愤，余亦为之废学数日，虽梦寐之中，不得安宁"。在如此氛围当中，稍具现代知识与国家意识的人，自然容易走向激进。但不管如何滑向激进，黄毕竟在日留学，"革命"也多半停留在言谈思想层面。9月10日，黄与友人谈论国事良久，"众口一声，以为中国政府，万无振作之望，欲中国不亡，唯有我们努力，将国家重任担负起来，牺牲一切，以救国为唯一之目的，或者有一线生机"。可见，此时留日学生界的"革命化"已经非常明显了，可谓接近"临界点"，只差一根"导火线"了。

此时，国内保路运动风起云涌，10月10日武昌起义爆发。当黄尊三从报纸获悉武昌起义，"阅之，欣喜欲狂，绕室彷徨，不知所措"。黄到"各处探听消息，共议归国之计"，晚12时才返室就寝，但由于兴奋过度未能安睡，"一夜翻来覆去，不能合眼"（11月2日）。十余天后，在得知革命军占领上海后，黄"决计归国"（11月15日）。11月22日，黄与部分留学生从东京启程回国，到上海、南京、汉口、长沙等地参与革命活动。至此，黄投身革命洪流了。在革命告一段落后，民国元年二月再赴日完成学业，取得法科文凭，七月回国。

人的阅读、生活与思想密不可分。黄尊三的阅读结构，大体可分为外语、法科专业、日常阅读三部分，其中外语占据他相当大部分时间与精力，即使在日常阅读中也常常通过阅读外文报刊、书籍，翻译外国格言等提高外语水平，可大体估算，外语占据黄至少三分之一的时间，甚至可达二分之一。此外，各种同学会、同乡会等社团活动及交友应酬也是黄必须应对的，这自然挤压了法科专业学习时间，这样的法律"新人"能具有怎样的专业知识，很值得考究。当然，若与清末众多留日法政学生相比，黄之法科专业素养应属于上乘，至少较为完整、系统地学习三年，修满全部课程，获取法科文凭。其实，当时与黄一样具有学习专门之学的资质者不多，因为日本官私各学校教授法律、政治专门之学，皆用日本语言，"中国学生如欲攻读，须先学习日语日文，始能听受讲义，约计毕业时间，非六七年不能完成"，①一般留日学生很难有这样的时间、精力、毅力与财力，速成科学生更难做到。黄氏日常阅读中的对古书尤其是修身类书籍的偏好，折射出新时代、新环境中练就的"新人"有多"新"，其中的旧资源、旧因素可能超过我们以前的想象。实际上，青年人爱读古书，一直延续到五四新文化运动之后，②可谓趋新时代里的奇异现象，值得深究。

从法律专业人士养成的角度看，黄尊三学习法科，是留日后半期才确定的，且属无奈之选，这样的留日法科毕业人员的法律学识如何，值得推敲。但学习法科，还是给予黄尊三很多新思维、新视野，如日记所显示，黄的兴趣在宪法、行政法、国际法等公法领域，可见黄对国家结构与组织、权力分配与运行、公共领域、国家主权、国际关系的关注。黄之现象并非个例，而是留日法科学生的共同倾向，从今天所能查阅的留日法政人员翻译书籍的种类来看，公法类居多，即可为证。这背后反映了留日学生所面对的时代问题及其应对之策，他们力图通过重构上层领域来建设现代中国。从专业知识背景角度着眼，这也有助于解释，在留学后期，黄为何不断滑向革命，思想日渐激进。典型例证便是，当 1911 年 2 月中、英、俄关于伊犁问题交涉异常

---

① 《清光绪朝中日交涉史料》第 68 卷，第 34～35 页，转引自黄福庆《清末留日学生》，台北，中研院近代史研究所，2010，第 65 页。

② 1925 年《京报副刊》做过"青年爱读书"为主题的问卷调查，结果显示：在列举的 63 种"青年爱读书"中，古书 39 种（占 62%），新书刊 24 种（占 38%），在最爱读的前 10 种书中，古书 8 种，新书 2 种。《京报副刊青年爱读书特刊》，《京报副刊》1925 年 3 月，第 23～24 页。

严峻时，黄之思想变动异常，不断滑向激进，此时也正是他研读国际法，接受并思考国家主权、国际关系等问题之时。阅读、知识、思想、时局在此交织汇聚。当然，有得必有失，由于关注公法，对于私法，黄并未显露出多大兴趣，了解似不深。故此，1926、1927 年之交，当黄自家房产涉诉时，其束手无策，只能求助于他人。

鲁迅曾言："凡留学生一到日本，急于寻求的大抵是新知识。除学习日文，准备进专门的学校之外，就赴会馆，跑书店，往集会，听讲演。"[1] 证诸黄尊三日记，大体确是。黄氏留学的日常生活，尤其是社团生活，展现了清末留学生对公共事务的介入与参与，亦可视为现代政治生活在知识青年群体的试验。但此中表现出来的诸多不良倾向，如"代表随便发言，毫无秩序，藐藐嚷嚷，几至用武"，社团内部的派系纷争与生态不良，等等，使黄感叹："留学生不能运用代议政治"。当然，这是中国现代政治发展过程中不可逾越的阶段。随着留日学生陆续归国参政，尤其是辛亥鼎革、政权更迭，留日知识青年迅速进入国家权力部门，问题凸显。在偏于守旧的清朝官员恽毓鼎看来，东洋留学生是"亡国三妖"之首，为"诸魔之母"，[2] 显然是一股破坏性极强的势力；在现代日本政治学者、民国初年担任袁世凯顾问的有贺长雄（当年担任过早稻田大学教员，教导过中国留学生）眼中，留学生缺乏中国政治实际经验，[3] 未必是现代政治建设的稳健力量。可以说，民国初年政治纷扰乱象之中，明显存留了此前留日学生公共活动的诸多印迹。

胡汉民晚年忆述 1905 年前后留日学生状况时，云："学生全体内容至为复杂，有纯为利禄而来者，有怀抱非常之志愿者，有勤勤于学校功课而不愿一问外事者（此类以学自然科学者为多），有好为交游议论而不悦学者（此类以学社会者为多），有迷信日本一切以为中国未来之正鹄者，有不满意日

---

[1] 鲁迅：《因太炎先生而想起的二三事》，《鲁迅全集》第 6 卷，人民文学出版社，1981，第 558 页。

[2] 《恽毓鼎澄斋日记》第 2 册，宣统三年十月初一日，第 561 页。

[3] 《有贺长雄博士之官制谈》，《东方杂志》第 10 卷第 1 期，1913 年 7 月 1 日，"内外时报"，第 27 页。

本而更言欧美之政制文化者。"① 大体而言，黄尊三属于"勤勤于学校功课而不愿一问外事者"（但非学自然科学者），不过，在留日后期，公共活动增多，思想日渐激进，最后归国参与革命活动。值得提醒的是，黄这样的人与投身革命之间未必存在必然关系，可以试想，若没有武昌起义爆发、革命形势已较为明朗的情形，黄未必会回国参加"革命"活动，从某种意义上讲，不无被时代潮流"裹挟"的意味；况且，黄尊三不是宋教仁，他也并非职业革命人士，其之归国参与"革命"，也仅是一些奔走呼号活动，不同于职业革命者的实际革命行为。总体而言，黄对政治有些许理想，并有一定的参与热情，但算不上热衷，从本性而言，黄乃一位向往内心安静、注重修身养性的读书人，而非政治人物（当然，黄也缺乏相应的政治才能，不善组织，讷于言语等）。辛亥革命结束、民国建立后，黄再度赴日完成学业，民国元年七月回国后，基本以文化、教育活动为主。民国初年政治日非一日，即使在"革命再起"的1920年代，黄也只在日记中抒发愤恨，而未能走上革命之路，因为人的性情不易改变。1927年，即留日生涯结束15年后，黄回顾留学岁月时感言：留学八年，"个人之环境，受世界之潮流，社会之熏陶，人事之教训，其变迁者何限"，然而"余之孤高幽远冷静之天性，实未丝毫变，不唯不变，反益增长，盖变者余之情，而不变者余之性也"。这或许就是常言所道：江山易改，本性难移。

---

① 胡汉民：《胡汉民回忆录》，东方出版社，2013，第12页。

第三章　制度变革与身份转型：
清末新式司法官群体的组合、结构及问题

大体而言，晚清以降，相对于社会层面，制度与政体的变化较为显著，受外力影响甚深，庚子事变，尤其是丙午官制改革以后，此倾向愈发明显。清末法制与司法变革即在如此背景下，进入中国现代史场景之中。制度设置与人员组合，相生相应相变。随着清末新法制的颁行和新式司法机构的创设，一批新式司法人员产生了。司法官是其中主体与关键部分。那么，现代中国首批司法官是如何产生的，其群体之基本结构、特点为何，就成为中国现代法律史上值得考究的问题；进而言之，若将该群体置于中国从传统到现代转变的历史脉络中，解答此问题，无疑也是解答在传统与现代之间人员如何承续、转化的问题，至少能提供局部的也是实证性的答案。这得从清末丙午官制改革说起。

第一节　中央官制改革中的大理院：制度与人员

光绪三十二年七月十三日（1906 年 9 月 2 日），清政府宣布官制改革。次日，派载泽、那桐、袁世凯等为官制编纂大臣，著地方督抚端方、张之洞、岑春煊等选派司道大员进京随同参议，并指派奕劻、孙家鼐、瞿鸿機为总司核定大臣，[1] 参照君主立宪国官制草拟、编纂官制改革方案。大致言之，官制改革包括中央和地方两个层面，且按先中央后地方的步骤推进。在多方的角力中，官制改革几经波折。九月二十日，清政府公布新的中央官制，新设法部、大理院，"刑部著改为法部，专任司法；大理寺著改为大理

---

[1] 中国第一历史档案馆编《光绪宣统两朝上谕档》第 32 册，第 128～129 页。

院，专掌审判"；次日，任命各部院长官，戴鸿慈任法部尚书，沈家本为大理院正卿。① 这样，以沈家本为首的大理院就成为中国第一个具有现代意义的司法审判机关，新式司法官由此产生。

筹建大理院千头万绪，紧要者当为创设制度与调用人员。制度方面，需议定规章，如此方可做到办事有章可循。十月二十七日，大理院上《奏审判权限厘定办法折》，且奏准《大理院审判编制法》，② 规定了大理院对各类案件的司法权限；大理院及其直辖京师各级审判机构（即京师高等审判厅、京师内外城地方审判厅、京师分区城谳局）的组织结构与管辖权限；大理院除拥有自身的司法行政权外，还拥有京师各级审判机构的筹建与人事权等。很明显，在司法审判权之外，大理院还拥有本应该由法部职掌的部分司法行政权，这为以后"部院之争"埋下伏笔。但该法未规定大理院司法官的资格、来源等问题。③

在选官没有制度规定的情况下，沈家本只能在"素所深知者"中调用，这项工作主要包括甄留原有的大理寺人员和奏调其他部院的人员。大理寺为清朝平反刑狱的机关，与刑部、都察院共称"三法司"，因其所管事务无多，员额很少，是清政府中央机构中的小衙门，在丙午官制改革中改为大理院。沈家本等人通过考试方式甄别大理寺的旧司员，大部分旧员咨送吏部改任外职，仅将"文理优者"王庆恒、刘文湘等十人留任。④ 大理院人员更多来自其他部门。十月二十二日，大理院以办事人员必须"熟悉律例，才优听断者方能胜任"为原则，开始第一次大规模奏调人员，共奏调英秀、乐

① 中国第一历史档案馆编《光绪宣统两朝上谕档》第 32 册，第 196、198~199 页。
② 《大理院奏审判权限厘定办法折》《大理院审判编制法》，《大清新法令》第 1 卷，第 377~379、380~385 页。
③ 光绪三十二年底的《大理院官制草案》第十八条规定，"大理院审判官检察官均须以深通法律历练审判之员分别请简补用"，但此仅是草案，光绪三十三年四月三十日法部与大理院会奏的《大理院官制》中无此条款或类似规定。参见《大理院官制草案》，《宪政初纲·阁部院官制草案》（《东方杂志》临时增刊），第 72 页，光绪三十二年十二月；《法部大理院奏为核议大理院官制折》，《大清新法令》第 2 卷，第 119~123 页。
④ 《大理之近况》，《大公报》光绪三十二年十一月十九日，第 4 版；《大理院取定留用人员》，《大公报》光绪三十二年十二月四日，第 4 版；《大理院颇加整顿》，《盛京时报》光绪三十二年十二月四日，第 2 版。

善、顾绍钧等41人，其中法部36人，农工商部4人，内阁1人；且大理院奏请"援照学部及从前巡警部成案，毋庸开去差缺，遇有升转仍因其旧，俟臣院奏补实任后，再行照例办理"，① 易言之，就是暂时不开去所调人员在原衙门的缺位，若遇机会升转，可照旧进行，俟该员在大理院补实缺后，方再按程序调入。

从官员个人角度来讲，丙午官制改革是一次职业与利益的"再分配"，也未尝不是一次双向选择，长官可以选择属员，司员也可选择衙门，可谓"八仙过海，各显神通"。上述大理院奏调人员，未能全部到任，有人投向他部。这样一来，大理院人手不足，很难在原定的光绪三十三年三月一日开始办公，受理案件。因此，光绪三十三年二月，大理院再次奏请调员，奏调文良、孙宗麟、梁秉鑫等44人，大部分仍来自法部。② 除此，大理院还吸收一部分留洋毕业生，如调留学欧美、日本的李方、熊垓、贺俞、金绍城等人"到院当差"。③ 总之，大理院采随时调员方式，"迭次调员"。此举颇为舆论所关注，如对所调各员，《大公报》就评论曰："多研究法律品行端方之人"。④

官制改革伴随着剧烈的政潮。由于司法权限不清，大理院与法部矛盾日剧，以致引发"部院之争"。此事件潜伏于光绪三十二年下半年，高潮呈现于次年四月。对"部院之争"，清廷颁布谕旨：大理院与法部"会同妥议，和衷商办，不准各执意见"。光绪三十三年四月十二日，清廷决定把沈家本与法部右侍郎张仁黼对调，以"平衡术"大体平息部院之争。⑤ 在离任前，沈家本在《大理院奏谨就司法权限酌加厘订折》中，言及筹组大理院的艰辛："自去年十月以来，仅就素所深知者，于法部及各衙门前后奏调七、八十员，以为开办之基础，绸缪数月，粗有端倪。"⑥ 这可谓沈氏在正卿任内

---

① 《大理院奏请调用司员》，《申报》光绪三十二年十一月六日，第1张第3版。
② 《大理院续调司员》，《大公报》光绪三十三年二月十三日，第3版。
③ 《大理院奏请调员》，《大公报》光绪三十二年十二月九日，第3版。
④ 《大理院调员舆论》，《大公报》光绪三十三年三月八日，第4版。
⑤ 张从容：《部院之争：晚清司法改革的交叉路口》，第92页。
⑥ 《大理院奏谨就司法权限酌加厘订折并清单》，《大清新法令》第1卷，第371页。

的主要业绩之一。从中可知，至光绪三十三年四月，大理院司法人员有七八十人。

　　继沈家本之后，张仁黼出任大理院正卿；张氏旋即于是年七月五日调任吏部右侍郎，以英瑞继任；九月六日，清政府任命定成署理大理院正卿，十一月二日，正式补授。定成任职时间较长，直至宣统三年十一月十五日，即清帝逊位前夕，后由刘若曾代之。长官虽有变动，但大理院各项事务仍在进行之中。光绪三十三年四月二十日，法部与大理院会奏《遵旨和衷妥议部院权限折》，增加了案件复核的程序规定，大理院人事权由部院"公同妥商"，部院妥协。四月三十日，部院共同制定《大理院官制》，①明确大理院为"全国最高之审判衙门"，规定了大理院的职掌和各庭员缺。

　　据《大理院官制》，在正卿、少卿之下，分设刑科、民科，各设推丞一人，以总其事。大理院设刑事四庭，民事二庭，各设推事五人，因其中包括刑、民科推丞各一人，故刑科推事十九人，民科推事九人。刑事一庭掌特交及国事犯，并核查京内外重大案件；刑事二庭掌宗室及官犯案件；刑事三庭掌不服京师高等审判厅判结之院控案件；刑事四庭掌不服各直省高等审判厅判结之院控案件；民事一庭掌宗室民事词讼及不服京师高等审判厅判结之院控案件；民事二庭掌不服各直省高等审判厅判结之院控案件。总检察厅附设于大理院内，设厅丞一人，检察官六人。大理院职官之品秩：正卿为正二品，少卿为正三品，均为特简官；总检察厅厅丞为从三品，大理院推丞为正四品，均为请简官；大理院推事和总检察厅检察官都是正五品，为奏补官。

　　按照法部与大理院会奏《遵旨和衷妥议部院权限折》，大理院司法官由部院会同任命。总检察厅厅丞、大理院推丞等高级司法官，由法部预保，听候记名简用。②八月，这些高级司法官多半得到任命：大理院刑科推丞许受衡；民科推丞周绍昌；总检察厅厅丞张成勋。③其他司法官的部分任命情况，可见之于以下一份档案：

---

①　《法部大理院奏为核议大理院官制折并清单》，《大清新法令》第2卷，第119~123页。

②　《法部预保总检察厅丞》《预保大理院推丞》，《大公报》光绪三十三年七月十九日，第5版。

③　《上谕恭录》，《盛京时报》光绪三十三年八月十三日，第2版。

开缺法部安徽司郎中乐善拟请补刑科第一庭推事；

开缺法部陕西司郎中顾绍钧拟请补刑科第一庭推事；

开缺法部陕西司郎中联惠拟请补刑科第二庭推事；

开缺法部浙江司郎中荣宽拟请补刑科第四庭推事。

开缺法部四川司主事许受衡拟请试署刑科第一庭推事；

开缺法部云南司主事余和埙拟请试署刑科第一庭推事；

开缺法部安徽司员外郎王仪通拟请试署刑科第二庭推事；

法部候补主事史绪任拟请试署刑科第二庭推事；

法部候补主事汪忠杰拟请试署刑科第二庭推事；

前刑部员外郎降选主事文霈拟请试署刑科第三庭推事；

开缺法部福建司员外郎唐烜拟请试署刑科第三庭推事；

留学英国大学校毕业生候选知府金绍城拟请试署刑科第三庭推事；

开缺法部河南司员外郎王景浚拟请试署刑科第四庭推事；

开缺法部浙江司员外郎梁秉鑫拟请试署刑科第四庭推事；

开缺法部陕西司主事周绍昌拟请试署民科第一庭推事；

开缺法部山西司主事李传冶拟请试署民科第一庭推事；

开缺法部安徽司主事蒋德椿拟请试署民科第一庭推事；

开缺法部广东司主事姚大荣拟请试署民科第二庭推事；

开缺法部浙江司员外郎治良拟请试署民科第二庭推事；

法部候补主事蔡桐昌拟请试署民科第二庭推事。[1]

　　显而易见，大理院人员来源于三部分，即原大理寺、法部及各衙门、留洋归国者，但绝大部分来自法部，故当时法部就奏曰："臣部（法部）实缺人员经各衙门奏调者不少，而以大理院奏调为尤多，大理院职司审判，创立伊始不能不取材于法部。"[2] 关于大理院选官标准，上述奏折也说："必须法

---

① 《大理院为本院奏请试署推事各缺期满各员补授事致民政部咨文》（光绪三十三年八月二十日），中国第一历史档案馆藏民政部档案，档案号：1509/6/002、006。

② 《法部改补员缺奏折清单》（光绪三十三年三月十七日），中国第一历史档案馆藏刑（法）部档案，档案号：138。

律精熟，才优听断者，方能胜任。"换言之，即法律学识与审判经验并重。

此后，大理院的制度设置没有大变化，至光绪三十四年，人员也基本完成配置。在清末大理院这一司法机构中，宣统元年之前奏调人员可谓早期人员，他们构成了该机构人员的"基本盘"。虽然宣统元年颁布的《法院编制法》规定所有司法官必须经过考选，并于宣统二年举行全国规模的司法官考试，但这主要是为筹设京外各地的审检厅，对大理院已在职司法官的影响不大，事实上，他们很多人通过"运动"实现了免考；另外，此后大理院所招录的人员，基本是额外司员，并非实任推检人员，因此，真正决定清末大理院运作的是这些早期人员。①

第二节　地方审检厅的初设与人员组合

在公布中央官制改革方案的同日，清廷令厘定官制大臣接续编订地方官制，并要求与各省督抚"妥为筹议"。其实此前一天，厘定官制大臣已拟定地方官制改革的两套方案，且致电各省督抚会商。② 地方官制改革涉及省级和省级以下各级机构的改革，与督抚大员权力及利益攸关，各省督抚意见分歧，莫衷一是。经过一段时间的考虑和观望，各省督抚大多复电陈述各自看法。从复电内容看，督抚们对于地方官制改革有较大的保留。③ 关于地方审判厅和乡谳局，督抚中几乎无人拥护立即筹设，可见，这时督抚们对"司法独立"的谨慎与担忧态度。④ 加上朝廷内外对地方官制改革反对之声很大，故这次地方官制改革方案暂缓议行。

光绪三十三年三月，岑春煊入京，奏请"速改官制"，并得到载泽和袁世凯的支持。缘此，奕劻等人将原来拟好的官制改革草案进行核议，五月二

---

① 韩涛：《晚清大理院：中国最早的最高法院》，法律出版社，2012，第 65 页。

② 《厘定官制大臣致各省督抚通电》，中国社会科学院近代史研究所近代史资料编辑部编《近代史资料》总 76 号，中国社会科学出版社，1989，第 51～53 页。

③ 《编改外省官制办法及各疆臣之意见》，《宪政初纲·立宪纪闻》（《东方杂志》临时增刊），光绪三十二年十二月，第 8～10 页。

④ 《清末督抚答复厘定地方官制电稿》，《近代史资料》总 76 号，第 53～90 页。

十七日，把地方官制改革方案上奏朝廷。此方案重点有二：一是"分设审判各厅，以为司法独立之基础"，即各省设立高等、地方、初级审判厅，作为独立于行政系统之外的专门司法机关；二是"增易佐治各员，以为地方自治之基础"，即各省府厅州县增改佐治官员，使其组织议事会和董事会，作为地方自治机构。具体到地方司法体制改革，要点有二：改各省按察司为提法司，原按察使改称提法使，掌管地方司法行政事务；各省分设高等、地方、初级审判厅，负责地方各级司法审判事务。① 这其实是中央司法机构设置在地方的延伸。方案当日获清廷批准，决定首先从东三省"先行开办"，直隶、江苏两省"择地先为试办"，其余各省"统限十五年一律通行"。②

正是在如此地方官制改革背景下，推行司法独立、筹设地方各级审检厅作为（法部会同）各省督抚必须办理的、事关预备立宪的重要内容，开始付诸实施。推进此项工作，直隶、京师（除大理院外的各级司法机构）、东三省走在全国前列。

一　直隶（天津）

庚子事变后，袁世凯继李鸿章出任直隶总督兼北洋大臣，成为权倾朝野的重臣。袁世凯在直隶积极推行新政，许多重要举措往往先在直隶试办，然后向各地推广，故时人称："中国各省新政之布，必资模范于北洋。"③

司法独立问题，在新政时期不时为舆论所议。丙午官制改革时，此问题再次凸现。此次官制改革本由袁世凯主导，其对司法独立之说颇为赞成，曰："司法独立，万国通例。吾国地方官兼司听断，救过不遑。近今新政繁兴，诸需整顿，亟宜将司法一事，分员而治，各专责成，以渐合立宪各国制度。"袁氏重视网罗包括法政人在内的新式人才，于光绪三十二年就组织相

---

① 《总司核定官制大臣奕劻等奏续订各直省官制情形折（附清单）》，故宫博物院明清档案部编《清末筹备立宪档案史料》上册，中华书局，1979，第 503～510 页。

② 《各直省官制先由东三省开办俟有成效逐渐推广谕》，故宫博物院明清档案部编《清末筹备立宪档案史料》上册，第 510～511 页。

③ 《学员李廷玉臧守义陈宝泉刘宝和陈清震等筹议义务教育办法十四条禀并批》，甘厚慈辑《北洋公牍类纂》第 11 卷，京城益森印刷有限公司，光绪丁未年，第 2～3 页。

关人员拟定章程,在天津府和天津县筹办新式司法事宜。次年二月十日正式开办。天津府设高等审判分厅,天津县设地方审判厅,天津城乡分设乡谳局四处;将诉讼案件分为民事、刑事两类。关于司法人员,袁世凯奏曰:"所有两厅及谳局办事人员,就平日研究谳法暨由日本法政学校毕业回国之成绩最优者,并原有府县发审各员,先令学习研究,试验及格,按照分数高下,分别派充。故人争濯磨,尚无滥竽充数之事。"对新式司法的成效,袁氏不无得意地说:"现经试办数月,积牍一空,民间称便。"他特别提及新式司法对收回司法主权的作用,"外人于过堂时则脱帽致敬,于结案时则照缴讼费,悉遵该厅定章。亦有不先赴该国领事投禀而径赴该厅起诉者,实为将来撤回领事裁判权之嚆矢"。①

袁氏所言不免存自我粉饰之意。从一份天津各级审检厅司法官简明履历档案来看,共63人中,受过新式法政教育者7人,此中包括日本法政学校毕业者3人,所有人员无不拥有传统功名,多数是较低级功名者。若仔细分析,其中光绪三十三、三十四年到厅任事者33人,宣统年间到厅任事者30人;受新式教育者7人中,光绪三十三、三十四年到厅者仅2人,其中1人为日本毕业生,宣统年间到厅者5人,其中2人为日本毕业生。② 显然,事实上新式人员很少。

二　京师

光绪三十三年八月,法部预保京师高等、地方审检厅长官人选,③ 接着,指派"高等裁判员六人,地方裁判员二十人,检察厅员六人",很快又"续派地方裁判、高等裁判各三人"。④ 十一月,京师各级审判厅"已组织完

---

① 《奏报天津地方试办审判情形折》,天津图书馆、天津社会科学院历史研究所编《袁世凯奏议》下册,天津古籍出版社,1987,第1492~1494页;《天津府属试办审判厅章程》,甘厚慈辑《北洋公牍类纂》第4卷,第1~7页。
② 《法官任用(附书记官)》(原表无时间,截止时间约在宣统三年),中国第一历史档案馆藏法部·宪政筹备处档案,档案号:32203。详见本书附录四。
③ 《法部预保裁判人才》,《申报》光绪三十三年八月三日,第9版。
④ 《高等地方裁判官派人》,《申报》光绪三十三年八月二十八日,第11版。

全，预备定期开办"。① 法部在奏陈京师各级审判厅成立情形时，对任用司法官一项，奏道："任用法官较之别项人才倍宜审慎，其有熟谙新旧法律及于审判事理确有经验者，自应酌加遴选以备临事之用……此项人员不分京外实缺及候补候选，均经采访确实，并次第传见，详细甄择。"② 从奏调事实情况来看，来自主管机关法部的人员不少。光绪三十四年七月，法部奏请把该部审录司主事朱运新、学习主事吴洪椿两人调往京师内城地方审判厅担任司法官，获准，法部给这二人的评语是"例案熟悉，听断详明"。③

京师各级审检厅完备的人员名单，无从详考。从中国第一历史档案馆所藏的一份名单看，共87人，调派时间多是光绪三十三年，由此可推断这是京师审检厅较早期的一份名单。87人中，除3人外，均有履历信息，几乎都是候补、候选人员，很多人拥有功名：无进士，举人8人，其余多为较低功名者，如监生、生员（廪生、附生）等。很明显，他们多为官僚体制中品级较低者。④ 值得注意的是，87人中无法政毕业生，可见在早期京师各级审检厅（除大理院外）中，新式人员也很少。

三　东三省

东三省为清廷"龙兴"之地，自是格外重视，新政由东三省"先行开办"，俟有成效再逐渐向各地推广。光绪三十三年三月，清廷颁布上谕，改盛京将军为东三省总督，任命徐世昌为总督。筹建各级审检厅是东三省新政的重头戏。徐世昌对司法改制较为积极，认为"司法部分关系至重，法律改良，此缘起及其效力，可以平熄乱党，收回法权。奉省初立法庭，外为列邦所注目，内为各省所咨取"。⑤ 基于东三省实情，徐氏决定设厅步骤：由

---

① 《各级审判厅之成立》，《大公报》光绪三十三年十一月三日，第4版。

② 《法部奏各级审判厅定期开办情形折》，《政治官报》第48号，光绪三十三年十一月八日，第4~6页。

③ 《法部奏以朱运新等补署内城地方审判厅推事等缺折》，《政治官报》第278号，光绪三十四年七月九日，第6页。

④ 《各厅官员履历册（宣统朝）》，中国第一历史档案馆藏法部·举叙司档案，档案号：31724。参见本书附录三。

⑤ 徐世昌：《退耕堂政书》第1册，台北，文海出版社，1968，第562页。

奉天始，次为吉林，最后为黑龙江。

奉天审检厅之筹设安排，徐世昌拟先于奉天省城设立高等审判厅一所，于奉天府设立地方审判厅一所，于承德、兴仁两县地方按巡警区域分设初级审判厅六所，各厅均附设检察厅，"俟办有成效，再行逐渐推广"。各级审检厅长官的选任是关键所在，徐氏奏请：遴派四品衔记名繁缺知府民政部外城巡警总厅行政处佥事许世英试署高等审判厅厅丞；丁忧民政部外城巡警总厅司法处佥事汪守珍试署高等检察厅检察长；大理院详谳处分核丁忧法部候补主事萧文华试署地方审判厅推事长；民政部外城巡警总厅六品警官廖世经试署地方检察厅检察长。四人全部调自京师，主要原因在于徐世昌由枢臣调任地方督抚，带员而来。在确定长官人选后，对于一般司法官，徐氏奏："有熟谙新旧法律及于审判事理确有经验者，不分京外实缺及候补候选，或是奏咨调用，或是留俸当差，人员均经切实考察，详细甄择。"① 至光绪三十四年底，共有35人被派署为奉天各级审检厅司法官。②

吉林审检厅筹设于光绪三十四年，筹设方式与奉天大同小异。设立高等、地方审判厅各一所，初级审判厅二所，各厅均附设检察厅。任命直隶候补知府戚朝卿试署高等审判厅厅丞；候补道史蔼试署高等检察厅检察长；候补同知王炳文试署吉林府地方审判厅推事长；候补同知李廷璐试署吉林府地方检察厅检察长。其他各厅员均经"详细甄择"，呈请札委。③ 从宣统元年三月吉林各级在职审检人员资料来看，共41人。④

黑龙江省审检厅的筹设延至宣统年间。据宣统元年正月徐世昌与署理黑龙江巡抚周树模的奏折称，鉴于黑龙江"人民本稀，词讼尚简"状况，各

---

① 《东三省总督徐世昌等奏开办各级审判厅情形折》，《政治官报》第97号，光绪三十三年十二月二十七日，第11～13页；徐世昌：《退耕堂政书》第2册，第684～685页。

② 《奉天省各级审判检察厅统计书》（光绪三十四年），宣统元年印行，第11～12、38～39页，中国政法大学图书馆藏书。详见本书附录五。清末时期，奉天共设高等审检厅各1所，地方审检厅各7所，初级审检厅各9所，详见张勤《中国近代民事司法变革研究：以奉天省为例》，商务印书馆，2012，第133～134页。

③ 《东三省总督徐世昌吉林巡抚朱家宝奏吉省开办各级审判厅遴员试署折》，《政治官报》第335号，光绪三十四年九月七日，第6～7页。

④ 《吉林提法司第一次报告书》，出版地、时间不详，中国政法大学图书馆藏书。详见本书附录六。

级审检厅"应请暂缓设立"，解决办法是"于各府厅县各设审判员，帮同地方官审理词讼案件，并于各道设司法股委员，帮同各道核转该管所属地方各案件，以期分理，而归详慎"。① 显然，司法依然附属于行政系统，尚未分立。

大体而言，宣统元年之前，地方各级审检厅已初设，但数量甚少。据宪政编查馆宣统元年四月的报告，筹办审检厅的省份，"其早经开办，则惟直隶、奉天"，新式司法官自然也很少，不过，宪政编查馆对新式审检厅的司法成效颇为自诩，云："以臣等闻兼所及，该两省审判立于州县之外，不独断结迅速，人民称便，即教民外人遇有诉讼亦多照章陈诉，就我范围尚无窒碍。"②

第三节　规范化之努力：司法官考选

清末司法改革远师欧陆，近法东洋。这些国家司法官均讲求专业化、职业化，人员选任有一套严格程序，多半经考试选录。光绪三十二年，由董康、王仪通等人赴日本考察司法事务归国后编辑整理的《调查日本裁判监狱报告书》中，就介绍了日本司法官考试制度。③ 光绪三十二年至宣统元年，在大理院与各级审检厅初设过程中，司法官选任无章可循，实际上也无严格标准。光绪三十三年十月，法部奏准《各级审判厅试办章程》，④ 该章程是《法院编制法》颁行之前，筹设各级审检厅最主要的法律依据，但该章程没有规定司法官资格、选任等问题。

在这时期各种公文中，法部、大理院等部门往往宣称，司法官选用标准

---

① 《东三省总督徐世昌署理黑龙江巡抚周树模奏江省续设道府厅县酌拟设治章程折并清单》，《大清新法令》第5卷，第40页。
② 《宪政编查馆奏考核京外各衙门第一届筹办宪政并胪列第二届筹办情形》，《政治官报》第590号，宣统元年五月三日，第4~7页。
③ 王仪通：《调查日本裁判监狱报告书》，刘雨珍、孙雪梅编《日本政法考察记》，上海古籍出版社，2002，第157~158页。
④ 《法部奏酌拟各级审判厅试办章程折》，《政治官报》第46号，光绪三十三年十一月六日，第6~8页。

是"熟谙新旧法律、于审判确有经验者"。毋庸讳言，这一标准很笼统，弹性很大。从任用事实过程看，主要由相关机构（如法部、大理院、各省督抚、提法司等）长官通过分派、奏调、札委等方式进行。在这种无章可循、制度准则缺失的情况下，长官个人主观因素凸显，加之清末新政时期各种职官改制、裁并等原因，确实带来司法官任用上的诸多弊端。时任大理院推事的唐烜观察到，大理院"新设各庭，除正审官外，大半由夤缘而来，或调自外衙门者，或调自京外官者，即法部旧人亦非平素勤事者流"。① 大理院司法官选任情况尚且如此，京外各地可想而知。

光绪三十三年十月，御史赵炳麟奏称：世界各国皆定司法官为终身官，以此做到"尊荣其身，令其久于职事，无所顾虑，无所偏袒，不难伸公理而雪民怨"，此乃"万国之通例"，但眼下，各司法机关"冀多设额缺，以为京察截取外转道府地步，此不惟大违各国司法官之通例，且恐品学卑下之人藉裁判官以谋登进，甚非朝廷尊重国法，勤求民隐之至意"。鉴于此，该御史奏请查照各国司法官通例，确定各级司法官"皆为终身官，不得改任行政、立法各官，以便久于职事。倘有精法律而善审判者，各省设立裁判所应由该衙门开送职名，请旨简放，既可收娴熟法律之效，又可杜钻营奔竞之风，且使司法人员终身按次升转，无顾虑偏袒之流弊，一举而数善备者也"。② 由此不难推知，当时很多出任司法官者，其实并非安心此职，而是以此为跳板，获取缺位品级，然后转调其他衙门。另一名御史徐定超的奏折也可证实上述推测。徐氏奏："新设各衙门自为风气"，在旧衙门的司员"有二三十年不得补缺者"，但在新衙门则"一二年即可补缺，徒开奔竞之门，留品杂进"。缘此，徐氏奏请朝廷统一官制和薪俸。③

针对各方对司法官任用所指责的问题，相关部门提出自己的意见。例如，针对赵炳麟奏请定司法官为终身官并予以优厚待遇的主张，政务处随后奏复，承认确存赵氏所言之弊，认为赵氏所提之方法，"法至美意至善"，

① 《唐烜日记》，光绪三十三年七月二十二日，中国社会科学院近代史研究所档案馆藏。
② 《御史赵炳麟奏司法人员按次升转片》，《政治官报》第20号，光绪三十三年十月九日，第8页。
③ 《徐御史奏请划一部院规制》，《申报》光绪三十四年四月十三日，第1张第3版。

但现在时机尚不成熟，"一时尚难办到"。原因是，现今法学人才缺乏，不得不兼收"昔日资深谙练之人"，司法人员"出身本来各异"，出路"自难强同"；"各署薪俸未能一律，若使概从优厚，则库币有所不支"，若不给司法官调迁其他部门机会，其他部门人员对于任职司法部门将持观望态度，如此"欲重法律专门之学，而转致英才裹足之忧"。① 赵御史的提议，也遭到法部、大理院等机关司员的反对，因为法部、大理院、各级审检厅之待遇不如外务部、农工商部、邮传部等优厚，② 各司员希望能在司法机关补缺后他调，因此对赵氏所奏不以为然。

司法改革之初期，司法官任用出现这些弊病，其实是清末新政中人员任用紊乱的局部体现。时人就观察到，推行新政之前人员任用基本有章可循、依规分发，但新政后，先前人员任用规则受到很大冲击与破坏，"自总署改外部，商部、警部、学部接踵而兴，用人行政本无轨辙之可循，移文提取动辄数十百万，指名奏调动辄数十百人，奔走小吏夤缘辐辏于公卿之门，投其意向所趋，高者擢丞参，次者补郎员，人不能责其徇私……于是造谋生事，外扰乱郡县，内攘夺六部之权"。③ 此时供职于学部和巡警部的许宝蘅也察觉："近来办事外观似较旧时各衙门为振作，而无条理，无法度，任意为之，其弊尤大也。"④ 清廷也承认：新政中所任用者很多为"奔竞之人"。⑤ 可见，人员任用紊乱是清末新政中的常见现象，这就不难理解前述司法官任用弊病了。

但是，通过考试规范司法官选任问题，已提上议事日程。宣统元年七月十日，法部奏呈《筹办外省省城商埠各级审判厅补订章程办法折》，针对有些地方出现的"欲以地方官署为审判厅，即以地方官兼充推事"等状况，法部认为此"于司法行政分立之意实大相径庭"；对于各级司法

---

① 《会议政务处议复御史赵炳麟奏司法人员官阶终身升转分别准驳折》，《政治官报》第55号，光绪三十三年十一月十四日，第7～9页。

② 《徐御史奏请划一部院规制》，《申报》光绪三十四年四月十三日，第1张第3版。

③ 胡思敬：《国闻备乘》，第74页。

④ 许恪儒整理《许宝蘅日记》第1册，光绪三十三年八月十二日，中华书局，2010，第144页。

⑤ 《吏部奏酌拟考核调用人员切实办法折》，《大清新法令》第5卷，第56页。

人员的任命权，法部坚持"内外审判检察各厅属于本部直辖，所有一切官员请简奏补委用之权，均应归属本部，以与各行政官区别"。同时，法部鉴于法官考试任用章程尚未制订颁行，采取以下变通举措：高等审判厅厅丞、高等检察厅检察长，由法部择员豫保，临时请简，各省督抚也得就近遴选或指调部员先行咨部派署，不得径行请简；推事、检察官各员，由督抚督同提法使认真遴选品秩相当之员（专门法政毕业者、旧系法曹出身者、曾任正印各官者、曾历充刑幕者，抑或指调部员），咨呈法部先行派署。① 此规定不仅使法部将司法官选任权收归其手，而且具有规范司法官选任的作用。九月十八日，法部奏呈《酌拟京师审判检察各厅员缺任用升补暂行章程折》，确认"凡调用人员如系正途出身或法律专长者，拟请酌量变通，随时奏明办理，其他捐纳佐杂各员，仍照馆部定章，不得援以为例"，并规定法部与大理院人员可以相互升转，② 即司法行政官与司法审判官可以互调。

宣统元年十二月二十八日，宪政编查馆奏准《法院编制法》，明确考试为选任法官的主要渠道，同时奏准配套的《法官考试任用暂行章程》，规定：嗣后考试任用司法官时，务须遵守暂行章程，不得稍存宽假；京外已经设立的各级审检厅，也应于宣统二年举行第一次法官考试后，定期将各厅员按照章程所定科目补考，分别淘汰或留用。针对各地审检厅初设的实际状况，法部也设置了过渡性安排：凡非推检者，未经照章考试，无论何项实缺人员，不得奏请补署司法官各缺；现有候补推检者，由堂官查验，以"通晓法律，长于听断"为依据，奏请任用；现悬各缺，如无前项人员，仍须"钦遵定章任用"，即经过考试才能任法官。③

此后，法部多次表示司法官任用必须经过考选，并由法部统一任命。宣

---

① 《法部奏筹办外省省城商埠各级审判厅补订章程办法折》，《政治官报》第 666 号，宣统元年七月二十日，第 7～13 页。

② 《法部奏酌拟京师审判检察各厅员缺任用升补暂行章程折》，《政治官报》第 732 号，宣统元年九月二十七日，第 11～14 号。

③ 《宪政编查馆奏核订法院编制法并另拟各项章程折》《法官考试任用暂行章程》，《政治官报》第 826 号，宣统二年一月九日，第 3～24 页。

统二年正月，法部奏呈《法官任用须经考试折》，确认由法部统一司法官任命，吏部等不得插手。① 二月二十七日，法部上奏《各省筹办审判各厅拟请俟考试法官后一律成立折》，② 再次确认推检人员"非经考试不得任用"，以后司法官之任用"舍考试外更无他途"。值得注意的是，该折重申了法部对高等审检厅长官的任命权：各省高等审判厅厅丞、检察厅检察长属于请简官，且于司法官中兼有行政职务，"自非深通法律、富于经验者不能胜任"，故应由法部"择员豫保，临时请简"；但各省督抚可以向法部推荐人选，由法部考核后奏请简放。法部明白，各地审检厅的筹设，必须获得督抚大员的支持，因此，高等审检厅的厅丞、检察长必须获取他们的认可，此中包含着法部与督抚之间的博弈。

其实，在地方审检厅筹建过程中，法部与督抚及其他各方的博弈时常发生。显著者，体现在宣统二年司法官考试（第一次考试）的与考人员资格问题上。按照《法院编制法》第107条规定，"凡在法政法律学堂三年以上，领有毕业文凭者，得应第一次考试；其在京师法科大学毕业及在外国法政大学或法政专门学堂毕业，经学部考试给予进士举人出身者，以经第一次考试合格论"。除此之外，《法官考试任用暂行章程》第4条还规定下列人员也具有与考资格：举人及副拔优贡以上出身者；文职七品以上者；旧充刑幕确系品端学裕者。

宣统二年四月，浙江巡抚增韫奏请给予浙江审判研究所毕业学员与考资格。按规定，必须在法政学堂学习三年并领有文凭者才能与考，而审判研究所学员学习时间不够三年，不能与考。但该巡抚认为，毕业学员学习时间虽不足三年，但"较之仅有举贡出身、文职七品以上及曾充刑幕三项人员，其学问历练尚属优裕"，故请给予这些毕业学员与考资格。③ 很明

---

① 《法部奏法官任用须经考试折》，《政治官报》第845号，宣统二年一月二十八日，第6～7页。

② 《法部奏各省筹办审判各厅拟请俟考试法官后一律成立折》，《政治官报》第903号，宣统二年三月二十七日，第6～7页。

③ 《浙江巡抚增韫奏考试法官请将审判研究所毕业学员与试折》，《政治官报》第923号，宣统二年四月十八日，第8～9页。

显，该巡抚为自己培养的学员向法部争取"机会"。与此同时，内阁侍读学士延昌对司法官考试与考资格也提出异议，主要问题有二："地方审判检察厅长宜令一律与考"；"与考之举贡文职刑幕宜分别加以限制"。六月，法部与宪政编查馆对此做出答复与解释，对第一个问题，答曰：除了高等审检厅长官系请简官，暂时由法部及各省督抚择员豫保外，其余推检各官非经考试不得任用，地方审检厅长属于奏补官，自然也必须参与考试；对第二个问题，答曰：司法官与考资格，外国本以法律科三年以上毕业者为限，现在中国此项合格人才"于新律研究诚有所得，然现行法律及诉讼手续，亦尚因仍习惯，不得谓旧学中竟无可用之人"，所以"特于毕业生外推广及于举贡文职刑幕各途，令一体与考，盖多其选以备甄择之用，非宽其格以开冒滥之门"。① 可见，法部及宪政编查馆还是坚持事先规定的与考资格标准。

但是，随着考试日期的临近，各地督抚纷纷奏请变通与考资格，这可谓变相向法部施压。贵州巡抚电称，贵州"应考人员合格者无多，将来恐不敷考选"，咨问法部："本省法政毕业生两年以上程度者，留学日本法政速成毕业，在本省充当法政教员三年者，可否通融准其与考？"江苏巡抚也电称："招考以来，报名无几"，江苏为风气早开、交通便利的省份，尚且如此，其他各省情况可想而知。鉴于此，法部与宪政编查馆会商后，于七月变通与考资格，决定"京外凡留学外国法政速成毕业，在本省充当法政教员三年以上者，及本省法政二年以上毕业领有优等文凭者"，均暂准参加此次考试；但法部声明："仅以此次为限，将来仍照定章办理"。这样一来，此前法部不准的浙江巡抚所请变通办法，现在也获准，即浙江审判研究所"接续有二年程度毕业，领有优等文凭者"，准其与考。②

宣统二年六月至九月，清政府举行了中国历史上第一次全国规模的司

---

① 《宪政编查馆法部会奏议覆内阁侍读学士延昌奏举行法官考试请饬改订规则折》，《政治官报》第 1003 号，宣统二年七月十日，第 4~6 页。

② 《法部奏本届举行法官考试暂拟推广与考资格折》，《政治官报》第 1016 号，宣统二年七月二十三日，第 7~9 页。

法官考试。主考场在京师，在较偏远的四川、云南、广西、新疆、贵州、甘肃等地设立分考场。考取情况如下：京师，录取561名，最优等是诚允等83名，优等是沈桂华等193名，中等是庄枢元等285名；[①]四川，录取130名，最优等是王秉璠等5名，优等是张仲孝等40名，中等是王开棣等85名；[②]云南，录取26名，最优等是郑溁等8名，优等是吴起銮等12名，中等是周葆忠等6名；[③]广西，录取32名，最优等是刘庚先等9名，优等是杨家瑄等6名，中等是陈用光等17名；[④]新疆，录取8名，无最优等人员，优等是廖振鸿等2名，中等是方常善等6名；[⑤]贵州，录取42名，最优等1名（杨焜），优等是梁韵清等3名，中等是韦可经等38名；[⑥]甘肃，录取42名，最优等是王国柱等11名，优等是金星拱等8名，中等是胡镜清等23名。[⑦]总计录取841名。[⑧]这些考取人员，除少数人外，[⑨]绝大部分被派往各地审检厅实习，[⑩]成为清末新式司法官群体的主体部分。可惜实习期未满，清政府即被推翻，此次司法官考试的绩效未能得到充分呈现，但其开了中国司法官考选的先河，表明了司法官选任的规范化、制度化方向。

---

① 《审判检察各厅等缺职员衔各清单及考生统计册等》（考试法官题名录，宣统二年），中国第一历史档案馆藏法部·举叙司档案，档案号：31677（第3号）。

② 《四川考试法官录取各员拟请照章授职任用缮具清单》，中国第一历史档案馆藏法部·宪政筹备处档案，档案号：32175。

③ 《云南第一次考试法官阄文》，宣统二年九月排印，出版地不详，中国国家图书馆藏。

④ 《法官官册》，中国第一历史档案馆藏法部·举叙司档案，档案号：31704。

⑤ 《新疆审判厅筹办处报告书》（共4册，无页码与册次），宣统三年正月印，中国国家图书馆藏。

⑥ 《法部奏贵州考试法官录取各员拟请授职任用折》，《政治官报》第1186号，宣统三年一月二十二日，第5~7页。

⑦ 《法部奏甘新滇三省考试法官授职任用折》，《政治官报》第1208号，宣统三年二月十四日，第6~9页。

⑧ 具体名单及相关信息，详见本书附录七。

⑨ 《法部奏李鹍龄等愿就原官应准注销法官片》，《政治官报》第1341号，宣统三年六月三十日，第17页。

⑩ 据清政府统计，截至宣统二年，各省审检厅各155所，加上京师审检厅，共160余所，但实际上应少于此数。欧阳湘：《近代中国法院普设研究：以广东为个案的历史考察》，知识产权出版社，2007，第54~56页。

第四节　群体结构分析

清末新式审检机构与司法官群体产生于丙午官制改革，从光绪三十二年至宣统元年，司法官多为零星选用，人数不多。光绪三十四年八月一日，清政府颁布《钦定宪法大纲》及"九年筹备清单"，[1] 为应对清单中所定宣统二年各省省城及商埠必须一律设立审检厅的要求，清政府于宣统二年举行司法官考试，旋即将考取人员分发各地实习。缘此，司法官群体人数迅速增加，具有一定规模。无疑，宣统二年司法官考试对该群体组合作用甚大，可以说是一个标界。故可以此事为标界点，把清末司法官群体分为前后两个时期进行分析。

第一时期，即宣统二年以前的司法官群体，主要集中在大理院，京师各级审检厅，直隶（天津）、奉天、吉林等地的审检厅。[2] 根据笔者查阅到的资料，有名可考者406人，分别如下：大理院132人；[3] 京师（除大理院外）135人；[4] 天津63人；[5] 奉天35人；[6] 吉林41人。[7] 详见表3-1。

---

[1] 《宪政编查馆资政院会奏宪法大纲暨议院法选举法要领及逐年筹备事宜折》，故宫博物院明清档案部编《清末筹备立宪档案史料》上册，第54~67页。

[2] 其中也有部分人员（主要是大理院额外司员、京师各级审检厅人员）是在宣统二、三年任命的，但数量较少，为便于分析计，列入第一时期。

[3] 《最新职官全录》（关于大理院部分），宣统元年冬季、二年冬季、三年夏季刻本，北图社影印室辑《清末民初宪政史料辑刊》第4~7册，北京图书馆出版社，2006；《宪政最新播绅全书》第1册下，大理院部分，京都荣宝斋，宣统辛亥秋季；敷文社编《最近官绅履历汇编》第1集，台北，文海出版社，1970；程燎原：《清末法政人的世界》，法律出版社，2003；韩涛：《晚清大理院：中国最早的最高法院》，第373~410页；等等。

[4] 《宪政最新播绅全书》第1册下，京师高等、内外城地方、初级审检厅部分；敷文社编《最近官绅履历汇编》第1集；程燎原：《清末法政人的世界》；《最新职官全录》（关于京师高等、内外城地方、初级审检厅），北图社影印室辑《清末民初宪政史料辑刊》第4~7册；《各厅官员履历册（宣统朝）》，中国第一历史档案馆藏法部·举叙司档案，档案号：31724。

[5] 《法官任用（附书记官）》（原表无时间，截止时间大约在宣统三年），中国第一历史档案馆藏法部·宪政筹备处档案，档案号：32203。

[6] 《奉天省各级审判检察厅统计书》，第11~12、38~39页，中国政法大学图书馆藏书。

[7] 《吉林提法司第一次报告书》，中国政法大学图书馆藏书。

表 3 - 1　清末新式司法官群体出身情况统计（宣统二年之前）

		进士	举人	贡生	荫生	监生	生员	新式学生	其他	合计
大理院（实任）	人数	25	7	5	3	8	5	4	1	58
	百分比	43.1	12.1	8.6	5.2	13.8	8.6	6.9	1.7	100
大理院（额外司员）	人数	0	24	16	2	17	1	11	3	74
	百分比	0	32.4	21.7	2.7	23.0	1.4	14.9	4.1	100
京师	人数	19	23	19	1	18	10	6	39	135
	百分比	14.2	17.2	14.2	0.7	13.4	7.5	4.5	28.9	100
天津	人数	2	20	12	4	17	1	7	0	63
	百分比	3.2	31.8	19.0	6.3	27.0	1.6	11.1	0	100
奉天	人数	3	5	6	0	12	2	5	2	35
	百分比	8.6	14.3	17.1	0	34.3	5.7	14.3	5.7	100
吉林	人数	0	8	7	0	18	2	5	1	41
	百分比	0	19.5	17.1	0	43.9	4.9	12.2	2.4	100
合计	人数	49	87	65	10	90	21	38	46	406
	百分比	12.1	21.5	16.0	2.5	22.2	5.2	9.4	11.3	100

注：若出身及履历信息中有毕业生（国内或海外）者，均以新式学生计，其实这部分人员中很多也同时拥有传统功名。

清制规定，凡官之出身有八：一曰进士，二曰举人，三曰贡生，四曰荫生，五曰监生，六曰生员，七曰官学生，八曰吏。无出身者，满洲、蒙古、汉军曰闲散，汉曰俊秀。各辨其正杂以分职。[1] 一般来说，出身有正途与异途之分。正途，即通过科举考试取得进士、举人、贡生（恩、拔、副、岁、优）等高级学衔，或由世袭特权获得荫生的功名而入仕的途径；异途，即通过捐纳获得监生的功名，或因军功而入仕的途径。但正途与异途并非绝对不可逾越，"异途经保举，亦同正途"，满人可不循任官之常规。[2] 依此考究，宣统二年前的新式司法官群体，进士、举人、贡生分别占 12.1%、21.5%、16.0%，合计拥有高级学衔者为 49.6%，若加上荫生（占 2.5%），正途出身者过半。监生、生员所占比例分别是 22.2%、5.2%，较低级学衔

---

[1]　崑冈等编《钦定大清会典》第 7 卷，商务印书馆，宣统元年，第 2 页。
[2]　赵尔巽等：《清史稿》第 12 册，中华书局，1977，第 3205 页。

者合计 27.4% ，不及三分之一。新式学生占 9.4% ，比重较小，而且其中很多人员同时还拥有传统功名。故总体而言，这一时期司法官群体多为拥有传统功名者，且高级功名者比重很大，最显著者，大理院的进士达 25 人，占实缺推检人员 58 人的近一半。①

这种状况在宣统二年司法官考试以后改变较大。宣统二年考试录取 841 名，这些人员依其履历大体可分为两类：（1）以新式法政毕业生资格参加考试并被录取者，共 383 人，占录取总数的 45.5% 。（2）传统功名拥有者，如举人（110 人）、拔贡（99 人）、优贡（30 人）、副贡（12 人）；官僚体制内中下级人员，如州判（39 人）、知县（54 人，多半是候补候选）、刑幕（89 人）等，占总数的 54.5% 。② 若从是否接受新式法政教育角度来讲，可以说第一类是"新式"人员，第二类为"旧式"人员。与此前相比，这次考取人员中新式学生比重大幅度提升，但传统功名者（多半也是中下级官僚）依然占据多数。

宣统二年司法官考试后，考取人员大部分发各地审检厅实习，与此同时，筹设审检厅工作在各省会、商埠等城市大规模铺开。目前尚未觅见此时期司法官的完整资料，但根据中国第一历史档案馆藏较为系统的《法官名册》（包括广西、云南、贵州、河南、陕西、甘肃、奉天、吉林、山东、山西、江苏、江西、福建、湖南 14 省，共 436 人）来分析，③ 颇能窥其大致情形。兹整理统计如表 3 - 2 所示。

---

① 详见本书附录一。
② 若档案上记载生源履历有多重身份，笔者统计原则是一人只能统计一次，统计次序依次是：新式法政毕业生、旧式审判人员、传统功名拥有者和候补候选佐杂人员。这种分类只是为了便于分析。实际上，这几类人员的边界是模糊的，因为档案上大部分录用人员只注明一重身份（履历），少部分人注明了两重身份，其实，很多人还可能具有三重甚至更多重身份，只是档案上没有记载而已。
③ 《法官名册》（无朝年），中国第一历史档案馆藏法部·举叙司档案，档案号：31704（广西、云南、贵州）；档案号：31705（河南、陕西、甘肃）；档案号：31706（奉天、吉林、山东、山西）；档案号：31707（江苏、江西、福建、湖南）。详见本书附录八。这些档案的成档时间应在宣统三年（少量在民国元年）。很明显，这份档案资料不完整，未能包括全国各个省份，但这是目前所能查阅到的关于清末司法官状况信息最系统的档案史料。

表 3 – 2　清末 14 省司法官情况统计（宣统二年法官考试之后）

单位：人

省别	人数	是否法官考试选派		传统功名者							新式学生		先前任职履历		
		是	否	进士	举人	贡生	荫生	监生	生员	其他	国内	海外	中央	地方	刑幕
奉天	46	28	18	0	3	23	0	0	0	0	37	2	2	4	1
山东	15	0	15	0	2	7	0	6	0	0	0	0	0	15	0
山西	27	25	2	0	3	13	0	1	5	0	11	4	0	7	0
吉林	9	8	1	0	0	0	0	1	0	0	8	0	1	0	0
陕西	22	22	0	0	7	0	0	0	0	0	5	1	0	6	0
甘肃	40	40	0	0	9	7	0	0	10	0	1	2	0	19	20
河南	28	26	2	0	5	10	0	0	1	0	11	1	0	8	1
云南	47	41	6	1	9	10	0	0	2	5	12	2	1	15	11
贵州	33	33	0	0	4	4	0	0	1	1	9	1	1	8	18
广西	49	43	6	0	13	7	0	0	1	18	24	11	4	17	2
江苏	48	45	3	0	3	23	0	0	0	0	21	4	2	8	1
江西	27	26	1	0	7	16	0	0	0	2	4	2	3	0	0
福建	39	39	0	0	3	0	0	0	0	2	31	1	0	1	1
湖南	6	6	0	0	0	2	0	0	0	0	1	1	0	1	0
总计	436	382	54	1	69	131	0	12	51	1	175	32	13	116	54
百分比	100	87.6	12.4	0.2	15.9	30.0	0	2.8	11.7	0.2	40.1	7.3	3.0	26.6	12.4

注：（1）既有传统功名也是新式学生者，分别计算；拥有多种传统功名者，以高位计一种；既是国内新式学堂也在海外学校就读的新式学生，以海外学校计一种。（2）曾在中央各部院任职者，先前履历记为中央；曾在地方府厅州县任职者，先前履历记为地方。从履历信息看，这些人员此前多为各府厅州县的候补、候选人员及佐贰官、属官等。

对比表 3 – 1 与表 3 – 2，不难发现前后两个时期（亦可部分理解为中央与地方）司法官结构有较大不同：从任用方式方面看，第一时期主要以指派、试署等方式选任；第二时期，通过考试选派者，占总数的 87.6%，占绝大部分。可见，至少从形式上看，在清末最后一两年里司法官选任逐步走上了规范化的轨道。从教育背景考察，第一时期，高级学衔者中，进士、举人、贡生分别是 12.1%、21.5%、16.0%，共计 49.6%；第二时期，进士、举人、贡生分别是 0.2%、15.9%、30.0%，共计占 46.1%，就是说第二时期的高级学衔者比例有所下降，但降幅不大，问题是比重大小的排序发生变化，第一期高级学衔人数位次为举人、贡生、进士，第二时期变为贡生、举人、进士。很明显，在各地方审检机构筹设过程中，功名越高者在地方越少，拥有进士功名者多聚集在大理院和京师高等审检厅。低级学衔者（监生与生员），第一阶段，监生为 22.2%、生员为 5.2%，合计 27.4%；第二时期，分别为 2.8%、11.7%，合计 14.5%，降幅明显。

与传统功名者在总数中比例下降趋势相反，受新式教育者比例，前期为 9.4%，后期急剧提升到 47.4%（国内 40.1%、海外 7.3%）。[①] 这反映清末法政教育的迅速发展，大量法政人员加入司法官队伍中，促进了司法官朝专业化方向推进。不过，需注意两点：（1）包括法政教育在内的新式教育——一种现代性因素——在清末展开的不平衡性，法政教育与该地区的社会、经济、文化教育等因素相关。与其他省份相比，山东、湖南、甘肃、陕西等省份的司法官中受新式教育者很少[②]，这反映这些地区法政教育、人才培养相对滞后，特别是甘肃，受新式教育者仅 3 人，而府厅州县候补候选人员及刑幕等"旧人"则高达 39 人。（2）从出身统计数据上看，清末地方司法官中"新式"人员虽占总人数近一半，似乎清末司法官群体已经很"新"了，至少是新旧参半了，但这些"新人"很多同时也是"旧人"，他们多半拥有传统功名，并且在清朝官僚系统中担任地方候补、候选官员或佐贰官、属官等。由于清末新政、立宪等制度变革，他们实现了现代转型，身份由"旧人"变成"新人"，相应地，职业也由传统的刑官，候选、候补官员及佐贰官、属官等转变为现代的新式司法官——推事、检察官。

第五节　身份转型及其问题

清中期以后，捐纳职官日渐增多，到清末，各种候补候选人员非常臃冗，清廷对此也深感忧虑。光绪二十七年七月，上谕："捐纳职官，本一时

---

① 前述宣统二年司法官考试，以新式教育毕业生资格参考并被录取的人员占总考取人数的 45.5%，两数据甚为接近。

② 山东情况可能是特例，15 人全部未受新式教育，且无一人通过考选渠道选派，在此存疑。

权宜之政。近来捐输益滥，流弊滋多，人品混淆，仕路冗杂，实为吏治民生之害。"① 三十三年九月，上谕："捐纳保举，流品冗滥，以候补人员为尤甚"，解决办法是由宪政编查馆会同吏部"详订切实考验外官章程，请旨饬下各省督抚，将所属地方候补选缺到省各人员认真考验，严定去留"。② 时值新政，御史赵炳麟提出对候补候选官员进行培训，以期将其改造成为新政人才，他建议：捐纳保举等各员一律入学堂学习，学堂分长期、速成两班，"长期三年卒业，速成一年半卒业，由督抚认真考核，合格者分别赴任差委，不合格者再留堂学习一年，考验仍不合格即行停止差缺"。③ 为自身统治计，清政府必须为这些人员寻找出路。

为满足新政人才需求，尤其是预备立宪所需的新式法政人才，新式法政学堂应运而生。④ 这些学堂主要生源就是候补候选人员。光绪三十二年京师法律学堂成立，属法部（修订法律馆）管辖，学堂分设正科与速成科，学堂宗旨是，"造就已仕人员，研精中外法律，各具政治智识，足资应用"，即把已仕人员培养成为专门的法政人才。沈家本为此致电各省督抚说："除在京招考外，请贵省酌送已有实官之员来京肄业"，因名额有限，各省"望由提学使详加考验，不论官绅，以年轻质敏中文素优者为合格"。⑤ 随着新政对法政人才需求的迅速扩大，光绪三十三年初，学部筹设京师法政学堂，"以造就完全法政通才为宗旨"，分预科、正科、别科，附设讲习科。预科学制两年，毕业后升入正科；正科分为政治、法律两门，均为三年毕业；别科"专为各部院候补候选人员及举贡生监年岁较长者，在堂肄习，不必由预科升入，俾可速成以应急需"；讲习科是"以备吏部新分及裁缺人员入学

---

① 《七月二十九日上谕（二）》，《大清新法令》第 1 卷，第 8 页。
② 《九月二十七日上谕》，《大清新法令》第 1 卷，第 47～48 页。
③ 《宪政编查馆吏部会奏议复御史赵炳麟奏捐纳流品太杂请变通办法折》，《东方杂志》第 5 卷第 1 期，光绪三十四年一月二十五日，第 24～25 页。
④ 详见叶龙彦《清末民初之法政学堂（1905～1919）》，博士学位论文，台湾中国文化大学历史研究所，1974；王健《中国近代的法律教育》，中国政法大学出版社，2001；徐保安《清末地方官员学堂教育述论——以课吏馆和法政学堂为中心》，《近代史研究》2008 年第 1 期；等等。
⑤ 《电咨各省酌送法律学生》，《申报》光绪三十三年八月二十五日，第 11 版。

肄业",一年半毕业。①

在京外各省,法政学堂如雨后春笋般涌现,学员多为"候补道府以至杂佐"人员。早在光绪三十一年,修律大臣伍廷芳就奏请各省专设仕学速成科:"拟请在各省已办之课吏馆内,添造讲堂,专设仕学馆速成科,自候补道府以至杂佐,凡年在四十以内者均令入馆肄业。"② 此后,各省纷纷兴办法政学堂。直隶法政学堂招收直隶候补人员,"年在四十五岁以下"的"文理明通"者,③ 直隶新政人才很多就是从这些候补人员转化而来的。在东三省,总督徐世昌为解决筹设审检厅中人才缺乏问题,到任之初即饬令筹办法律讲习所,"专收本省候补及来奉投效人员,自同通州县以下",所授课程为大清律例、法学通论、宪法、民法、刑法等,学习时间为一年,考试毕业后,经徐世昌等人查验传见,认为"毕业各员均尚谙晓法理,堪备使用,先后择尤派赴各审判检察厅实地练习"。光绪三十四年,徐氏在奉天省城法政学堂添设法律专科,培养司法人才,饬令提法司使会同法政学堂监督妥商办理,原先的法律讲习所停办。④ 清末东三省,尤其是奉天司法官很多就是通过这种渠道产生的。

宣统元年初,湖广总督陈夔龙奏称:推检人员"于候补厅州县内择其通晓法律、长于听断及曾任出洋游学之员分别委用";为将来培养司法官员计,现拟设立审判员养成所,"招考本省候补府州县、佐贰人员入所肄习"。⑤ 这也在亲历湖北审检厅筹设的谢健之回忆录中得到证实,谢忆述:因人才困难,先在法政学堂内设审判员养成所,"考取鄂省候补州县佐杂(佐即县丞州同等,杂即巡检典吏等)入所肄业","毕业学员的州县班,派

① 《学部奏筹设京师法政学堂酌拟章程折(附章程)》,《东方杂志》第 4 卷第 11 期,光绪三十三年十一月二十五日,第 241 ~ 256 页。
② 伍廷芳:《奏请各省专设仕学馆速成科片》,丁贤俊、喻作凤编《伍廷芳集》上册,中华书局,1993,第 274 页。
③ 《拟订法政学堂章程条规折》,《袁世凯奏议》下册,第 1355 ~ 1356 页。
④ 《东三省总督徐世昌奏法律讲习所期满毕业折》,《政治官报》第 449 号,宣统元年一月九日,第 8 ~ 9 页。
⑤ 《湖广总督陈夔龙奏筹备各级审判厅议办情形折》,《政治官报》第 527 号,宣统元年闰二月二十八日,第 17 ~ 20 页。

推事检察官。佐杂班，派典簿主簿录事"。① 可见，清末新式司法官的产生，各省大同小异，即多半是原有候补候选佐杂人员经过"学习"改造而来。

这一时期国内各种官办法律、法政学堂，几乎均招收候补候选杂佐人员。② 实际上，这种"学习"改造、身份更新现象不仅发生在国内，即便是留学海外者，也存在这种现象。光绪三十年，日本法政大学法政速成科正式开办，③ 招收对象就是"一、清国在官者及候补官员；二、清国地方之士绅，年龄已二十岁之有志者"。④ 有学者对该校速成科有信息可考的 185 名毕业生进行分析，发现 185 人当中，留日前即为进士者 115 人，约占三分之二。因此，不难推断该速成科之学生大多数是具有"中学"根底的有传统功名或官位的士大夫。⑤ 日本学者也观察到，赴日就读速成科的中国学生很多"是在本国有学问基础的人，具有进士出身的人也很多，其中甚至有状元出身的"。⑥ 与在国内"学习"相比，通过海外"游学"，能更"完美"地实现身份更新。清末司法官群体中很多法政毕业人员，同时也是传统功名者或候补候选佐杂人员。其实，这一现象在清末具有相当的普遍性。质言之，在新政、立宪过程中，清政府新设许多官职（如推事、检察官、警察等），通过一定的程序设计（如新式职官选任等），使原先已经内存于体制或游离于体制的人员（如候补候选佐杂人员等）成为新制度中的新式人员，传统身份借此实现了现代转型。

当然，候补候选杂佐人员众多，不可能都转化为新政"人才"。现代国家中很多职业人员，需要有相当的专业要求，国家对这些职业工作者往往设定一定的准入标准与机制。如清末新式司法官，清政府就设置了相当"高"

---

① 谢健：《谢铸陈回忆录》，第 32 页。

② 《京内外（官立）各法律、法政学堂基本情况举例》，肖宗志：《候补文官群体与晚清政治》，巴蜀书社，2007，第 349～352 页。

③ 关于日本法政大学法政速成科，学界已有较多研究，可参阅本书第二章相关部分。

④ 《日本法政速成科规则》，《东方杂志》第 1 卷第 5 期，光绪三十年五月二十五日，第 116～120 页。

⑤ 贺跃夫：《清末士大夫留学日本热透视——论法政大学中国留学生速成科》，《近代史研究》1993 年第 1 期。

⑥ 实藤惠秀：《中国人留学日本史》（修订译本），第 49 页。

的制度准入标准和"严格"的考试选任机制，因此，可供采选人员虽众，仍存"合格"者不足之问题。

在清末司法改革中，中央及地方政府普遍遇到财政窘迫和合格人员缺乏问题。财政问题暂且不论，就人员问题而言，时任奉天高审厅厅丞的许世英晚年忆述："真正遭遇到困难的，还是在遴选厅丞的人选问题。"① 其实，一般推检人员选取也不易，尤其是宣统二年各省省城及商埠审检厅筹设后，普遍感到"人才不敷"。浙江巡抚上奏："各级审判厅既应设三百，推事、检察等职，约计需二千余人，明年仅省城及商埠各级审判厅成立，亦须推事、检察等百余人，是养成审判人才，即为筹办审判厅之第一要义。"② 两广总督在所上奏折中也担心司法人员短缺问题，法部对此复称："所称法官不敷分布，自是实在情形。"③ 浙江、广东作为社会经济较为发达地区尚且如此，内陆地区情况更严重，如新疆，符合司法官考试资格的人员就很少，遑论"合格"者了。据陕甘督抚奏报，宣统二年新疆司法官考试，正式报名者仅35 人，即使在新疆审判研究所毕业人员中，符合报名条件的也只有 14 人，考试结果揭晓后，笔试及格 9 人，经口试后总核分数，录取 8 人，加上免考者 4 人，共计 12 人。④ 对此，新疆方面奏称："本年应行成立各厅需用推检至少亦在三十员以上。若仅恃此十数员，断不敷用"，⑤ 故新疆各地审检厅无法开办。

在可提供的"合格"人员不足，而各地审检各厅又必须如期开办的情况下，作为司法行政中枢的法部，所能做的就是采取各种变通手段来解决此矛盾，主要手段有二：降低标准与免考。

---

① 许世英：《许世英回忆录》，第 101 页。
② 《浙江巡抚增韫奏浙江筹办各级审判厅情形折》，《清末筹备立宪档案史料》下册，第 877 页。
③ 《法部各员升迁调补等项事宜文（两广督臣张鸣岐附奏广东三水新会两县商埠审检各厅开办在即因法官不敷分布咨部迅速分发法官来粤一片）》，中国第一历史档案馆藏法部·举叙司档案，档案号：31671/32。
④ 《新疆审判厅筹办处报告书》（法官考试相关部分），中国国家图书馆藏书。
⑤ 《详院遵限先行成立省城各级审判厅情形请奏咨立案由》，《新疆审判厅筹办处报告书》，中国国家图书馆藏书。

第一种，降低标准。早在司法官考试以前商讨与考资格时，法部就已经降低了标准，[①] 但不止于此。考试后，许多地方人员不敷需求，纷纷奏请法部派员或变通标准就地取才。法部也只能应允。如前所述，因人员太少，新疆审检厅无法开办。新疆巡抚为此多次致电法部，提出暂行变通办法："于本省候补人员中，选取品秩相当，或专门法政毕业并曾任正印或历充刑幕各员，酌量派用，并令先在省城各厅试验数月再行发往各该处开办。"显而易见，这是考试之前的"老办法"。考虑到新疆实情，法部只能应允，但要求：按照此方法选任的人员，在审检厅开办一年后，再由新疆巡抚按在职司法官补考办法进行补考；同时，法部声明：这是对新疆一省特殊的变通之策，"此外，无论何省均不得援以为例"。[②] 声明归声明，事实上，各省还是有各自的变通办法。宣统三年五月，云贵总督李经羲关于推检人员问题奏曰："再四愁思，不得不酌量变通"，除照章委署外，"再于行政官中遴选通晓现行律例熟悉听讼之寇宗俊等五员暂行代理"。[③] 显然，还是很多未经考选的人员成为司法官。对此，法部也无可奈何，称"嗣后各省推检人员，除照章任用外，如实在不敷分布及人地不甚相宜，准其参照法部前年奏准各省审判厅筹办事宜单内用人一条，由督抚督同提法使认真遴选，确系通晓法律，长于听断之员，咨部暂行委用"，但声称，这些司法官将来学习渐有经验后，还是要照章办理；对此，法部给自己一个下台阶的理由："似此一转移间，虽揆之现行法制，略有未符，然当司法困难之际，实不能不谋此权宜办法，以冀沟通新旧，逐渐进行。"[④] 无疑，法部事实上默认了各省的变通之法。

第二种，免考。考试目的在于规范司法官选任，以保证入选者的法律素

① 《法部奏本届举行法官考试暂拟推广与考资格折》，《政治官报》第1016号，宣统二年七月二十三日，第7～9页。

② 《（法部）又奏新疆开办各厅请暂行变通任用法官片》，《政治官报》第1219号，宣统三年二月二十五日，第9～10页。

③ 《云贵总督李经羲奏省城各级审判检察厅成立推检各员酌量变通委署折》，《政治官报》第1298号，宣统三年五月十七日，第9～10页。

④ 《法部会奏遵议御使陈善同奏各省审判检察等厅遇事冲突受诉推诿请饬严切考核妥拟章程折》，《政治官报》第1342号，宣统三年闰六月一日，第4～8页。

养与专业标准，但实际上，免考之门不时开启。宣统二年八月，法部奏呈《酌拟京师法律学堂毕业学员改用法官办法折》，根据《法院编制法》将该学堂学员免两次考试；同时，法部又奏请该学堂乙班毕业学员免第一次考试，改用法官。① 对此，法部在呈文中称："此次法官考试，事属创办，而京外各厅佐理需才，未便过予限制……拟请暂将臣部律学馆毕业最优等、优等各员，仍由臣部随时酌量派往京外各级审判检察各厅委用之处实习。"② 宣统二、三年，法部对在职司法官进行补考，很多人最终也是"免考"，例如，经"详加考核"后，法部决定：大理院及各级审检厅的"胡蓉第等五十五员均与免考之例相符"，予以免考。③

　　在求新、求速的立宪运动中，法部（被迫）通过各种变通措施，将许多"不合格"人员贴上"合格"标签推往各级审检岗位。如此一来，暂时解决了人员不足问题，但造成人员素质下降及司法质量下降问题。如四川发生司法官集体犯案事件，④ 贵州发生"法官奸职官之妾"案件。⑤ 法部也承认"各省甫告开庭，纷纷被人指摘"，原因是司法官"或以爱书未晓，誊之报章，或以私德多惭，形诸公牍，席未暖而上官特请罢免，案未结而外间播为笑谈"，感叹"司法前途危也"。⑥ 可见，即使在司法中枢看来，司法官队伍也确实是问题丛生。御史陈善同奏称：新设审检厅中，"审判与检察遇事动生冲突，上级与下级受诉相推诿，其中人员往往耽于饮博声伎，自诩文明。所有讯词，似嘲似谑，似痴似呓，满堂哗噪，传为笑柄。其陋劣者，乃不知民刑为何名，律例为何物，并有敲赃枉法任性滥刑等情事"。该御史认

---

① 《法部奏酌拟京师法律学堂毕业学员改用法官办法折并单》《（法部）又奏京师法律学堂乙班毕业考试办法片》，《大清新法令》第9卷，商务印书馆，2011，第260～264页。

② 《奏为考取法官不敷分布仍暂将臣部律学馆毕业学员随时派往法庭以资练习而备任用恭折具陈》（宣统二年十一月一日），中国第一历史档案馆藏法部·律学馆档案，档案号：32089。

③ 《法部各员升迁调补等项事宜文》，中国第一历史档案馆藏法部·举叙司档案，档案号：31671/32。

④ 《法部奏四川法官植璧等荡检不职请旨分别罢免退职折》，《政治官报》第1338号，宣统三年六月二十七日，第14～15页。

⑤ 汪庆祺编《各省审判厅判牍》，李启成点校，北京大学出版社，2007，第214～216页。

⑥ 《法部通行告诫法官文》，《政治官报》第1299号，宣统三年五月十七日，第15～16页。

为这与司法官未能严格选任有关，以前"刑部司员必在署读律办案十余年，方能确有见地，然尚有终其身而不得门径者"，而现今"法部所限考试法官资格再三变通，务从宽大；今又以开办各府厅州县审判乏才之故，奏设年半毕业之法官养成所，虽系一时权宜办法，但将来能否见诸实用，恐该部亦毫无把握。上之视也轻，则下之应也亦率，存苟且之心，种种弊端从兹而起"。①

清末司法官群体素质不能令人满意，这也成为人们诟病清末司法改革的重要理据。在很多人看来，原因在于所任用者多为"旧人"。亲历者江庸在十余年后就指出，当时"法官则多用旧人"；② 另一亲历者许世英晚年也回忆说："在草创审判厅之时，所须要的显然不是这一类的法官（即旧人），可是所能'供应'的，却只是这一类的人。"③ 实际上，"旧人"仅是问题的一面，另一面，"新人"也存有问题。据时任湖北武昌地检厅检察长谢健回忆：湖北第一期审检厅开办后，计划上马第二期，"因需用法官书记官等人材甚多，法政专校，毕业年限甚长，缓不济急，当局计划开办法官养成所，短期速成，一年毕业"，以满足第二期人员分派需要。当时湖北提法使兼高审厅厅丞梅光羲对此主张甚力，但谢健认为，"期限太短，未免粗制滥造，建议毕业期限至少以两年为准"，可惜梅氏不许，"即日开办四所"，每所学员二百人。谢健晚年对此仍不能释怀，感叹道："把法政专门学校三年的功课，缩成一年，无论怎样赶工，也难造成一个法政人材，还不是从前日本替中国人办的法政速成科一样的，毕业学生，略知一二法政门径而已。"④可见，清末司法官群体素质不高，原因不仅在"旧人"，"新人"也有问题。

若将该群体置于清末整体历史脉络中，后人也许会有"同情之理解"。首先，清末新政、立宪是体制内改革，不可能在政权内部"闹革命"——

---

① 《御使陈善同奏各省审判检察等厅遇事冲突受诉推诿请饬严切考核等片》，《政治官报》第1342号，宣统三年闰六月一日，第8~9页。

② 江庸：《五十年来中国之法制》，申报馆编《最近之五十年》，申报馆，1923，第5页（该书页码不连续）。

③ 许世英：《许世英回忆录》，第101~102页。

④ 谢健：《谢铸陈回忆录》，第40~41页。

将体制内人员（如候补候选佐杂人员等）都排除出去，而通过一定的程序设计和机制，把各种可资利用的因素整合纳入体制内。综观世界上其他国家的近代司法变革，也不乏成例，如明治维新时期的日本，司法改革也注意对旧"官绅"的改造与利用，伍廷芳就观察到："日本变法之初，设速成司法学校，令官绅每日入校数时，专习欧美司法行政之学。昔年在校学员，现居显秩者，颇不乏人。"① 所以，清末新式司法官群体中包含很多"旧人"实属正常，不必苛责之。其次，从现代司法专业化理论上讲，法政毕业生是最有"资格"担任司法官者，但"法律的生命在于经验，而非逻辑"，司法是一种实践性很强的职业，受过新式法政教育的"新人"，在执业中未必优胜于"旧人"，与法政毕业生相比，刑幕等"旧人"拥有更丰富的处理纠纷经验。最后，随着清末新式司法制度的引进，产生了"新式"司法官，其实这只是职业身份的变化，可以在短时间内完成，而实质上的转变则是渐进的、缓慢的。历史变迁往往如此，即使在过渡时代或激变时代，也常常如此：制度的移植能在短期内完成，但操作此项制度的人员依然是旧式的、传统的，或新旧参半的。

毋庸讳言，"新人"与"旧人"，由于知识背景与训练方式均存在较大差别，司法执业过程中不免有"代沟"。这明显体现在司法过程所制作的判牍中，综观此时期的司法判牍，既有大量的"权利""义务""所有权""契约"等现代法政新名词，也有不少诸如"义""利""忠孝""不忠不孝"等包含传统道德说教与训诫的旧词。② 不难推知，前者多半为"新人"所拟，后者很可能是"旧人"所为。这种状况确实不利于生成现代国家司法官群体本该具有的"同质性"（基于专业知识、执业规范、职业操守等方面的相同或相近），以及在此基础上才可能实现的司法统一。应该承认，这确是清末司法官群体的一大问题。

但是，这也许还不是该群体的"致命伤"，更严重问题可能在于该群体的"貌合神离"。一般说来，司法官职责本是化解民众纠纷，维护社会秩

---

① 伍廷芳：《奏请专设法律学堂折》，丁贤俊、喻作凤编《伍廷芳集》上册，第272页。
② 参见汪庆祺编《各省审判厅判牍》。

序，但清末司法官群体中的很多人，真实意图不在此职。司法官职位对他们来说，不过是在新政中先谋个缺位，图个品秩，有机会就图他就，可以说，司法官职位只是个跳板。缘此，这些人往往"身在曹营心在汉"，心猿意马，不安所职。前述御史赵炳麟指陈"品学卑下之人藉裁判官以谋登进"，于是奏请定司法官为终身官，"以便久于职事"，同时可"杜钻营奔竞之风"；①御史徐定超奏曰：包括审检厅在内的新衙门"一二年即可补缺，徒开奔竞之门，留品杂进"。②由此不难推知，任司法官者不少确是"奔竞""缘贪"之徒，他们并非安心于司法职业。时任大理院刑科三庭推事的唐烜，就观察到本庭同僚中无人安心任事，即使唐氏最欣赏的刘君，也听闻"先已报指知府，年内外即想分发出京"。③唐氏之观察颇能证实上述赵、徐两位御使所言。作为全国最高审判机关的大理院，人员尚且如此"貌合神离"，遑论其他审检厅了。其实，这只是该群体"貌合神离"表征之一，表征之二（也更为致命的）是该群体中不少人成为现政权的革命者。

宣统二年司法官考试录取者、分发江苏镇江商埠地审厅试署推事的邵骥，④系浙江高等学堂毕业、宣统己酉拔贡出身，到职后认为"是不足以酬吾志也"，⑤很快挂冠而去，参加革命。此人就是以后的民国政治名人邵元冲。何止邵骥如此，山西乡绅刘大鹏认为学堂学生"入革命党者十居八九"。⑥刘氏所言不免情绪化，夸大其词，但清末新知识群体（主要包括留学生、国内学堂学生、接受西学的开明士绅）多"革命化"则属实情。⑦新式法政人员不少人就倾向革命，他们成为司法官后，自然也将"革命"带

① 《御史赵炳麟奏司法人员按次升转片》，《政治官报》第20号，光绪三十三年十月九日，第8页。

② 《徐御史奏请划一部院规制》，《申报》光绪三十四年四月十三日，第1张第3版。

③ 《唐烜日记》，光绪三十三年四月二十二日，中国社会科学院近代史研究所档案馆藏。

④ 档案记载：邵骥，二十二岁，浙江山阴人，己酉拔贡，法官考试成绩优等，试署镇江商埠地审厅刑科推事。《法官名册》（无朝年），中国第一历史档案馆藏法部·举叙司档案，档案号：31707。

⑤ 中国国民党中央委员会党史委员会编《邵元冲先生文集》上册，台北，中国国民党中央委员会党史委员会，1983，"邵翼如先生传略"，第1页。

⑥ 刘大鹏：《退想斋日记》，光绪三十三年一月二十日，第158页。

⑦ 桑兵：《清末新知识界的社团与活动》，三联书店，1995。

进司法执业。谢健在留日习法政时，反满倾向明显，归国后担任司法官，在湖北从事司法工作就多有"革命"倾向。[①] 如果说邵骥、谢健是清末司法官群体中下层代表人物的话，那么，高层司法官中也不乏革命者。清末担任京师高检厅检察长的徐谦和奉天高审厅厅丞的许世英，均可谓高级司法官，且是高级功名拥有者（徐为进士，许为拔贡），二人本应该为清政府统治的拥护者，但他们在宣统二年"燃起了革命的意念"，秘密组织"共进会"，作为革命的响应。[②] 从这一角度讲，清末司法官群仅具其"形"，而未形成基于司法官职责（如化解社会纠纷、维护现存秩序等）的真正法律职业群体。

随着清末新政朝立宪方向推进，三权分立、司法独立成为新政改革的理想图景和实践指向之一，组建现代的、独立的、专业化的司法官队伍成为清末宪政改革的目标之一。新式司法官群体缘此产生。

光绪三十二年丙午官制改革中诞生的大理院，可谓中国第一所具有现代意义的司法机构。其中司法官多数来自原先刑部，也有调自其他衙门者，很多拥有较高学衔与功名，不乏进士、举人者，新式法政人员则很少。此后至宣统元年，各地审检厅有所设立，但数量很少，全国新式司法官群体规模为数百人，他们多是原本就内存于体制的候补候选佐杂人员经速成"学习"改造而来的"熟谙新旧法律及于审判事理确有经验者"。无疑，由于清末新政、立宪等制度变革，这些人员实现了现代转型，身份由"旧人"变成"新人"，相应的，职业也由传统的刑官，候选、候补官员及佐贰官、属官等转变为现代的司法官——推事、检察官。这些人员毕竟经过短期、速成"学习"，粗识新式法政知识，不完全是"旧人"了，可谓"旧人不旧"。

宣统年间，司法官选任逐渐走上规范化的考选之途。新政后期，法政教育迅速发展，培养了大批法政人才。经宣统二年全国规模的司法官考试，大量法政毕业生加入司法官队伍，内在改造且外在型塑着清末司法官群体结构。到宣统二、三年时，在全国范围内形成一千多人规模的司法官群体，其

---

① 谢健：《谢铸陈回忆录》，第 22～23、33～41 页。
② 许世英：《许世英回忆录》，第 126～127 页。

中"新人"已占据半壁江山。这些"新人"往往同时也是传统功名拥有者（学习法政之前即拥有，或通过法政毕业生考试授予出身等途径获得），可谓"新人不新"。在清末新式司法官群体的组合过程中，体现了中国从传统帝国到现代国家转变过程中人员是如何承续、转化的，变与不变是如何共生的。

　　清末时期，中国新式司法官群体已初步组合成形，但问题是，原本以化解社会纠纷、维护现存秩序为职责的司法官群体，很多未能安心其职。对很多人员来说，司法官职位只是个跳板。易言之，即在官制改革、预备立宪中先谋个缺位，图个品秩，有机会就图他就；更甚者，清政府培养、组建起来的司法官群体中，不少人走向革命之路，成为现政权的革命者、既存秩序的改造者。从这个角度讲，清末新式司法官群体未免"貌合神离"，仅具其"形"。

　　清末司法变革是政治变革的组成部分，因此，考察司法变革离不开对清末整体政治变动，尤其是新政、立宪运动的考察。清政府在内外交困下推行的新政、立宪改革，本为挽救清王朝、防范革命而启动，但最后走向革命。革命不易，改革也未必轻松。若从作为改革者的清政府立场来看，变革时代给予清政府诸多机会的同时，也带来很多难以解决（甚至是无法解决）的问题。改革者的道路是艰难的，他们"所面临的问题比革命者更为困难"，他们要进行一场多条战线的战争，"一条战线上的敌人可能是另一条战线上的盟友"。[①] 同理，今天的"自家人"，明天可能就变为"敌人"。清末司法改革也面临这样的问题。清政府及司法中枢也试图解决诸如法制移植、人员转化及分流组合等问题，并取得一定成效，但是，清政府培养、组建的司法官群体，不少人变成清政府的敌人。司法改革走向了司法"革命"。当然，这不是仅仅在司法领域内部就可以解答的问题。

---

① 亨廷顿：《变化社会中的政治秩序》，王冠华等译，上海人民出版社，2008，第287～288页。

第四章　鼎革之际：沈家本的民国元年

常言道，历史犹如一条长河，然"长河"不同之处所蕴含的意义与信息差别甚巨。孟子云："观水有术，必观其澜。"近代史家蒙文通发挥其说，认为："观史亦然，须从波澜壮阔处着眼。浩浩长江，波涛万里，须能把握住它的几个大转折处，就能把长江说个大概；读史也须能把握历史的变化处，才能把历史发展说个大概。"① 因由武昌起义、民国肇建、清帝逊位等一系列重大事件，辛（亥）壬（子）之交无疑成为中国现代史的转捩点。由此，中国从帝制走向共和、从帝国嬗变为民国。对治史者而言，如此转折时期自是非常迷人，此间蕴含异常丰富之信息，值得深究。暂且不论治史者，而从转折时期的亲历者着眼，处此政权更迭、革故鼎新之际，他们有何观察与体验呢？以下略举三人：

当时留学日本的黄尊三，从报纸获悉武昌起义，"阅之，欣喜欲狂，绕室彷徨，不知所措"。日本友人问黄："贵国革命军已占领武昌，前途颇有望，足下之感想如何？"黄笑而答曰："此当然之结果，余无他愿，唯祝早日之成功，余不久亦将归国效一臂之劳耳。"接着，黄到"各处探听消息，共议归国之计"，晚十二时才返室就寝，但由于兴奋过度未能安睡，"一夜翻来覆去，不能合眼"。十余天后，在得知革命军占领上海后，黄"决计归国"，这时他观察到"斯时民党要人，均已离东京赴上海，留学生亦纷纷归国"。② 后来，黄与部分留学生回国，到上海、南京、汉口、长沙等地参与革命活动，民国元年二月再赴日完成学业。

曾留学日本、辛亥年已官至清廷民政部右丞的汪荣宝，在鼎革之际，

---

① 蒙文通：《治学杂语》，蒙默编《蒙文通学记》，三联书店，1993，第1页。
② 黄尊三：《三十年日记》（留学部分），1911年11月2日、15日，第364、365页。

心态与体验经历一番变化。武昌起义之次日，汪即获悉此事，此后"乱逆"信息纷至，让汪极为震惊，深感"中原鼎沸，大乱成矣"，在人心惶惶中，汪对清廷的不满与幻想并存。后由于攀附上袁世凯，并为袁出谋效力，时局发生转机，汪心态也发生变化，不再骂革命党人为"乱逆"，且言："此次革命几于万众一心，各以死自誓，虽妇孺走卒，亦无不踊跃赞成，计各省军队人数殆近百万。"当清帝逊位、共和告成，汪认为此乃"开千古未有之局"，赞叹："自古鼎革之局，岂有如今日之文明者哉。"辛亥年阴历除夕，汪上街"一路见五色旗飘扬空际"，倍感"气象一新"。两天后，即壬子年正月初二日，汪在辛亥年日记本上题"革故鼎新"四字，①恰可表达其在经历政权更迭后的欣喜与寄望之心境。此后，汪继续为官于民国北京政府。

曾任清朝翰林院侍讲、起居注总办的恽毓鼎，于武昌起义后第三天获悉此事，在日记中述："总督瑞澂弃城遁，湖北提督张彪继之，藩臬以下不知下落"。可见，对于武昌起义，恽第一反应是清廷官员不负守土护民之责。次日，恽记："三百年来弃城逃走之速，瑞澂首屈一指矣。"此后几天，恽"悲愤交迫，见人辄痛骂政府，以抒其忿，几成狂易"，"悲愤"二字足表恽当时之心境，也足证其对清廷之深情，因为只有爱之深者才能悲之切。当得知退位诏书颁布后，恽痛曰，"呜呼！国竟亡矣。三万六千场之欢娱，极于亲贵；二百七十年之宗社，渺若云烟。天耶人耶，真堪痛哭"，并痛析清廷倾覆的远因近由。由于过度悲伤，恽决意"嗣此不复论朝局矣"。此后，"前朝故国"不时在恽的梦中浮现，壬子年（1912）三月初六日，"夜梦与人论亡国之恨，失声大哭，不能止，痛詈执政之误国。既醒，泪珠犹被面也。"恽坦陈："余于故国之思，顷刻不忘，虽在欢场，偶一触及，则惘惘如有所失。"②身在民国之世，恽始终以清遗民自处。

---

① 韩策、崔学森整理《汪荣宝日记》，辛亥年八月二十日、八月二十一日、八月二十二日、十一月十七日、十二月二十五日、十二月三十日，壬子年正月初二日，中华书局，2013，第 304、305、331、343、344、345、242 页。

② 《恽毓鼎澄斋日记》第 2 册，辛亥年八月二十一日、八月二十二日、九月二十二日、十二月二十五日，壬子年三月初六日，第 551、552、553、576、588 页。

前述三人，大体代表了与政权鼎革有关的亲历者的三种类型：黄，欣喜参与；汪，成功转型；恽，忠心故主。当然，变政鼎革之时，不同人的观察与感受自是千差万别，无法划一而论。不过，此中一些特殊人物值得特别考察与体悟。由此着眼，作为中国法律承前启后关键人物的沈家本，① 处此转折时期的经历、观察与感受，自然是近代政治、法律变革中很值得细究与诠释的一段个体生命史。

沈家本乃中国传统法制的继承者，亦近代变法修律之第一人。② 沈氏毕生从事法律实务，研究法律之学，学养深厚，著述宏富，代表著作有《历代刑法考》《寄簃文存》等，现均收入《沈家本全集》。③ 沈早年即有记写日记的习惯，延续至生命最后阶段，可惜，很多已佚失，遗存可见者为咸丰十一年至同治五年，同治十年至光绪九年，光绪十六、十七年，光绪十九、二十年，光绪二十四年，民国元年（壬子年）。④ 对研治近代政治史、法律

---

① 沈家本（1840～1913），字子惇，号寄簃，浙江归安（今湖州）人。少时随父在京读书，"好深湛之思"。同治三年（1864）入刑部，次年中举人。光绪九年中进士，仍留刑部，补官后充主稿，兼秋审处坐办，"自此遂专心法律之学"。光绪十九年出知天津府，二十三年调任保定知府，二十六年补授山西按察使，未到任即遭八国联军拘禁，获释后转赴西安。光绪二十七年清廷推行新政，是年，擢升光禄寺卿，旋任刑部右侍郎、左侍郎。光绪二十八年出任修订法律大臣，长期主持清廷修律事务。三十年开设修订法律馆，主持翻译大量东西各国法律。三十二年丙午官制改革中，出任大理院正卿，次年回任法部侍郎。此间，创建京师法律学堂，毕业者近千人，"一时称盛"。宣统元年兼资政院副总裁，三年回法部侍郎本任。武昌起义后，任袁世凯内阁司法大臣。民国元年初唐绍仪组阁后，引退居家著述。民国二年，逝世于北京寓所。参见《沈家本传》，赵尔巽等撰《清史稿》卷443，第12447～12448页；王式通《吴兴沈公子惇墓志铭》，闵尔昌录《碑传集补》卷4～8，台北，文海出版社，1973年影印本，第413～419页。

② 沈家本是近年来中国近代史、法律史研究的重点人物，相关论著很多，在此不一一论列，重要的有：张国华、李贵连编著《沈家本年谱初编》，北京大学出版社，1989；黄源盛《沈家本法律思想与晚清刑律变迁》，博士学位论文，台湾大学法律学研究所，1991；李贵连编著《沈家本年谱长编》，台北，成文出版社，1992（山东人民出版社，2010）；李贵连《沈家本传》；等等。需指出，这些论著多半是对沈家本"仰望式""敬爱式"的研究，时至今日，当有所改变、突破，至少应让"沈家本"作为历史人物的个体回归历史场景之中。

③ 徐世虹主编《沈家本全集》（共8卷），中国政法大学出版社，2010。若无特别标注，本章有关沈家本之文献，均引自该书。

④ 《沈家本日记》，徐世虹主编《沈家本全集》第7卷，第365～875页。

史者而言，沈氏清末修律期间日记不复得见，殊为遗憾。稍可补慰的是，沈氏民元日记尚存，记载了这位行将引退的前朝法界领袖人物的家居生活、著述问学、与政界周旋、社交应酬及京中见闻等，此中包含着个人与变动时代交融互动的诸多信息，有待挖掘与呈现。本章即以此为主要史料，参辅其他资料，试做一番探究。

第一节　变政：朝礼、服色与历法

宣统三年十二月二十五日（1912 年 2 月 12 日），清廷颁布退位诏书。作为袁世凯内阁司法大臣的沈家本在诏书中署名，并与其他阁员一起参加退位诏书颁布仪式。据亲历者忆述，大致情形如下：

仪式在乾清宫举行，各位国务大臣陆续到齐。内阁总理大臣袁世凯自从丁字街遇炸未中以后，就奏请清廷给假，允许其在私邸养病办公，不入朝，袁奏请由外务大臣胡惟德代表入朝。所以接诏书那天，仍旧是胡代表袁带领着各国务大臣入宫，其中有民政大臣赵秉钧、度支大臣绍英、陆军大臣王士珍、海军大臣谭学衡、学部大臣唐景崇、司法大臣沈家本、邮传大臣梁士诒、工农商大臣熙彦、理藩大臣达寿等，连同四个侍卫武官，共十四人。大臣们仍旧戴着翎顶，穿着袍套。侍卫武官穿着军装。隆裕太后出来之前，先出来两个太监分站在两边，然后隆裕太后才出来，小皇帝溥仪随着也出来。胡惟德领着大臣与侍卫们鞠了三个躬。这是大臣们上朝改变礼节的第一次……胡惟德说完话以后，隆裕太后就退朝了，她领着溥仪走在前面，太监跟着。①

仕官期间，沈家本在清帝面前均行君臣大礼，这是第一次改行"三鞠躬礼"，估计也是最后一次。朝礼之变体现了政治变动。六天之后，即壬子年正月初一，按惯例朝臣应朝觐庆贺，但这时处于变政之际，沈在日记中记载，"今日本应诣皇极殿行朝贺礼，因服色不便未去，同人相约如此"，但

---

① 唐在礼：《辛亥前后的袁世凯》，吴长翼编《八十三天皇帝梦》，文史资料出版社，1983，第 96～97 页。

沈还是托人按例"呈递如意二柄"。但在此非常时期清廷有旨,"今年年节进奉均著停止",① 故沈所呈递之物"仍赏还"。对是否行朝贺礼,沈应是经慎重考虑的,最后决定不参加,"服色不便"自是重要原因。服色,是古代中国每个王朝所定的车马、祭牲、服饰等的颜色,如夏尚黑、殷尚白、周尚赤等,秦汉以后,新王朝建立,均把改正朔、易服色视为关系国运之大事,后来,服色也指各级官员的服饰。除服色因素外,袁世凯由原清廷内阁总理摇身转变为民国总统,也多少使阁僚们处境有些尴尬,② 这可能也是沈不参加朝贺的部分原因。

若将考察视线前移,引退其实是沈家本多年的心愿,这恐怕也是沈选择不行朝贺礼的原因之一。早在清末修律与官制改革中,由于权限之争、新旧之争、礼法之争等,权位并不显赫的沈家本,不时成为舆情焦点人物。如光绪三十三年前后,沈主持修订的《大清新刑律》等,受到张之洞等人批驳,他们认为新律基本采用西法,有违中法本原,且与中国实情亦未尽合,不仅不能挽回法权,还会滋长狱讼,这把沈推向舆论的风口浪尖。此事使沈颇感郁闷,萌生引退之念。报纸报道:沈"现以所订各项法律窒碍难行,逆料一时不易整顿,且伍秩庸(即伍廷芳)告退后尤觉孤掌难鸣,故近日已有退志"。③ 次年,报纸又报道:沈"以奏定新律既被京外指驳,复经政务处专折驳斥……因此复萌退志";而且沈在行为上有所显露,"旬日以来,凡法律学堂及法律馆各员概不接见,偶有请示办法者,皆由家人传话,闻侍郎意兴索然,不久将具折乞退矣"。④ 为此,摄政王载沣还特别面谕沈:"刑律与宪政最有关系,务须速行修订以便如限颁布。惟不可多采外律致坏中国数千年来之礼教。又谕此事总宜体察人民程度,酌量得中,方有裨益。"这使沈进退维艰,所以他"与人语及此事,万分为难"。⑤ 故当他与僚友唱和时,

① 爱新觉罗·载沣:《醇亲王载沣日记》,辛亥年十二月六日,群众出版社,2014,第427页。
② 桑兵:《接收清朝与组建民国》,《近代史研究》2014年第1、2期。
③ 《沈家本已怀退志》,《申报》光绪三十三年正月初六日,第5版。
④ 《京师近事》,《申报》光绪三十四年八月二十三日,第2张第2版。
⑤ 《沈侍郎修订刑律之为难》,《申报》宣统元年二月初九日,第1张第5版。

自然而然吟出"何日脱离尘网去，与君同泛五湖船"之句。① 多年来的这种心境，使沈在民国元年"不复与政界相周旋"，② 那么，入内行朝贺礼之事自然是能不参加就不参加了。

值得注意的是，沈家本日记所言"同人相约如此"，仅是部分同僚相约如此，而非全体。实际上，这天大半阁僚都入内行朝贺礼了，仅沈家本与外务首领胡惟德、邮传首领梁士诒、理藩首领达寿等少数人未参加。③ 不入内行朝贺礼，不同阁僚自有不同因由，但此中或多或少蕴含着对朝贺的意义体认（及政治认同）的差别。同为满人大员，达寿不参加，但绍英则朝服进内，先后在皇极门外和乾清门内行三跪九叩的君臣大礼。④ 同是汉人亦有别，沈家本权衡后决定不参加，但多数汉人大员还是入内参加。需格外注意的是，一些未必有资格入内行礼者，则在家中"行朝贺礼"，如恽毓鼎这天即在家"东北向我宣统皇上行三跪九叩礼"，且此后每年正月初一日，恽均行此大礼，直至生命终了。⑤ 同样，对作为清朝象征的"朝服"，不同人员的观感差别亦很大。恽毓鼎在辛亥年除夕就察觉到，"此时虽未改服色，然朝官已以清朝衣冠为耻"，但恽氏父子则"仍旧服也"；三个多月后，恽观察到"民国不定礼服，庆吊者皆以便服行礼"，不成体统，他说："民国制度不一，事事可以自由，真古今中外所无。"恽参加一吊丧会，会上穿各式服饰者均有，因此感叹："民国成立已三阅月，而礼服至今未定。大廷广众，致现种种怪相，尚复成何国家！"⑥ 不久，恽之忧虑逐渐有了答案。5月，袁世凯命令国务院转饬法制局："博考中外服制，审择本国材料，参酌人民习惯以及社会情形，从速拟订民国公服便服制度。"⑦ 此后几经商讨，

---

① 《俞廙轩出卧游图属题帐触予怀率成八绝句》，徐世虹主编《沈家本全集》第7卷，第172页。

② 《法学会杂志序》，徐世虹主编《沈家本全集》第4卷，第757页。

③ 《各部首领仍朝贺清太后》，《时报》壬子年正月十二日，第2版。

④ 绍英：《绍英日记》第2册，壬子年正月初一日，国家图书馆出版社，2009，第281页。

⑤ 《恽毓鼎澄斋日记》第2册，壬子、癸丑、甲寅、乙卯、丙辰、丁巳年正月初一日，第578、629、677、718、757、772页。

⑥ 《恽毓鼎澄斋日记》第2册，宣统三年十二月三十日，壬子年三月初五日、十九日，第577、588、590页。

⑦ 《袁总统饬订民国服制》，《申报》壬子年四月初六日（1912年5月22日），第2版。

10月，民国政府正式公布《服制》，把男子礼服规定为大礼服和常礼服两种，对礼帽、礼靴等也有规定；对女子礼服也做了简单的规定。① 在该服制中，官员统一着装，这无疑是清末民初平等观念在社会生活领域的体现之一，仅此而言，其在中国服饰史上就具有里程碑意义。但问题也同样存在，该服制最显著特点是采用西洋服饰作为礼服，尤其是大礼服的选择，基本上照搬了西洋（英国绅士式）服装。

除朝礼、服色外，历法变化也是政权鼎革的重要象征。在革命党人看来，改革历法之于新政权意义颇巨。宣统三年十一月初八日，黄兴、宋教仁由上海抵达南京，向各省都督府代表联合会提议：改用阳历，且以中华民国纪元。同日，孙中山会见各省代表团，也提议改用阳历。十一月十二日（1911年12月31日），各省都督府代表联合会议决改用阳历；两天后，临时大总统孙中山通告各省：中华民国改用阳历，辛亥年十一月十三日为民国元旦。② 南北议和告成，政府北迁后，十二月三十日（1912年2月17日），临时大总统袁世凯告示：“现在共和政体业已成立，自应改用阳历，以示大同。应自阴历壬子年正月初一日起，所有内外文武官行用公文，一律改用阳历，署‘中华民国元年二月十八日’即‘壬子年正月初一日’字样。”③

在壬子年正月初一日记里，沈家本如数记载前述袁氏改革历法之事，这说明沈已经意识到政权更迭之际，与政治相关的历法也在更张之列，自当注意。不过，此后沈仍旧用阴历记述日记，④ 只是在个别阴历日期后附注阳历，例如，六月十九日，附注阳历“八月初一”。八月十五日中秋节，沈记：“民间仍以为节，照常要账。各署则不然，不放假。”这显示新政权对

---

① 《服制》，《政府公报》第157号，1912年10月4日，“法律”部分。
② 韩信夫、姜克夫主编《中华民国史·大事记》第1卷，中华书局，2011，第298、300、301页。
③ 《新举临时大总统袁布告》，《临时公报》（北京），壬子年正月初三日（1912年2月20日），“通告”，无页码。
④ 因此，本章统一用阴历记述，个别之处用括号标出阳历。文中所引沈家本日记，时间一般是民国元年（壬子年），凡在正文中已说明时间的，不再另注；若正文未说明，则在文后用括号注出。

节庆假日的调整，但民间仍按旧习行事。① 十一月二十三日，沈记"三十一号，民国之除夕也"；十一月二十四日，沈记"民国元旦"，这些均表明，沈心中知晓新政权下的阳历纪年，但习惯上仍旧阴历行之。不过，从日记所见，也谈不上沈对阳历有何反感，似为默然处之。

不同人员对历法改变的观感及适应感颇为不同。清末在军机处、内阁承宣厅任职，民国后转任总统府（兼国务院）秘书的许宝蘅，在正月初二日记中写道："知三十日（前天）总统布告，自初一日始改用阳历，称中华民国元年二月十八日，即壬子年正月初一日，余之日记，仍用旧历记事，以后当加记新历于下。"② 从次日始，许氏日记于阴历后添注阳历，但至三月十五日（5月1日）全部改以阳历系日记述。从许氏日记所见，可知其对历法改变存一调试过程，亦看不出其对阳历有何反感。值得指出的是，对于在新政府办事人员来说，因公务需要，用阳历应更为方便。与许宝蘅不同，恽毓鼎对民国政府改用阳历颇有"看法"。早在清帝逊位前的辛亥年十月初一日，听闻资政院建议剪发改历（从日本阳历）消息后，恽氏甚是气愤，认为此举是"惑民观听"。民国成立后，恽毓鼎在壬子年正月初二日记页眉上写道："夹注新历，为对于外人酬应计也。"既然明言"夹注"阳历仅为"酬应"之用，反证恽氏内心对此不认同。同年五月初五日，恽记："端午节。阳历虽改，居民之过年过节仍用旧历也。固由习惯难移，亦可见民国之轻于改制，碍难实行也。"③ 不屑之情，跃然纸上。但是，有些人员，尤其是"新人"对民元的历法、服饰变革颇为在意，以至数十年后还"印象深刻"。民国元年留美归国、担任袁世凯秘书的顾维钧晚年忆述，民国初年，"各地和紫禁城仍沿用帝王年间的阴历而不用中华民国正式公布全国通用的阳历"，"发布公告的日期，政府公报标以新旧两历。在个人、公众和官场生活中，到处可以看到这种双重性"；顾氏注意到，很多"穿着西装的人"

---

① 左玉河：《评民初历法上的"二元社会"》，《近代史研究》2002 年第 3 期。
② 许恪儒整理《许宝蘅日记》第 2 册，壬子年正月初二日，中华书局，2010，第 397 页。
③ 《恽毓鼎澄斋日记》第 2 册，辛亥年十月初一日、壬子年二月初二日、壬子年五月初五日，第 561、578、596 页。

来京，这使他明显意识到"中国似乎正处于从旧体制进入新纪元的过渡阶段"。①

第二节　法界首领："虚名之累人也"

晚清时，沈家本就"以律鸣于时"，后任刑部当家堂官，并长期主持修律事业。在晚清官僚系统中，沈是专精律法的技术官僚，此与一般官僚有别。② 问题是，专业技术精深者政治手腕未必高超。很多相关论著均认为沈具有高超的行政能力，③ 其实，并不尽然。在清末官制改革中，以沈为首的大理院与主管司法行政事务的法部，因司法权限问题而引发轰动一时的"部院之争"，沈之政治手段、行政能力就受人质疑。亲历此事的一位大理院推事认为："沈大廷尉（即沈家本）素称刑名老手，然既非理繁治剧之才，又乏开务成物之略"，用人颇为不当，"故数月之久，终不得要领"。④宣统元年，沈兼充资政院副总裁，此时资政院是各方角力的舞台，冲突迭起，沈拙于应对，甚是被动。《申报》报道："资政院开院以来，民党议员与钦选议员及政府特派员屡有冲突，现闻钦选议员汪某及特派员某某等屡开秘密会议，研究对待之法"，办法之一就是"议长沈家本人太老实，不能极力压伏民党议员，拟运动以李家驹或宝熙代之"。⑤资政院总裁溥伦也对沈"大不满意"，拟请摄政王另派他人继任。⑥ 加之，宣统二年十二月，在资政

---

① 《顾维钧回忆录》第1分册，中国社会科学院近代史研究所译，中华书局，1983，第86页。
② 与沈家本交往密切的章宗祥晚年忆述，"沈深于旧律，在刑部当家十余年"，并指出："清例尚书侍郎为堂官，以资升进，各部转补无定局，部事悉由书吏办稿，司官核定之。所谓堂官者，画黑稿者居多。惟刑部及户部，一关系人民生命，一关系国家财产，侍郎中必派一由部出身熟悉部务者主持一切，俗称当家侍郎。"章宗祥：《新刑律颁布之经过》，中国人民政治协商会议全国委员会文史资料委员会编《文史资料存稿选编》（晚清北洋上），中国文史出版社，2002，第34页。
③ 例如，张从容：《部院之争：晚清司法改革的交叉路口》，第107~111页；陈煜：《清末新政中的修订法律馆：中国法律近代化的一段往事》，中国政法大学出版社，2009，第181~197页；等等。
④ 《唐烜日记》，光绪三十三年三月二十三日，中国社会科学院近代史研究所档案馆藏。
⑤ 《资政院开院后种种》，《申报》宣统二年九月二十五日，第1张第4版。
⑥ 《赞成国会与反对国会者》，《申报》宣统二年九月三十日，第1张第3、4版。

院闭会式上，沈氏不慎跌伤，"沈副议长自议场退出时，举足触地毯裂口，致倾跌伤鼻，血流甚多"。[①] 故宣统三年二月清廷谕令：沈开去资政院副总裁、修订法律大臣之职，"著回（法部左侍郎）任供职"。[②] 此后半年有余，沈主要是居家著述。

宣统三年八月武昌起义爆发，随后革命浪潮席卷全国，清廷难以应对，被迫起用袁世凯。九月十一日袁世凯被任命为总理大臣，责令组织内阁，二十六日阁员名单出炉，沈家本任司法大臣。揆诸沈、袁交往史实之蛛丝马迹，可推测二人应有不错的交情。光绪二十八年二月，保举沈出任修律大臣的三位总督大员中领衔者即袁世凯（其他两位是刘坤一、张之洞），袁之保语是"久在秋曹，刑名精熟"；[③] 此后的新政十年期间，两人应有不少交往。关于武昌起义后之出仕，事后沈家本致袁世凯函中曰：武昌起义后，袁世凯组阁，"以家本援引司法。彼时家本久病初痊，自揣才力万难胜任，即思疏辞，继念时局之阽危，重以我公之盛意，公谊私情，两难悬置。疏草已成，辄复焚弃"，故而出任司法大臣。同时，沈氏表示：目前临时政府伊始，自当图报，一俟完全成立，务恳准辞养病。[④] 从此后沈的行为表现来看（详见下文），其对司法大臣职位确实并非热衷，仅为应付、维持之。

十二月二十五日清帝退位，同日袁世凯下令，将原清内阁各部大臣改称各部首领，故在民国新政府组建之前（即清朝与民国政权交接的过渡期间），沈家本正式官称是"法部正首领"。次日，袁布告："窃念政府机关不容有一日之间断，现值组织临时政府，所有旧日政务，目下仍当继续进行……著在新官制未定以前，凡现有内外大小文武各项官署人员，均应照旧供职，毋旷厥官。所有各官署应行之公务，应司之职掌，以及公款公物，均

---

① 韩策、崔学森整理《汪荣宝日记》，宣统二年十二月十一日，第 232 页。
② 《上谕》，《申报》宣统三年二月二十三日，第 1 张第 3 版。
③ 《会保沈家本伍廷芳编纂律例折》，骆宝善、刘路生主编《袁世凯全集》第 10 册，河南大学出版社，2013，第 180~182 页。
④ 《司法正首领沈家本致大总统袁世凯函》，中国第一历史档案馆、海峡两岸出版交流中心编《清宫辛亥革命档案汇编》第 80 册，九州出版社，2011，第 310~316 页。

应照常办理，切实保管，不容稍懈。"① 显而易见，此举意在维持新旧政权之和平过渡。

在过渡期间，司法中枢人事变动让人目不暇接。在九月二十六日公布的袁内阁名单中，司法大臣为沈家本，副大臣为梁启超，此时梁刚从清廷"开放党禁"谕令中摆脱"戊戌党人"的政治身份，但身在海外，获悉后即致电袁，恳辞司法副大臣之职，实未到任。② 因年迈体病，沈家本实已无力负责中央司法行政工作，具体事务须由副大臣处理，故司法副大臣之职由定成（满人，原为大理院正卿）暂署。未及月余，十一月十一日，副大臣转由曾鉴（字奂如）署理，但曾也仅维持月余。沈日记清楚记载了司法中枢的人事变动：正月初二，"奂如辞职"；初五，"王炳青兼署法副"；③ 初七，"王炳青兼署副大臣，又以终养辞，并乞开去少卿底缺"；初九，"许玑楼暂管法副，徐季龙理少，王书衡总检察，皆系暂行管理"；④ 十一日，"玑楼又辞法副，请开缺修墓。季龙暂管法副，书衡兼理少。"两月之内，司法中枢官员如走马观花式变动。其实，这仅是当时京师人事纷扰的局部体现，武昌起义后，京师震动，人心惶惶，"旬日中，京朝达官纷纷奏请开缺"。⑤ 从中枢人事纷扰至少可窥见以下两点信息：其一，此时北京政府实乃看守政府，具有维持会性质；其二，由于清廷官员纷起开缺离职，很多人员此时得到破格任用，前述徐谦即是一例。徐乃沈氏学生辈的律法后进，亦长期为沈之下属，两人有着不错交情。辛亥年徐谦任京师高等检察厅检察长，⑥ 正四品。若依清廷选拔官员常规，从四品升任二品的六部堂官（若司法副大臣），时日漫长，机会渺茫，但政权更迭恰给予徐氏难得之机，署任司法副大臣，且

---

① 《全权组织临时共和政府袁布告内外大小文武官衙》，《临时公报》（北京）辛亥年十二月二十七日（1912 年 2 月 14 日），"通告"，无页码。

② 丁文江、赵丰田编《梁启超年谱长编》，第 366 ~ 367 页。

③ 王炳青即王世琪，原官大理院少卿。

④ "许玑楼暂管法副"，即由大理院刑科推丞许受衡暂署司法副大臣；"徐季龙理少"，即由京师高等检察厅检察长徐谦暂署大理院少卿；"王书衡总检察"，即由大理院民科推丞王式通主持总检察厅日常运转。

⑤ 《恽毓鼎澄斋日记》第 2 册，宣统三年十一月二十九日，第 571 页。

⑥ 徐谦，字季龙，安徽歙县人，癸卯进士，京师高等检察厅检察长。《新定官制搢绅全函》第一本下，荣录堂刊，辛亥冬季，第 126 页。

维持到民国新政府产生（后续任司法次长）。二月初六日，徐谦赴沈宅长谈，想必谈及法部交代事宜。

对沈家本来说，当务之急是把自己领衔（虽仅是名义上）的中央司法行政事务尽快交接给新任司法首长。但是，司法首长并非一般官员可胜任，要求具有一定的法律专业背景，故当沈心思引退时，不时有人惦念这位前朝律法老辈。二月初七日，友人罗石帆来沈寓长谈，罗说：其侄在沪，去年冬来函，言南方有举沈为司法长之说，此次究竟不知如何。听闻后，沈感慨万分，叹曰："甚矣，虚名之累人也。"此时，南北双方正在围绕新政府组成问题展开角力。沈一方面想尽快办理交接事宜，另一方面也很关切自己的继任者，即交接对象为何人。很快，有了答案。二月十一日，唐绍仪出席南京临时参议院会议，发表政见，提出中央十部总长名单，多数通过；次日，袁世凯即任命各部总长：外交总长陆征祥（未到任前，由胡惟德署理），司法总长王宠惠，等等。二月十一日，沈在日记中记"司法总长王宠惠"，看来沈应是在第一时间获悉此人事安排，显见沈对此甚为关切。①

司法总长人选确定后，次长为何人？二月十七日，徐谦被任命为司法次长。当天沈记："司法次长徐谦"。二十三日，徐谦来谈，曰："昨日见总统，次长一席辞之不获"，总长王宠惠"系熟人，必能融洽"。②此时，王宠惠尚在南方，未抵京。三月初五日，袁世凯令："现在国务

---

① 年迈体病的沈家本对司法中枢人事布局非常关切，亦颇为用心。沈氏曾以"法学专才至为难得"为由，向袁世凯保荐一份法律人员名单，"以备委任"（《清宫辛亥革命档案汇编》第80册，第318～320页）。可惜，此清单，笔者至今尚未觅见。

② 此中，有一历史细节值得细究：查阅王宠惠履历资料，均显示王氏于光绪二十七年出洋留学，直至武昌起义前后回国，其间未曾归国，那么王与沈、徐何谓"熟人"？笔者查阅相关史料，发现两则史料或可提供线索：（1）光绪三十三年十月沈家本在奏调修律馆编纂人员中，即有"留学英国学生，王宠惠"之记述（《奏调通晓法政人员折》，《政治官报》第42号，光绪三十三年十一月初二日，第8～9页），按常理推测，此事双方（至少私下渠道）应有沟通；（2）应万国监狱协会邀请，宣统二年清廷派出了徐谦、许世英为正、副代表的代表团赴美国华盛顿之会，回程时于伦敦，徐、许会见了王宠惠等人，且有交流（许世英：《许世英回忆录》，第118页）。此为学界增进认识清末革命党人与清廷内部人士交往互动之一助。

院业经成立，在京原有各部事务，应即分别交替，由各部总长接收办理。"① 次日，徐谦致函沈，"言署中公事暂行停办，印信已不能用，行文等事亦暂停止。有要紧者，送伊处办理。伊每日在国务院办事，不进署矣"。接函后，沈自道，"余专候交代事毕，即可脱离政界矣"，急于引退之心，溢于言表。

但是，这只是沈家本的一厢情愿，"交代事"并不像他想的那么简单。由于北京政府是由南北妥协而成，各部总长及人员构成复杂，且各部总长到任时间不一，各部的交接甚是纷杂，矛盾丛生，冲突迭起。三月初六日，法部旧署司员善芝樵②等三十余人"为售款事"来沈宅，沈"告以我已无行政之权，此事须请示徐次长"。次日，沈获悉："昨日法部人到徐处，大起冲突。"其实，这只是新旧政权交接过程中众多矛盾冲突之一例，事情梗概如下：

辛亥年九月开始，法部司员薪水折扣发给，十二月后薪俸全无。壬子年初南北议和告成，组建新政府。在北京旧部人员看来，南来人员必定不少，且势必分布各部当差，缘此，法部旧员"知地位不保，穷愁更甚"，人心惶惶。③ 在获职无望情况下，法部旧司员想索回薪俸，以图后路。但当法部司员请领公费时，度支部却无款可支，于是法部司员想"仿照南京前卖债票办法，将该部从前寄存大清银行之官款存据，作七折卖与外人"。④ 据报道，法部存于大清银行的是 10 万两公款的契约，转售德华银行，得价 6 万余两，司员们商议将此款补发所欠薪津，余款分给部中人员，以便部务交接后，被裁旧员可以之为回籍旅费。但是，司法次长徐谦不同意此种做法，拟将此款存放某处，既不补发所欠薪津，也不分作裁员旅费，这引发司员们的极大不满。他们认为徐出于私利，想以此款示好于新政府，令法部全体人员坐受其困，无法度日。法部司员们集会商议，认为此款系本部官员应得经费扣留者，

① 《临时大总统令》，《临时公报》壬子年三月初六日（1912 年 4 月 22 日），"命令"，无页码。

② 善佺，字芝樵，满洲镶白旗人，举人，原法部右参议。《新定官制搢绅全函》第一本下，第 109 页。

③ 《大闹大清银行》，《民立报》壬子年三月十五日，第 7 页。

④ 《法部与前翰林院之穷状》，《申报》壬子年三月十四日，第 1 张第 3 版。

因为年前大清银行无款可拨，全署官员皆自备资斧，维持公务，既然此款已变通为现银，理应补发欠薪。他们还决定，若徐谦阻挠，即联合上书大总统，以全署司员之力推倒徐谦。[①] 这就是前述沈家本在日记中所言的"为售款事"。

作为法部首领，沈家本应清楚此款，但对如何处置此款未有定见。报纸对此也有多种报道，有的报道说：法部正首领沈家本对于徐谦的做法不以为然，因此连日不到部，沈亦不任代理之责，司法文牍到部，均搁置不办，行政运作陷于停顿。[②] 另有报道说，法部原存款有三项，一为贻谷交款，一为瑞洵交款，一为苏元春交款，共计9万余两。善佺（即沈日记所载"善芝樵"）挑唆徐谦、沈家本将此款三人暗中分吞，又担心惹风潮，乃与各司员商议，而各司员意见不一。沈、徐提出，如主张分款，须先行具结，各司员质问此事由何人发起，二人却相互推诿。[③] 报纸报道很多系猜测，未必尽详内情。据沈日记所载，他对此款应无"暗中分吞"之意，只是把皮球踢给主事的徐谦。此事件并没有迅速解决，三月初九，沈知悉"法部人意尚未已，今日又聚会"。

徐谦与法部旧员冲突事件，轰动一时。报纸报道："闻此事之真像，实系由徐次长所激起。盖王总长前曾来电，对于裁留司员，主张新旧参半。而徐次长独痛诋旧员，至指为亡清奴隶，拟全数解散，尽用新员，所有旧欠津贴，亦概不发给。因之，大起冲突。"三月十三日，法部全体旧司员在总统府呈文两件：一是提出全体辞职；二是要求补发欠薪。袁世凯当即交国务院调和此事。后国务院议定，总长王宠惠来京之前，旧司员不容令其辞职，至于欠薪理当设法补发。袁世凯、唐绍仪"当即责成徐谦一力维持"，且已有公函到司法部说明总统总理之意见。徐谦也"颇为气馁"，表示将"新旧员分别参用"，并将补发所欠薪金，平息事端。[④] 但此事件引发一系列连锁反

---

① 《司法员大动公愤》，《顺天时报》壬子年三月初九日，第7版。
② 《司法部分款风潮》，《顺天时报》壬子年三月初八日，第2版。
③ 《司部之分赃问题》，《时报》壬子年三月十七日，第3版。
④ 《新旧各部近状记》，《申报》壬子年三月十九日，第1张第2版；《法部旧员风潮将息》，《大公报》壬子年三月十九日，第2张第1版；《法部补发欠薪》，《民立报》壬子年三月十九日，第3版。

应，"司法部旧司员风潮起后，影响所及，各部被裁之员均拟纷纷效尤"，如邮传、度支、农工商、陆军、海军、学部等。① 客观而言，由前清官员转身出任民国次长的徐谦为表示"革命"之意，所取做法有失妥当，② 以致酿成风潮。

新任司法总长尽快抵京履职、安定司法中枢，成为包括沈家本在内很多人盼望的事情。三月初十日，沈从胡惟德来函中得知：新任司法总长王宠惠"明日在沪动身，十五、六可到"。十五日，王宠惠到京，当日沈记："王总长今午抵京，寓国务院。"沈期盼的交代法部事务，终于将至。二十一日，"今日法部交代"，次日下午，"法部电话来，交代已清"。可见，交代具体事务与沈并无关系，有关的仅是形式性的手续。不管如何，交代事大体完成，对沈来说，总算完成一桩心事。或许这也是这届内阁成员的共同感受。与沈氏同为阁员的绍英，在获悉被开去度支部首领后，于日记中记道："窃自上年九月二十六日署度支大臣，已四阅月，库款支绌，困难已达极点。今幸开去，如释重负。"③ 绍之心境与沈无异，均未见恋栈之心。

三月二十四日下午，沈宅迎来一位贵客，即新任的民国司法总长王宠惠。七十三岁的前清法界首领与年仅三十二岁的民国新任司法总长会面，两人交谈内容，囿于史料，不得而知，但这场礼节性的拜会则意味深长：沈代表着前清、律学、老辈，王代表着民国、法学、新秀；两人会面，既象征着两个政权之间司法权力的和平交接，也象征着中国传统律学向现代（西式）法学的转型，无疑，这是中国政治史、法律史上两个时代的会面。二十八日晚，沈在寓所请亲友便酌，想必是卸任引退后，与亲友叙旧谈闲。但交代事并没有最后完成，四月初五日，由沈于光绪三十二年创办，在中国现代法政教育史上占极重要地位的法律学堂，"今日交代，司法部派恩培接收"。至

① 《被裁人员之会议》，《大公报》壬子年三月十六日，第 2 张第 1 版。

② 此外，徐谦还有一些举动亦有失妥当，如他"将旧刑部所藏前明至清末档案悉付一炬"，当僚友劝阻之，徐勃然大怒，直斥"此档案与国体抵触，岂容存留"，且亲自监视焚烧。多年后，法界中人犹记此事，且疑惑不解："徐君亦读书人，何以有此一着，甚不可解。"见余绍宋《余绍宋日记》第 7 册，1932 年 7 月 6 日，北京图书馆出版社，2003，第 95 ~ 96 页。

③ 绍英：《绍英日记》第 2 册，壬子年正月二十七日，第 292 页。

此，沈终于"脱离政界矣。"

但是，树欲静而风不止，时人并没有忘记这位法界首领。民元政坛，风云莫测，唐绍仪内阁成立仅月余就无法运作。五月初三日，唐请假，院务由外交总长陆征祥代理，十三日唐正式去职，陆继任，内阁须重组。二十四日，沈获悉新任的陆征祥内阁中，因为"司法无人，又有拟及余者"。

沈氏所闻非虚，以后的事情证明了这点。五月二十七日，同乡熟人胡惟德来，"言国务同盟会人总统留之不得，不得不另访替人。与陆总理拟四人，孙毓筠、胡瑛、沈秉堃，而欲以司法属余。"因为新总理陆征祥与沈不相识，故特请胡向沈转达此意，沈婉言谢绝之，理由是"久病未愈，实难再出应世事"。次日，胡惟德又派人来，并提出"优惠条件"：鉴于沈年老体衰之实情，可不必常入署办公，"参议院可不到，国务院亦不必常到，可在总其大成"，沈"仍以疾辞"。但此事并未完结。二十九日，施绍常（时任外交部庶政司司长，沈浙江同乡）来，"乃陆子兴（即陆征祥）属来"，沈仍告之体病无法任事。既然一般官员出面不能达致目的，只能派重量级人物出马了。同日，段祺瑞来，沈深知此乃"总统属来劝驾"，但他"仍以病辞"。其实，年老体病并非沈之托词，乃实情。仅因"连日政界人来，言语过多"，沈就明显感觉"气急之证益甚"。但当局邀沈出山的努力并未终止。六月初一日，又有人从胡惟德处来，"复以不入耳之言来相劝勉"，但沈深知"余病体之不能支持乎"。为避开当局的不断邀请，初二日开始，沈"托言赴西山养病，客皆不见"，当晚，有人又来探口气，沈氏次子接待之，并告其父"病不能行"。

由前述当局一而再再而三邀沈出山任事，可窥探鼎革之际个人与时代的诸多信息：其一，沈家本确是已决计引退，稍后沈还对外公开说："余老病侵寻，入春以后，键户静养，不复与政界相周旋。"[1]　"周旋"一词值得琢磨，此前已"周旋"了一生，身心俱疲，此后实难"周旋"，再难奉陪了。其二，鼎革之际，"鼎新"未必要"革故"，专精传统律学的沈家本可谓

---

① 《法学会杂志序》，徐世虹主编《沈家本全集》第 4 卷，第 757 页。

"旧人",① 但不失市场,至少在司法高层如是。其三,既存民初政治史论著多半关注到,在与北洋派争斗中,革命派如何处于被动、劣势地位,损失惨重等,实际上,两派恶斗对北洋派伤害亦不小,北洋派虽仍掌控军事、财政等中央权力核心部门,但在权力次要部门,如教育、司法等,就只能指望沈家本这样的前朝故旧来装饰门面了。在沈未能如愿出山的情况下,北洋派就只能把许世英、董康、章宗祥、江庸等这批后生晚辈推向历史前台了,人事的新陈代谢寓于政权的更迭之中。

继王宠惠辞司法总长职后,六月初三日,司法次长徐谦亦随之辞职,由王式通署司法次长,兼理总长事务。十二日,袁世凯给沈"送法律顾问状来"。次日,任命许世英(亦为"旧人")为新任司法总长,司法首长人选终于暂告一段落。

第三节 感受民元政局

壬子年初,沈家本虽处"半退休"状态,但依然能感受民元政局的纷扰。首先是南北矛盾,定都之争便是其中之一。以孙中山为代表的革命党人原意定都南京,并要求袁世凯南下履职,而袁意定都北京,一时间局面胶着。此事也牵动沈的心思,正月初四日,沈记:"南京政府必欲临时政府在南,而亦有不以为然者。"很明显,革命党人也并非铁板一块、一种声音,章太炎就不同意定都南京,② 南京临时参议院原议也是定都北京,后经孙中山力持,改决建都南京。③ 对此,沈认为:"南京参议院会议亦以临时政府在北京为宜,而孙文政府则与之反对,此公私之别也。当此共和初成之时,而仍循个人之私见夫?"(正月初六日)显见,他对孙中山等人定都南京之

---

① 身处中西新旧交汇时代,沈家本对"西方""新学"有所了解,其亦喜用"变通""会通"等语词,如沈云:"余奉命修律,采用西法互证参稽,同异相半。然不深究夫中律之本原而考其得失,而遂以西法杂糅之,正如枘凿之不相入,安望其会通哉?"(沈家本:《大清律例讲义序》,徐世虹主编《沈家本全集》第 4 卷,第 750 页)但总体而言,沈仍属"旧人"之列。
② 汤志钧编《章太炎年谱长编》(增订本)上册,中华书局,2013,第 224 页。
③ 陈锡祺主编《孙中山年谱长编》上册,中华书局,1991(2003 年重印),第 659 页。

说，颇有看法，认为此乃私心使然。

早在正月初一日，孙中山即电告袁世凯，南京方面将特派蔡元培等人组成欢迎团前往北京，迎袁南下就职。初十日中午，蔡元培一行抵达北京，下午谒袁，递交南京参议院选举袁为大总统之选举状及孙请袁南下就职之手书，次日，袁邀请蔡等人参加茶会。这时围绕都城问题，京师内外舆情鼎沸。就在此时，北京兵变发生。

蛰居北京宣武门外金井胡同枕碧楼①的沈家本，亲历了这次兵变乱象。正月十二日晚，突然有人来报"内东城兵变，分路焚抢"，缘由是"三镇兵因放饷滋事"，沈登楼望之，只见"火光烛天"，该晚"彻夜声枪不绝，天明方息。举家未睡"。经过一宿折腾，天明后，各家都在探听兵变情况。沈获悉，兵变起自朝阳门，故朝阳门一带挨户被抢，乱兵声称"袁大总统将南行，我等必在遣散之列，借些盘川回家"。缘此，沈认定："此次兵变之肇祸，南行其一端也。"鉴于前一晚兵变作乱，沈家儿辈恐当晚亦不能安睡，因而于"六国饭店留屋一间"，把沈家妇孺暂时移居入住。果不其然，是晚"内西城门又焚抢，闻有姜军在内，而土匪为多，天明始定"。

正月十四日，因为六国饭店需费太巨，沈家拟把妇孺送往天津，沈家本则移居六国饭店。后听闻火车被抢之事，故不敢行，于是只能让妇孺暂居北京饭店。是日，沈得知京城乱象百出：姜军在西城捉拿土匪，正法者数十人；刑部街北头当铺于白昼十点被抢，所为者皆本街人，"闻大理院巡警首先砸门，法部之皂隶人等亦无不混杂其间，内城总厅闻之，派巡警来弹压，人始散"。当天，袁世凯命令："各营军队，夜间不准出营，各地面责成步军统领、巡警厅分段巡逻，夜间渐就安靖，不闻枪声矣"。

正月十五日上元节，沈家获悉北京丰台附近发生抢劫火车事件，遂终止送妇孺赴津的想法，沈家妇孺十二人以每天三十五元价格继续避居北京饭

---

① 笔者曾多次游览位于北京宣武门外金井胡同的沈家本故居，枕碧楼为两层楼房，现今在周边高楼大厦映衬下，显得低矮破落。但据田涛先生忆述，直至1950、1960年代，由于南城一带多为平房，枕碧楼仍为宣武门外的三座高层建筑之一，"面对一片低矮院落，可谓览尽人间烟火"。田涛：《枕碧楼印象》，氏著《不二法门》，法律出版社，2004，第212～213页。

店。沈家本及其三儿、四儿仍住六国饭店。这两家饭店价格均不菲。此类高级饭店是混乱时局中达官显贵们常去的避难之处。恽毓鼎就观察到，武昌起义后，京师震动，"使馆街有六国饭店，朝贵恃有外国人也，群赁居之。每屋一间住十余人，每人每日收租洋九元，每箱一只日租三元。禁用仆婢，禁小儿夜哭。每餐仅饭一筒，盐煮白菜一器而已。而人尚若蚁之附膻，至有宿于廊下者"。① 显而易见，此饭店虽价格昂贵、服务低劣，但为安全保命，达官显贵们不得不委身于此。

此后几天，沈家本均夜宿六国饭店。但住此也有不便之处，"此间所住，在第三层楼上，上下步履不便。气管暖气过甚，仅着薄棉衣，空气全无，不甚宜"（正月二十日）。加上从十四日以后，夜晚"颇觉安靖"，故沈决定二十一日后回寓家居，沈家妇孺也分批搬回家居住。一场在沈氏眼中看来由迁都南京而引发的兵变乱局终于结束。

正月二十一日，沈家本从胡惟德处获悉，总统次日午后将在石大人胡同大楼受职，到时"各首领须前往行礼"。次日午后，沈赴会，"大众齐集后上大楼，依次排立，请大总统就位"，接着举行就职仪式。当天也参加就职仪式的许宝蘅记述："午饭后三时总统行受职礼，以楼上为礼堂，各部分人员到者一百数十人，外人观礼者二十许人，四时礼毕，茶会。"② 同日，袁世凯宣布："现在民国法律未经议定颁布，所有从前施行之法律及新刑律，除与民国国体抵触各条应失效力外，余均暂行援用，以资遵守。"③ 易言之，清朝法律总体上在民国依然暂时有效。长期主持清末修律的沈家本理当知晓此事，但其日记中没有记述，沈此时心思多半放在如何把职位交给他人的问题上。

此后，沈家本依然关心时局变动。正月二十五日，沈记："总统令特任唐绍仪为国务总理。"唐内阁产生后，矛盾不断显露，尤其是袁、唐矛盾似无法调和。四月十二日，沈从友人处获悉："袁、唐离，唐欲行指捐，袁非之，而黄兴电来赞成之。"五月初二日，沈知悉唐绍仪"于今日赴津"，并

---

① 《恽毓鼎澄斋日记》第 2 册，宣统三年九月二十日，第 558 页。
② 许恪儒整理《许宝蘅日记》第 2 册，壬子年正月二十二日，第 401 页。
③ 《临时大总统令》，《临时公报》（北京）壬子年正月二十三日（1912 年 3 月 11 日），"命令"，无页码。

意识到唐此举"意在辞职"。次日，沈得知，袁派遣段祺瑞、梁士诒"赴津劝驾，唐不允"。初四日，唐绍仪内阁的外交总长陆征祥"暂署总理"。初七日，"唐决计不来"。既然唐决意去职，势必另举总理人选。沈对此甚为关切，这体现在沈日记中：五月初八日，"昨日总统府开大会，国务长咸至。闻众举陆，总统意在徐太保（即徐世昌）。参议院人私议在岑云阶（即岑春煊）、程雪楼（即程德全）"；十四日，"国务总理众论皆属于陆子兴（即陆征祥）"；十五日，"今日参议院公举国务总理。到会八十四人，陆得七十四票。当日奉命令委任其他国务总长，须由陆参定。陆意不更动，而同盟会中人皆约辞职，蔡（元培）、宋（教仁）、王（宠惠）、王（正廷），惟冠雄不辞"。总理人选已定，组阁却进展迟缓。五月二十一日，沈就疑惑："陆总理发表已七日，而各总长尚无确定明文，未知何故。"三天后，沈知晓个中缘由："国务总长中同盟会之蔡、宋、王、王皆决意辞职。在做人之意尚肯留，而惧同会者不允也。手枪炸弹时之可危，有不得不辞之势。"（五月二十四日）可见，在沈的信息范围内，革命党人所属的同盟会是一激进组织，颇具恐怖色彩，是民元政坛一股不稳定势力。民元前后政党政治喧腾一时，很多人都认为政党成员应共进退，对此，沈颇为感慨："连日党论纷纭，内阁尚未能组织完，可叹。"（六月初四日）沈之体认，或许代表着与北洋派有关联，但自身又不属于北洋派的人士对同盟会的观感。

六月初五日，陆征祥出席临时参议院会议，发表政见，并将阁员补充名单提请表决。议员以陆言辞无状且无政见，全体哗然，阁员名单未付表决。次日，临时参议院表决陆内阁阁员六人名单：财政总长周自齐、司法总长章宗祥、教育总长孙毓筠、农林总长王人文、工商总长沈秉堃、交通总长胡惟德。未得半数同意票，全部被否决。当日，沈记"总统提出总长六人，参议院无一通过者。竟至陷于无政府地位，可叹，可叹"；并察觉到这就是政党政治的运作模式："同盟会主张其事统一，共和党附和之。共和党人数不及二党之多，此其所以难通也。"内阁名单未能通过，袁、陆等势必更换阁员人选，同时加强与参议院的沟通工作。初八日，沈注意到："今日总统请参议院议员茶会，闻到者五十余人，总统演说良久。"十三日，参议院第二次表决陆内阁名单，比起第一次，此次较为顺利。除工商总长蒋作宾被否决外，财政总长周学熙、司法总长许世英、教育总长范源廉、农林总长陈振先、交通总长朱启钤五人均通过，当天袁世凯即任命。同时，袁任命章宗祥为大理院院长。对于时局变化与人事变动，沈甚是关心，同日，沈记："今日参议院国务员投票，惟工商蒋作宾少三票，余五人并通过，已任命。"他还特别记述"仲和（即章宗祥）任命大理院长"，并感慨"大局又暂定矣"。"又""暂"两字颇能透露沈之心迹：乱局已多，且将继续。

果不其然，一波未平一波又起。七月，张振武一案又让时局再起波澜。七月初三，沈记："黎元洪来电，请拿张振武、方继二人，于今日九钟拿住，十一钟枪毙。"这对久掌刑名的沈家本来说，无异于在民国再现清季的"就地正法"——减省证据、程序，径直行刑。初七日，沈注意到："连日因张、方正法，湖北议员大发怒，已有质问书。"次日沈听闻"张振武领三十万赴沪买枪械，一月之中挟妓应酬报馆，花了二十四万，此必罪状之一端也。"初十日，沈获悉："黎元洪来电，张振武十大罪已登报，其中以蓄意为二次革命情节最重。"看来此案并未完结，将继续发酵。

新政府的借款也是民国元年沈家本的关切之事。早在正月二十一日，沈就知道"四国投资已立合同。每月赠三百余万，以半年为期，大款借定，再行归还。月赠外别有款千二百万，亦分期交"。几经纷扰后，及至四月，沈还惦念"大借款事将不成"（四月初九日）。八月初八日，胡惟德来长谈，沈得知借款事项及当时政府财政窘况，"南北关税抵借外债，约余五百万，而赔款毋著。算至年底，共须二千八百万，有着可抵之款约有九百万，尚不敷一千九百万。各省分认之款，固不肯借，即今年新款，亦丝毫未解也。新兵不裁，财政真无著手。而各省之拥兵以自利者，竟不为公家计，奈何奈何"。显见，财政问题决非仅是财政问题，其背后是多种矛盾的交集。

九月初一日（10 月 10 日），民国成立后第一个国庆节，全国多地均有庆祝活动。① 这天北京"天气极佳，阳光普照"，② 袁世凯在总统府门前阅

---

① 高劳：《中华民国第一届国庆纪事》，《东方杂志》第 9 卷第 6 号，1912 年 12 月 20 日，第 4～10 页。

② 《特约路透电（北京电）》，《申报》壬子年九月初三日（1912 年 10 月 12 日），第 2 版。

兵，据参加此活动的许宝蘅记述："九时到国务院，茶会，总统阅兵，外宾到者甚多，总统莅会时鼓掌欢迎，呼声雷动，一时散。"[1] 同日，沈家本并未关注总统阅兵事，而关心在琉璃厂举行的追祭会，沈记："在琉璃厂设会，追祭革命死事诸人。赵总理代总统主祭，陪祭者大理院长、参议院议长及九部总长。"在生平第一次（也是最后一次）经历的"国庆节"里，沈还发现一些新奇现象："各署放假一日，各学堂放假三日。天坛开放三日，任人游玩。"此前一段时间，北京谣言四起，沈察觉到"初一日以前谣言极多，此三日内幸而平安无事，可喜也"（九月初三日）。这反向说明沈对世乱心存余悸。此后，北京不稳定现象仍不时发生，十月发生道生银行挤兑风潮，蠖居宣武门外的沈家本也关注到"近日向道生银行提款者络绎不绝，道生票相戒不用"，认为这是"无意识之风潮，其起也，一哄而已，初无结果。中国人惯技如此，徒增交涉之波澜，何益于大局，徒为外人所笑耳"（十月二十九日）。

第四节　生命暮年：著述与生活

宣统元年，清廷谕令沈家本兼任资政院副总裁。资政院事务对沈来说，并不熟谙，古稀之年的沈还须补习一二。如宣统二年七月，在一次资政院准备例会上，沈提出说帖一件——《论资政院之性质及其权限》，[2] 虽未敢断言此说帖全由沈撰述，但可以肯定，他起码需对资政院相关基本问题有所了解，这对一位古稀老人来说，劳心劳力，颇为困难。但真正难处并不在此，而是在各方在资政院的角力与争斗让沈穷于应对，心力难支。意外终于出现。宣统二年十二月十一日，沈自资政院议场退出时，"举足触地毯裂口，致倾跌伤鼻，血流甚多"。[3] 事后沈只能居家静养。次年二月，沈回法部侍郎本任，不再兼充资政院副总裁、修订法律大臣之职。[4] 此后，沈居家著

---

① 许恪儒整理《许宝蘅日记》第 2 册，壬子年九月初一日，第 419 页。
② 韩策、崔学森整理《汪荣宝日记》，宣统二年七月初五日，第 178 页。
③ 韩策、崔学森整理《汪荣宝日记》，宣统二年十二月十一日，第 232 页。
④ 《上谕》，《申报》宣统三年二月二十三日，第 1 张第 3 版。

述，至九月袁世凯组阁，沈出任司法大臣（正首领），但沈已不负实际责任了。

综观沈家本一生，集官僚与专家双重角色于一身。赋闲家居时，亦不忘著述。经过半年多的艰辛撰述，壬子年六月二十九日，沈完成了二十二卷的《汉律摭遗》。他在日记中记述："自正月无事以来，纂汉律摭遗二十二卷，今日方毕事。然其中尚多未备，著述不易言也。"这就是我们今天所看到的收录于《历代刑法考》中的《汉律摭遗》。众所周知，我国现存最古老的法典是《唐律》，此前法典均已佚散。故考证《汉律》之难可想而知，沈深知此点，曰"《汉律》久亡，其散见于史传者百不存一"，但为探求传统律法之源由，不得不考究《汉律》，故沈在"壬子之春，键户养疴，斗室枯坐，因取杜、张二书（即杜贵墀《汉律辑证》、张鹏一《汉律类纂》，引者注）重为编次"。即主要按照汉代萧何《九章律》中的盗、贼、囚、捕、杂、具、兴、厩、户律，分门别类，"以律为纲，逐条分入。目之可考者取诸晋志，事之可证者取诸史记及班、范二书，他书之可以相质者亦采附焉"。撰述此书让沈极费心力，他自叹："龄颓气苶，时须卧息，穷竟日之力，所获无多。自春徂夏，今又秋气初悲，甫克毕事，凡得二十二卷。"①

八月初二日，沈家本写就《法学会杂志序》一篇，交给该学会倡办人之一的汪子健（即汪有龄），这就是后来收录在《寄簃文存》②、如今法律史论著中频频征引的篇章。光绪三十二年，沈创办京师法律学堂，前后毕业者近千人，如何将这些学员组织起来，形成法律职业共同体，成为当时法律才俊们思考的问题。宣统二年，他们发起成立法学协会。据《申报》报道："法律学堂旧班生去年毕业，今有人发起组织一中国法学协会，以收切磋之益而谋法学之普及，近已广发传单联合新班及监狱班共同组织，现各学员签名入会者已有多人，且拟公举修律大臣沈子敦为会长，并欲组织法学杂志以

---

① 《汉律摭遗自序》，徐世虹主编《沈家本全集》第 4 卷，第 157~158 页。

② 《寄簃文存》成书颇为复杂：《寄簃文存》八卷，光绪三十三年由修订法律馆刊行；《寄簃文存二编》上、下卷，宣统三年由修订法律馆刊行。二者均系沈家本生前手订之作。《寄簃文存三编》，民国三年由《法学会杂志》刊出。民国十八年刊印《沈寄簃先生遗书》时，将前述《寄簃文存》各部分增删重编，命名为《寄簃文存》（八卷）。

为本会之机关。"① 宣统三年，该会曾编辑发行杂志数期，但武昌起义后，国事扰攘，不幸中辍。民国元年该会重行组织成立，杂志亦重刊，这让沈家本倍感欣喜，沈说："余虽以老病，不获亲至会所，一聆伟论，而窃喜已废之复举也。因述其缘起，题于杂志卷端。自后吾中国法学昌明，政治之改革，人民之治安，胥赖于是，必不让东西各国，竞诩文明也。实馨香祝之。"② 次年正月初十日，《法学会杂志》在北京重刊，沈所撰序言于卷首刊出。

古代学者多爱藏书，但很多藏书者唯恐所藏孤本旧钞有失，故将其藏于深宫严宇中，不以示人。沈家本认为此乃古法藏书之弊。鉴于此，沈想将自己经年收集的珍稀古籍公开刊行，嘉惠学林。其实，沈早有此意，且已着手，"庚戌辛亥间，始检旧藏钞本，陆续付刊"，但"世变猝来，此事多阻"，民国元年沈赓续其事。日记中可窥一斑：十一月十二日，校《刑统赋疏》上册；十四日，校《刑统赋解》一册；二十三日、二十四日，校《河南集》；二十六日，作《河南集》校语，并记"新得钞本穆参军集，取以相校，所得极多"；十二月二十一日，校《河汾诗话》（似应为《河汾旅话》）一册；二十四日，校《文选书目》二卷。这些都是沈苦心收集的珍稀古籍，经校正后，多数录入民国二年刊刻的《枕碧楼丛书》中，沈在丛书序言中道："凡得书十二种，皆旧钞本，世所罕见者。"③

民国元年底，沈家本还花费很多心力校对《说文引经异同考》书稿，此书稿属沈氏的小学著述。汉代许慎所著《说文解字》一书，乃中国古代一部字书，亦为中国古代小学的一部经典，唯此书所引证的千余条经书文句，与传世文献多有出入。清代兴盛考据之学，不少学者运用考据法从《说文解字》引用经典异同入手，探究古代文字变化及各流派经师学说。无疑，这对清代经学、训诂学的发展多有贡献，但各家解析纷纭，意见歧出，读者无所适从。鉴于此，沈汇览群说，且提出自见，撰成《说文引经异同考》一稿。据该书稿序言，此稿撰写始于光绪五年，七年成书，共二十六

---

① 《法学生组织法学协会》，《申报》宣统二年二月二十一日，第1张第4版。
② 《法学会杂志序》，徐世虹主编《沈家本全集》第4卷，第758页。
③ 《枕碧楼丛书自序》，徐世虹主编《沈家本全集》第8卷，第333页。

卷。可见，此书稿积压案头已有三十余年，故沈抓紧时间校对此稿：十一月十五日，作《说文引经异同考序》一篇；二十九日，校《说文引经异同考》五页；十二月初一日，校九页；初二日，校七页；初三至初六日，连日续纂《说文引经异同考》。

民国元年前后，章宗祥某次去探望病中的沈家本，在沈宅内室"见一榻一杌，其起居之俭素，无异书生。书桌上著稿堆积，令人生敬"，① 为官多年，读书人本色未变，年老体衰仍著述不已，令晚辈后学"生敬"。不过，在颇为枯燥的校对旧籍、整理旧稿之余，沈也偶有闲情吟诗一二。春夏间，他就对园中花草树木吟唱："海内风尘还未息，不知何处是仙源"；"独许闭门观物变，高吟坡句首频搔。与世无争许自由，蠖居安稳阅春秋。小楼藏得书千卷，闲里光阴相对酬"。② 秋去冬来，沈又偶得"雪后初晴"诗一首（十二月十九日），此诗颇能反映当时沈之心境，尤其是最后两句："静中领佳趣"，可谓是沈蠖居书斋校书理稿偶得意趣的心灵写照；"长此息尘心"，则透露出一位久居官场的技术官僚望从此藏身隐心的恬淡愿景。

壬子年四月十七日，沈在日记中述："不出大门八十五日矣。"不过，天气晴好的话，老人也偶尔外出走走。与同时代很多人一样，沈喜"观剧"：四月十七日午后，"赴文明茶园观剧"；七月二十七日，赴"文明茶园，观剧"；八月初七日，"至同乐轩观剧"；九月初五日午后，"至广德楼观剧"；十一月二十一日，同乡老友寿辰，"同乡在同兴堂演剧公祝……所演皆票友，有昆腔三出甚佳"。

古人外出为官，时常通过同乡关系网络等渠道关心、支持家乡事业。位列京堂的沈家本自不例外，他常关注家乡浙江（湖州）事业。例如，光绪三十二年湖州水灾，身处京师的沈家本就"劝募京师诸大善士水灾义赈"，沈本人也捐款。③ 宣统元年四月初五日，浙江同乡京官"为维持浙路开会集议"，沈家本、俞廉三、劳乃宣等人出席。④ 祖籍浙江仁和、清末同在京城

---

① 章宗祥：《新刑律颁布之经过》，《文史资料存稿选编》（晚清北洋上），第37页。
② 《小园诗二十四首》，徐世虹主编《沈家本全集》第7卷，第175～176页。
③ 《来函》，《申报》光绪三十二年九月二十三日，第2张第9版。
④ 《旅京浙江同乡开会详情》，《申报》宣统元年四月十五日，第1张第5版。

为官的许宝蘅，与沈颇有往来，许氏日记中就存其与沈共议家乡事业之记载，如宣统三年二月初五日"到嵩阳别业，约同乡诸老议路事，到者有沈子惇丈、劳玉初丈、胡馨吾、吴绚斋、章一山"。[①] 民国以后，同乡会赓续其事。壬子年八月初一日，革命党人黄兴、陈其美（湖州人）抵达北京，北京高官及各界代表数千人到车站欢迎。十一日午后，沈参加湖州同乡会在江苏会馆举行的茶会，欢迎陈其美，陈演说后，沈感觉这位湖州同乡后辈、革命巨子"颇以吾湖乡民生计为念，语中渐辨报界谤伊之言"。两天后，陈其美赴沈宅拜访这位同乡前辈。

在传统中国，会馆可谓"乡土之链"，是同乡人士切磋、聚会之所，会馆事务多半由有身份、地位的同乡前辈主持。清末湖州会馆很多事务即由沈家本主持。壬子年十月初九日，在湖州会馆开同乡会，沈与会，议决同乡会章程，"先有反对者，磨磋良久，全体赞成"；接着商议千元余款，因有人托请"说郡城工艺学堂房屋已具，而开办无经费"，沈提议将此款拨充使用，同乡赞成，后"全体无异议"通过；最后选举会长，沈记："余得二十六票。盖今日到会之人有新自南来者，不知余前此之曾辞此事也，又费唇舌矣。"二十三日，同乡会馆开会，"正会长共推丁少兰"。新会长已产生，会馆款项必须交代，故沈"连日核算会馆账目，预备款项，以便交出"（十月二十五日），二十六日沈把"会馆账目算结，款亦齐备"，托人送交新任会长。古稀老人依旧挂念家乡事业，八月十二日记："湖州年成甚好，新米价已落"，甚感欣慰。十一月十一日，有人来"谈及浙事，不统筹出入之款。酌盈剂虚，惟事摹仿他人，行政费须二百余万"，沈感慨"如何是了"。

民国元年，沈家本年老体衰已显现无遗了。四月二十六日，沈"午后二钟，偕四儿、三孙至陈列所一游，气力衰，茶坐歇十余次，又在接待所卧憩良久，始归"。随着时间的推移，体病愈深。十月、十一月的日记中连日载述体病就医服药等情事：十月二十四日，"脖项疼痛，项后发现筋疙瘩"；二十五日，"延伯勤诊视，言是受风"；二十六日，"头面皆痛，发

---

① 许恪儒整理《许宝蘅日记》第1册，宣统三年二月初五日，第335页。

现红色，又延伯勤来换方……老病之动辄不如意如此"；二十八日，"今夜又睡不著"；三十日，"今夜又睡不著"；十一月初四、初五日，"连日停药，咳甚，夜不能寐"。对古稀老人来说，如此体征预示着生命将走到尽头了。

转瞬间，历史步入民国二年。是年，中国政坛风云突变——宋教仁案发生，"武力讨袁""二次革命"之议风生水起。已经七十四岁的沈家本，心态及生活如何，由于日记已佚，不得其详，但从沈氏癸丑年（亦是所见生平最后）诗作《自题癸丑日记》中，当能窥探一斑，诗云："颓龄住人海，闭户谢胶扰。蟏居斗室中，见闻遂简少。典籍聊自娱，神茶畏勤讨。春归渐和煦，晴窗理旧稿。故闻启新得，意解贵明了。说之不厌详，疑意乃通晓。世事偶然书，亦足备参考。倦来便静坐，冥心澹物表。"① 由此诗可大体推知，民国二年沈之心境与生活应大体如故，在枕碧楼中"典籍聊自娱""晴窗理旧稿""倦来便静坐"，对风雨变幻的外部世界，他已经"闭户谢胶扰""见闻遂简少"了。但历史已不能再给这位老人更多时日了。癸丑年五月初五日（端午节，1913 年 6 月 9 日），这位中国法律史上的巨擘，在北京寓所溘然长逝。次年归葬于湖州妙西渡善桥。

综观民国元年的沈家本，我们除感受到辛壬变政的剧烈变动外，其实更能体验到介于历史台前与幕后、中心与边缘之间的一位垂暮老者"不复与政界相周旋"的静默，对于政治，有关心而无参与，这为鼎革之际的历史变动提供了舒缓深沉的底色。当然，沈之静默有其特殊因由，如老迈体病，无法应对世局，深感"虚名之累人也"，等等。若更换角度审视这一历史转折，这很可能也是辛壬鼎革给予更多国人的感受。亲历者的体察与治史者后来的认知并非一事。由于民国二年沈即逝世，作为亲历者的沈家本对此次鼎革所带来的深远影响未能有所体察。

值得留意的是，翻审沈氏民元日记，其对自己仕服一生的清王朝的态度

---

① 《自题癸丑日记》，《沈家本全集》第 7 卷，第 177 页。

为何，未留只言片语。这是历史记述中的"无"，比"有"或许更是一个问题。[①] 一方面，此固然反映沈氏乃谨小慎微之人，其多数日记均较简约，不轻易表露自己内心感受，这与前述黄尊三、汪荣宝、恽毓鼎等人之日记判然有别。另一方面，若勾连其他相关史料与史实，如清末修律事业及诸多论争、政潮等，可推知沈氏内心世界对清王朝应存些许"怨"，但谈不上"恨"。对一位长期从事"枯燥"的律法工作的技术官僚而言，内心持此态度也许相对容易做到，故隐而不言了。

---

① 历史研究中，"证实"要比"证虚"相对容易一些。若有史料存世，大致可说明历史上确有此，即"有"；若无史料存世，则颇难判定历史上无此，即"无"，因为留存下来的史料只是当时记录之一部分而已。

第五章　民国初年司法官群体的分流与重组

光绪三十二年清廷推行官制改革，仿照立宪国建制，改大理寺为大理院，作为最高司法审判机关。清末官制改革中诞生的大理院，可谓中国第一所具有现代意义的司法机构，人员多数调自法部，很多拥有较高学衔与功名，不乏进士、举人者，新式法政人员则很少。现代中国的"新式"司法官群体缘此产生。组建独立、专业化的司法官队伍是清末宪政改革的重要内容之一。光绪三十二年至宣统元年，京师、直隶、奉天等地新式司法机构相继设立，但此时司法官数量很少，多为原本存在于体制内的候补候选佐杂人员经速成"学习"改造而来的"熟谙新旧法律及于审判事理确有经验者"。宣统年间，司法官选任逐渐走上规范化的考选之路。在新政后期，法政教育勃兴，培养了大批法政人员。经宣统二年全国规模的司法官考试，大量法政毕业人员加入司法官队伍，外在型塑且内在改造着清末司法官群体结构。及至宣统二、三年，在全国范围内组合而成一千多人规模的新式司法官群体。无疑，这是一个中外新旧交杂的法律职业群体。①

宣统三年，经由辛亥革命、民国肇建、清帝逊位等一系列重大事件，中国从帝制走向共和，从帝国嬗变为民国。政权更迭之际，清末数年间形成的新式司法官群体何去何从，如何分流、重组？毋庸置疑，这是探究民初司法领域人事变动不可回避的问题；广而言之，这也是在解答革命引发的政权更迭后人事如何嬗变、权势如何转移的一个较佳视域。②

---

① 详见本书第一、二、三章。

② 关于这一问题的既有研究尚不多见，李超《清末民初的审判独立研究——以法院设置与法官选任为中心》（法律出版社，2009）第四章（民国元年对法院、法官的改组）论及此问题，但考察时间限于民国元年，未能通观民初数年的变化；拙文《民国初年的司法官制度变革与人员改组》（《福建师范大学学报》2008年第5期），亦涉及此问题，但仅数千言，过于简略，尚存进一步申论之必要与可能。

第一节　辛壬之交：逃散与维持

武昌起义后，京师震动，清廷官员纷纷离职，各部官员多为暂署或兼任。辛亥年九月，皇族内阁解散，袁世凯受命组建内阁。在袁阁中任法部大臣的沈家本在日记中记载：壬子年正月初五，"王炳青兼署法副"；七日，"王炳青兼署副大臣，又以终养辞，并乞开去少卿底缺"；九日，"许玑楼暂管法副，徐季龙理少，王书衡总检察，皆系暂行管理"；十一日，"玑楼又辞法副，请开缺修墓。季龙暂管法副，书衡兼理少"。[1]显而易见，辛壬变政之际，司法中枢已成"看守"性质。加之，法部原本即清廷中的非权力核心部门——清冷衙门，人员亦多不安心任事。对此，报纸报道："北京旧部，除外、邮、陆军等部外，其余各部司员情状极为瑟缩"；[2]在各部所发津贴中，法部、大理院垫底，从"正月起即不名一钱"。[3]

京外状况有过之而无不及。如广东，该省高等审判厅厅丞史绪任（河南人，原为清末大理院推事），辛亥革命后卸职回籍；高等检察厅检察长文霈（满洲人，原亦为大理院推事）也"弃官而逃"。[4]广东司法司呈报："窃自光复以后，省地及商埠各级审判厅检察厅及旧提法使署官吏，半皆逃去。司法主权，几至无所系属。"[5]宣统年间在河南法政学堂就读，后任民国司法官的马寿华晚年忆述："武昌起义，各省响应。开封人心惶惶，客籍候补者纷纷回籍。"[6]由革命引起的无序、混乱也导致不少司法官去职。1912年3月《申报》刊载一事：江苏兴化县公民李绮园等以"审判厅各员开支公费过巨"为由，另举魏鼎新任审判长，禀请江苏都督核示；苏省都

①　徐世虹主编《沈家本全集》第7卷，第856页。

②　《旧学部之窘况》，《申报》1912年4月4日，第2版。

③　《北京各部之现状》，《民立报》1912年4月28日，第7版。

④　汪祖泽、莫擎天：《辛亥前后的广东司法》，中国人民政治协商会议广东省委员会文史资料研究委员会编《广东文史资料》第8辑，1963，第165、166页。

⑤　《广东司法司呈报办理及进行之种种》，《广东司法五日报》1912年第1期，"公牍"，第1~2页。

⑥　马寿华：《服务司法界六十一年》，台北，马氏思上书屋，1987，第18页。

督斥其"荒谬"。① 这说明，在混乱时局中，不少地方借"革命"之名，借种种理由，让现职司法官员去职，另委他人。

1912 年 1 月南京临时政府成立，前清修律大臣伍廷芳出任临时政府司法总长，此可视为两个政权之间法制继承的象征。伍廷芳表示："窃自光复以来，前清政府之法规既失效力，中华民国之法律尚未颁行，而各省暂行规约，尤不一致。当此新旧递嬗之际，必有补救方法，始足以昭划一而示标准。"鉴于此，南京司法部拟将清朝制定之民律草案、第一次刑律草案、刑事民事诉讼法、法院编制法、商律、破产律、违警律中，"除第一次刑律草案，关于帝室之罪全章及关于内乱罪之死刑，碍难适用外，余皆由民国政府声明继续有效，以为临时适用法律，俾司法者有所根据"。② 由于南京政府的临时性质，伍氏无法对"大清律法"进行"革命"，只能稍做变通；政权更迭的"法制手术"，只能留待其后的北京政府了。需指出的是，南京临时政府颁布的《临时约法》，特别是其中第 48～52 条关于法院制度的规设，从根本大法层面规定了司法权在民国初期政权体系中的地位。此后北京政府的司法改组与相关改革无不受此影响。

1912 年 2 月 13 日，接任临时大总统的袁世凯在北京布告内外文武衙署：政府事务不容一日间断，"在新官制未定以前，凡现有内外大小文武各项官署人员，均应照旧供职，毋旷厥官。所有各官署应行之公务，应司之职掌，以及公款公物，均应照常办理，切实保管，不容稍懈"。③ 这是维持新旧政权过渡中的必要举措。关于新旧政权的法制继承问题，3 月 10 日袁世凯宣布："现在民国法律未经议定颁布，所有从前施行之法律及新刑律，除与民国国体抵触各条应失效力外，余均暂行援用，以资遵守。"④ 易言之，清朝法律总体上在民国依然暂时有效，这与前述伍廷芳所言一致。不过，此时伍氏已经去职，3 月 30 日革命党方面的王宠惠被任命为北京临时政府司

① 《苏都督批斥攻讦法官》，《申报》1912 年 3 月 25 日，第 6 版。
② 丁贤俊、喻作凤编《伍廷芳集》下册，第 510～511 页。
③ 《全权组织临时共和政府袁布告内外大小文武官衔》，《临时公报》（北京）1912 年 2 月 27 日，"通告"，无页码。
④ 《临时大总统令》，《临时公报》（北京）1912 年 3 月 11 日，"命令"，无页码。

法总长；4月4日，前清旧吏、此前暂署法部副大臣的徐谦被任命为司法次长。因王氏尚未抵京，部务暂由徐谦主持。

临时政府由南迁北，袁世凯由清廷内阁总理大臣变为民国临时大总统，很多清朝臣僚也自然变为民国官员。由前清旧吏出任司法次长的徐谦，为表"革命"之意，更清晰地表明与清朝旧政划清界限，想法与做法亦更趋新。早在徐谦被任命为司法次长之前，徐即拟将大理院、京师各级审检厅人员一律遣散，每处只留一人预备交代，为各部所未有之事。① 被任命为司法次长后，徐氏表明用人方法：关于司法行政人员，将来属官新官制确定，缺额均选用中外法政专门毕业人员补充，而且留用法部的旧员，也要定期先行考试，以定去留；② 关于司法审判人员，此前的司法官多有不堪任用者，拟俟总长王宠惠到京后再商定，将原有法官全部甄别，甄别方法分为三项，即出洋留学法政有毕业文凭者、在本国法政法律学堂毕业而有裁判才智者、于新旧法律人情风俗均皆透彻而又于裁判上富有经验者，除此三项外，无论系何项出身，概不留用。③ 徐谦这种完全摒弃"旧人"的做法，在司法部引发风潮：徐谦认为必须先将法部旧员全部解散，另委欧美留学法政出身者；后徐氏接王宠惠函电，告以组织司法机关，所有人员新旧参用，但徐在司法部宣告"王总长电报内，不令委任旧员"，不料此事被部中人员获悉披露，部员与徐氏大起冲突。④ 4月29日，旧法部全体司员向大总统呈请两事：提出全体辞职；要求补发欠薪。袁世凯当即交国务院调和此事。后国务院议定，王宠惠来京之前，旧司员不容令其辞职，至于欠薪，理当设法补发。袁世凯、唐绍仪"当即责成徐谦一力维持"，赶紧补发欠薪，平息事端。⑤

与徐谦相比，革命党人、留美法学博士王宠惠的做法显得稳健，他指

---

①　《北京近讯摘要》，《神州日报》1912年3月20日，第3版。

②　《司法次长之政见》，《顺天时报》1912年4月9日，第7版。

③　《司法人员大恐慌》，《民立报》1912年4月28日，第8版。

④　《司法部冲突之种种》，《顺天时报》1912年4月27日，第7版。

⑤　《新旧各部近状记》，《申报》1912年5月5日，第2版；《法部补发欠薪》，《民立报》1912年5月5日，第3版。

示：各级审检厅不可轻易更动，暂留旧人，将来再行甄别。① 5 月 1 日，王宠惠抵京，开始主导交接、整理司法事务。王氏布告："自共和宣布以来，全国统一，在北在南凡经服务之人，均属尽力民国，本总长同深敬佩，毫无歧视。兹经本总长派员接收前法部事务，无论新旧各员，未经指派者，均暂缓进署，听候另行组织。"② 早在 1912 年 4 月北京政府就颁布《法部通行京外司法衙门文》，公布新刑律删修各节，要求京外各司法机关遵照执行。③ 但法院改组、人员去留最为关键的法律——《法院编制法》尚未议定。5 月，司法部致函负责起草修订法律的法制局：据 3 月 10 日大总统令，必须尽速修正《法院编制法》，因为"现在民国法院亟待组织，而法律之根据一日未定，即一日不能成立，于司法进行实多妨碍"，请法制局速备修正案，以便提议。④

就在立法机关尚未制订司法官任用资格、标准之时，5 月 18 日，前清大理院人员向民国政府提请辞职，获大总统批准，且令司法部重组大理院。司法部表示，重组必须从两方面着手：一方面，重组必须于法有据，"由本部将该院另行组织，惟法院编制必须根据法律，而前清时代之编制法，又与民国国体多有不合，自应先行修正，拟由本部速行预备修正案，提交参议院"；另一方面，选派素谙法律人员接收大理院，接收后大理院行政事务直接由司法部管理，"原有各推事检察官及其他职员等，暂不解散，俟编制法修正案通过后，再行组织"。通过如此办理，"司法机关既无间断之虞，而该前院卿等亦不致久负责任"。⑤ 同日，袁世凯任命许世英为大理院院长，6 月 14 日，许氏到院视事。⑥

---

① 《京华政局丛谈》，《神州日报》1912 年 5 月 20 日，第 4 版。

② 《司法部令》，《政府公报》第 8 号，1912 年 5 月 8 日，"部令"，无页码。

③ 《法部通行京外司法衙门文》《法部呈请删修新刑律与国体抵触各章条等并删除暂行章程文》，《临时公报》（北京）1912 年 4 月 3 日，"通行文件"，无页码。

④ 《司法部致法制局公函》，《政府公报》第 19 号，1912 年 5 月 19 日，"公文"。

⑤ 《呈请准大理院正卿刘若曾等辞职拟派员接收文》（1912 年 5 月 18 日），《司法公报》第 1 年第 1 期，1912 年 10 月 15 日，"公牍"，第 6 页。

⑥ 《大理院院长许世英呈报到院视事日期文》，《政府公报》第 53 号，1912 年 6 月 22 日，"公文"。

第二节　京师司法改组与资格确定：法政三年毕业且有经验者

辛壬之交，各地各自为政，司法官资格要求存较大差异，这要求中央政府（主要是司法部）予以规范，全国性的司法官任免资格提上议事日程。1912 年 5 月，司法部在答复广西方面的电文中，要求广西选任法官应暂时参照清朝《法院编制法》办理，对擅自根据广西军政府法令改变法官任用规定的做法予以否定。① 同月，司法部在回复广东、江西司法司函电中，准允他们"参照《法院编制法》及前法部法官考试章程，除与民国抵触各条及应考资格考试科目另行酌定外，余准援用，以资甄录"。② 即司法官选任可援用前清之规定，但对江西自定法官考试条件，即年满 25 岁普通人及现充法官者一律允许参加法官考试的做法，予以否定，并训示该省不要仓促举行考试。③ 言下之意，司法官选任依据清朝《法院编制法》，但对于司法官考试则强调听候中央统一安排，地方不可自行其是。

问题是，司法系统内部的问题处理，受限于时局的变化。辛壬之交，在接收清朝官衙与组建民国中央政府过程中，由于南北、新旧、财政等原因，暗潮涌动，冲突频发。④ 1912 年 6 月，上台仅三个月唐绍仪内阁结束，王宠惠于 7 月辞职，全国范围内司法改组的重任只能交付继任者。7 月，前清旧吏、此前担任大理院院长的许世英，出任陆征祥内阁司法总长。许氏上任之初，首要任务就是处理因内阁纠纷而迁延多时的司法改组问题，当务之急是改组大理院及京师各级审检厅。8 月 24 日司法部呈请大总统任命姚震、汪燨芝、廉隅、胡诒毂、沈家彝、朱献文、林行规、高种、潘昌熙、张孝栘、徐维震、黄德章为大理院推事（姚、汪兼充庭长）；任命罗文干、朱深、李杭文为总检察厅检察官（罗为检察长）。随即任命京师高等、地方、初级审

---

① 《司法部覆桂林司法司长电》，《政府公报》第 17 号，1912 年 5 月 17 日，"公电"。
② 《司法部令广东司法司长电》《司法部令江西司法司长电》，《政府公报》第 23 号，1912 年 5 月 23 日，"公电"。
③ 《司法部致江西司法司长电》，《政府公报》第 17 号，1912 年 5 月 17 日，"公电"。
④ 桑兵：《接收清朝与组建民国》，《近代史研究》2014 年第 1、2 期。

检厅的推检人员，任命江庸为京师高等审判厅厅长，李祖虞、朱学曾、郁华、陈经、张式彝为推事；任命刘蕃为京师高等检察厅检察长，匡一、蒋菜为检察官；任命汪爔芝暂行署理京师地方审判厅厅长，刘豫瑶、张兰、张宗儒、潘恩培、赵丛懿、胡为楷、陈彭寿、徐焕、王克忠、李在瀛、李文薵、叶在均、林鼎章、冯毓德署京师地方审判厅推事；任命朱深暂行署理京师地方检察厅检察长，尹朝桢、蒋邦彦、龙骞、林尊鼎署京师地方检察厅检察官。① 26 日司法部接续呈请任命京师第一、二、三、四初级审判检察厅推检12 人。② 核查上述人员相关履历，均为新式法政人员，且多为留洋归国人员，故司法部称："大理院暨各级审判检察厅，业已改组，所有简任荐任各司法官暨办事员，均系法律或法政毕业人员。"③

在京师审检人员初步任命后，许世英说明此次改组的宗旨、任人标准、旧法官处置等问题，谓："法官资格，法定綦严，必须以法律毕业而富于经验者为合格，倘非法律专门，则所谓经验者，不过如从前资深之说，恐究非有本之学也。"对于当时存在的新人、旧员问题，许氏云："以为统一进行之预备，固非有舍旧从新之见，亦决无丝毫偏私之心。"他解释道：此前在大理院以下各级审检厅、未经法律毕业各员，实际上不乏"贤劳之选"，若都不录用，任其投闲散置，甚为不妥，于是他"将办事多年勤劳尤著之员酌量调部办事，并分派各厅充当书记官"，这样也难免有所遗漏，故司法部拟举行旧法官特别考试。许氏特别指出：举行旧法官特别考试是权宜办法，"盖专为此次解散各员而设，果其学识经验确有可凭，则将来考试合格，自应分别部厅登用，以为过渡时代救济之方。"④

通过 8 月份的司法官任命，京师司法事务得以连续，但毕竟人员还是不

① 《临时大总统令》（1912 年 8 月 24 日），《司法公报》第 1 年第 1 期，1912 年 10 月 15 日，"命令"，第 5 页。
② 《呈请荐任署理京师初级审判厅推事检察厅检察官文》（1912 年 8 月 26 日），《司法公报》第 1 年第 1 期，1912 年 10 月 15 日，"公牍"，第 12 页。
③ 《令地方以上各级厅员呈验毕业证文》（1912 年 8 月 30 日），《司法公报》第 1 年第 1 期，1912 年 10 月 15 日，"公牍"，第 41 页。
④ 《批国务院交奉大总统发下京师各级审检厅呈请任命法官须学识与经验并重由》（1912 年 8 月 30 日），《司法公报》第 1 年第 1 期，1912 年 10 月 15 日，"公牍"，第 48 ~ 49 页。

足。1912 年 9 月，司法部继续任命京师各级司法官;① 对于已在审检厅任职但未获实缺的法政人员，司法部的办法是大部分仍留原厅继续任事。② 同时，允准法政毕业学生入厅实习，但由于职位不多，吸纳人员也有限。1912 年 9 月，铨叙局迭次把北京法政专门毕业生曹寿麟等 18 人开单送司法部，司法部复函，司法机关"需材甚众，惟本部与京师各法院业已改组就绪，实无悬缺可以位置多人"，并劝各员另谋他职，"不必专候本部任用"。③民国元年京师法政学堂毕业生吴朋寿的求职经历，颇能详解这一问题。吴先找到铨叙局局长张国淦，在张的指引下，学生们请求教育部将京师法律学堂、京师法政学堂之未就业者百余人材料咨送铨叙局，铨叙局再咨送中央各部。各部接到咨文，多置而不理，司法总长许世英则定期传见学生，许说："法院即将改组，非法律三年毕业，不合司法官资格，你们均是三年毕业，我一定要用，可稍候几日，不要远离。"十余日后，北京各法院改组将就绪，仍无任用消息。学生们推举代表去见许氏，许说："我用人的标准是经验与学业并重，既有经验又有学业，我要先用，只有学业而无经验的，应俟有经验者尽行登用，而有缺额时，方能择用。你们亦不必在此久候，可以各谋生业。"在这种情况下，很多学生退而求其次，或请求在法院中练习实务，或谋其他出路。民国二年，京外各级审判厅改组，很多学生回籍各谋出路，吴朋寿由同学推荐在河南高等审判厅充当法官。④

京师法院改组中的司法官任用标准是新式法政人员，这势必造成许多旧式司法官离职。对这一人事分流，许世英采取两种方法应对：第一种是"将办事多年勤劳尤著之员酌量调部办事，并分派各厅充当书记官"。1912 年 8 月，未得到任命的前大理院推事、京师审检各厅推检 14 人调司

---

① 《呈请任命补署总检察厅及京师高等以下各级厅法官文》（1912 年 9 月 25 日），《司法公报》第 1 年第 2 期，1912 年 11 月 15 日，"公牍"，第 4～5 页。

② 《命令》，《司法公报》第 1 年第 1 期，1912 年 10 月 15 日，"命令"，第 9 页。

③ 《命令》，《司法公报》第 1 年第 2 期，1912 年 11 月 15 日，"命令"，第 6 页。

④ 吴朋寿：《京师法律学堂和京师法政学堂》，中国人民政治协商会议全国委员会文史资料委员会编《文史资料选辑》第 142 辑，中国文史出版社，2000，第 171～172 页。

法部办事，即由司法审判系统调任司法行政系统，但通过这一渠道安置的人员毕竟是少数（多半是依人脉关系）。对大量未能安置的旧式司法官，许世英的第二种解决之策是举行"旧法官特别考试"以定去留。这项工作，司法部确实在推进，《旧法官特别考试法案》已经提出于国务会议，议决后即送参议院表决。① 许氏本人对此也颇有信心。但问题恰恰出现在参议院表决中。在参议院由南京移往北京后，在"未议决各案一览表"中，与司法相关的《法院编制法案》《法院编制法施行法案》《司法官官等法案》《司法官官俸法案》《书记官官等法案》《书记官官俸法案》《旧法官特别考试法案》《司法官考试法案》《司法官考试法施行法案》等均因"审查未毕"而未能决议通过。② 相关草案未能完成立法程序而成为正式法律，严重影响了此后的司法改革。如此一来，那些原本仅是暂时援用的前清律法，在北京政府时期则被长期适用。这是许世英事先未曾预料到的。

京师司法经此番改组，人员变动甚巨。比对宣统三年夏与民国二年初的两份大理院及京师各级审检人员名单，可见一斑：宣统三年大理院正缺推事29名（含正卿、少卿）中无一人在民国二年的大理院留任，仅有1人（冯寿祺）在民国二年的京师第二初审厅署推事；宣统三年的总检察厅正缺检察官7人（含厅丞）中也无一人留任，仅1人（陈延年）在民国二年的京师第一初审厅署推事；宣统三年大理院额外司员61人中仅6人在京师审检机关留任：沈家彝（日本帝国大学毕业）、张孝移（日本早稻田大学毕业）在民国二年大理院中留任，江庸出任京师高审厅厅长，陈兆煌调任京师高检厅检察官，李在瀛、王克忠在京师地审厅署推事。宣统三年的京师高等、地方、初级审检厅62人中，仅原地审厅的4人在民国二年的京师各级审检厅

---

① 这些草案，如《法院编制法草案》《法院编制法草案施行法草案》《司法官官等法草案》《司法官官俸法草案》《书记官官等法草案》《旧法官特别考试法草案》《司法官考试法草案》《司法官考试法施行法草案》等，详见《政府公报》第363号，1913年5月11日，"呈批"。

② 《参议院未议决各案一览表》，《参议院议决案汇编》乙部第5册，中国社会科学院近代史研究所图书馆藏。

中留任：龚福焘调任高审厅推事，张兰、张宗儒留任地审厅，赖毓灵调任京师第三初审厅署监督推事。① 人事变动之巨，不难想见。此后京师司法官职位绝大多数被新式法政人员占据，② 仅在政务性质岗位依然存有旧式人员（如许世英曾任大理院院长）。

第三节　京外司法改组与风潮

民国元年、二年之交，京外司法改组全面铺开。1913 年 1 月，根据大总统令，③ 原先各省的司法司、提法司统一改称各省司法筹备处，长官统称处长，由司法总长经由国务总理呈请大总统简任，这是许世英开展全国司法改组的重要步骤。"筹备"二字意思甚明，即负责筹组各地审检机关。很快，各省司法筹备处处长人选确定，④ 京外司法改组随即展开。2 月 19 日，许世英发布第 52 号部令，命令各省司法筹备处处长及高等审检两厅厅长"将已设而未完备之法院，迅即妥商改组，毋稍延误"；⑤ 次日，发布第 53 号部令，命令各省高等审检厅厅长将高等以下各厅厅员文凭成绩认证考验。⑥ 这两道命令成为京外司法改组的主要文件。具体办法是由各省司法筹备处处长、高等审检厅厅长负责将所属司法官的文凭证书及办事成绩，"认真考验，出具切实考语"，汇报司法部，由司法总长核定后，分别呈请大总统任命，以符合《临时约法》第 48 条之规定。这自然导致许多不符上述资

---

① 清华大学图书馆、科技史暨古文献研究所编《清代缙绅录集成》第 93 册，大象出版社，2008，第 54～55、64～66 页；《职员录》第 1 期，印铸局刊行，中华民国二年。

② 《职员录》第 1 期；李超：《清末民初的审判独立研究：以法院设置与法官选任为中心》，第 133、134、136 页。

③ 《公布划一现行中央直辖特别行政官厅组织令》，刘路生、骆宝善主编《袁世凯全集》第 21 册，第 342～243 页。

④ 《呈请简任各省司法筹备处长文》（1913 年 1 月 16 日），《司法公报》第 5 号，1913 年 2 月 15 日，"公牍"，第 6～7 页。

⑤ 《令各省司法筹备处长及高等两厅长迅速将已设未完备之法院妥商改组文》（1913 年 2 月 19 日），《司法公报》第 7 号，1913 年 4 月 15 日，"公牍"，第 9 页。

⑥ 《令各省高等两厅长将高等以下各厅厅员文凭成绩认证考验文》（1913 年 2 月 20 日），《司法公报》第 7 号，1913 年 4 月 15 日，"公牍"，第 9～10 页。

格要求的现任司法官（含前清法官）的激烈反应。

实际上，早在京师法院改组时，一些地方司法机关的"旧人"，已意识到按照如此标准改组将影响自己的出路与生计问题，故而出面理论或抗争。吴庆莪，浙江人，以刑幕人员资格参加前清宣统二年法官考试，考取最优等，并曾在绍兴法政学堂校外毕业，为清末安徽高等审判厅试署推事。① 吴氏对自己的法官资格被否定很不满，② 上告大总统；袁世凯批示："所陈不为无见，交司法部查核办理可也。"③ 大总统批示之倾向很明显，因为袁氏自身即从前朝旧员转变而来。但司法部并未顺着总统倾向性意见办理，其在随后批文中指出："刑幕性质与学校不同，校外程度亦与校内有别。至援从前考取法官之资格，欲行留用或咨回本省任用，查现在《法院编制法》及《法官任用施行法》业经国务院提出参议院会议，一俟通过，即当颁布施行，是任用法官应以合于将来法定资格为准，且京师各法院改组已经月余，额满人溢，无从位置"。对吴氏请求以法官资格回原籍浙江任职的要求，司法部批示："浙江为该员等桑梓之邦，尽可自向该管各官厅呈请服务，本部亦未便咨送。"结果是，司法部对吴氏"所请留京分厅录用或咨回本省任用之处，均难照准"。④ 可见，司法部对这类人员基本采取自谋生路的态度。后来，吴庆莪等人多次向原籍所在地的浙江临时议会呈请变通法官资格，请求承认自己在前清考取的法官资格，浙江临时议会答复："民国光复，前清资格早已消灭，岂能以曾经考取法官为词，况历来刑幕以援例比附为能，安识法学精意。"⑤ 显见，在地方当局看来，前清法官资格已经失效了。不难推想，与吴庆莪情况类似的旧式司法官应不在少数，他们的结局，我们无法一一考究，但多半应该与吴氏相仿，不免显得有些悲凉。

---

① 《审判检察各厅等缺职员衔各清单及考生统计册等》（考试法官题名录，宣统二年），中国第一历史档案馆藏法部·举叙司档案，档案号：31677（第3号）。

② 《司法部部令》，《政府公报》第18号，1912年5月18日，"命令"。

③ 《批吴庆莪等陈请文》，刘路生、骆宝善主编《袁世凯全集》第20册，第31页。

④ 《司法部批吴庆莪等请留京分厅录用或咨回本省任用呈》，《政府公报》第176号，1912年10月24日，"呈批"。

⑤ 《临时议会咨复蒋都督废弃前清法官资格文》，《浙江公报》第119册，1912年6月10日，"电牍""批示"，第14页。

除个别理论外，团体抗争也不少。在京外司法改组过程中，东北地区反应尤其激烈。吉林各级审判厅公开电呈中央政府，要求转饬司法部取消法院改组命令，措辞强硬，指陈："新《法院编制法》尚未颁布，旧《编制法》尚然继续有效，且旧法官考试法已交院议，未得通过，遽行改组，是以命令变更法律。司法部为司法最高机关，首先违背约法，殊骇听闻，况元年九月十四日司法部通函各省现充法官者，候特别考试后分别去取，载在公报，举国皆知。今竟朝令夕更，自相矛盾，风声所播，全国哗然。"故请中央政府饬令司法部"取消改组通令，另筹妥善办法，渐图进行，以维大局"。① 奉天的抗争不亚于吉林，并组成司法维持会，该会"以此次法院改组，司法部违背约法，除先后电知大总统、国务院外，近又公举代表梁君子章、曹君吉甫进京与司法部提起行政诉讼"，梁、曹两代表于3月31日启程赴京。② 其他地方也纷起抗争，在全国范围内形成一股不小的风潮。

许世英虽已估计到改组可能带来的问题，但未预料到会如此严重，不过，他也不愿在改组、任人资格等原则问题上让步。3月，许世英发布命令，表示"南山可移，此案决不可改"，重申法院改组法官任用"务照本部第53号训令办理"。③ 针对多地代表指责司法部的法官任用没有法律依据、剥夺法官职务之行为违反《临时约法》，许世英答复："该代表等不能相谅，断断争论，以前清《法官考试任用暂行章程》第四条各款之资格为词。④ 试问国体变易，政局一新，前清机关无不改组，岂司法界之文职举贡独能继续有效？习大清律之刑幕亦得号称法学家乎？"至于抗争者援引《临时约法》第52条为据，许氏认为，该条款所指法官，"系对于入民国后曾经任命为

① 《吉林各级审判厅呈请中央政府转饬司法部取消法院改组命令文》，《中华民国新文牍汇编》（司法类），上海棋盘街中广益书局，中华民国二年，第6~7页。
② 《司法维持会代表晋京》，《盛京时报》1913年4月6日，第6版。
③ 《令各省司法筹备处/高等审检厅长法院改组法官任用务照本部第53号训令办理文》（1913年3月14日），《司法公报》第7号，1913年4月15日，"公牍"，第16~17页。
④ 宣统元年十二月二十八日，清政府颁布《法院编制法》，同时颁布相应的《法官考试任用暂行章程》，章程第四条规定，凡得应第一次考试者，除《法院编制法》第一百〇七条第一项（即凡在法政法律学堂三年以上，领有毕业文凭者，得应第一次考试）所定资格人员外，所有下列各项人员，准其暂行一体与试：举人及副拔优贡以上出身者；文职七品以上者；旧历刑幕，确系品端学裕者。

法官而言，与前清任用之法官了无关系"，许氏指斥：该代表等"自称法官，按照约法第 48 条之规定，究竟何时奉大总统及司法总长之任命？若未经约法第 48 条之任命，则其所谓法官者又岂能受约法上第 52 条之保障？"①

1913 年 3 月，司法部多次与奉天方面交涉，指示司法官任用资格相关问题。首先，司法部指出，此次改组于法有据。"民国成立，凡属官厅俱已改组，司法何能独异？且查从前《法院编制法》，法官资格，规定綦严，前清法官，多未依法任用，此次组织，正系遵照约法及元年三月十日大总统令援用旧法，切实办理。"② 其次，明确否定前清《法官考试任用暂行章程》之法律效力。"查《法院编制法》法官任用各条，均以法政法律三年以上毕业者为衡，（来）电所称旧法，即系指此。至前清适用之《法官考试任用暂行章程》，多属变通办法，与《编制法》第 106 条所谓另定之考试任用章程不同，且既曰暂行，即非永久之法，其中资格尤多与国体抵触，应失效力，不得藉口援用。"③ 5 月，国务院也批文，确认京外法院改组不能执行前清《法官考试任用暂行章程》，不可引为保障。④ 最后，司法部采取适当的变通举措。例如，在职司法官若为法政速成人员，或法政教育年限不足三年者，如审检厅确实需员，司法部同意酌情留厅办事，"速成毕业充学习法官者，碍难认为合格。如果实在需员，得由该厅长酌令暂时留厅"。⑤ 这一变通办法也适用于吉林等省份。⑥ 事实上，法政教育年限不

---

① 《国务院批第十八号（原具呈人奉天法官代表梁寿相等）》，《政府公报》第 363 号，1913 年 5 月 11 日，"呈批"。《临时约法》第 48 条：法院以临时大总统及司法总长分别任命之法官组织之。法院之编制及法官之资格，以法律定之。第 52 条：法官在任中不得减俸或转职，非依法律受刑罚宣告或应免职之惩戒处分，不得解职。惩戒条规，以法律定之。

② 《致奉天高等审判厅转法官谢桐森等此次改组遵照约法办理电》（1913 年 3 月 1 日），《司法公报》第 8 号，1913 年 5 月 15 日，"公牍"，第 32 页。

③ 《复奉天司法筹备处高等审判厅前清适用之法官考试任用章程应失效不得藉口援用电》（1913 年 3 月 5 日），《司法公报》第 8 号，1913 年 5 月 15 日，"公牍"，第 33 页。

④ 《国务院批奉天法官代表梁寿相等关于京外改组法院办法不能执行前清法官任用章程引为保障文》（1913 年 5 月 10 日），《政府公报分类汇编》1915 年第 16 期，第 11~12 页。

⑤ 《复奉天高等审判厅速成毕业生碍难认为合格电》（1913 年 3 月 1 日），《司法公报》第 8 号，1913 年 5 月 15 日，"公牍"，第 32 页。

⑥ 《复吉林司法筹备处高等审检厅如实在需员准予暂任一年以上毕业生充当法官电》（1913 年 3 月 6 日），《司法公报》第 8 号，1913 年 5 月 15 日，"公牍"，第 33 页。

足者继续留厅办事为多数省份所援引，四川司法筹备处呈请把"现任法官之法政两年毕业而确有经验者"暂行留厅，司法部令准"由该长官酌令暂行留厅"。① 奉天高等审检厅呈请把旧法官中法政教育年限不足者送入"奉省或该员本省法律或法政学校，按照原短年限，插班补习，以资深造。俟毕业后，尽先录用，以彰劳励"，司法部表示，"所呈各节尚属实在情形，应如所请办法，以期深造，而资鼓励"，并咨请教育部批准这类人员插班补习。② 但是，若完全是旧式刑幕者，司法部再次明令不可担任司法官。1913年3月，湖南司法筹备处呈文司法部，"湘省筹办法院，推检需员。查有李追、来盛烈二员，均系前清廪贡生，充当刑幕多年，拟委以相当推检，呈请察核立案"，司法部回复："查法官资格，《法院编制法》规定綦严，该员等既非法律毕业人员，自未便准以推检录用，所请立案之处，应毋庸议。"③ 司法部意思很明确：司法官必须是受新式法政教育之人，若教育年限不足，尚可通融；若非法政人员，则无变通之可能。

奉天此后的司法人员任命，大体遵照司法部资格要求行事。从1913年3月底4月初奉天公布的全省新任推检人员简况来看，共105人，全部毕业于新式法政学校（毕业于日本者15人、国内者90人）；从修习年限来看，满三年者达92人，不满三年者仅13人，且特别声明："二年以下毕业各员，除外国学校毕业，曾充教习或法官者外，均系遵照部电，由厅暂行委署。"④

问题是，风潮既起，纷纷扰扰，不易迅速平息，况且社会舆情多半不站在许世英为首的司法部一方。《盛京时报》报道说："自各级法院改组告成以后，新法官之笑史，亦几于书不胜书矣。"⑤ 两天后，该报直接以《审判

① 《复四川司法筹备处暂准留用两年毕业之法官电》（1913年5月20日），《司法公报》第10号，1913年7月15日，"公牍"，第52页。

② 《致教育总长奉省旧法官中有于法政法律毕业年限所短不多者请准其插班补习函》（1913年3月29日），《司法公报》第8号，1913年5月15日，"公牍"，第46页。

③ 《令湖南司法筹备处长据请将前清廪贡生李追来盛烈二员委以相当推检资格不合自未便准文》（1913年3月5日），《司法公报》第7号，1913年4月15日，"公牍"，第23页。

④ 《奉天各级法院新任法官表》，《盛京时报》1913年3月27、28日，4月2、4、5、6日，第2版。具体名单及相关信息，详见本书附录十一。

⑤ 《论法官贪赃枉法案之披露》，《盛京时报》1913年4月18日，第1版。

厅愈改愈坏》为题，报道："奉天地方审判厅，当未改组之先，民刑案件虽不克讯断如神，然积案尚少。自改组以后，迄今一月有余，积案已至二百余起，并未闻判决若干。"① 显见，舆论未必赞同许世英的法院改组办法。不过，最让许世英担心的是，一些手握实权的都督也不甚支持其司法改组方案。江苏都督程德全、直隶都督冯国璋等人质问司法政策取向，程德全呈文大总统，对民初司法制度提出严厉批评：所立法律不从社会风俗习惯中来，司法未能切实保护人民生命财产，不顾现实财政、人才状况，只求扩展审检厅数量，"此设一厅，彼组一庭，侈然自号于众曰：司法独立、司法独立"。② 直隶都督冯国璋也咨问司法部，要求变通改组办法；对此，许世英只能不断解释"内中曲折情形"，争取对方理解。③

在京外司法改组过程中，许世英也着手筹划县级司法改革问题。1913年2月，司法部公布《各县帮审员办事暂行章程》，规定帮审员由以下人员充任——考试合格者、曾充或学习推事检察官一年以上者，若具上述资格之一者，由县知事呈由司法筹备处委任，但仍需报告于司法总长。④ 3月初，司法部公布《各县地方帮审员考试暂行章程》；⑤ 3月底，命令各省司法筹备处处长迅速委派各县地方帮审员。⑥ 为此，很多地方举行了帮审员考试。⑦ 若严格按法规行事，合符规定者不多，故有些许变通之举。1913年4月，直隶司法筹备处请示司法部：直隶临时法官养成所一年半之毕业人员，"可否与法政法律一年半以上毕业者同论，准予免考，得为帮审员"；司法部回

---

① 《审判厅愈改愈坏》，《盛京时报》1913年4月20日，第6版。
② 《江苏都督程呈请大总统饬部核议变通江苏司法制度文》，《中华民国新文牍汇编》（司法类），第5~6页。
③ 《复直隶冯都督请维持司法改组变通办法函》（1913年3月15日），《司法公报》第7号，1913年4月15日，"公牍"，第45页。
④ 《各县帮审员办事暂行章程》（1913年2月28日），《司法公报》第7号，1913年4月15日，"法规"，第7~8页。
⑤ 《各县地方帮审员考试暂行章程》（1913年3月3日），《司法公报》第7号，1913年4月15日，"法规"，第8~10页。
⑥ 《令各省司法筹备处长迅委各县地方帮审员文》（1913年3月22日），《司法公报》第8号，1913年5月15日，"公牍"，第12~13页。
⑦ 《定期考试帮审员》，《盛京时报》1913年4月19日，第6版。

复："该所既系年半毕业，其课程科目，亦尚完备，核与帮审员考试章程第六条第一款资格相符，应准由该处长认真询考，酌量委派。"①

许世英，并非新式法政人员，乃旧式科举出身，历充晚清刑曹，但其在任上之所为颇呈"革命"、趋新色彩。客观地说，在民国初年的司法总长之列，许氏属有所作为者。但是，民初时局变幻莫测，使许氏不安其位。1913年3月，宋教仁案发生，举国震惊，各方势力围绕宋案之争执迭起，身为司法总长，许世英曾因解决宋案之纷争而提出辞职，在许氏看来，自身"反因遵守法律之行为，而受范围以外之责任"，② 但未获准。此时，革命党人与袁世凯北洋派矛盾日剧，"二次革命"已是山雨欲来风满楼。随着赵秉钧（后为段祺瑞代理）内阁结束，1913年7月，许世英再次呈请辞职，③ 9月初正式去职。他在《留别京外司法界人员辞》中，自认于己任上"司法事业得以日臻统一，逐渐改良"，④ 看似自满，实则承认诸多遗憾。毋庸置疑，在年余的司法总长任上，不论得失成败，许世英在中国现代法制变革史上留下了自己的印迹。

第四节　"以消极的紧缩主义行积极的改进精神"：司法官甄拔

1913年7月"二次革命"爆发，月底熊希龄出任国务总理，组成进步党人为主的"名流内阁"。在各方角力与"谅解"中，9月初梁启超出任司法总长。由于梁氏此前并无法政教育背景，亦无司法履历，故其出任司法总长，多少有些出人意料。于此，梁氏确实也遇到一些麻烦，梁致康有为函中言："弟子初入司法部，部员即群起谋相窘，以向来未尝服官之人，公事一

---

① 《令直隶司法筹备处直隶临时法官养成所年半毕业人员准由处长酌量委派帮审员文》（1913年4月2日），《司法公报》第8号，1913年5月15日，"公牍"，第24页。

② 《本部许总长呈请辞职文》（1913年4月25日），《司法公报》第10号，1913年7月15日，"公牍"，第3页。

③ 《本部许总长呈请辞职文》（1913年7月17日），《司法公报》第12号，1913年9月15日，"公牍"，第1页。

④ 《前司法总长许世英留别京外司法界人员辞》，《政府公报》第494号，1913年9月19日，"通告"。

切不谙，部员稍恶作剧即可以令长官闹大笑话，全国哗然。"不过，梁氏似已预料及此，故在荐选次长人选时颇为慎重，最终选定江庸。在同函中，梁言其"力挽江君，江亦感激。知已肯出而相助，今乃大得其力"；"幸吾所荐次长，久于法曹，而道德极高。吾乃得坐啸画诺而专注精神于国务，而部中政令亦翕然无间"。① 这说明，梁启超司法时期，部中事务多由江庸处理（既存研究似未认识此点）。这是由于梁本人对司法事务不甚了解。反向言之，梁氏因之得以超越具体部务，能将更多精力关注于更高、更广的国务问题（梁之抱负非仅限于司法领域），这自然涉及全局性的司法建制问题。

在熊希龄内阁《政府大政方针宣言书》（实由梁启超主稿）中，初步表达了梁氏对当时司法制度的观感与对策。梁氏首先承认"立宪国必以司法独立为第一要件"，问题是"我国之行此制，亦既经年，乃颂声不闻，而怨吁纷起，推原其故，第一由于法规之不适，第二由于法官之乏才。坐此二病，故人民不感司法独立之利，而对于从前陋制，或反觉彼善于此"。在梁氏看来，解决之道是：一方面"宜参酌法理与习惯，制立最适于吾国之法律，使法庭有所遵据"；另一方面"严定法官考试、甄别、惩戒诸法，以杜滥竽，而肃官纪"。至于当前司法行政方针，梁氏表示："拟将已成立之法厅改良整顿，树之风声，其筹备未完诸地方，则审检职务，暂责成行政官署兼摄，辟员佐理。模范既立，乃图恢张，以消极的紧缩主义行积极的改进精神。"② 不难推测，早在出任司法总长之前，梁氏对司法现状已观察多时，并有自己的思考。故《申报》报道："任公于司法界之黑暗，久不满意，此次入阁，即抱定改良宗旨，拟以积极的方法创建一法治国模范。"改良分为两层：对内，除积弊选贤才，更定监狱制度，最终完成司法独立；对外，改良领事裁判制度，收回法权。③

---

① 丁文江、赵丰田编《梁启超年谱长编》，第 440～441 页。

② 梁启超：《政府大政方针宣言书》，《饮冰室合集·文集之二十九》，第 121～122 页。

③ 《梁总长政见》，《申报》1913 年 9 月 27 日，第 3 版。

1913 年 9 月 17 日，司法部呈请大总统裁撤各省司法筹备处。① 23 日，袁世凯命令："所有各省司法筹备处应即一律裁撤。"② 各省司法筹备处裁撤后，该处应办事宜改归该省高等审检厅各自办理或会同办理，并规定了具体划分办法。③ 如前文所述，各省设立司法筹备处，职掌司法行政，推进法院筹备事务，本是许世英任内推行司法建设的重要举措，如今被废止，表明梁启超对许世英司法举措之反拨。此外，在许世英任上已筹划多时的派遣司法官员出洋修习考察事宜，这时也被梁氏叫停，梁认为"固不宜以惜费而蔽塞聪明，亦岂容以靡费而涂饰耳目"，"所有已派未派各员，统由部详细调查，妥筹办法，以资收束"，④ 为此，司法部致函外交部，说明撤回理由。⑤ 所有这些举动，均说明梁启超、江庸出掌司法行政权后，实行"以消极的紧缩主义行积极的改进精神"。

如果说，许世英司法时期之特征是扩展的话，那么梁启超时期则是收束。个中缘由，颇为复杂，这既与梁启超对当时法律与司法问题的判断有关，"我国司法因上年进行太速，致生无限之阻力，近来各省几致全然办不动"；⑥ 也由于"二次革命"爆发后，北京政府军事行动频繁，财政紧张，实行减政主义，并获得不少国人之赞同。⑦ 时任铨叙局局长的许宝蘅在日记中写道："闻院议裁并部局各署，铨局亦将裁并，现在冗官实过于清末，裁汰归并正是紧要政策。"⑧ 冗员太多，财政吃紧，自然要减政裁员。落实到

---

① 《呈请裁撤各省司法筹备处文》（1913 年 9 月 17 日），《司法公报》第 2 年第 2 号，1913 年 11 月 15 日，"公牍"，第 1～2 页。

② 《大总统令》（1913 年 9 月 23 日），《司法公报》第 2 年第 1 号，1913 年 10 月 15 日，"命令"，第 1 页。

③ 《令各省高等审检厅筹备处裁后应办理事宜应改归各该审检厅分别办理文》（1913 年 10 月 4 日），《司法公报》第 2 年第 2 号，1913 年 11 月 15 日，"公牍"，第 8～10 页。

④ 《呈请派往各国修习员另筹办法文》（1913 年 9 月 22 日），《司法公报》第 2 年第 2 号，1913 年 11 月 15 日，"公牍"，第 3～4 页。

⑤ 《致外交部开送撤回派赴各国修习员名单希转达各公使查照函》（1913 年 10 月 15 日），《司法公报》第 2 年第 2 号，1913 年 11 月 15 日，"公牍"，第 28～29 页。

⑥ 丁文江、赵丰田编《梁启超年谱长编》，第 443 页。

⑦ 杜亚泉：《再论减政主义》（1913），周月峰编《中国近代思想家文库·杜亚泉卷》，中国人民大学出版社，2014，第 119～122 页。

⑧ 许恪儒整理《许宝蘅日记》第 2 册，1913 年 6 月 30 日，第 445 页。

司法系统，裁并审检厅便应运而出："当此国库如洗，司法一事，机关固极当尊重，而冗滥则在所必裁。"① 从司法部与各地机关往返函件中，② 也可窥见此时司法经费确实异常紧张。

具体到司法官问题，梁启超指陈：现在司法"良绩未著，谤议滋多，天下摇摇，转怀疑惧"。综言弊端有数条，其一便是司法官问题："朝出学校，暮为法官，学理既未深明，经验尤非宏富，故论事多无常识，判决每缺公平，则登庸太滥之所致也。"③ 在此前后，袁世凯也意识到司法领域的严重问题，他在国务会议上特别谈论及此，认为最明显问题就是"司法官办事迁延，而审决案情又不能切合事理"；在袁氏看来，当前中国存在三大弊害，其一即"各级审判厅之流弊，司法官不得其人，往往滥用法律以殃民，且经费浩大，民间更加一层负担"。④ 问题如此严重，势必要解决。1913 年 12 月，据梁启超条陈，袁世凯下令整顿司法，称：司法独立之大义，始终必当坚持；法曹现在之弊端，尤顷刻不容坐视，"今京外法官，其富有学养，忠勤举职者，固不乏人，而昏庸尸位，操守难信者，亦在所多有，往往显拂舆情，玩视民瘼……岂国家厉行司法独立之本意哉。"斥陈司法问题症结所在："新旧法律，修订未完，或法规与礼俗相戾，反奖奸邪，或程序与事实不调，徒增苛扰"；"法官之养成者既乏，其择用之也又不精"；"政费支绌，养廉不周，下驷滥竽，贪墨踵起"。⑤ 简言之，即法律、人才、财政问题所致。不难看出，袁世凯此令

---

① 《致福州高等审检厅裁并各厅所已电托刘民政长电》（1913 年 9 月 25 日），《司法公报》第 2 年第 2 号，1913 年 11 月 15 日，"公牍"，第 25 页。

② 《致福州民政长高等审检两厅积欠薪俸希拨款维持电》（1913 年 10 月 28 日），《司法公报》第 2 年第 3 号，1913 年 12 月 15 日，"公牍"，第 28 页；《复杭州高等厅长勉为其难所请辞职碍难照准电》（1913 年 10 月 31 日）、《复杭州高审厅长不准辞职余照三十一日部电办理电》（1913 年 11 月 5 日），《司法公报》第 2 年第 3 号，1913 年 12 月 15 日，"公牍"，第 29 页。

③ 《呈大总统详论司法急宜独立文》，《司法公报》第 2 年第 4 号，1914 年 1 月 15 日，"公牍"，第 1 页。

④ 《在国务会议上谈司法之政见》《对某政治家谈当前中国三大弊害》，刘路生、骆宝善主编《袁世凯全集》第 24 册，第 163、556 页。

⑤ 《令整顿司法事宜》（1913 年 12 月 28 日），《东方杂志》第 10 卷第 8 号，1914 年 2 月 1 日，"中国大事记"，第 15~16 页。

暗含着对许世英时期司法官任用"择人不精"的批评，亦表明对梁氏推行司法官甄拔措施之支持。

司法官甄拔，意即审查辨别现任司法官，选拔才优胜任者。[①] 1913 年 11 月，司法部公布《甄拔司法人员准则》，声明："法院改组以来，任用司法官仅就法院编制法施行法草案所定任用司法官各项资格为暂行任用标准。惟资格与人才究属二事，具有法官之资格者，未必即胜任法官之任，若长此因循，漫无考验，当兹群流竞进之时，实无以辨真才，以重法权而厌民望"，为此，司法部制定此准则，"藉为救济方法，意在拔用合格而能胜任之人才，以谋司法事业之进步"。[②] 据该准则，受甄拔人员以下列资格者为限：（1）在外国大学或专门学校修习法律或法政之学三年以上，得有毕业文凭者；（2）在国立或经司法总长、教育总长认可之公立大学或专门学校修习法律之学三年以上，得有毕业文凭者；（3）在国立或经司法总长、教育总长认可之公立、私立大学或专门学校充司法官考试法内主要科目之教授三年以上者；（4）在外国专门学校学习速成法政一年半以上，得有毕业文凭，并充推事、检察官，或在国立私立大学、专门学校充司法官考试法内主要科目之教授一年以上者。甄拔活动由设置于司法部内的甄拔司法人员会（由司法界高层级、资深人士组成）执行，内容与方法是：（1）就学校讲义考试答案及考列等次，考察其学业之程度并逐年及卒业时之成绩；（2）就卒业后之经历及其主办事务之内容，考察最近之学况并事务上之成绩及能力，入学前经历有足备考者，并应调查之；（3）就向来之言行状况，考察品学、性格、才能及体质能否为司法官，并宜充何种职务之司法官；（4）举行甄拔考验，以测知学问之程度并运用能力为宗旨。甄拔合格者由司法总长指派审检机关实习，且由司法总长依现行任用司法官之标准，随时

---

① 其实，许世英亦有推行司法官甄别之意，但未及实行。《复国务总理拟具答复蒙议员经质问书函》（1913 年 7 月 25 日），《司法公报》第 12 号，1913 年 9 月 15 日，"公牍"，第 31 ~ 32 页。

② 《制定甄拔司法人员准则布告》（1913 年 11 月 18 日），《司法公报》第 2 年第 3 号，1913 年 12 月 15 日，"公牍"，第 25 页。

呈请任官。①

不难看出，与许世英时期看重资格（是否法政毕业）不同，此次甄拔除了资格外，还看重能力与品质，意在拔用"合格而能胜任之人才"。客观地说，在人员选入标准上，确有进步。不过，甄拔规则也存有问题，如把私立法政学校毕业生、公立法政学校别科生排除在外，这自然引起这部分人员的反对。②

1914 年 1 月 23 日，司法人员甄拔考试在北京象坊桥众议院举行。但在此次甄拔结果公布之前，由于熊希龄内阁结束，梁启超随之去职，继任者为章宗祥。梁氏任内很多举措延及章宗祥任上施行（有些未施行）。1914 年 3 月，司法部公布甄拔合格人员名单，共计 171 人，其中笔述合格者 134 人，口述合格者 32 人，补考合格者 5 人。③ 随后，合格者被分发各地实习。④ 在《申报》看来，此次司法官甄拔，应考者一千多人，经层层筛选，最后被录取者仅为少数，系采"极端的严格主义"；并认为，录取人数之少与梁启超司法计划案有密切关系，因为此计划拟把各省审检厅分别归并停办，机关少了，人员自然无需过多。⑤

梁启超卸任时呈报大总统的《司法计划十端留备采择文》，⑥ 成为章宗祥任上必须面对的问题。袁世凯将此案交由政治会议讨论，政治会议对梁之司法条陈"大体表示赞同，惟其中窒碍难行之点亦不少"；⑦ 议长李经羲总体上也赞成梁之办法。⑧ 此时担任约法会议议员的许世英"以向与梁任公反

① 《甄拔司法人员准则》（1913 年 11 月 8 日），《司法公报》第 2 年第 3 号，1913 年 12 月 15 日，"法规"，第 7~9 页。

② 《批神州大学代表张家森呈请甄拔司法人员各节由》（1913 年 11 月 21 日），《司法公报》第 2 年第 4 号，1914 年 1 月 15 日，"公牍"，第 44~45 页。

③ 《司法部甄拔人员会致司法部报告受验员成绩函》（1914 年 3 月），《政府公报》第 661 号，1914 年 3 月 11 日，"公文"。

④ 《分发甄拔合格人员一览》，《司法公报》第 2 年第 8 号，1914 年 5 月 31 日，"杂录"，第 19~20 页。

⑤ 《法官甄试后之司法思潮》，《申报》1914 年 3 月 13 日，第 6 版。

⑥ 《梁前司法总长呈大总统司法计划十端留备采择文》（1914 年 4 月 27 日），《司法公报》第 2 年第 8 号，1914 年 5 月 31 日，"杂录"，第 1~4 页。

⑦ 《司法机关将来》，《申报》1914 年 3 月 13 日，第 6 版。

⑧ 《李议长与章总长论司法书》，《申报》1914 年 3 月 16 日，第 6 版。

对，故将其司法条陈根本驳斥"。① 不过，从此后实际情况来看，梁启超很多建议被采纳，如梁氏等人倡导的司法官回避制度，于 1914 年 2 月推行，很多省份司法官重新任命；② 司法部颁布《司法官考绩规则》，加强并规范对各级司法官业务考核，规定：各衙门长官就所属司法官的品行、履历、学历、执务、交际、健康、性格、才能、志愿及其他参考事项，随时调查编制报告书，于每年 6 月、12 月，经由上级长官添附意见后呈报司法总长；③ 裁并初级审检厅，实行县知事兼理司法制度，司法部于 1914 年初颁布《县知事兼理司法事务暂行条例》，规定凡未设法院各县的司法事务委任县知事处理，县知事审理案件由承审员助理，④ 配套的《县知事审理诉讼暂行章程》也随即公布。⑤ 1914 年各地纷纷裁并审检厅，以京师为例可见一斑。1914年 5 月京师初级审检厅裁撤，事务归并地方厅办理，相关人员大部分调入地方厅，小部分人员开缺候任。⑥ 因裁并、回避本籍等而免官者，司法部表示：考核在案，遇有缺位随时任用。⑦ 裁并审检厅与实行县知事兼理司法对此后中国司法影响久远。

　　1914 年 6 月，司法部颁布新订的《甄拔司法人员规则》，1913 年 11 月颁布的《甄拔司法人员准则》即行废止，并声明"本规则自公布之日实行，至司法官考试实施之日废止"。⑧ 1915 年 6 月，在清末《法院编制法》基础

---

① 《专电》，《申报》1914 年 3 月 28 日，第 2 版。

② 《呈大总统谨将应行回避之河南等省高等厅长官互相调用人员开单请鉴核施行文》，《司法公报》第 2 年第 6 号，1914 年 3 月 30 日，"公牍"，第 3～4 页。

③ 《司法官考绩规则》，《司法公报》第 2 年第 6 号，1914 年 3 月 30 日，"法规"，第 1～4 页。

④ 《县知事兼理司法事务暂行条例》，《司法公报》第 2 年第 7 号，1914 年 4 月 30 日，"法规"，第 2～4 页。承审员由县知事以下人选中呈请高等审判厅厅长审定任用：在高等审判厅所管区域内之候补或学习司法官、在民政长所管区域之候补县知事、曾充推事或检察官半年以上者、经承审员考试合格者。

⑤ 《县知事审理诉讼暂行章程》，《司法公报》第 2 年第 7 号，1914 年 4 月 30 日，"法规"，第 4～17 页。

⑥ 《大总统令》，《司法公报》第 2 年第 9 号，1914 年 8 月 30 日，"令饬"，第 5～6 页。

⑦ 《通告此次司法改组被裁人员毋得率行陈请文》（1914 年 7 月 21 日），《司法公报》第 2 年第 11 号，1914 年 8 月 30 日，"公牍"，第 16 页。

⑧ 《甄拔司法人员规则》（1914 年 6 月 2 日），《司法公报》第 2 年第 10 号，1914 年 7 月 31 日，"法规"，第 5～9 页。

上，北京政府公布新的《法院编制法》，明确规定各级推检人员必须经过司法官两次考试合格才能任用。9 月袁世凯颁布《司法官考试令》和《关于司法官考试令第三条甄录规则》，对司法官考试的科目、内容、程序做出具体规定。从整个北京政府时期的司法官考录情况来看，均采"严格主义"，群体规模不大，有司法人员后来忆述：北洋政府司法官录用非常严格，"宁缺毋滥"，虽然举行若干次考试，录取一些司法官，但"人数究属过少……各司法机构有缺无人的情况，所在皆是，尤以边远地方为甚"。①

第五节 政权更迭与人事嬗变

1912 年上半年，无论是伍廷芳，还是王宠惠，由于任职时间甚短，无法进行司法改组，重任交给了许世英。在许氏任上，法院改组、司法官重新选任在全国各地铺开。此次改组依据《临时约法》，尤其是第 48 条："法院以临时大总统及司法总长分别任命之法官组织之。"司法官任用标准是援用宣统元年颁布的《法院编制法》，② 该法第 106 条规定，"推事及检察官，应照法官考试任用章程，经两次考试合格者，始准任用"；第 107 条规定，"凡在法政法律学堂三年以上，领有毕业文凭者，得应第一次考试；③ 其在京师法科大学毕业及在外国法政大学或法政专门学堂毕业，经学部考试给予进士举人出身者，以经第一次考试合格论"。其实，第 107 条第一项（第二项因国体变更而失效）所列只是司法官考试的应考资格，而非出任司法官的充分条件，但在许世英主持的司法改组中资格变为条件，虽然许氏也强调司法经验之重要，但毕竟笼统、模糊，事实上，很多仅具有法政文凭者即可

---

① 任玉田：《民国的法律、法院与司法人员》，中国人民政治协商会议陕西省汉中市委员会文史资料研究委员会编《汉中市文史资料》第 3 辑，1985，第 15 ~ 16 页。

② 《宪政编查馆奏核订法院编制法并另拟各项章程折》《法官考试任用暂行章程》，《政治官报》第 826 号，宣统二年正月九日，"奏折"，第 3 ~ 24 页。

③ 此项规定效法日本，日本《登用判事、检事之试验规则》（明治 24 年司法省令）规定：审判官、检察官与考者，须为"在官立学校或司法大臣所指定之公立、私立学校修法律学三年而领有卒业证书者"。《新译日本法规大全》第 3 卷下册，南洋公学译书院初译、商务印书馆编译所补译校订，孟祥沛点校，商务印书馆，2008，第 656 页。

担任司法官。民国元年，二十岁的马寿华因为拥有法政三年毕业文凭，出任河南开封检察官，马氏晚年忆述，"余凭法政学堂毕业成绩，政府认为有法官资格，初任开封地方检察厅检察官"，马本人亦承认："余于听讼并无经验。"[1]

司法本是一种特别讲求实践经验的职业，可以想见，刚走出校门的法政青年掌管司法事务，问题自是不少。民国元年初由湖北军政府内务部委任黄安县书记官的朱峙三，本职为辅助县知事行政兼理司法事务，及至民国元年六月，依照司法规划，各县筹备司法独立，湖北黄安设立初级审检厅，司法人员也陆续到任，在与这些新到司法人员业务交接及交流中，朱氏发现"来者均初出茅庐，问之司法事，均不内行，皆欲请余帮忙指示，非谦词亦实情也"；数日后，朱氏观察到，这些人员"无甚能力判案"，导致当地士绅"大说坏话"；月余后，朱氏又深感，"（审检）两厅主官均不识时势之人，法政毕业初次做官，社会人情不懂，遑问将来断狱"。[2] 显而易见，将司法事务委托这些无经验的法政毕业青年，问题丛生，甚是不妥。与此同时，那些审案经验丰富的老法官却只能离职。清末任大理院推事、辛亥革命前任广东高等审判厅厅丞的史绪任，审案严谨，经验丰富，民国建立后离职了，时任该厅刑事庭长的法政青年汪祖泽，在数十年后依然惦念着这位前清老法官，说："（史氏）遇有重大案件，必定先将全案卷宗审阅，如发现有重要罪证或其他疑问时，又必加以标记，俾承办者知所注意，当承办人制成判决书送其批阅时，更反复详加推勘，其有不中肯者，则向承办人详细说明，使之自行更正，其处事精神，与后任的司法长官只知画阅签章者相较，迥然不同。"[3] 感怀之念，跃然纸上。

正是意识到司法人事变动中这一问题，梁启超等人指出："自去岁法院改组以来，专以学校文凭为资格标准，然其成效，亦既可睹矣。徒使久谙折狱之老吏，或以学历不备而见摒，而绝无经验之青年，反以学历及格而滥

---

① 马寿华：《服务司法界六十一年》，第21页。

② 朱峙三：《朱峙三日记》第2册，1912年6月26日、6月30日、8月25日，国家图书馆出版社，2011，第459、460、476页。

③ 汪祖泽、莫擎天：《辛亥前后的广东司法》，《广东文史资料》第8辑，第165页。

笨，法曹誉望之堕，半皆由是。"① 1915 年袁世凯也承认："当时折狱老吏，引避不遑，推检各官，多用粗习法政之少年，类皆文义未通，民情未悉，才苦不足，贪则有余，枉法受赃，挢虔无忌"，积压办案，更是京外司法官的通病，"藉口于手续未完，证据未备，名为慎重，实则因循，疲精力于嬉游，任案牍之填委"。② 多年后，曾任民国北京政府大理院院长、司法总长的董康对此也批评曰，"法官概用青年，阅世未深，无可讳言"，并指出民初司法问题是"由于法律繁重者半，由于能力薄弱者亦半"。③ 梁启超等推行司法官甄别工作，主旨就是解决这一问题。

1915 年 4 月，梁氏继任者章宗祥回顾民初司法官选任办法演变时，云："法院改组之初，需员既殷，取才尤隘，毕业资格，束缚甚严，往往有朝出学校暮入仕途者"，司法部正是考虑到这些人员"学识之疏"，故举行司法官甄拔考试，"入选而后先予分发实习，择其优者乃授以事"。除此之外，对于那些未经甄拔而曾任法官者，"必实有成绩者，方许酌量任用，犹虑其经验之浅也"，于是，司法部有"用人方法暨详荐厅员办法之通饬，用人办法大致责以举贤，详荐办法大致重在成绩"，具体办法是"每用一人先派试署六月，而成绩可观者始予以荐署，满一年而成绩可观者始予以荐补"；司法部还考虑到各地详荐未必可信，于是"又有调核办案之通饬，大致荐任以前必先考察，考察之道不尚虚文，必以调阅办案文件为之进退"。司法部坦言："谆谆文告，不惮烦劳，行之数月必试可而后登荐，否则宁缺毋滥。"④ 为解决司法官问题，司法部可谓颇费苦心，从实际运作状况而言，也基本做到"宁缺毋滥"。有司法人员后来就指出：民国北京政府对司法官录用"采取宁缺毋滥的政策"，"把民元以后，各省司法司所派的司法官，

---

① 《梁前司法总长呈大总统司法计划十端留备采择文》（1914 年 4 月 27 日），《司法公报》第 2 年第 8 号，1914 年 5 月 31 日，"杂录"，第 1～4 页。
② 《大总统令》（1915 年 4 月 29 日），《政府公报》第 1069 号，1915 年 4 月 30 日，"命令"。
③ 董康：《民国十三年司法之回顾》，《法学季刊》第 2 卷第 3 期，1925 年 1 月。
④ 《司法部呈恪遵申令严行监督司法事务并将年来办理情形缕陈钧鉴文并批令》（1915 年 4 月 29 日），《政府公报》第 1085 号，1915 年 5 月 16 日，"呈"。

严加甄别，淘汰了一批"。①

从长远着眼，许世英司法改革举措有利于建设法治国家，推进司法专业化、职业化和传统审判模式的现代转型。以民国元年上海为例，司法官均为国内外法政学校毕业者，在他们推动下（当然，还包括其他因素，如律师、社会舆论等），审判模式逐步从传统的超能动主义向中立主义转型，尤其是刑事领域，这是此后司法发展的方向。② 许氏举措也符合鼎革后不"除旧"难以"布新"的时代语境。问题是，在新旧过渡年代，不宜操之过急，"旧人"不去，固不足以建设，若尽用"新人"，亦未必稳妥。民国元年，一些有识之士就告诫："夫政治之设施，必思想与经验，二者相辅而行，始能发展其作用，而达良好之结果……大抵旧日官吏，积习相沿，虽无政治思想，而老成者流，守分安常，其间饶有政治经验者，固不乏人。其新进之士，富有政治思想者，虽占多数，然茫于政治经验者，恐亦不免。"如今民国肇建，"若悉委托之于一般旧人，固无异令哑者以演唱，驱瞽者以临池，其不蹈乎前清之覆辙者，能乎不能？然若委托之于一般新进，又何异乎以危樯独舟狎惊涛骇浪，驾驭者既无相当之经验，临事始谋，其不张皇失措，俾全舟生命沦没于泽国者，鲜矣"。③ 所言可谓中肯，"新"与"旧"如何平衡乃一大时代课题，高明的当政者自应慎重处理这一问题。

实际上，此后民国司法中枢对前清刑幕与法官并未完全排斥。1915 年前后，北京政府聘请前清刑名人员如吉同钧、张廷骧等参与修订法律；④ 1915 年 7 月公布《司法部拟订荐任法官资格》，规定"曾充督抚臬司等署刑幕五年以上，品学凤著，经该署官长或同乡荐任以上京官证明者"，可参加司法官甄录考试；同年底公布的《各级审检厅任用学习生章程》，也同意前

---

① 任玉田：《民国的法律、法院与司法人员》，中国人民政治协商会议陕西省汉中市委员会文史资料研究委员会编《汉中市文史资料》第 3 辑，第 15 页。

② 王志强：《辛亥革命后基层审判的转型与承续——以民国元年上海地区为例》，《中国社会科学》2012 年第 5 期。

③ 李振铨：《论政府用人之宜慎》，《顺天时报》1912 年 5 月 10 日，第 2 版。

④ 闫晓君整理《乐素堂文集》，法律出版社，2014，"整理说明"，第 4 页；《电聘刑幕协修法律》，《申报》1915 年 3 月 11 日，第 2 张第 7 版。

清法官考试及格者任审检厅学习生。① 但是，历史变迁对"旧人"自有其淘汰机制与转化办法。1916 年 6 月，黎元洪继袁世凯之后出任总统，段祺瑞任总理，组织内阁，司法总长之位，段原拟董康，这时，张国淦对段说："何不用几个新人？"并举荐王宠惠、张耀曾二人，最后，段氏选定"新人"张耀曾。② 这虽是中国现代史上一微小细节，未必有普遍解释作用，但足以提示：一方面，在北洋政权系统中，主体是"旧人"，"新人"仅为点缀品；另一方面，在"物竞天择、适者生存"颇成时潮的现代社会中，"新人"优胜于"旧人"，时代留给"旧人"的机会不多，亦不广。易言之，"旧人"退出历史舞台只是一个时间问题。其实，这一时间并没有后人想象的那么漫长。就司法人员而言，1922 年初，北京政府法律顾问、法学博士岩田一郎在考察中国司法状况后就指出中国"旧式之法官，已不见一人"。③ 民国建立仅十年，旧式司法官已难觅踪影，可见司法人事新陈代谢之速。当然，清末民初法政教育勃兴，培养了大量新式司法官的后备人员，也是推动这一人事新陈代谢的重要原因之一。

学界一般认为，经由辛亥革命，中国实现了从清朝到民国的政权更迭。"革命"其实更多的是妥协，因此，两个政权之间的承续性非常明显。这种承续性首先体现在人事系统中，尤其是中央政府，无论是国务院，还是内务部、外交部、司法部等，人事承续甚是显著。④ 例如，民国元年国务院直属机构（秘书厅、法制局、铨叙局、印铸局）职官中，大多数沿用"清廷的内阁官员和旧部属员"。⑤ 其实，这种承续性不仅体现在袁世凯时期，在后袁时代也很明显。研究表明，1916～1928 年民国政府 117 名内阁

---

① 蔡鸿源主编《民国法规集成》，黄山书社，1999，第 9 册，第 37～38 页；第 10 册，第 37 页。

② 张国淦：《中华民国内阁篇》，杜春和等编《北洋军阀史料选辑》上册，中国社会科学出版社，1981，第 201 页。

③ 《岩田顾问之司法改善谈》，《申报》1922 年 2 月 13 日，第 4 张第 14 版。

④ 桑兵：《接收清朝与组建民国》，《近代史研究》2014 年第 1、2 期；缪树红：《论北洋军阀统治下的文官主体——以国务院为考察对象》，硕士学位论文，北京大学历史系，2007；川岛真：《中国近代外交的形成》，田建国译，北京大学出版社，2012，第 86～89 页；等等。

⑤ 缪树红：《论北洋军阀统治下的文官主体——以国务院为考察对象》，硕士学位论文，北京大学历史系，2007，第 24～25 页。

成员中，88 名为前清官僚，占内阁总人数的 75.21%。[①] 不过，值得注意的是，在承续性的面相之下，某些隐性的"革命"悄然发生。有学者以民国初年的外交部为个案，其研究表明，辛亥鼎革后重新组建的外交部，其班底虽来自清末外务部，但其人员结构发生根本性变化：科举出身的总理衙门章京大量离职，仅有少许留任；举贡人员被裁撤殆尽；译学馆学员也仅有少数留任；外交部职员以留学生居多，且多有在驻外使馆任职的经历，从此外交部逐渐形成自己独立的用人系统。[②] 由此观察，外交部人事变动情况与司法审判系统颇为相似，因为二者均为专业性很强的职业，非一般人员可胜任。大体而言，越是专业性的领域，辛亥鼎革后的人事嬗变越大。

除"专业"外，还需注意"层级"问题。若从清政府到民国政府的上层人事观察，二者之承续性非常明显，最显著例证就是如前所引 1916～1928 年民国政府 117 名内阁成员中，前清官僚占据 75.21%。但是，中下层就未必如此。具体到民初司法系统，中枢人员（如司法总次长、大理院院长等）大体可分为两种：前清旧吏，如许世英、徐谦、董康等；法政新人，如章宗祥、江庸、张耀曾等，他们在清末就进入体制内了。司法中枢如此，各省司法长官状况也差不多，1913 年初各省司法筹备处处长 21 人中，大多数为前清司法官吏。[③] 可见，司法高层人事承续性之明显。但中下层状况未必如此，如前文所述，而是以法政毕业青年居多，变动甚巨。由此可言，越是层级高者，鼎革后的人事变动越小，反之，则越大。其实，"专业"与"层级"并不矛盾，而是交叉互涉，因为较高层级者，多半属政务官性质，对专业要求未必很高；中下层级者，多半为事务官性质，对专业要求可能反而较高。要言之，考察辛亥鼎革后的人事问题，除关注"承续"与"断裂"

---

① 鲁卫东：《军阀与内阁——北洋军阀统治时期内阁阁员群体构成与分析（1916～1928）》，《史学集刊》2009 年第 2 期。

② 李文杰：《继承与开新之间——清末民初外务（交）部的人事嬗替与结构变迁》，《社会科学》2014 年第 6 期。

③ 《呈请简任各省司法筹备处长文》（1913 年 1 月 16 日），《司法公报》第 5 号，1913 年 2 月 15 日，"公牍"，第 6～7 页。

面相之外，尚需留意"专业"与"层级"因素。

经由辛亥革命，中国实现了从清朝到民国的政权更迭。一般认为，"革命"更多的是妥协，故两个政权之间的承续性显而易见，人事系统尤为显著。事实上，并不尽然。在司法等强调专业性的领域，在承续的面相之下，隐性的"革命"悄然发生。民国初年司法改组主要在许世英任上推行，司法官任用资格为"法政三年毕业且有经验者"，这造成大批旧式司法官的离职和大量法政新人成为司法官，人事变动甚巨。司法本为讲求实践经验之职业，由初出校门的法政青年掌理司法事务，问题丛生。为解决这一问题，许氏继任者梁启超、章宗祥等推行司法官甄别，意在拔用"合格而能胜任之人才"，并取得一定成效。无疑，许世英改组举措有利于推进司法专业化、职业化，建设现代法治国家，也符合鼎革后不"除旧"似难"布新"的时代语境。问题是，在新旧过渡年代，不宜操之过急。时代变迁对"旧人"自有其淘汰机制与转化办法，及至民国十年左右，司法"旧人"几无踪影，可见司法人事新陈代谢之速。考察辛亥鼎革后的人事问题，除关注"承续"与"断裂"面相外，尚需留意"专业"与"层级"因素。

第六章　民国北京政府时期法律界的交游网络与内外生态

　　本章叙述的中心人物余绍宋（1883～1949），字越园、樾园，号寒柯，浙江龙游人。光绪三十二年（1906）赴日留学，宣统二年（1910）毕业于东京法政大学，归国后，以法律科举人授外务部主事，辛亥革命爆发后，离开北京。曾短暂任教于浙江法政专门学校，很快再赴北京，于民国二年（1913）任司法部参事，此后长期就职于法律界，1921年、1926年两度出任司法次长，[①] 并在修订法律馆、文官惩戒委员会、北京法政专门学校等机构供职。1927年前后南归，定居杭州，以书画自娱。抗战爆发后，移居浙江后方龙游沐尘村等地，1943年任浙江通志馆馆长，1949年6月病逝于杭州寓所。除为现代法律名人外，余绍宋还是现代著名的书画家、方志学者，著述颇丰，遗有《书画书录题解》《画法要录》《寒柯堂集》《龙游县志》《重修浙江省通志稿》等。[②]

　　自青年时代起，余绍宋即有记日记之习惯。按其自述，自十七岁时（己亥年五月，1899年）始作日记，直至晚年，可惜相当部分日记已不复得见，如今存世之余绍宋日记，始于1917年1月1日，及至1942年3月31

[①]　任职时间分别是：1921年3月5日至12月29日；1926年3月16日至4月17日。刘寿林等编《民国职官年表》，中华书局，1995，第43、44页。

[②]　学界对余绍宋已有一定的研究，主要侧重于两个领域：书画学、方志学。书画学领域，最重要著作是毛建波《余绍宋：画学及书画实践研究》，中国美术学院出版社，2008（该书绪论部分，对五十年来的余绍宋研究做了较详细述评）；彭砺志《余绍宋1924年出任北京美专校长始末考略》，《美术研究》2006年第1期；等等。方志学领域，有余子安《余绍宋与方志学》，《浙江学刊》1983年第3期；沈松平《从余绍宋看民国志家对传统方志学理论的扬弃》，《宁波大学学报》2003年第4期；刘平平《余绍宋与民国〈龙游县志〉》，《中国地方志》2009年第5期；等等。从法律史角度研究余绍宋有分量的专门论著，笔者目前尚未觅见。

日，前后 25 年，其间基本没有中断。① 所记余氏 35 岁至 60 岁之间，涵盖宦游京师、鬻画杭城、避寇沐尘等人生阶段，具有很高的史料价值。余绍宋早期日记，记述时政颇多，后来有所调整。1919 年 5 月 1 日，余绍宋在日记中写道："作日记之要旨在备遗忘，便自省，余近两年来所记殊昧斯义，所载皆日常照例之事"；1922 年 2 月 19 日又记："余日记绝不谈时事者，以鬼蜮世界之鬼蜮行为，不欲污我笔墨耳。"② 综观现存余绍宋日记，时政记载确实不多，以"日常照例之事"为多。这也为后来研究者从日常交游、公私生活视角考察余绍宋所处之时代提供了史料。本章主要利用余氏日记考察北京政府时期法律界的交游网络与内外生态等问题。

第一节　入职法界与人际网络

宣统二年，余绍宋即赴京任职于清政府外务部，辛亥鼎革之后，在民国北京政府时期，余绍宋居住于京师，基于职业关系，其首要活动圈子是法律界。③ 在余绍宋日记中，记载与其交往者，多数为法界人士，其中不乏北京政府时期法界的高级人物。余绍宋与这些人物的亲疏远近，对余氏在法界的职位、工作、生活颇具关联。根据日记，仅就司法总长、次长，大理院院长，修订法律馆总裁、副总裁这一层级的法界要员之相关情况整理如表 6-1 所示。

1913 年 10 月，依照大总统令："司法总长梁启超呈请任命余绍宋为佥事兼署参事，应照准。"④ 余绍宋入职司法部。这是余氏步入法界的开端，在司法部参事职位上，余氏任职七年多，⑤ 这也是余绍宋在法界工作时间最

---

① 余绍宋:《余绍宋日记》，北京图书馆出版社，2003。

② 本章所引《余绍宋日记》，凡在正文中已经说明时间的，不再另注；若正文未说明，在文后用括号注出。

③ 大体包括司法行政部门、法律草拟部门、审判机关、检察机关、法律研究机构、律师行业等。

④ 《大总统令》，《司法公报》第 2 年第 2 号，"命令"，第 2 页。

⑤ 从 1913 年 10 月 27 日至 1921 年 3 月 5 日（升任司法次长）。刘寿林等编《民国职官年表》，第 42、43 页。

表 6-1 北京政府时期余绍宋所交往之法界要员

姓名	籍贯	教育出身	职位	亲疏程度
王宠惠（亮畴）	广东东莞	留学日本、美国，耶鲁大学法学博士	大理院院长、司法总长、外交总长、国务总理	密切
江庸（翊云）	福建长汀	早稻田大学法制经济科	大理院院长、司法总长、修订法律馆总裁	密切
梁启超（任公）	广东新会		司法总长	密切
林长民（宗孟）	福建闽侯	早稻田大学政治经济科	司法总长	密切
卢信（信公）	广东顺德	留学日本	司法总长	密切
罗文干（钧任）	广东番禺	牛津大学法律硕士	总检察厅检察长、大理院院长、司法总长	密切
余棨昌（戟门）	浙江绍兴	东京帝国大学法科	大理院院长、修订法律馆总裁	密切
石志泉（友儒）	湖北孝感	东京帝国大学法科	司法次长、修订法律馆副总裁	密切
汪燮芝（鹿园）	安徽休宁	早稻田大学毕业	总检察厅检察长	密切
张孝移（棣生）	湖北武昌	早稻田大学法科	总检察厅代理检察长	密切
章宗祥（仲和）	浙江吴兴	东京帝国大学法科	大理院院长、司法总长	较好
董康（授经）	江苏武进	光绪庚寅恩科进士	大理院院长、司法总长	较好
姚震（次之）	安徽贵池	早稻田大学法科	大理院院长、司法总长	较好
朱深（博渊）	河北永清	东京帝国大学法科	总检察厅检察长、司法总长	较好
张一鹏（云抟）	江苏吴县	日本法政大学速成科	司法次长	较好
张耀曾（镕西）	云南大理	东京帝国大学法科	司法总长、法权讨论会会长	一般
孔昭焱（希白）	广东南海	日本法政大学速成科	司法次长	一般
单豫升（瑞卿）	河北抚宁	明治大学法科	司法次长	一般
马君武（厚山）	广西桂林	柏林大学工科博士	司法总长	一般
薛笃弼（子良）	山西运城	山西法政学堂	司法次长、代理司法总长	一般
王文豹（绍荃）	湖南长沙	留学日本	代理司法总长	一般
应时（溥泉）	浙江吴兴	留学英国、德国、瑞士	修订法律馆副总裁	一般
孙润宇（子涵）	江苏吴县	日本法政大学	法制局局长	一般
章士钊（行严）	湖南长沙	（英国）阿伯丁大学法律、政治科	司法总长	不佳
程克（仲渔）	河南开封	东京帝国大学法科 *	司法总长	不佳

*另一种说法认为，程克非法律学校出身，"闻程克系在日本东京学造纸六个月，并未毕业"。（《法律馆人员总辞职》，《申报》1923 年 10 月 29 日，第 4 版。）

资料来源：徐友春主编《民国人物大辞典》；陈玉堂编著《中国近现代人物名号大辞典》（全编增订本）；黄源盛：《民初大理院与裁判》，台北，元照出版有限公司，2011；韩涛：《晚清大理院：中国最早的最高法院》；等等。

长的职位。显而易见，余绍宋之所以能入职司法部且位列参事，关键者为梁启超。那么，梁启超为何提携余氏进入司法部？这必须返回清末民初的历史情境中去。

1913 年 3 月，宋教仁案发生，7 月，"二次革命"爆发，月底熊希龄出任国务总理，组成进步党人为主的"名流内阁"。在各方角力与"谅解"中，9 月初，进步党党魁梁启超接任司法总长。由于梁氏此前并无法政教育背景，亦无司法系统履历，故其出任司法总长，多少有些出人意料。于此，梁启超确实也遇到一些麻烦，梁氏致康有为函中言："弟子初入司法部，部员即群起谋相窘，以向来未尝服官之人，公事一切不谙，部员稍恶作剧即可以令长官闹大笑话，全国哗然。"① 在这种情况下，梁启超自是援引信任之人入部。梁、余结缘始于何时何地，现无法确考。观诸余氏日记，并结合其他史料，大体可推测，梁、余之结识源于清末民初的政党政治活动。在清末民初，余绍宋是政党政治的积极参加者，1911 年 5、6 月在北京成立的立宪派政治组织——宪友会，余绍宋即积极参与者，并担任"编辑员"之职;② 余绍宋在日记中曾言：辛亥鼎革后，侨寓上海，"为政治上之活动，所记悉各党内情及当时政客种种诡秘行动"（日记卷首），由此反证，余氏深度介入当时政党派系活动。1912 年 4 月，共和建设讨论会（进步党前身之一）在上海成立，主持者为汤化龙、林长民、孙洪伊、黄可权等人，拟推梁启超为党魁，此时梁在东京，由孙洪伊介绍入会，因汤、林、孙、黄等皆与梁有旧，梁对该会大感兴趣，为之起草《中国立国大方针商榷书》，余绍宋担任该会庶务干事。③ 1913 年 5 月，进步党正式成立，余绍宋之好友，如林志钧、刘崇佑等人均成为进步党高级骨干，余氏本人担任进步党参议。④ 梁启超在致康有为函中透露："弟子一面须荐用万木人才，一面须荐用进步人

---

① 丁文江、赵丰田编《梁启超年谱长编》，第 441 页。
② 《宪友会开大会纪事》，《申报》1911 年 6 月 10 日，第 4 版；张玉法：《清季的立宪团体》，台北，中研院近代史研究所，1985，第 482 页。
③ 张玉法：《民国初年的政党》，岳麓书社，2004，第 103～105 页。
④ 别琳：《进步党与民初政治》，四川大学出版社，2015，第 229 页。

才，数月来所荐用者亦不少矣。"① 余绍宋即为梁氏"荐用进步人才"之一员。由此推断，余绍宋正是依凭进步党背景进入司法部。现代法律界名人、余绍宋好友梁敬錞对此应知情，晚年也忆述：民国二年梁启超任司法总长，"延越园为佥事，不久擢参事"。②

司法部乃全国司法行政中枢，对供职者有资格限制，必须具备一定法律专业背景，否则无法准入，身为司法总长的梁启超也感叹："各部用人，皆有部中取定资格，即如法官任免，全权在我，我心目中有数人极欲用之而无法也。"③ 余绍宋留日法科毕业之教育背景，显然可以满足这一专业要求。综合前述所言，不难看出，党派政治、法科教育、人脉等因素是余绍宋进入司法系统的关键因素。在北京政府时期，余绍宋与王宠惠、罗文干、林长民、余棨昌、石志泉等法界头面人物也都保持着密切的交游关系，故此，在司法总长梁启超去职之后，余绍宋依然能任职于司法中枢。

第二节　日常交游与"圈子"内外

按照民初《司法部官制》规定，参事仅次于总长、次长，位列各司长（民事司、刑事司、监狱司司长）之上，"司法部置参事四人，承长官之命掌拟订关于本部主管之法律命令案事务"。④ 从日记所见，余氏在司法部所办之事，确实多与拟订法律法规命令相关。例如，司法官惩戒法规、法院编制法律等，即由余绍宋负责起草修订：1918 年 4 月 10 日，司法总长朱深"属拟《司法官惩戒处分执行令》"；5 月 15 日，余拟定《司法官惩戒执行令》公布；两年多后，1921 年 1 月 28 日，余赴大理院与院长王宠惠讨论修改《司法官惩戒法》。对《法院编制法》，余绍宋更是重视，自愿负责起草，持续时间颇久。1920 年 12 月 2 日，余赴法律修订馆"商改《法院编制法》

---

① 丁文江、赵丰田编《梁启超年谱长编》，第 441 页。
② 梁敬錞：《余庐谈往——余（越园）林（宰平）交谊特述》，《传记文学》（台北）第 25 卷第 3 期，1974 年 9 月，第 30 页。
③ 丁文江、赵丰田编《梁启超年谱长编》，第 441 页。
④ 《司法部官制》，蔡鸿源主编《民国法规集成》第 7 册，第 271～273 页。

事";1921 年 8 月 5 日，罗文干、林志钧"皆来谈改（正）《法院编制法》事";8 月 26 日，罗文干"来商改正《法院编制法》问题，费时甚多";1922 年 2 月 10 日，余赴修订法律馆开会，"予自愿起草《法院编制法》，以为此法不亟草成，仍今日制度，司法断无改进之望也"。

司法部中不少法规、例规、公报事宜，余绍宋也是主要参与者、制订者。1917 年 1 月 6 日，"整理去岁所拟《司法公署组织章程》";15 日，"核定本月份《司法公报》底稿付梓";30 日，"审议《地方自治章程》";4 月 5 日，"部署重刊《司法例规》事";20 日，"赴内务部商订《侨民保护法》";6 月 9 日，"将《司法例规》稿逐细详阅，并拟分两期出版";21 日，《司法例规》上册出版。可见，今日法史学界所习见史料《司法公报》《司法例规》即由余绍宋长期主持编撰。此两种书刊，为司法部获利不菲，如《司法例规》，原先由参事汤铁樵负责，后改由余绍宋负责，"朝甫出书，索购夕罄，一再重印，仍供不逮求"。[①] 1922 年初，刚刚辞去司法次长（总长为董康）一职的余绍宋，依然负责《司法公报》《司法例规》事务，"入司法部与老董（董康，引者注）略一周旋，董请我仍任《司法公报》并《司法例规》事，月致夫（车）马费可五十元，此两事本我一手办理者，不忍推去，因允任之"（2 月 4 日）。次年，情况变化，1923 年 6 月 2 日记：友人来谈，"知《司法例规》《司法公报》部中忽易人办理，余于此两事煞费苦心，为部中获赢利几十万，何负于部而必易人，余固落得清闲，部中办事似不应尔也"。

在京师法界之中，余绍宋可谓高层人物。从日记所见，余氏经常出入多个法律机构或组织：司法部、大理院、文官高等惩戒委员会、司法官惩戒委员会、修订法律馆[②]、法权讨论委员会[③]、北京法政专门学校、法学会等。换言之，这些机构与组织为余绍宋提供了与法界各方面人士一起工作、交往

---

① 司法部参事厅编《司法例规》（序三），1916 年印行。

② 修订法律馆成立于清末，民国建立以后，民国元年七月设立法典编纂会，隶属法制局；1914 年 2 月改设法律编查会，改隶司法部；1918 年易名修订法律馆。张勤：《法律精英、法律移植和本土化：以民国初期的修订法律馆为例》，《法学家》2014 年第 4 期。

③ 为"收回法权之准备实行及善后事宜"，1922 年 5 月北京政府设立法权讨论委员会，以司法总长张耀曾为委员长。该机构成立之目的在于拟定司法改良计划，督促各级司法机关做好应付列强检查等相关事宜，力争通过列强的考察以尽快解决领事裁判权问题。

的平台。例如，法学会这个法界组织现今不为人们所熟悉，但在余氏日记中经常提及。清末即有法学研究会之设于北京，意在联络法界人士，民国元年法学会重订章程并重新组织，据报纸报道，该会章入会资格颇严：在国内及外国大学或专门学堂毕业者、充立法司法各署之现职者。重新开会选举干事，"计到会者数百人，已公选汪有龄、曹汝霖、章宗祥、施愚、江庸五人为干事"。① 作为法界人士之组织，法学会随着时局、人事变动而重组、调整，如 1919 年 2 月法学会重新整理，选举司法总长朱深、大理院院长姚震等人为干事。②

据余绍宋日记所载，法学会一直存在"会食"活动，参加者以司法部、大理院等京师法界的中高层人士为主，余氏自是积极参与者。通过"会食"这一活动平台，很多京师法界事务、信息得以沟通交流，成员亦借此应酬交往。1917 年 4 月 20 日，余氏"在法学会会食"；6 月 15 日，"正午在法学会会食"；6 月 22 日，"在法学会会食，此番增入地方两厅长、潘大理庭长及何海秋，可称一时盛会"；1918 年 5 月 29 日晚"七时到法学会，许修直、孙巩圻（大理院推事）亦为翊云（江庸）饯行，余又作陪客"；1921 年 3 月 7 日，余绍宋早起入署，就司法次长职，"循例接见同僚，并往答拜"，正午到法学会"应董总长之招宴"；1923 年 1 月 26 日，新任司法总长程克、次长薛笃弼"请在法学会午餐"。法学会（会食）不仅是招饮应酬的聚餐会，也是业务交流的平台。1917 年 8 月 4 日，余绍宋在法学会"谈司法改革事甚久"；1918 年 9 月 25 日，在法学会席上，大理院"姚（震）院长谓刑律须定造谣罪，又谓对于造谣报馆实应用相当之野蛮手段，彼盖甚赞许封报馆之事也"；1921 年 11 月 30 日，余氏到法学会开会，所议事项："一为本部经费问题，原提案被否决；二为停办司法讲习所，通过；三为制限的开放律师注册，亦通过。"此外，很多时局信息，余绍宋也是在法学会（会食）上获知。1920 年夏，皖系与直系争斗剑拔弩张之际，余绍宋听闻司法

---

① 《法学会之选举干事》，《顺天时报》1912 年 10 月 22 日，第 7 版。

② 《法学会开会纪事》，《顺天时报》1919 年 2 月 24 日，第 2 版；《法学会重加整理之近讯》，《顺天时报》1919 年 3 月 1 日，第 7 版。

总长朱深、大理院院长姚震（均为皖系干将）皆"主战之人"，但在 1920 年 7 月 7 日的法学会会食席上，余氏发现"无人及时事者"，朱、姚两人均"镇静如恒"，反差很大。十余日之后，在 21 日的法学会会食上，余氏观察到朱深"态度自若"，姚震"则稍变矣"。8 月 4 日的法学会会食，情况大变，"气象顿与前次不侔矣"。此外，不少法界高级人士，还以法学会这一平台，邀请高层人员磋商相关事务。据《胡适日记》所载，1922 年 5 月 21 日，王宠惠邀请他和蔡元培、罗文干、梁启超、林长民、熊希龄、董康、颜惠庆、周自齐、张耀曾等人在法学会餐叙，餐会的"本意是要把各党派的人聚会来谈谈，大家打破从前的成见，求一个可以共同进行的方向"；数日后，罗文干也在法学会请顾维钧、蔡元培、胡适等人餐叙。①

除了法学会等法律人共同体的专业组织之外，余绍宋还有业余交游平台。由于余绍宋酷爱书画，民初京师"宣南画社"由此产生。1915 年，时任司法部参事的余绍宋聚合本部同人喜好书画者十余人，结社于自己寓所，即京师宣武门南面的骡马市大街西砖胡同，名曰"宣南画社"。② 该画社是民初北京出现较早的画会，早于北京大学画法研究会（1918 年成立）、中国画学研究会（1920 年成立），也是存在时间较长的画会，持续达 12 年之久。与近代上海等地具有较强经济色彩的书画集会结社相比，宣南画社更注重书画上的相互学习和交流，更接近传统雅集的性质。③ 在余绍宋日记中，曾言及倡设宣南画社

---

① 曹伯言整理《胡适日记全集》第 3 册，1922 年 5 月 21 日、30 日，台北，联经出版事业股份有限公司，2004，第 583、601 页。

② "宣南"，即北京城宣武门以南地区。由于清廷实行京城满汉分城而居政策，清初以降，宣南逐渐成为在京汉族官员与士人的聚集之区，"宣南"也成为颇具人文意蕴的概念，而非仅是地理区位名词。余绍宋挚友、宣南画社成员林志钧在为友人所著《燕都丛考》作的序中，对自己居住了二十余年的宣南有着温情的描述，还特别提及居住于宣南西砖胡同的余绍宋。林志钧：《燕都丛考序》，《北云集》，1963 年排印（线装书），第 239～242 页；另见魏泉《士林交游与风气变迁：19 世纪宣南的文人群体研究》，北京大学出版社，2008，第 14～15 页。

③ 值得交代的是，相对于京师一般官员，余绍宋生活颇为优渥（大半得益于其卖字画收入），其 1916 年全年用款，"计共支出银洋肆仟陆佰四十五元，不免滥费"（《余绍宋日记》1917 年 1 月 17 日）。据社会学家陶孟和之调查研究，民国前期北京每家一年支出，平均为两百元左右（陶孟和：《北平生活费之分析》，社会调查所出版、商务印书馆印行，1930，第 32、33 页）。

之缘由："余识定之（汤涤）① 先生在乙卯（1915 年）之冬，时先生不常作画。余与子贤（胡祥麟）时怂恿之，偶有所得辄学蒙泉。既与余及子贤过从渐密，作画亦渐多，于是有画社之倡设，恒集于宣南敝斋。"（1927 年 6 月 29 日）可见，最初是为向汤涤学画才创设画社。余氏挚友、宣南画社成员林志钧（宰平）也称："越园（余绍宋）于乙卯秋始学画，与武进汤定之、薄圻贺履之、义宁陈师曾、顺德胡子贤诸子开社宣南，余每会辄与。十年以来，京师屡经变乱，吾社画集未尝偶辍，越园画亦日进，卓然有以树立。"②

　　宣南画社尊汤涤为导师，画社集会起初不定期，后基本是定期举行，大体为一周一会，成员轮流主席。宣南画社除研究、交流等作用外，兼具教育的功能。集会时一般是汤涤、陈衡恪（师曾）等人作画，学习者旁观，有时也由画师讲解作画方法。汤涤等人所绘画作，以拈阄定所归属。每次画会结束前，一般要定下次题目为作业，下次集会时交出，集体点评。画社的这种教育方式，介于传统的师徒传授与现代绘画教育方式之间。宣南画社的集会方式，体现了清末民初传统书画艺术的一种自然承传与发展。宣南画社的主要参加者有林志钧、胡祥麟、蒲殿俊（伯英）、陈瑑僧（璈生）、刘崇佑（崧生）、孟纯孙、杨劲苏等司法部同人，不久郁华（曼陀）、梁敬錞（和钧）、梁平甫（锦汉）、廖允端、余棨昌等人也陆续加入，无疑，成员以法界人士为主，也有颇具声望的传统派名家，如汤涤、陈衡恪、贺良朴（履之）等。北京政府垮台后，余绍宋南归，定居杭州，效仿北京宣南画社，组织了"东皋画社"，切磋书画、谈艺论文，历时十年不衰，复著书、撰文、授徒等，影响久远。③

　　综观余绍宋的交游圈子，以法界人士为多，同时也有行政官员、各界文化人士。若以新旧之别眼光视之，以新式人员为多，但不排斥旧式人员。对

---

① 汤涤（1878～1948），江苏武进人，字定之，号乐孙，又号太平湖客、双芋道人等，是清代著名画家汤贻汾的曾孙。擅长画梅、竹、兰、松、柏等，山水画以气韵清幽见重于世；书法方面，隶、行俱佳。曾在北京画界任导师多年，晚年移居上海。俞剑华编《中国美术家人名辞典》，上海人民美术出版社，1985，第 1088 页。

② 林志钧：《画法要录序》，《北云集》，第 233 页。

③ 毛建波：《余绍宋：画学及书画实践研究》，第 47～51 页。

于旧式律法人物，如董康、王式通①、许受衡②等，余绍宋并不排斥，通过这些旧式律法人士，余氏了解、认识、继承清朝法制的不少优点。1921 年余绍宋第一次出任司法次长，即缘于总长董康之力荐，在大部分时间里余、董两人关系较好（后来心存些许芥蒂）；余绍宋与王式通、许受衡也有不错交集（1917 年 3 月 26 日、1919 年 3 月 10 日、1921 年 6 月 20 日）。1926 年余绍宋第二次出任司法次长时，对清朝司法某些优点重加吸收，对旧式律法人物亦重新任用。民国司法部拥有复准执行死刑之权，"前清于此事极郑重，民国后甚草率"，前清刑部出身的董康担任司法总长时期，对死刑复核权颇为慎重，在借鉴前清刑罚基础上，1920 年制定《科刑标准条例》九条，③ 规定"后附复核死刑及无期徒刑办法，须由司附具理由，较为矜慎"。该条例颇具争议，王宠惠对此颇为赞许；江庸则不甚赞同，并指出其中某些条款很"幼稚陈腐"。④ 其后，该条例终被废止，未能施行，司法部司员"复核遂不复具理由"。余绍宋考虑到如此做法过于草率，下令以后死刑复核时"仍具理由"，但不用旧式程序，因为"旧式较繁，本应改正"（1926 年 3 月 18 日）。显然，这是对传统司法"慎刑"的调试与利用。数日后，余绍宋在日记中再次写道："余前虽虑部中复核杀人、强盗等重案或致草率，曾令司员别具理由，不必沿用旧式，日来观所呈理由书多不明了，仍有不能不用旧式之情形，因与李幼泉司长（李泰三，司法部刑事司司长，引者注）商定，仍依十年旧式办理（此式根据《刑科标准条例》，后条例废，

---

① 王式通（1864~1931），又名王仪通，字书衡，山西汾阳人。光绪二十四年戊戌科进士，历任刑部山东司主事、安徽司员外郎、大理院推事、大理院少卿等职。1912 年 7 月代署司法次长，后任约法会议秘书。1914 年任袁世凯总统府内使。1915 年 10 月任政事堂机要局长。次年 5 月任国务院秘书长，6 月转任国务院参议。1917 年就任全国水利局副总裁。1925 年后任清史馆编修等职。

② 许受衡（约 1862~1929），字玑楼，江西龙南人。光绪二十一年乙未科进士，以主事签分刑部。历充陕西司主稿，秋审处兼行总办，减等处、秋审处坐办，律例馆提调，律例馆纂修，法律馆协修，法律学堂提调等。光绪三十三年，奏派大理院详谳处总核、刑科推事、刑科推丞。辛亥鼎革之际，曾暂署法部副首领事务。1915 年任直隶高等检察厅检察长，次年调署广西高等审判厅厅长，1920 年署河南高等审判厅厅长，1921 年任江苏高等检察厅检察长，1923 年调任司法部参事。

③ 《科刑标准条例》，华友根编《董康法学文选》，法律出版社，2015，第 168~172 页。

④ 江庸：《五十年来中国之法制》，申报馆编《最近之五十年》，第 8 页（该书页码不连续）。

遂不用），又以死刑与无期徒刑关系至为重大，审核务须周详。"而且，余绍宋把死刑复核与无期徒刑复核分别交给两位前清刑官出身的人员许受衡、涂翊凤①处理，原因是他们虽然是旧式刑官出身，但也了解新律，可谓知悉新旧律法："许玑楼于前清曾任秋审，处事有年，现在参事厅一无所事，因商请其于死刑案重加复核，渠于新律以任高检长有年，亦已熟悉，当不至十分守旧。无期徒刑案，由涂翊凤主任复核，渠亦旧律家，在部数年，于新律亦已领会者也。"余绍宋还认识到当时犯罪日多的诸多社会因素及刑罚问题："今日犯罪数多，固由于教育之失效，而因社会环境迫之不能不犯者，实居多数（强盗罪，其尤著者也）。故处刑宁失之宽，毋失之严，余别有论详其说，不得持治乱国用重典之成说以自文也。"（3月27日）

余绍宋等人逐渐形成自己的法界"圈子"，当圈子之外的"他者"侵入时，他们自然会防范、抵制、斗争。1923年初，张绍曾组阁，司法总长为程克②、次长为薛笃弼，程、薛（两人长期活动于法界圈子之外）掌管司法行政事务，让余绍宋等人感到非常诧异。1923年1月13日，余绍宋阅报得知程、薛出长司法，第一反应是："两人者均与司法绝无关系，此十二年来所无者。司法事业关系人民者至重，而政府乃以为各党派之酬酢物，至可伤心。"接下来，余绍宋有所行动，"余尝持此论谓法界同人宜有所表示"，故而与修订法律馆总裁江庸（翊云）、副总裁石志泉（友儒）、陆鸿仪③并司法部参事、司长，京师高等、地方审检厅四厅长官等人，"议作书予以警

① 涂翊凤，江西丰城人，光绪二十年甲午科进士，同年五月，以主事分刑部学习，此后长期在刑部任职。

② 程克（1878～1936），字仲渔，河南开封人。清末留学日本，东京帝国大学法科毕业，留日期间加入同盟会。民国成立后，任内务部参议、总统府咨议、参议院议员、陕西省汉中道尹等职，1923年初任司法总长，1924年初改任内务总长，同年9月辞任，寓居天津。国民政府成立，1933年任北平政治会议顾问，1935年任天津市市长，1936年病逝于天津。

③ 陆鸿仪（1880～1952），字棣威，江苏吴县人，光绪二十九年进士。光绪三十三年选送留学日本，进入中央大学攻读法律，宣统三年归国。辛亥革命后，先后任北京政府司法部佥事、大理院推事、庭长，修订法律馆总纂、副总裁。后辞职南归，在苏州设立律师事务所，1936年"救国会"七君子事件发生后，曾担任第二被告章乃器的第一辩护律师。1949年中华人民共和国成立，出任最高人民法院委员兼民事审判庭长。沈慧瑛：《陆鸿仪档案》，《中国档案》2007年第2期。

告，提出三事请其照行：一须筹款补发欠薪、一不得在部中增派额外司员、一不得变更任用法官历来办法"。集体商议后，警告书由司法部参事胡祥麟起草，"彼（指当局，引者注）若不照行，同人便罢工以为抵制，众意金同"。可见，法界"圈子"之外的程克不为长期占据司法中枢的人员所认同。让余绍宋意想不到的是，程克赴任极速，"程克三时即到任，可谓速矣"，旋即到修订法律馆拜会同人，余绍宋也与程克"接洽数语"。不知何故，这份警告书没有呈递成功。1月15日，"前日所议致程克书拟缓发，到部答拜程克"，这等于事实上承认了程克担任司法总长。同日，余绍宋又"与翊云、棣威、友儒纵谈多时"，多半即讨论此事，估计多数人倾向于默认当局的这一人事任命。

　　双方毕竟心存芥蒂，余绍宋等人与程克之间的矛盾很快显露出来。2月22日，余绍宋得知，"东省特区法院又有电斥程克总长违法"。次日下午，余绍宋入署，"汤铁樵（芸邰，司法部参事）来告，程克疑我发通电致各省法院斥其违法，暗中鼓动法院同人与之为难，不知其听何人之谗，波及于我"，余氏心思："我果有此事，决不秘密，余越园是磊落丈夫，欲反程克则公然反对耳，岂肯效政客所为，阴险害人，惜乎程克尚未识余越园也。"是晚，余绍宋还赴大理院，与院长余棨昌（戟门）谈论此事，"冀其于法曹稍事挽救，戟门亦谓然"。数日后，余绍宋感叹："法曹自此不宁，物必自腐然后虫生，可深慨也。"（2月27日）程克入掌司法行政后，也逐渐安排自己人马，遂与原有法界人员产生矛盾、冲突。10月，程克"擅任"修订法律馆总纂之事，引起修订法律馆与司法部之间的用人权限之争，修订法律馆总裁江庸，副总裁石志泉、陆鸿仪"愤而辞职"，程克趁机任命与自己"皆有相当交谊"的马德润、蔡寅为副总裁，自任总裁。如此一来，修订法律馆人员颇感"耻与程克为伍"，导致人员总辞职。① 面对如此法界纷争，余绍宋立即意识到："司法界从此益多故矣。"（10月24日）果不其然，此事在全国引发巨大震动，从后来实际情况来看，修订法律馆绝大多数人员辞职离馆，仅少数人员留任。为此，《申报》报道："现时法律馆可谓成为程

---

① 《法律馆人员总辞职》，《申报》1923年10月29日，第4版。

克天下，其得意可想而知，特法典前途如何？未知程克亦曾顾及否耳。"①

1923 年 5 月 6 日，余绍宋听闻"程克辞职，冀倒张绍曾内阁"，余氏感觉到"张内阁应倒与否别一事，而程固张绍曾界以总长地位者也，今日朋友之道乃至是乎？"在余绍宋看来，司法长官职位已经成为党派斗争的政治酬劳位置了。继程克之后，1924 年 11 月，此前也没有司法系统履历的章士钊出任司法总长，②余绍宋等人与之关系亦不和谐。这促使余绍宋思考司法行政长官的资格限制问题，1925 年 8 月，经由浙江省民政长官推举，余绍宋出任段祺瑞执政府的国宪起草委员，③在国宪起草委员会商讨司法问题时，余氏即"提案主张司法行政最高长官应具司法官资格"，并且说明原由。(1925 年 9 月 19 日) 如此一来，即使法科出身，但没有司法履历、未具司法官资格者，也不能出任司法行政最高长官。可见，在混乱时局中，余绍宋等人想让司法行政长官保持法律专业属性，让法界圈内者出任；这也说明，北京政府时期，法律职业者明显存在自己的专业意识、"圈子"意识。

第三节 政局变动与法界反应

北京政府时期，尤其是中后期，政局变动异常，法界对此有何反应？在此，以 1917 年 6、7 月由府院之争而导致的张勋复辟与 1920 年 7 月直皖战争两事件为例，考察余绍宋为代表的法界人士之反应。

1917 年 5 月 10 日，在余绍宋寓所举行的每周一次的"宣南画社"聚会，成员多不来，因"皆赴众议院议外交事件，为公民所胁，不得散"；16日，"因政局搁浅，谣言蜂起，前途殊可虑也"；23 日，"忽闻段总理免职消息，甚觉不宁"；24 日，余绍宋赴法政学校授课，在休息室"闻人谈论段免职事，皆为太息"；29 日，余听闻安徽、奉天、河南诸省皆宣告独立，京师

---

① 《修订法律馆员全部更动》，《申报》1923 年 11 月 10 日，第 7 版。

② 从残存的《程克日记》所见，章士钊与程克过从甚密，颇为亲近。来新夏辑注《程克日记摘抄》，中国科学院历史研究室第三所编《近代史资料》1958 年第 3 期（总 20 期），科学出版社，1958，第 76～92 页。

③ 刘寿林等编《民国职官年表》，第 178 页。

亦不安定，"南苑陈兵又有哗变消息，都下大起恐慌，钞票大落，并闻挈眷赴津者极多"；31 日，余氏得知友人汤化龙、刘崇佑等已辞职，旋接京师高等检察厅代理检察长尹朝桢电话："风声益险恶，直汴军有会于保定，鲁、徐、奉军有会于丰台消息"；6 月 1 日，获悉"两议院议员辞职者七十余人，国会已陷于无形消灭之境，迁眷赴津者益多，东车站行李堆积无隙地"；6 月 2 日，传闻徐州张勋将来京，"故人心稍定"；3 日，得知"天津已设总参谋处"，余绍宋深感"时局益纷纠不易解决矣"。

由于政局动荡，司法中枢无法正常运转。6 月 6 日，余绍宋在日记中写道："近日部中几无公事，故相率早散。此二日内时局无甚变动，盖专候张大帅之来也。"9 日，余绍宋入司法部，听闻张勋已到天津，"人心略定，盖多数皆信其能解决时局也"，同日，余奉令获悉：司法总长张耀曾请假，由次长徐谦代理部务，"张君（耀曾）前因公民闹议会事辞职，迄未到部，今兹不续请辞职而仅请假，盖逆知政府虽不慰留亦不能免职也"。14 日，余得知徐谦辞职，"部中更无事可办"，余顺访法界友朋，当谈论"偶及时局，无不叹息"。16 日，江庸代理司法部务，29 日被任命署理司法总长，实属看守性质。可见这段时间，余绍宋虽不时入署，但基本无公事可办。

7 月 1 日，张勋复辟，此事对京城绝大多数民众而言，来得非常突然。是日，余绍宋早晨五时起床，"得闻复辟消息，并闻黎明已行登极礼，军队入城"。余氏第一反应是不相信会有此事，嗣后"得数处电话，均如是说"，才确定有复辟之事，"此事昨晚尚绝无所闻，真觉迅雷不及掩耳，张大帅之魄力固自不凡，然亦有鉴于项城之已事乎？"中午，很多友人来谈，余之同事、司法部参事钱泰"复述谕旨已见公报，于是乃不得不作归计矣"。当晚，余绍宋向法界僚友汪燠芝、胡祥麟等人了解了复辟内幕情况。这天，即张勋复辟第一天，余绍宋做出一个决定——辞职，"本日与阶平（钱泰，司法部参事）、企商（徐彭龄，司法部刑事司司长）同提辞职书。"可见面对国体突变，法界中人对此的态度，亦可反映当时法界人士对民主共和之认同，认为自己职业源于共和国体。2 日，余绍宋早起，赴司法部"办参事厅结束事宜"；3 日，再入司法部，"结束完竣，自明日始，脱离司法部关系矣"；4 日，托付友人将家眷送归，"以免累坠"，自己则"竟日清理所存函牍"，当晚，余氏一夜不能成寐。这时期，京津之间电话、火车中断，人心惶惶。9 日，余绍宋欲赴天津避难，赴车站已不能买票，只能折返。10 日早晨再赴车站，八时半开行，原本十一时半即可到津，事实上延及下午三时才抵达天津，赴友人刘崇佑处，随后几天，余避难于天津。12 日，段祺瑞讨逆军攻入北京，张勋复辟失败。15 日，余氏返回北京，"归时见大栅栏一带及骡马市大街较大铺户均未开市"；16 日下午赴南河沿视察，"见张（勋）宅已焚毁，余烬犹存，皇城上受弹之迹不少，而以东华门外三门为尤甚"，但回家途中，"见大栅栏铺户已渐有开者，骡马市则除大店外殆已全开矣"，显而易见，京师市面生活逐渐恢复正常。

在讨伐张勋复辟过程中，由进步党转变而来的研究系①重要成员几乎全体出动，为段祺瑞出谋划策，摇旗呐喊，梁启超、汤化龙直接参加了"讨逆军总司令部"，②故段祺瑞重任国务总理后，研究系在新内阁占据相当席位。7 月 17 日，新任内阁成员发表，研究系要角林长民出任司法总长。有人后来忆述：林长民，有才、有口才、有财、有胆，与汤化龙（济武）、刘崇佑、梁启超是研究系中坚，张勋复辟后，梁启超等研究系参与筹划讨伐事宜，段祺瑞复任内阁总理后，内务总长为汤化龙，财政总长为梁启超，司法总长为林长民，教育总长为范源廉，"汤、梁、林、范号为研究系四阁员"。③余绍宋与林长民关系非同一般，现在林出长司法，余自是回任司法部参事。

政治风云变幻莫测，好景不长。1917 年 11 月 17 日，余绍宋到司法部，"即闻内阁总辞职之耗，林总长招同人为临别之赠言"，余思虑："计此番内阁为时仅三阅月，毫无失德，而因军人不用命之故，遂致推倒，殊为可憾，继此者为谁，实难预料，此后大局，益纷纠难理矣。"段祺瑞内阁此番辞职

---

① 1916 年 6 月袁世凯帝制自为败亡后，北京政权为段祺瑞所控制，进步党分成两会：以汤化龙、刘崇佑、梁善济等为首的"宪法讨论会"；以梁启超、王家襄、林长民等为首的"宪法研究同志会"。1916 年下半年，两会重新组合为"宪法研究会"，被称为"研究系"。谢彬：《民国政党史》，中华书局，2007，第 68 页。

② 李新、李宗一主编《中华民国史》第 3 卷，中华书局，2011，第 80 页。

③ 徐一士：《谈林长民》，《古今半月刊》第 38 期，1944 年 1 月 1 日，第 14 页。

确实有点突然，其背后是段祺瑞推行"武力统一政策"破产，与直系矛盾激化的结果。① 19 日，林长民仍到司法部，"述此番政局变换情形，至可慨叹"。23 日，余绍宋阅报得知，"段总理解职矣"。12 月初，余绍宋另一位法界好友江庸署理司法总长（次长张一鹏），12 月 4 日"江翊云就总长职"。同样，江庸在任时间亦很短，1918 年 2 月 25 日，"江总长因张镇芳特赦事，与总统、阁员意见不合，决计辞职"；次日，余氏"晤江总长，知其此次辞职，实有不得已苦衷，可为司法前途浩叹者也"。3 月底，江庸正式去职，由皖系要角、此前担任总检察厅检察长的朱深升任司法总长。政局动荡，内阁更迭频繁，司法中枢长官更换频繁，严重影响了司法政策的稳定性。

1920 年 7 月直皖战争是引发北京政府后期政局变动又一事件节点，余绍宋等人对此颇有观察与因应。1920 年 7 月 2 日，余氏"颇闻政局消息不佳"；6 日入署，"知政局大有变迁，势殊不稳，迁居天津及寄存什物于东交民巷者络绎于道"；7 日，"知时局益败坏，安福派盖必欲作战矣"；8 日，"闻段已自起对曹、吴决战，张作霖亦已离京，益知时局无可为矣"，余氏感慨段祺瑞之前后变化，"老段自辛亥起兵至前年讨复辟止，不失为有识见有宗旨之人，今乃起此无名之师，使生灵涂炭，余甚为彼惜之也"；9 日，余赴修订法律馆与江庸、石志泉等人相谈，甚是感慨，"谓此后长安居大危险，非设法脱离，殊不值得与彼等相博，盖此番战后，无论直系皖系，谁胜谁败，皆非国家之利故也"。可见直皖战争之际法界中人之所思所虑。这几天，余绍宋经常到余宅附近的董康住处去探听消息，14 日，董康告诉余："闻今日确已在固安一带开战，段军死伤颇多，各报不敢载"。

如此政局中，司法各项事务均无法展开。"近日署中因政潮未定，竟无公事可办。"（7 月 13 日）数日后，余绍宋获悉段祺瑞已自行引咎，呈请取消所谓定国军，并请褫夺官位、勋章等，余氏感觉段"此举可谓光明磊落，不失为豪杰之士也"，并乐观估计战事很快结束（7 月 19 日）。实则不然，余绍宋很快从董康口中获悉，段祺瑞部下诸人打算"以攻为守"；21 日余又

---

① 李新、李宗一主编《中华民国史》第 3 卷，第 144～145 页。

听闻，直系方面"要索（皖系）祸首若干人"，由此推测，"时局恐仍未可乐观也"；30 日，"惩办令已下，闻近日搜索各要人家宅颇严厉"，诸多不稳定因素依然在延续着。

直皖战争，皖败直胜，政局随之一变，包括司法总长朱深、大理院院长姚震在内的皖系要员逃入日本使馆，[①] 司法中枢亦随之变动。7 月 24 日，余绍宋到司法部，发现朱深已不到部了，两天后，部务由张一鹏（云抟）代理。29 日，余绍宋到董康处一谈，"因其新任大理院院长也，谈大理院事颇详"。8 月 2 日，余氏再赴董康宅所谈甚久，深夜始归。8 月 9、10、11 日，余绍宋陆续得知司法中枢人事内部安排：司法总长已定董康，大理院院长已定王宠惠。无论董康还是王宠惠，均与余绍宋关系密切。12 日，新任司法总长董康邀请余绍宋，"谓国务院电催其即日到任，邀与同赴署"；30 日，王宠惠来谈，请余氏劝说胡祥麟就任大理院书记官长；9 月 4 日，余绍宋早起赴大理院，访院长王宠惠，"为郑天锡事有所接洽"。经过此番人事变动，法界中枢人事暂时稳定下来。9 月 12 日中午，余绍宋赴中央公园，应司法总长董康、大理院院长王宠惠、修订法律馆总裁江庸三位法界巨头之联合"招宴"。值得注意的是，直皖战争引发的政局变动对司法系统中下层影响不大，很多人员依然在原位任职。

1920 年 8 月董康接任司法总长时，次长依然是此前的张一鹏。张氏经常请假（估计董、张二人有隙），故董康力推余绍宋代理次长，处理棘手部务，如皖系要犯"徐树铮之潜逃，连夜发电通缉，亦不可少之手续耳"，这是直皖战争善后事务，政治斗争自然延入司法事务。至 1921 年 3 月，余绍宋出任司法次长。

第四节　司法系统之"内外交困"

1921 年 3 月，余绍宋出任司法次长。这时期的北京政府，财政窘迫，欠薪常态化、普遍化，深刻影响着法界内外生态。1921 年 4 月 1 日，余绍

---

① 李新、李宗一主编《中华民国史》第 3 卷，第 515~516 页。

宋赴国务院，参加减政委员会会议，国务总理靳云鹏"宣布斯会宗旨，语颇沉重，谓大旨在裁兼薪、裁冗员、裁滥费……现在每月政费仍须一千三百万，必须减至五百万方能勉强维持"。随后，财政总长周自齐详细说明财政状况与原由所在。9月13日，余绍宋利用谒见总统时机，陈述司法官困苦情形，明确提醒"财政部久不发款，恐酿意外变故"，但没有任何作用。如遇到年节，各部长官日子更为难熬。9月15日，余绍宋在日记中写道："今日筹款事益急迫，以明日为旧历中秋也。"两月后，11月21日，余与司法总长董康谈论部事，"于部款之竭蹶，无不相对太息"；23日，余氏入署办公，"第一大事便是筹款"；26日，余出席国务会议，发现会议"无甚要事，仅闻各部向财政部索款而已"。在北京政府中后期，各部长官为筹款事宜身心俱疲，很多职位少人问津，中央政府更加弱化、虚化。具体落实到司法系统，不少人员"只有自行辞职，别谋生计之一法"了，曾任北京政府司法总长、法律修订馆总裁的江庸当时即注意到："各法院法官辞职而充律师或就商业者，颇不乏人，且多系优秀分子。"①

在经费窘迫之际，司法系统内部暗潮涌动，"法潮"迭起。1921年12月2日，余绍宋获悉京师高等、地方审检四厅又有"罢职之议"，余与"四厅长会商良久"，但巧妇难为无米之炊，最终"亦无十分好办法"，余心想："此四厅经费较他处拨付为多，而忽有此举，殊出意外"。司法总长董康"颇疑为有政治关系"，余亦以为然。次日，得知"厅员开会亦无甚结果"，余暂时喘了口气。12日，京师高等、地方审检厅四厅长来见，"仍为四厅经费，深恐年关无着，或仍起骚动，意欲将本京讼费留归厅用，藉以安众心，计非不善，特本部无活动余地，故尚未即允耳，讨论良久方散"；14日，京师高等、地方审检厅四厅长来，"要求将讼费截留归四厅公用"，余绍宋只能应允。19日，大理院、东三省法院来人，"率皆索款，恨不能应付也"。

在经费极端窘迫的情况下，司法系统内部矛盾不免激化。1922年4月11日，已不再担任司法次长的余绍宋听闻：京师地方、高等审检厅"因司法部缴还银行账簿事，开会筹对付方法，势甚汹汹"，京师地方检察厅检察

---

① 江庸：《撤废领事裁判权问题》，《江庸法学文集》，法律出版社，2014，第79页。

长梁宓（卣铭）因与司法总长董康"意见不合，坚辞职"，余感叹"司法部亦可谓多故矣"。20 日余氏又听闻司法部"大哄"，原因是"新次长有手谕颇严饬，部员遂鼓噪不服也"，余氏认为："部员何以能鼓噪，则饥饿致之也。"在如此情况，法界风潮愈演愈烈，5 月，京师司法界全体罢工。[1] 虽然已卸任司法次长，余绍宋对此仍很关注，且深感忧虑："此于地方治安甚有关，不仅收回法权有大碍也。"（5 月 11 日）虽然后来司法部又从财政部领取些微经费，司法机关部分恢复运转，[2] 但"法潮"并未停歇。[3]

北京政府时期，司法备受军政势力干涉似属常态，实际上，此中存在一个变动过程，在北京政府前期未必如此。1913 年 9 月出任司法总长的梁启超在致康有为函中言：司法部拥有较完整的用人之权，即使总统袁世凯也没有干预法部的用人事务，"从来未交一条子"；[4] 与梁启超搭档的司法次长江庸在 1921 年撰文曰：从前司法用人不受人干涉，今日用一地方厅长亦须听督军省长号令。[5] 这说明北京政府前期，司法受军政势力干涉并不明显，亦不严重。到北京政府中后期，国家文武结构失衡，中央地方权势易位，中央政府权威扫地，各地军阀坐大，司法系统外部生态亦随之不断恶化。1924 年浙江律师公会会长、余绍宋好友阮性存致余氏函中称：北京情形是"武力膨胀，法力无灵"。[6] 江庸也指出，北京政府后期，"军警肆意摧残（司法），毫无顾忌"，职是之故，"司法机关如异乡之过客，寡妇之幼子受人凌辱，无可告诉"。[7] 曾任北京政府司法总长的林长民，于 1924 年也撰文指出：司法权更加式微不振，缘由是"攘于外人者百之几，委之行政官者百分之几十，剥夺于军人豪右盗贼者又百分之几十，所谓真正之司法机关者，其所管辖曾有几何？有力之人处心积虑，更随时利用或摧残之。司法得自保

---

① 《京司法界总辞职呈》，《申报》1922 年 5 月 17 日，第 7 页。
② 《京司法界恢复办公》，《申报》1922 年 5 月 20 日，第 7 页。
③ 《京司法界罢工已和缓》，《申报》1923 年 9 月 11 日，第 7 页。
④ 丁文江、赵丰田编《梁启超年谱长编》，第 441 页。
⑤ 江庸：《撤废领事裁判权问题》，《江庸法学文集》，第 79 页。
⑥ 阮毅成：《记余绍宋先生》，《传记文学》第 18 卷第 2 期，1971 年 2 月，第 58 页。
⑦ 江庸：《撤废领事裁判权问题》，《江庸法学文集》，第 79 页。

其独立者实在无多"。① 有学者认为，北京政府前期，虽然政局扰攘不安、社会经济紊乱，但"司法独立"原则仍保有形式上的尊崇，并以 1919 年刘豫瑶案为例，分析这时期法界与地方军政当局的关系之演变：1919 年冬，湖北督军王占元、省长何佩瑢借口本省高等审判厅厅长刘豫瑶徇私枉法，擅自委任督军署军法课长程定远暂代厅长，并派兵拘押原代理厅长陈长簇，劫夺厅印，为民国以来地方最高军政长官联手干涉司法行政的嚆矢。由于该案性质极其恶劣，随即招致北京政府司法部与湖北高等审判厅的群体反击。双方围绕司法行政等问题往复申辩，最终以中央政府介入调停和司法独立原则获得重申而告结。②

　　问题是，这仅是开始，随着司法外部生态恶化日甚一日，如此（甚至更恶劣）事件层出不穷，这在余绍宋日记中有着明显体现。在 1921 年余绍宋担任司法次长的仅九个多月时间里，全国各地军政势力干涉司法事件大面积发生。余绍宋 1921 年 3 月 31 日记，"得范之杰挟王占元信胁迫部中欲夺用人事"，余氏"大怒"，虽然司法总长董康颇为迁就，仍存"优容之意"，但余氏内心对此"殊不谓然"，并担心"自此湖北司法不能办矣"。4 月 2 日，"范之杰来辞职，文甚倨慢无礼，因决去之，许其辞职，继任者颇难得其人，奈何？" 4 日，"为鄂厅长继任问题"，余氏极费心思。湖北如此，河南亦然。1921 年 7 月 13 日，"徐文龙来述吴佩孚在洛阳干涉司法，甚无理"；15 日，"萧露华来述吴佩孚干涉司法事益甚，因有调王铭鼎与之互任之令"。8 月 1 日，余绍宋接到黑龙江高等检察厅检察长易恩侯的密函，"知黑督（黑龙江督军）吴俊升又干涉司法，甚且无理撤换该地检长王泳，阅之发指"，余斥曰："此类武人，真是无理可喻。" 9 日，"因龙江地检长不容于吴督"，余绍宋被迫将龙江地检厅检察长王泳与营口地检厅检察长对调；同日，"又因新调洛阳地检长王铭鼎不能到任，改与延吉地审长李煜俊对调"，余氏坦言："凡此皆以军人关系故，非得

---

① 林长民：《题辞》，《法律评论》创刊号，1923 年 7 月 1 日，第 4 页。
② 张海荣：《北洋初期司法界与湖北军政当局的矛盾与抗争——以刘豫瑶案为例》，《北京社会科学》2016 年第 8 期。

已也。"8 月 11 日，王泳自黑龙江来京访余，"谈吴俊升种种横暴干涉司法等事"。

军政势力干涉司法，其实尚不算最严重的事情，最严重者乃直接捕杀司法官员。1921 年前后，围绕东省特别区法院问题，司法部与东北军政当局（张作霖等）几经交锋，风波迭起。1921 年 8 月 4 日，余绍宋到部办公，忽然得知"杨玉林（东省特别区法院长官）忽于昨日为奉军司令部捕去不释"，余"不胜悲愤"，当即电令奉天高等审判厅厅长单像升设法解救，余心思："董公（司法总长董康）前此对老张（张作霖）可谓恭顺已极，犹复有此举动，真气得死人。此事关于司法总长面子，且观董公如何应付也。"次日，各方"均以杨玉林被逮事来商"，董康"仍取镇定态度"，不久获悉，杨玉林已被释放，"然法院威信已扫地无余矣"。问题是，东北军政当局干涉司法事件并未结束。8 月 30 日，"老张又来电干涉东省法院，竟欲将法院判定之案提去自审，种种不合法举动令人难堪"，在余绍宋看来，此事"非痛驳不可"。9 月 2 日，"张巡阅又来电须提人往奉，此事愈闹愈糟矣"。5 日，余绍宋得知杨玉林再次被捕事件。如此状况，导致司法中枢不仅大失面子，而且无法向各地派出人员，司法工作无法开展。向东省法院派人，极为困难，"林文伯来，坚不欲返哈（尔滨）任，劝之无效；黎世澄又来，不欲就怀宁地审长任，劝之无效。用人之难如此！"司法行政推展之难，可想而知。事实上在北京政府后期，奉系势力壮大并逐渐掌控中央政权，已经基本不把司法部放在眼里了，不时对中央实行"司法独立"，张作霖还堂而皇之地利用东北"民意"来说事，谓："（东北）三省司法独立，纯为便民利民起见"，"三省为自治区，主权在民，民意如此，予固又能违背？"[①]

司法外部生态持续恶化，到北京政府后期，多次发生惨杀司法官员事件。1925 年 12 月 26 日，余绍宋得知，山东高审厅厅长张志（易吾）被该省督办张宗昌枪毙，缘由未明；余感慨万千，"斯人而得斯结局，真可慨叹"。28 日，余绍宋赴大理院，"商议对付张宗昌枪杀张易吾办法，决定先

---

① 《奉天省对北政府实行司法独立》，万仁元、方庆秋主编《中华民国史史料长编》第 18 册，南京大学出版社，1993，第 1069~1071 页。

由司法部去电严词诘问"。司法部所能做的,也仅是"去电严词诘问",实无他法。张志被军阀惨杀,作为军阀野蛮干涉司法的典型事件,在国内外影响极为恶劣,可谓臭名远播。在列强主导的《调查法权委员会报告书》第三编中专门列具"军人之干涉"一节,其中特别讲到"山东高等审判厅厅长张志案":1925 年 12 月 5 日夜间,山东高等审判厅厅长张志在省城济南住宅被该省军政长官命令逮捕,"谓有通敌嫌疑,翌晨不经审判程序,立予枪毙(该厅长枪毙后,该省军政长官派其陆军裁判所之审判长继任)",并提及对于该案,"未闻有侦查起诉及何等处分"。① 次年 3 月,余绍宋第二次出任司法次长,23 日张志之弟张仲来见,"述易吾死事甚惨,几不忍闻",余氏所能做的就是"令办恤案",并派张仲暂在司法部监狱司办事,"俟有典狱长缺出即令补充"。司法官员被军阀捕杀,可见北京政府后期司法外部环境之恶劣已达极点。

军阀是造成司法败坏的元凶,不仅是余绍宋等法律职业者的看法,列强也注意到这点,《调查法权委员会报告书》用大量篇幅表述、分析军阀对司法的蛮横干涉,"现在中国普通法律之施行,其重要之障碍,军人干涉政府机关,其一端也。此等军人之领袖,常统率所属军队从事于国内战争,对于其所管辖地方内之人民生命、自由、财产,几操有无限之权,除少数特别机关,例如海关委托外人管理者外,其余中央及各省机关官吏之任免,军人得直接或间接为之";"军人干政及于司法,以致司法独立为之危害,此种异常举动,常借戒严以为口实……政府财政权为军人所握,法院经费遂不能不仰给之矣"。②

学界论及北京政府时期法制建设之艰难时,往往归因于军阀干涉、财政窘迫、人才难得等外部因素,此固属事实,不过,司法系统内部问题亦不可忽视。现代司法讲求专业性,易于构成一个相对独立、自治(或封闭)的内部系统。在强调专业化、职业化、共同体的同时,司法系统内部容易产生各种各样、盘根错节的关系网络,如师生、僚属、同校、同乡地域等关系(此非司法系统独有,其他部门亦然;亦非中国独有,各国皆然)。余绍宋

---

① 《调查法权委员会报告书》,法律评论社,1926 年 12 月,第 165~166 页。
② 《调查法权委员会报告书》,法律评论社,1926 年 12 月,第 164~165 页。

就曾多次参与、主持司法官考试与选拔。1913 年 11 月，司法部公布《甄拔司法人员准则》，意在甄拔合格司法官员，甄拔事务由甄拔司法人员会（由法律界高层级、资深人士组成）执行，① 此时刚刚进入司法部任职的余绍宋即位列该会成员。② 在日记中，余绍宋多次记载其与司法官应考者之交往。1918 年 1 月 4 日，周文滨、翁振书来拜见余绍宋，余在日记中写道，"周为四叔绍介，翁为爽弟绍介，皆来京应司法官考试者"；15 日，"司法官开始试验"；20 日，余阅读部令，知被委派为"司法官再试典试委员"。随后数日，不断有考试合格者来拜见余绍宋。2 月 3 日，杨鸿钧、周翰来见，"二人皆此次考试合格者"；4 日，董琦、王德懿来见，"此二人亦系考试合格者"；5 日，"周文滨、汪鸣豫（法官考试及格者）来见"。此外，余绍宋还长期在各法政学校任教，门生众多，余氏后来自述："余在南北诸大学任教席者垂二十年，及门颇众。"③ 随着时间的推移，这种师生关系逐渐衍生出司法系统内部复杂的人脉关系。从日记所见，常有不同人等请求余绍宋调任岗位等事情，余氏每次离京外出，这些门生故旧即来拜会请客，所有这些不能不影响司法系统内部的人事安排与运作。

余绍宋尚不能说是法界最高层人物，门生故旧并不算多，若是那些最高层级的人物，如王宠惠、罗文干、董康、江庸等人，门生故旧遍布天下。从清末到民初，经十余年发展，司法系统内部关系网络愈来愈大，亦愈发复杂，自然影响了司法事务本身。在 1922、1923 年"罗文干案"中，法界这种复杂的门生故旧关系网络发挥了极为重要的作用，很多是负面、晦暗的。有学者研究指出：与近代历史上绝大多数刑事案件不同，围绕罗文干案的"官司"不只在通常意义的原告与被告之间展开，在双方的争执中，一些本属"裁判"的京师地方检审职员也卷入其间，使罗案在很大程度上异化成以国会和张绍曾内阁为一方，以罗文干连同整个"法界"作为另一方的官司，后者既是被告，又是法官，这种局面从一开始就在很大程度上决定了罗

---

① 《甄拔司法人员准则》，《司法公报》第 2 年第 3 号，1913 年 12 月 15 日，"法规"，第 7～9 页。

② 《司法部甄拔人员会成立情形》，《申报》1913 年 12 月 16 日，第 3 版。

③ 余绍宋：《司法储才馆同学录序》，《余绍宋集》，浙江人民美术出版社，2015，第 251 页。

案的最终结局。这表明：罗案中的被告（罗文干）与京师司法界根深蒂固的利益关系决定的司法取向，已难以逆转。① 在北京政府被推翻后，这种司法系统内部复杂的关系网络延入国民政府，有人就观察到：1927 年后，国民党虽然执掌了全国政权，但司法界基本上还是"晚清及北洋政府司法界的班底"，代表人物就是王宠惠、董康、罗文干、江庸等人，他们在北京政府时期司法界地位很高，拥有大批的故旧门生，掌控着法界。② 1930 年代，国民党中央党部秘书王子壮也观察到："以吾国司法界深闭固拒，于本党政府之下而处处有反党之事实，不一而足，以此司法来自北平，已自成派故也。"③

第五节　"断不可使法界亦卷入政治风潮"

军阀干涉、财政窘迫等外部生态恶化是法界靠自身力量无法解决的问题，内部利益关系网的滋生也是法界不易解决的。1920 年代中国，诸多领域政治风潮不断，如工潮、教潮、学潮等，整体而言，当时中国各行各业日渐政治化，那么，法界中人如何面对且因应这一时代的政治泛化？

1919 年 5 月 4 日，学生运动爆发，余绍宋在寓所开画会（宣南画社），未知悉此事。次日，余早起看报，知前一日之学生运动，"章仲和负重伤，曹汝霖住宅被毁，惟陆宗舆毫不受损害"。"五四"能成为"运动"，与研究系（梁启超、林长民等人）暗中策动密切相关，④ 同属研究系阵营的余绍宋显然对此事不知内情。5 月 6 日，余绍宋听说，前日学生运动时"军警界多有赞成者，学生肇事时，警察悉袖手，并有称快者，又闻商会亦不平，若不将所捕学生释出，将有罢市之举，可见众怒难犯"。学生走上街头进行斗争，留在学校上课者自然不多。数天后，学生逐渐回校上课，10 日，余绍

① 杨天宏：《法政纠结："罗文干案"的告诉与检审》，《近代史研究》2016 年第 5 期。
② 金沛仁、汪振国：《CC "党化司法"的实质及其经过》，柴夫编《CC 内幕》，中国文史出版社，1988，第 195 页。
③ 王子壮：《王子壮日记》第 2 册，1934 年 10 月 22 日，台北，中研院近代史研究所，2001，第 150 页。
④ 邓野：《巴黎和会与北京政府的内外博弈：1919 年中国的外交争执与政派利益》，社会科学文献出版社，2014，第 96～99 页。

宋到法政学校授课，发现"学生渐多，不似前日萧条矣"。同日，余绍宋阅报得知被捕"学生已交法庭"，对此，余氏"甚不赞同"，原因很简单——"将来法庭必陷入困难之境也"。

与此同时，听闻北大校长蔡元培已出走，余绍宋预感"此风潮一时恐尚不能平也"。不少学生再次走上街头，5 月 12 日，余赴法政学校，发现"学生不知何故又罢课，遂未上堂"；次日，法政学校"学生已上课"，余绍宋入司法部后，京师高等检察厅代理检察长尹朝桢（尧新）来告："学生已全体自首。"14 日，余绍宋赴法政学校授课，17 日法政学校又停课，学生运动反反复复，余氏感觉到："学生举动如此，亦大可忧也。"19 日，法政学校"自本日起即停课，以免学生要挟"。28 日，余绍宋得尹朝桢电话，获悉"政府有示威运动，相与太息"。31 日，余绍宋到同仁医院看在学生运动中负伤的法界要员章宗祥，章氏"一口咬定，此番学生暴行，由于政党挑拨"。源于北京的学生运动，6 月逐渐扩展至全国。6 月 5 日，余绍宋日记载："连日学生风潮愈闹愈大"；由阅报得知"政府已软屈，殆受上海罢市风潮之影响而然，然亦太无脸面矣"。9 日，听闻"政府对于被捕学生极意逢迎，并闻以汽车送其归校"，余氏感叹："昔何倨，今何恭，真可笑可叹也。各地罢市风潮未息，又有罢工风潮，宜政府之恐惧矣。"6 月 10 日，余入署办公，即听闻"总统及内阁皆有辞职事"。五四学生运动影响政局，显而易见。需注意，法界中人如余绍宋等，甚不赞成将这一带有明显政治性质之运动导入法律渠道加以解决，因为这必使司法系统"陷入困难之境"。

1921 年 4 月 20 日，上海地方审判厅厅长戚运机赴京，拜见司法次长余绍宋，当天余氏记："谈此番选举诉讼事，[①] 连日为此事与各方面接洽，上海厅判决无效本无不合，而政府以恐牵动全局，故要余设法维持，余故知政

---

① 此次上海选举诉讼事件大概如下：1921 年 3、4 月，上海地方审判厅受理一桩选举案件，原告是杨春绿律师，被告是上海县知事沈宝昌，案由是沈宝昌及其部属在上海众议院议员选举当中舞弊。几经辩论，后将案子呈送大理院，大理院发回上海地方审判厅重审，最后宣判，确认选举无效。见《选举诉讼开庭纪》，《申报》1921 年 3 月 15 日，第 10 版；《选举诉讼案辩论终结》，《申报》1921 年 3 月 27 日，第 10 版；《选举诉讼案之昨讯》，《申报》1921 年 4 月 5 日，第 10 版；《选举诉讼案判决书全文》，《申报》1921 年 4 月 17 日，第 10 版；等等。

府苦衷者，然法律俱在，要亦不可枉也，故周旋其事颇觉为难。到大理院，与潘由笙（即潘昌煦，时任大理院刑事庭庭长，代理院务）谈此事甚久。"次日中午，余绍宋赴国务院，"先见靳总理与谈上海选举事，颇能了解"。当天下午，"因命戚运机来，告以政府苦衷固宜体谅，然法律万不可曲解，事关法院威信，断不可使法界亦卷入政治风潮，再三叮咛，且命其即日回沪"。30日，余再赴大理院，"仍与潘由笙谈选举法事"。由此可见，司法机关在法律与政治之间纠葛中艰难生存。常言道"小事讲法律，大事讲政治"，余绍宋在此案中的立场，代表了法界中不少人试图超越政治的态度，如其日记所言："余故知政府苦衷者，然法律俱在，要亦不可枉也"；"事关法院威信，断不可使法界亦卷入政治风潮"。众所周知，选举乃现代政治运作之常事，若出现问题，一般诉诸法律途径解决，但此类案件通常会让司法机关深感棘手难办。

北京政府中后期，欠薪遍及各个部门，教育系统也是如此。1921年春，北京各学校工资再次停发，"教联"推举马叙伦（夷初）等人为代表前往国务院、总统府请愿，无甚效果。国立八所院校教师愤然总辞职，学生上街游行，支持教师"索薪"斗争。6月3日，数千名教职员、学生奔赴新华门总统府请愿，提出立即释放被囚学生和教育经费独立等要求。请愿过程中，马叙伦等人遭到总统府卫兵阻拦和殴打。胡适在当天日记里写道："夷初血流满面，犹直立大骂。"① 另据马叙伦忆述："被打得头青脸肿"，"虽不曾流血，血却瘀积在脑上，时时发痛"。② 此事件后来持续发酵，影响很大。余绍宋是马叙伦好友，也关注此事，余氏记："今日教职员为教育基金事入新华门请愿，闻为卫队殴伤多人，马夷初、王维白、毛子震辈皆在内，并闻受伤均甚重。"身为司法次长的余绍宋立即意识到："此事又须使司法界为难。"次日，余与司法总长董康一道声明："此次学潮，法界宜持公平冷静态度，绝对不为政府之傀儡，亦绝对不迎合社会的思潮，庶几司法事业不至牵动。"显而易见，面对政治性案件不断涌入司法机关，余绍宋等人还是力

---

① 曹伯言整理《胡适日记全集》第3册，1921年6月3日，第85页。
② 马叙伦：《我在六十岁以前》，三联书店，1983，第68、69页。

图维持司法不受政治事件牵连。

中国现代法制改革肇始于清末新政时期。经由丙午官制改革等，很多旧式律法人员转身成为现代司法人员，与此同时，伴随着留洋教育和国内法政学堂的勃兴，清末时期，中国逐渐形成一个中外新旧交杂的法律职业群体。清末留日法政毕业生余绍宋即其中一员。

辛亥鼎革之后，余绍宋于民国二年入职司法部，位列参事。自此开启余氏在北京政府时期的十多年法界生涯。长期身处民国北京政府司法中枢，且两度出任司法次长的余绍宋，亲身经历了该时期司法建设的起伏变动。余氏日记载述了法律界的人际网络、日常交游等丰富信息，亦呈现了"内外交困"中司法建设的曲折、变动过程。

余绍宋之所以能进入司法系统，与其进步党的党派政治背景、留日法科毕业人员身份，以及与梁启超、江庸等人深厚的人脉关系密切相关。虽身为现代法律技术官僚，余绍宋亦保留不少传统文人特性，余氏交游网络中以法政新人为多，但不排斥传统的律法旧人。余绍宋供职于多个法律机构或组织——司法部、大理院、文官高等惩戒委员会、司法官惩戒委员会、修订法律馆、法权讨论委员会、北京法政专门学校、法学会等，正是这些机构与组织，使得法界各方保持着事务、信息沟通与应酬交往。

经过十余年的发展，清末时期品级较低、资历尚浅的法政新人，到民国北京政府中后期，逐渐成为法律界的中坚力量。面对张勋复辟引发国体变更，法界中人群起辞职，明显意识到自己所从事之法律职业源于共和制度，由此亦见法界人士对民主共和之认同。由直皖战争引发政局变动时，司法中枢人事随着派系斗争、起伏而变动，但司法系统中下层变化不大，具有相对的稳定性。正是基于法律职业之关联，法界中人逐渐产生职业意识与"圈子"意识。当原本不属于法界圈子内的"他者"，如程克、薛笃弼等人进入法界时，圈内者如余绍宋等人，自然会防范、抵制、抗争，由此引发法界内外的生态变化，利益、派系、理念之争随之而来。这些也从反向证明了北京政府时期法律界确实存在"圈子"意识。

言及北京政府司法建设之艰难时，学界多归因于军阀干涉、财政窘迫、人才难得等外部因素，此固属事实。不过，余氏日记呈现了更为复杂的司法内外生态的变动过程：北京政府前期，军政势力干涉司法并不明显，亦不严重；及至中后期，随着国家文武结构失衡，中央地方权势易位，各地军阀分立，财政窘迫等，司法外部生态严重恶化。外部生态的恶化，不仅导致司法运转严重不畅，而且引发了系统内部暗潮涌动，"法潮"迭起。值得注意的是，在强调专业化、职业化、共同体的同时，司法系统逐渐形成相对独立、自治（或封闭）的内部生态，产生各种盘根错节的关系网络，对法制建设来说，这些多半并非积极因素。由此而言，北京政府中后期的司法系统可谓"内外交困"。其实，这也是北京政府中后期政治、社会状况在司法领域的体现。

1830、1840 年代，法国学者托克维尔在《论美国的民主》一书中有一句名言："在美国，几乎所有的政治问题迟早都要变成司法问题。"[1] 这或许代表法国学者对美国的理解（误解），事实上未必如此；退一步讲，即使当时如此，百多年后的今天也未必如此。其实，长期以来，美国最高法院秉持不受理"政治问题"之原则。[2] 面对 1920 年代中国的运动迭起、政治泛化，在司法系统内外生态不断恶化之际，不少法律职业者，如余绍宋等人，依然坚持"断不可使法界亦卷入政治风潮"。这在当时可能不被社会大众所理解与接受，但从长远看来，依然彰显其专业眼光、职业操守与价值追求。

---

[1] 托克维尔：《论美国的民主》上卷，董果良译，商务印书馆，1991，第 310 页。

[2] 美国国务院国际信息局编《美国法律概况》，金蔓丽译，辽宁教育出版社，2006，第 151 ~ 153 页。

第七章　变动时代中一位司法官的职业之路

众所周知，对社会的研究不能简单"解散"为对每个个体的研究，因为社会一旦形成，便有了自身的逻辑。不过，检选某些有价值的个体进行研究，可以加深、细化对社会的认识，至少在微观层面如是。个体生命史的研究即是在如此认识背景之下进入研究者的视域中，"书写生命是对自身生命的行动，个人生命是局部的文化，经由个人生命的书写与建构，整个文化及社会之建构才有其可能。社会之改造要从个人之生命建构开始"，"在生命书写的历程中，个人能与周遭的人物、事件、历史、社会产生联系，进而产生历史感和大我归属感。'人'即是'人的历史'。'人的历史'即是'人'。透过书写生命史，开放了'自身'及未来"。① 从这个角度而言，很多人的生命都有其特别之处，值得书写。另外，对于读者来说，通过阅读、体认他者的生命来反观和省思自我的生命，可以更好地理解自己与他者，以及各自存活其中的社会与文化。

落实到本课题研究，若能在史料允许的情况下，通过考究某个司法官的个体生命史，以及个体与现代中国法治、社会的某种互动与纠葛，那么，一定程度上可以弱化甚至避免那种只有宏大叙事而缺乏细化、只见制度丛林而不见个体身影的研究。本章试图在这方面做些探索，追寻一位司法官的职业之路，并试图走进其内心世界。

本章论说的主人公谢健（1883～1960），字铸陈，祖籍四川荣昌，出生于贵州贵阳。祖上累世耕读，其父亲谢鸿章（后改名谢得龙）为湘军将领。谢健自幼随父迁徙，接受私塾教育，打下了较好旧学功底，并初涉新

---

① William Mckinley Runyan：《生命史与心理传记学——理论与方法的探索》，丁兴祥、张慈宜等译，台北，远流出版公司，2002，"译者序"。

学。光绪三十年（1904），负笈扶桑，凡六年，主攻法政。宣统元年
（1909）归国，执教于湖北官立高等巡警学堂等学校，同年八月赴北京参
加游学生部试，获法政举人。宣统二年三月，再赴北京参加游学生殿试，
考取二等，分发大理院民科行走，不久回鄂创办湖北私立法政学堂，旋即
任汉口地方检察厅检察官，后调任湖北高等审判厅刑庭庭长、武昌府地方
检察厅检察长。

武昌起义之后，谢健赴沪，任上海司法署正裁判员，不久改为上海地方
审判厅民庭庭长，兼初级审判厅监督推事。1913 年夏天，在江浙执行律师
职务（此前已领取湖北军政府第一号律师证书），同时，在中华法政大学、
民国法律学校兼职。1914 年下半年返鄂，出任襄阳第二高等审判分厅监督。
1915～1924 年数度出任县知事，其间，1922 年皈依佛门（居士），追随太
虚法师。南京国民政府成立后，谢健任戴季陶私人秘书。1928～1934 年，
任国府秘书。1934 年出任司法行政部常务次长，抗战爆发后去职。1938～
1942 年为参政员，其后，在重庆、江苏、上海等地重操律师业务。1949 年
赴台，继续执业律师，1960 年去世。

本章写作运用的主要材料为《谢铸陈回忆录》，该回忆录是谢氏自
1959 年 3 月开始口述（其时 76 岁），由友人笔记、整理、校订而成。写
回忆录之主要目的，在谢氏看来有二：一为其喜读笔记、游记、小说、传
记、回忆录等；二为"充稗官野史之资料，供世人茶余酒后之谈助"。①
综观该回忆录，除去其中些微的前后矛盾之外，总体上可信。② 职业之路
的书写虽然与传记有一定的相通之处，但在此，笔者无意把谢健的职业之
路书写成为谢氏的传记，而以法律职业为视角，通过对几个相关问题的追
问，来探寻其司法官职业之路的变动，由此窥视中国现代法律职业者的某
些共相。

---

① 谢健：《谢铸陈回忆录》，台北，文海出版社，1973，第 1 页。
② 谢健回忆录中的某些矛盾之处，例如，湖北高等审判厅成立时间是宣统二年还是三年，回
忆录第 42 页与第 32 页的记载有矛盾；还有，和作者有世交的黄石安，第 50 页记载为最高
法院刑庭长，而第 78 页记载为最高法院院长，有出入。这也是回忆录作为史料的常见问
题。

第一节　法政教育与法律职业

　　谢氏一生，与"法政"密切相关，这缘于其接受法政教育。那么，首先要考虑的问题是其如何走上法政之路。考究于回忆录，可得知些许蛛丝马迹。在1901年以前，谢氏基本上是在父亲的"荫庇"下成长，随父迁移，由于谢父为武职人员，[①] 也多少接受了一点武人习气，同时，谢父也延聘私塾老师，重视对儿女的文化教育。1901年谢父过世，此事在谢健的回忆录中虽未多着墨，但比较此前与此后的变化，可知此事对谢健的个体影响甚大。按湘军传统，谢健继承了父亲的职位，但仅七个月即去职。关于这次去职，谢健没有提及原因，按常理推测，可能是谢氏身体不好（此前一年，发现咯血），可能是谢氏无心于此，也可能是背后关涉权力斗争。至于到底原因何在，囿于材料，无法深究，这也不是此处探讨的重点，但可以肯定的是，父亲过世对其影响很大。谢氏不久就回到故里，与胞兄"析产分居"，"我交卸襄河水师时，并售出襄河住宅，余下数百金，决心继续读书"。[②] 于是，谢健赴上海，参加爱国学社。[③] 在台北的中国国民党党史馆所藏吴稚晖档案中，保存一封谢健致爱国学社负责人的信函，系告知自己近况、经历、学历及欲入爱国学社就读等内容。兹抄录如下：

蜀西谢健顿首再拜谨上书

　　学社总理先生大人尊前：

---

① 谢父本为农家孩儿，后成长为湘军将领，再到张之洞手下"提督"的发迹过程中，亦可窥见现代中国军事活动的频繁和中国社会的"武化"过程。

② 谢健：《谢铸陈回忆录》，第17页。

③ 爱国学社成立于1902年11月。上海南洋公学部分学生因不满校方对自由的压制，愤而退学。1902年11月，中国教育会决定建立爱国学社，以帮助这些学生继续接受教育。校址为上海南京路福源里，以蔡元培为学校总理，吴敬恒为学监，黄炎培、蒋智由、蒋维乔等为义务教员。学社注重对学生灌输民主主义思想，同时作为革命活动联络机关，爱国学社为辛亥革命培养了不少革命人士。1903年6月"苏报案"发生，爱国学社亦受到牵连，不久被迫解散。李新、李宗一主编《中华民国史》第1卷上册，第128～130页。

健侨寓鄂垣，向在博文书院，宗正学堂肄业。迩者鄂中大吏，任顽固之私人，发骑墙之谬论，严禁学堂购阅新编译书报，务使普被奴隶之教育而□已，健不能堪，舍而他适。侧闻海上为维新志士所聚集，而先生为新学巨子，以提倡学术为己任，爱国学校教法之美，莫之与京。是吕敝业师朱虹公师，自沪函招，束装到此，欲图入堂肄业，匪直为西天计，实欲列先生之门墙，以为荣也。乃昨日到社询问，知以额满不收矣。然而反环顾他处，实无尊社之美备，欲暂候下次招生，无如旅费维艰。再四思维，故以面渎尊前，望念健数千里负笈之诚，破格准予自备资斧入堂附学，以候下次招生或候补入缺额，庶远来学生不致彳亍无所适如。想先生胞与为怀，必不遇拒。主恐西文班次参差，健曾习西文半年，尚可赶上本年新班，一同肄业。如蒙允许，乞于明晨面知，当于午间上谒。即有碍难允许之事，亦祈示知，实深感祷。专此。

敬颂

箸安！

学生　谢健　叩

寓宝善街大吉巷新悦来栈楼上，附邮费半分。①

参加爱国学社，是谢健第一次涉入革命圈子，对其此后的生命历程影响很大，大致包括接触革命话语和思想，以及结识革命人物，如蔡元培、章太炎、吴稚晖、邹容等，并经历了苏报案事件。此前，回忆录中未提及"革命"二字，此后，"革命"在回忆录中多次出现。

总体而言，上述事件只是间接影响了谢健的法政人生，揭开谢氏走上法政之路的序幕，并且真正对其一生有重要影响的是在日本留学的六年（1904～1909），可以说，留日六年，影响了谢健的一生。在日本六年，谢健先后就读过五所学校：铁道预备学堂（与田桐同学）、日本警监学校（与陈其美同学）、清国留学生会馆所办的日文班（与秋瑾同学）、日本法政大学法政速成

---

① 《谢健致吴稚晖函》，台北，中国国民党党史馆藏吴稚晖档案，档案号：06154。

科第二班、日本大学。从法政人养成的角度，分析谢氏此六年时间的经历，大致可获得以下三方面信息。

一　法政教育

谢健的法政教育，主要是在日本大学修习的，谢健晚年忆述："日本大学为夜课学校，每晚上课三至四时，学年共为三年。"在日本大学学习法科，"那时这个学校，是东京有名的六个私立大学之一（其他五个是早稻田、法政、中央、庆应、明治），校长是松冈康毅侯爵，教授有冈田鸠山、新渡户牧野等，都是日本的法学权威。所以中国同学很多，约千人以上"。这六所大学的法科教育，早稻田大学、庆应大学（可能也包括中央大学）一般被认为是较好的，其他则相对较差。谢健就读的日本大学成立时间较晚，于 1889 年由当时司法大臣山田显义（1844～1892）创立，1903 年改制为日本大学。日本大学的中国留学生教育起步颇晚，中国校友人数也因此不及法政、明治、早稻田等校，这使该校毕业生先天就缺少互相援引的机会。虽然日本大学后来也借由开办速成班或夜校来吸引中国学生，但这种浮滥招生的方法，使得该校的教育质量备受质疑，造成该校毕业生日后就业的困难。日本大学的中国留学生毕业回国后，积极申领律师证书，说明该校毕业生在中国法界也不受认可，多方碰壁，这也从反面说明该大学的教育质量颇受质疑。① 由此可见，当时日本的法政教育存在诸多问题，而且在不同学校表现不同，至少在中国人眼中如此。从谢氏回忆录中对日本留学期间的记载来看，并未过多提及其学习内容（可能根本就不值一提），同时，谢健透露了"自费生大都很穷"，这也对留日法政学生的学习质量有所影响。

二　革命倾向

从现有文献记载和研究成果来看，虽不能说留日学生个个都有革命倾向，但当时革命排满的激进倾向是较为明显的。谢氏在回忆录中特别述及一

---

① 孙慧敏：《从东京、北京到上海：日系法学教育与中国律师的养成（1902～1914）》，《法制史研究》（台北）第 3 期，2002 年 12 月。

事件——与孙姓同学官费生的一场唇舌之争，此事还"为当时留学生所熟知"，从中可知当时留日学生的革命排满情绪。其事梗概如下：

> 清国留学生会馆日文班，约有学生三四十人，请有两位日籍教员教授日语，晚间上课，属于补习性质。某晚，教员在黑板上写出，"明为清太后万寿，休假一天"字样。正当革命空气高涨之际，对休假事，自然群表愤慨。我（即谢健，引者注）邻座一孙姓官费生，在国内大概是属于主事一类的官员，同学仅一二月，当即问我，教员所写为何。我气愤之余，乃告之曰："教员所写，是你们大清国皇太后万寿休假。"孙大不高兴说："你这话甚怪，如何可称为你们的？"我气愈甚曰："不是你们的，难道是我们的。"孙问："你为何国人？"我曰："中国人。"孙再问："皇太后为何国人？"我曰："不知道。"孙曰："你不像中国人所讲的话。"我曰："我正是中国人所讲的话，你才不是。"孙曰："你将交公使馆解送回国，名片给我。"我曰："名片没有，给笔与我，写给你。"此时女同学，秋瑾、陈撷芬（苏报案主角陈梦坡的女公子）、刘健雄三人出面，每人都与孙一名片曰："此话我们也讲过，一并报告公使馆可也。"我于是便斥之曰："满奴，汉奸，揍他……"，孙见情势不妙，仓皇离去。众旋问我，何不以名片与之。我曰，随身未带。当即赴揭示处写上，"谢复夏，中国四川省荣昌县人，法政速成科二班及日语夜班学生，请速报告公使馆押送回国，顷闻人言，汝为旗籍，果尔，则亦无怪，李陵之言曰，尔为汉臣，安得不云尔乎，乃公当知汝族之狼狈，姑不计较可也。"后知孙某并非旗籍。此事终无结果，秋瑾以是曾相过访。①

这虽属事后之回忆，不排除其中有些许不实之处，且从这个"故事"中可看出，谢健未必在理，但他博得满堂拥护，明显可见此时谢氏及留日学生的革命排满倾向。其实，在清末新式学生中，此乃一种总体的思想倾向。

---

① 谢健：《谢铸陈回忆录》，第22~23页。

三 人脉资源

留日期间，谢健结识了很多人，在晚年还能忆及的有田桐、陈其美、秋瑾、陈撷芬、刘健雄、胡政之、裴钢、戴季陶、杨子鸿、楼岑、张伯烈、王用宾、金范澄、平钢、萧子材、谭桓士、金锐新等，其中不少人成为中国现代史上之名人。

这些人物在谢健的一生中扮演了重要的角色，其中特别重要的有：陈其美，辛亥革命后谢健在上海的诸多司法活动得益于陈氏的支持；戴季陶，南京国民政府时期，谢健无论是担任国府秘书，还是在考试院当差，抑或是为官司法行政部，戴氏一直是其重要上级和人脉重点所在；王用宾①，1934~1937 年谢健出任司法行政部常务次长，部长即王氏，两人关系非同一般。所有这些人物，都是谢健在日本留学时结识的，这种复杂的人脉网络关系，在谢氏以后的法律职业生涯中不时得以体现。在回忆录中，谢健坦言：1913年之后，他在江浙等地律师执业中的"熟人网络"，均可见其人脉资源在执业中的作用。例如，谢健为律师时，接手一桩在松江的姚姓死刑案件，"其时松江的地院院长袁希濂为我日本法政大学同学，检察长朱书楼，亦素识"。② 此案结果如何，谢氏未提，亦可暂且不论，但当时法界的各种人缘网络，审判员、检察官、律师等之间的熟人关系，自然不能不影响司法执业。

第二节　职业的多变与反复

法律人的造就，源于接受现代法政教育，就谢健而言，留日学习法律之

---

① 王用宾（1881~1944），字太蕤，山西猗氏人。1904 年赴日，先入盐仓铁道专科学校攻读铁道工程，后考入法政大学法律科。1905 年加入同盟会，并担任东京及山西同盟会支部长。1912 年运城光复，任河东兵马节度使兼民政长。1913 年 3 月，被选为第一届国会参议院议员。1917 年南下护法，1922 年被委派为国民党山西支部筹备部长，1925 年任河南省长公署秘书，代行省长职务。1928 年夏，任国民革命军南路军总参议，11 月初，任北平政治分会秘书长，12 月，当选为南京政府第一届立法委员兼法制委员会副委员长。次年，兼任法制、财政两委员会委员长和考试院专门委员。1934 年，任司法行政部部长，抗战爆发后去职，任公务员惩戒委员会委员长。1944 年 4 月病逝于重庆。参见徐友春主编《民国人物大辞典》，河北人民出版社，1991，第 47 页。

② 谢健：《谢铸陈回忆录》，第 44 页。

后，便是其法律人生的开始。但这位法律人的职业转变，与现代中国的变动有点相似，显得多变与反复。

结束为期六年的东洋生活，谢健于宣统元年归国，回到湖北武汉，受聘于湖北官立高等巡警学堂，教授民法和高等警察学，此外，兼任中学国文教员。同年八月，谢健请假赴北京参加游学生部试，得法政举人。次年三月，再度赴京参加游学生殿试，考取二等，分发大理院民科行走（相当于后来的书记官，如三年满俸，可截取道府），因俸禄微薄，到差后即请假回湖北。可见即使京城的司法职位也不足以吸引人，待遇还不如教书谋生。不久，谢健即着手创办湖北私立法政学堂，任该校监督，开湖北私立法政学校之先声。

与此同时，湖北各级审检厅开始筹办，此过程的核心人物为梅光羲①。清末各级审检厅的成立，从权力角度来看，把从原先掌握于行政官之手的司法权划分出来，对于行政官员来说，他们手中的权力受到分割和限制，自然不乐意，因此，司法权独立首先受到行政官的抵制。② 在谢健看来，湖北各级审检厅的筹设，得益于梅光羲的个人背景和能力，他能与行政官周旋，并逐渐树立新式司法机关的威信。谢健的司法活动也得益于梅氏的支持，参与梅氏主持的筹建湖北各级审检厅，1910 年前后，谢健出任汉口地方检察厅检察官，"这是我第一次入司法界"，但在汉口检察厅任职不到两个月，就被梅氏调任高等审判厅，担任刑庭庭长，其后，又奉调武昌府地方检察厅检察长。

从谢氏在清末的职业来看，他留洋归来，凭依自己的法政学识，身兼法政教员、司法筹建过程中组织活动者和司法官，虽具体角色有别，但毕竟都

---

① 梅光羲（1879～1947，一作 1880～1947），字撷云，江西南昌人。光绪二十三年举人，1903 年留学日本，先入振武学堂和早稻田大学。回国后历任湖北提法使等职，兼任湖北法政学堂和湖北高等巡警学堂监督，筹办各级审检厅。民国建立后，历任教育部秘书长、山东高等检察厅检察长、江西高等法院院长等职。从 1907 年起，随杨仁山研习佛学，潜心《大乘起信论》等要典，是中国现代著名的佛教徒（居士），著有《相宗纲要》《禅宗法要》等。参见陈玉堂编著《中国近现代人物名号大辞典》（全编增订本），第 1133 页。

② 关于这点，时任奉天高等审判厅厅丞的许世英有同感。许世英：《许世英回忆录》，第 100 页。

是在法政系统之中。在清末，这大概是多数法政人的职业选择了。①

武昌起义爆发后，谢健与原先担任湖北高等检察厅检察长的黄庆澜（涵之）等人一道来到上海，参加陈其美领导下的"革命工作"。黄氏任上海司法署司法长，"这是民国上海司法独立第一声"，谢氏任正裁判员，前汉口地方审判厅厅长戴邦桢任副裁判员（为何赴上海，回忆录中没有说明）。不久，司法署改为上海地方审检厅，黄庆澜任审判厅厅长，谢健任民庭庭长。② 这是谢氏第二次为司法官，但为期甚短。

1913 年夏天，谢健辞去法官职务，在江浙等地从事律师业务，为期一年多。在当地，谢健是颇有声名的律师。③ 同时，谢健在中华法政大学、民国法律学校兼职任教（伍廷芳任校长，谢健教授"民法总则"年余）。1914年，因为旧友关系，湖北教育厅厅长汤化龙特保谢健担任县知事。但谢健回武汉后，却应湖北高等审判厅厅长周昭村之邀，被委派至襄阳开办第二高等审判分厅，出任监督，这是谢健第三次出任司法官。但是，"分厅差事穷得可怜，每月薪水只有二百八十八吊钱，许多事感到棘手"，连应酬都无法应付。因此，谢健在襄阳分厅只待了数月时间，即转任县知事。1915 年，谢健出任湖北秭归县知事（当时秭归为三等县，全年赋税库银只有八百两），为期一年多。1917 年 8 月，调任黄陂县（二等县，全年赋税库银约八千两，强于秭归。是民国大总统黎元洪故里，素以难于治理而著称），从 1917 年到1924 年，谢健三度出任黄陂县知事，时断时续，前后达六七年之久。晚年忆及，谢健说道："我有生之年，将永不会忘怀黄陂，至于黄陂对我如何，则非所计较了。"

从黄陂县知事卸任后，谢健到汉口重操旧业——律师，这段时间"可述的事情极少"。仅一两年后，即结束律务，随同世交友人（孙厚在，亦为佛教徒）到上海任职于卷烟统税局，这段时期"成绩平平"。从回忆录来

---

① 关于清末法政人的职业分布和活动，可参阅程燎原《清末法政人的世界》下篇部分"法政人的'普遍化'：清末法政人的分布与活动"。

② 《地方审判厅职员表》，《申报》1912 年 1 月 13 日，第 2 张第 3 版。

③ 《律师公会开会纪》，《申报》1913 年 6 月 30 日，第 10 版；《律师会议消息》，《申报》1914 年 1 月 18 日，第 7 版。

看，谢氏这时期的生活似已比较困难了。

民国北京政府时期，谢健徘徊于司法官、教员、行政官（县知事）、律师等职业角色之间，转换频繁，其中担任行政官（主要是县知事）时间最长。

南京国民政府成立后，谢健的职业生活变化甚大。1928 年冬天，谢健在南京遇到戴季陶（戴为谢在日本认识的挚友），任戴之私人秘书。此次遇见，开启了其后二十年与戴季陶的密切关系。从 1928 年冬天到 1934 年底，谢氏一直为国府秘书。初入国府，按文官俸给表，月支简任三级俸五百二十元，两年后升到一级，支俸六百七十五元。此时，谢健还与考试院有千丝万缕的关系（因戴季陶长期任考试院院长）。1932 年 12 月，谢健还兼任政务官惩戒委员会主任秘书（司法院所辖公务员惩戒委员会只主管事务官惩戒事务，而不涉及政务官部分）。

1934 年底，应司法行政部部长王用宾之邀，谢健出任司法行政部常务次长（任职时间为 1935 年 2 月 21 日至 1937 年 12 月 16 日，[①] 同时兼任考选委员会专门委员），直到 1937 年抗战爆发后，王用宾去职，谢氏也随之去职。[②] 据谢健回忆，当时的司法行政部经费颇多，"经常有汇解到部的讼费状费，故存款多达百万元以上。请领律师执照费，后来加到每张一百八十元，亦为一笔大收入。因此，为一般别具用心者所争欲取得原因之一"。

抗战期间，1938～1942 年，谢健担任国民参政会参政员。离开参政会后，谢健在重庆重操律师业务。抗战时期是谢氏一生中律师执业最好的时期，"直到抗战结束那几年里，经常白天出庭，深夜撰稿，除了咯血老毛病发作，卧病休息，总是忙得不可开交"。[③] 抗战胜利后，1946 年，谢健回到上海和南京等地执业律师，"经常仆仆风尘，于京沪铁路快车中"。此时"时局动荡，较之抗战初期，气象迥异，颇为烦忧"。[④] 此后，到谢健去世

---

① 刘寿林等编《民国职官年表》，第 635～636 页。

② 据时任国民党中央党部秘书王子壮的观察，司法行政部部长王用宾、常务次长谢健均是戴季陶方面的人物。《王子壮日记》第 4 册，1938 年 1 月 4 日，第 374 页。

③ 谢健：《谢铸陈回忆录》，第 121 页。

④ 谢健：《谢铸陈回忆录》，第 124 页。

（含赴台后），一直为执业律师。

综观谢健一生，职业角色何其之多，或为法政教员，或为司法官（推事、检察官），或为律师，或为行政官（县知事、国府秘书、考试院官员、司法行政部常务次长），或为参议员，等等，其转换甚为频繁，有的职业角色还有数度进出，如为司法官，就三度出入（1910～1911年在武汉、辛亥革命后至1913年在上海、1914～1915年在湖北襄阳第二高等审判分厅），但从法律人生角度而言，执业时间最长并为最后职业归宿的是律师——法律自由职业者。司法官职业的多变与反复，一方面，反映了现代中国的动乱，未能为司法官提供较为稳定的工作岗位；另一方面，反映了司法官职业对特定群体（主要是法律人群体）来说，没有多大吸引力。① 这从一个侧面反映了中国现代法治建设的某种艰难处境。

第三节　执业"片段"之解析

为何只对谢健法律职业生涯的某些"片段"进行解析，而非全部？主要是囿于材料。这问题背后关涉的是史学研究与史料的关系问题。对此问题，史家陈寅恪曾曰："吾人今日可依据之材料，仅为当时所遗存最小之一部，欲藉此残余断片，以窥测其全部结构，必须备艺术家欣赏古代绘画雕刻之眼光及精神，然后古人立说之用意与对象，始可以真了解"，否则，对言说背景不甚了解，常以现在之意推测古人意志，往往会造成"其言论愈有条理统系，则去古人学说之真相愈远"。② 职是之故，尽量收集完备的史料，是史学工作者的职责，也是历史研究的前提。具体到此处的论说，如果能拥有谢健司法执业的全部（或大部）史料，对其做长程的追踪研究，那堪称一项上佳之研究，但受制于材料，无法做到。在回忆录中，谢健还是留下了他执业生涯的片段记载，后来者可根

---

① 苏力教授对1990年代司法官员的研究，亦证明这点。苏力：《送法下乡：中国基层司法制度研究》，中国政法大学出版社，2000，第346页。

② 陈寅恪：《冯友兰中国哲学史上册审查报告》，《金明馆丛稿二编》，三联书店，2001，第279～280页。

据这些材料进行"片段式"的解读（力避过度诠释），以窥中国现代法治实态之一斑。

一 司法的能动倾向

在清末时期，谢健一度出任武昌府地检厅检察长，他忆述："那时收了前武昌府的积案甚多，除有告诉告发人的案件，督率检察官侦办外，尚有许多无头命案及抢劫重案，尚未破获的，本来应由江夏县知县捕快捕缉，法院并不负破案之责。我那时年轻气盛，任事甚勇，就招集先君一般缉捕旧部，成立特别司法警察队，捐俸发给川资，上溯川江，下达宁沪，购线悬赏，随地侦缉，结果多数命盗案件，由这些干部破获，一一起诉审判厅，处以应得之刑。当时鄂省舆论觉得洋学生也还能与老州县一样的办命盗案，颇有出乎意外的好评。""我喜欢微服入市访问民情，有时大街上遇有恃势欺人的事情，往往取出司法警察指挥证，指挥岗警，逮捕现行人犯，这是审判方面的同事所不能做的事。有时引起行政当局的反感，好在梅公（即梅光羲）兼提法使，总督甚为信任，他又曾任巡警道，一般治安当局都甚敬佩，梅公既加支持，他们虽然不满，也只好腹诽而已。"① 清末时期，新式司法事业刚刚起步，处于一种试行、摸索状态，即使处于首善之区的京师检察人员也感叹："法律不备，办事鲜依据，即形式亦难渐进文明"，"检察职务，同僚多未谙习，临事每有龃龉"。②

谢健还特别回忆在武昌任内的一桩案件（让人在数十年后还能记得，说明此案有其特别之处，故印象深刻）。案件梗概如下：江苏严家为武进望族，有严氏中子，以县佐在鄂候补，娶妻甚美。严纨绔失学，听鼓多年，并无差使，好在祖业尚丰，常由原籍收租易款，汇寄供用，生活亦尚优裕。其表兄韩某，亦鄂省候补微员，私于严妻，其日用生活，均取之严宅。严某庸懦惧内，任其所为，亲族及江苏同乡目视严氏财产窃运殆尽，都不服气，但是本夫无办法，外人也不能越俎代庖。检察厅的主簿张源

---

① 谢健：《谢铸陈回忆录》，第 38 页。
② 冈田朝太郎等：《检察制度》，郑言笔述，中国政法大学出版社，2003，郑言所作的序。

生，也是严某的表亲，谈起来叹息不已。任职检察厅的谢健也觉得不平，恰巧严某到厅告诉，谢健到了半夜，带了法警，并调集警察多人，由严某引路，到他家逮捕奸夫淫妇。到了严家，严妻同韩某并卧客厅炕上吸鸦片烟，遂捕回厅中讯问。韩某及严妻均坚决不认奸情，盗运财物，亦无证据。严某见妻，即局促不能言，几乎要不承认告状。这时，谢健也感觉此事做得有些冒失，姑且收押。次日再问，仍无供证。结果韩某按职官吸烟，依清律处徒刑二年，其候补从九品，呈提法司转督署咨部革职。严妻吸烟，处八等罚。

事后，谢健认为："此案幸而目睹男女为吸烟的现行犯，以烟具为证，依法分别处刑，不然通奸虽有本夫告诉，但并无确证，窃运财物，因严某平时纵容无帐可稽，也不好办罪。虽然此案轰动一时，武昌官场，尤其是江苏同乡，咋舌称快，严妻经过这一场风波，也就与韩某断绝往来，严某家庭得以安全。"谢健反思道：如此处理此案，不甚稳妥，"未免有些鲁莽从事，几乎无法收拾，这也是少年好事的一种教训"。①

从上述案情，不难解读出如下信息：（1）该区域谢父曾经任职过，谢父过世之后，谢健本人也曾短期代理，对该地方各方面情况均较为熟悉，对作为司法官的谢健来说，这是司法过程一种可资利用的资源，但同时也正是此资源造成了司法中未能依法执事的情况；（2）按相关的司法章程规定，审判、检察处于对等地位，界限分明，相对于司法权的"消极"而言，检察权则颇为"积极"，检察官职权很大，可指挥司法警察，对审判的监督颇为认真，"不听见有审检两厅不和常常闹别扭的事情，似乎比现在制度，要好得多"；（3）司法过程能否得到相关人物的支持甚为重要，谢健当时司法所为，就得到湖北提法使梅光羲的支持与信任，所以相关方面虽有反感，也无可奈何。

总之，在谢健的司法行为中，可以看出当时司法的某种"冲动"，即"司法积极能动主义"，而这与现代司法理念的"司法消极主义"颇有相悖之处。不可否认，该案件中，有相当多是谢健个人因素在起作用（如年少

---

① 谢健：《谢铸陈回忆录》，第 39～40 页。

好事），但这种司法"积极能动"倾向——用法律、司法积极干预社会——很可能是当时中国司法界的普遍现象。①

二 司法改革的速成倾向

清末湖北开办各级审检厅分为两期，第一期开办审检厅后，② 第二期计划逐渐于各县普遍设立审检厅。因需要法官、书记官数量很多，法政专校的毕业年限甚长，缓不济急，当局计划开办法官养成所，短期速成，一年毕业，以便第二期法院成立分派职务，梅光羲对此主张甚力。而谢健认为期限太短，未免粗制滥造，建议毕业期限至少以两年为准，但最后还是按照梅光羲的意思办理。法官养成所开办四所，每所学员二百人，学员每人每月学费十元，全年学费于入所时一次收足，谢健认为："这是一个虐政，每一学生，要一次交银元一百二十元，家况寒微的，简直没有办法，借贷典质的甚多，我无法匡正，内心自疚。"各所讲师由该所所在的学堂教授兼任，如此快速培养法官，问题丛生。晚年谢健对此仍然耿耿于怀："把法政专门学校三年的功课，缩成一年，无论怎样赶工，也难造成一个法政人材，还不是从前日本替中国人办的法政速成科一样的，毕业学生，略知一二法政门径而已。"辛亥革命之后，这四所学校合并改为法律专科学校，学生学习三年毕业。③

从清末湖北各级审检厅的筹设（特别是第二期）来看，明显地表现出一种"求快""速成"的态势。其实，这与清末变制救国——试图用引进新

① 苏力教授在研究中国当代基层法官时，指出："基层法院的法官常常不严格坚持'不告不理'的司法原则，而会主动干预一些问题，只要这些问题对于纠纷解决具有重大意义。"苏力：《送法下乡：中国基层司法制度研究》，第 275 页。可见整个现代中国的司法积极干预社会应该不是零星的、偶然的、个别的。

② 第一期主要是成立高等审判检察两厅，梅光羲任审判厅丞，黄庆澜任检察长。武昌、汉口、沙市、宜昌四处设立地方、初级审检厅各一所。审判员养成所毕业学员的州县班派推事、检察官。佐杂班派典簿（书记官长）、主簿（副书记官长）、录事（书记官）。地方审判厅厅长、检察长，一半是调用京、津、奉天的法官，一半是留学东西洋法政学生充任。实体法是用《大清现行律》（由修订法律馆将《大清律例》删改而成），程序法是用《各级审判厅试办章程》。谢健：《谢铸陈回忆录》，第 32 页。

③ 谢健：《谢铸陈回忆录》，第 40~41 页。

制度（西方的）来拯救中国（或清政府）的总体趋向相关。在此，司法制度作为救国"工具"，被移植到中国，而新的司法制度是否能像其在"原产地"社会文化背景中那样地产生效能，则不被人们所关心。

三　革命中的"落后"事物

晚年谢健忆述民初（辛亥革命至 1912 年之间）办理的一桩案件，大致如下：上海南市小天台和尚声名不佳，经人告发，当地裁判分所裁判员审理结束，逐僧封寺，并加没收。寺僧不服，遂上诉。谢氏审理此案，觉得裁判分所的处置未当，饬其恢复小天台原状。[①] 谢批示的大概意思是："胥天下之庙宇而尽予没收，胥天下之僧尼而尽予还俗。痛快诚痛快矣，其如国法何，其如人权何。"[②] 此案可解读出以下几点信息：（1）在国体变更之时，人们对以前旧物（甚至是人们观念中丑陋的、落后的事物，实际上未必如此），如僧尼等，颇有变革的要求，如裁判分所的裁决。（2）谢健对该案的驳正所凭依的法理是现代国家法制理论中的"国法""人权"等，这显示了现代法制理念在民国初年的流布和国人的渐次"引用"。（3）司法在此时，到底是改造社会，抑或维护现状？从该案中可见，有改造的一方面，如本案的第一审，也有维护的一方面，如本案的第二审，并非一边倒，所以从清到民国的过渡时期，司法未必尽是改造社会，而是两者兼而有之。

四　司法界的纷争

1913 年前后，上海地方审判厅一位叫任琴父的推事，在外吃花酒，事闻于江苏高等审判厅厅长杨荫杭，适逢司法改制，上对下可以命令行事，杨荫杭遂以命令警告任琴父，并深饬地方厅厅长黄庆澜约束部属不周，黄对杨

---

① 案件过程可参考《和尚控诉南市裁判所》《小天台上诉案之批呈》《穆警务长调停小天台事》，《佛学丛报》第 1 期，1912 年 10 月 1 日，"佛教之新闻"，第 1～8 页。

② 谢健：《谢铸陈回忆录》，第 41～42 页。谢健在该案的批呈上所写之原文为："胥天下之人，皆以囚犯，胥天下之营造物，咸予没收，快意诚快意矣，其如国法何，其如人权何。"《小天台上诉案之批呈》，《佛学丛报》第 1 期，1912 年 10 月 1 日，"佛教之新闻"，第 4 页。

甚为轻视，不予理会。谢健从旁甚觉不平，遂由谢氏撰稿，具黄庆澜之名还骂，油印散发江苏各法院，事情遂扩大。盛怒之下，杨荫杭下令上海地方审判厅全厅改组，厅长及以下通通撤掉。这时，检察官陈英以杨氏无理，签请司法部处理，司法部也派员查办此事。在谢健看来，在中央政府法制部门任职的章宗祥、曹汝霖因为与杨荫杭有旧交，竭力袒杨，司法总长许世英则主张秉公从事，两方争执颇力，结果由司法部下令斥杨荫杭措置失当了事。此事之后，上海地方审判厅厅长黄庆澜挂冠而去，谢健则仍执业律师。①

对此事，谢健的自我解释为"正当壮年，遇事喜动意气"，此外，亦可得知：（1）按相关法律规定，司法官本为终身官，如非特殊情况不得解职，但在特殊时期——如司法改制时期——上级长官可以下令撤掉下级司法官，下级司法官也可以对上级官长不予以理会，甚至签请司法部处理。（2）司法岗位的得来与辞去，司法官未必都很在意。黄庆澜只因对上司杨荫杭不满，一怒之下便挂冠而去，谢氏在此前也辞法官职。不难揣测，在这些法律人眼中，司法职位未必有很大的吸引力。（3）暂且不论此事个中的曲直和真相，但司法界的派系之别还是明显的，章宗祥、曹汝霖与杨荫杭即"一路人"。

五 律师与法官

抗战时期，重庆实验法院设在重庆仁厚场，谢健在此为执业律师。在回忆录中，谢健说道："四川的下层社会，脱离不了袍哥势力，当地的龙头大爷，对于介绍诉讼案件，也插一手，难免有包揽情事，黑幕自然更多。但在四川乡下当律师，非常受人尊敬。当事人来请托时，总是进门先送礼，母鸡一双，杂糖一包，最少免不了。开庭之日，先替律师叫好滑竿，当事人在轿前带路，到了法院，连我的听差小何，也由当事人在法院附近茶馆中泡上一碗茶安顿好，再随我出庭。人情味十足。不像在都市执业，完全生意经。所以我后来就是到了京沪，仍未忘仁厚场那段律师生涯。"当时在仁厚场法庭上的律师很敬业，"只听见雄辩滔滔，满口四川话，绝无冷场。明明输官

---

① 谢健：《谢铸陈回忆录》，第51～52页。

司，也要从豆腐里找出骨头来，滥缠一气，辩论到底。胜诉一方面的律师，自然话更多，末了，说不定加上一点四川特有的土幽默，让对方律师，甚或庭上的推事，哭笑不得"。"仁厚场的律师相当受人尊敬，实际生活也过得不错。可是司法官的待遇就惨了。在那小地方，就曾有这样的故事：当地法院的法官，在田塍上走，迎面一位律师坐了轿子冲过来，竟然把法官挤落到水田里。这是一个强烈的对比，事件虽小，含义却大，中国司法界何以不振，由来已久，待遇微薄，实为原因之一。法官落水，由小可以见大。"①

在中国，不管在都市还是在乡村，诉讼事务受到各方面力量的干预与纠缠，四川下层社会的诉讼就"脱离不了袍哥势力"。在一般人的眼中，乡村社会不甚需要现代法律与律师，其实不然。通过谢健的律师执业经历与感受，不难发现，乡村也需要现代法律，律师在不甚现代化的乡村并未受到排斥，而是"相当受人尊敬"的。律师与法官，均为法律职业者，然而其收入与待遇差别很大，"律师的轿子把法官挤落到水田里"，可为之写照，这是司法官职位长期缺乏吸引力的重要原因，也是中国现代法治的问题所在。由于待遇菲薄，不少司法官离职，造成司法人才的流失，而人才的流失又加剧了司法不良，颇成恶性循环之势。这种状况在民国时期曾长时间存在着，中国现代法律名人、曾任大理院推事和司法总长的江庸在 1920 年代就指陈："近年大理院以下各法院法官辞职而充律师或就商业者，颇不乏人，且多系优秀分子，如不早为预防，不惟司法无改良之望，恐贤者相率而去，惟不肖者滥竽其间，司法前途不堪设想。"② 在现代中国司法界，高层级机构司法人员保持较高水准，尤其是作为司法系统金字塔顶端的大理院，人员水准最高，③ 但是，中低层级机构司法人员水准则不尽如人意。1920 年代在湖北武汉等地执业律师的张肇元，就明显感觉司法官水准不高，尤其是初级司法人员水准较低，并认为"此乃我国司法之大病"，原因在于"司法经费不足，

---

① 谢健：《谢铸陈回忆录》，第 121～122 页。
② 江庸：《江庸法学文集》，第 79 页。
③ 详见本书附录十七。

推事检察官待遇太低，甚至难得一饱，于是能以自由职业维持生活的人，均不愿任推事检察官，若欲名律师任法官，更不可能"。①

六 不情愿的胜诉官司

谢健回忆在抗战期间，一位同业律师是谢氏执教湖北官立高等巡警学堂时的学生，其人素行不端，甚少往来，后他因烟毒受累，求援于谢氏。谢健时任全国律师公会理事长，不能坐视，而且志在必胜，除答应亲自为他出庭外，还从重庆邀了几位参政会时候的同人，都是当时鼎鼎大名的律师，到仁厚场助阵，结果胜诉。"这是我在仁厚场最不愿办而又尽力去办的唯一案子。"②

司法诉讼往往纠缠于法律与人情之间，很多情况下，人情可能会压倒"事实"与"法律"。此案件的当事人未必清白，但出于各种人情、关系等原因，谢健还是"不能坐视"，而且"志在必胜"，为此，谢健还调动他的人际网络资源和权威，确保官司取胜。公平、正义本是司法事业的精神内核，但那更多的是在理念表述中，实践中的司法往往夹杂着人情、关系等非公正因素。

第四节 内心世界：知识与信仰的分离

谢健的内心世界，除了法政知识之外，还有一种心灵上的慰藉与寄托——佛学，这在谢氏回忆录中屡屡提及，可见其在谢氏人生信仰和心路历程中所起的重要作用，尤其是在谢健中年皈依佛门之后。正如现代许多国人接近或皈依宗教一样，谢氏"与佛有缘"，受戒为居士，源于人生境遇不佳的一段时期。

1921 年，谢健第二次出任湖北黄陂县知事，此次任上，于公务上"无所建树"，但私生活"却发生了极度的变化"。谢妻病重，在妻病中，谢氏

---

① 张肇元：《张肇元回忆录》，台北，正中书局，1976，第 67 页。
② 谢健：《谢铸陈回忆录》，第 123 页。

常为之求神问佛，渐懂佛学之门径。谢氏周围的信佛者对其影响甚大，"县中的将军团（属北京将军府）人士，如赵南山、孙治平、应夔龙诸人多信佛，都与我素识。另外平常往还密切诸友人中，如黄庆澜、梅光羲①、沈尔昌均为佛门中人。由于这许多人的濡染、劝导，我夫妇逐渐起信"。谢妻于腊月初五去世，谢氏极度悲痛，"缘于世法上之情变，我悲痛欲绝。感人生之空幻，悟佛法之宏深"，② 在此情境与心境之中，精神"鸦片"成为必需。除了以上谢氏境遇的个人原因之外，当时社会与佛教思想正在经历着调试变化，这也是很多人士愿意皈依佛门的重要原因。③ 例如，当时著名实业家穆藕初在接触佛教之后，即"觉佛教可以纠正人心，安慰人心，使人提起精神，服务社会。本诸恶莫作众善奉行之主义，做了许多好事于世间，故余深信佛教于人生有大益"。④

在促使谢健皈依佛门过程中，太虚法师的作用甚为重要。当时太虚在各地做"巡回演讲"布道。1922 年 4 月 8 日，太虚在汉阳讲经后，被时任黄陂县知事的谢健邀请到黄陂讲佛法三日。太虚到黄陂县的影响很大，"民众空巷来观"，⑤ "外道受此影响，亦多改信佛教，道士纷纷削发为僧，各乡镇并成立念佛堂十余处"。谢氏不久即皈依佛门（太虚门下）。此后，谢健积极参与了太虚法师及现代中国许多佛教事务活动，⑥ 长达 20 多年，在佛法交流与私交方面，都与太虚关系甚笃。总之，谢健与"佛"结缘，源于那段时期悲凉的人生境遇，也与当时社会环境相关，同时得益于太虚这位"媒介冰人"。1947 年 3 月 17 日太虚圆寂时，谢氏陪伴在侧，悲痛万分，

---

① 梅光羲是中国现代司法界中有名的佛教徒（居士），梅氏与当时任职于司法部的余绍宋颇有来往。余绍宋认为梅氏佛学造诣高深，但感觉此人担任检察官并不适宜，《余绍宋日记》1921 年 1 月 12 日记载：梅光羲来长谈，"所谈皆佛学，余所未闻者颇多，撷云（即梅光羲）佛学至深，乃作检察官，殊非所宜耳"（余绍宋：《余绍宋日记》第 2 册，第 127 页）。

② 谢健：《谢铸陈回忆录》，第 62 页。

③ 陈兵、邓子美：《二十世纪中国佛教》第三章，民族出版社，2000。

④ 穆湘玥：《藕初五十自述》，商务印书馆，1926，第 92 页。

⑤ 释印顺编著《太虚法师年谱》，宗教文化出版社，1995，第 73 页。

⑥ 在回忆录中，谢健在皈依佛门之后的每个时间段里，基本都单独列出此时期的佛事活动，这反映了谢氏在皈依佛门后，对佛学信仰上的虔诚和佛学在谢氏人生历程中之重要地位。

自叹："我自先妻至游殁后，多年未为任何人哭泣，今则不能忍矣，痛哉。"①

太虚法师乃中国现代史上著名的佛教改革家、佛学家、思想家和社会活动家，他平生积极致力于改革传统佛教，弘扬佛教教义，创办新式佛教教育，参与思想论战，发扬了大乘佛教积极入世的精神。不可否认，他为中国现代佛教改革做出了贡献。然而，太虚这种积极入世态势所推动的佛教革新，使佛教与社会、政治等宗教之外的因素过多纠缠在一起，也招致许多批评，太虚就曾被称为"政治和尚"。在佛教内部，以园瑛法师为代表的保守人士对其也多有非议。谢健站在太虚的立场上——佛教革新，也主张适应新形势，革新佛教，故此，谢健对园瑛法师等人也颇多诋毁，谓之"老腐僧俗"。②

在跌宕起伏的现代中国，作为一位法律人，谢氏一生与法律知识"剪不断，理还乱"，法律知识和法律人角色在谢健生命历程中的重要地位不言自明。即使中年皈依佛门后，谢健依然离不开法律知识，皈依之后所选择的职业，或多或少还是与法律有关，特别是律师职业，从事律务一直到撒手人寰。但此时的法律知识和法律人角色，仅为一种谋生手段而已，不及佛学在其生命中的地位了。这可从其晚年的感言中获知，他说："历年我为律务出庭，常仆仆于台北台南新竹台中嘉义高雄屏东道途，昼夜不分，风雨无阻，意义何在，一言以蔽，鸡鹜争食而已。"③

此情此景，后来者无法确定在谢氏内心中是否失去了对法律的信仰，但可以肯定的是，法律不再能如佛学那样慰藉他的心灵，法律不再成为他生命中的"神明"了。而慰藉他心灵的是一种被部分人视为落后的、愚昧的传统东西——宗教。特别在谢氏晚年，每当念及两岸分离、亲友死去（许多挚友陆续亡故，自己的儿女，有的留在大陆，有的赴台，甚至有的先于谢氏亡故），颇多感慨，心境多凄凉。"独我此时尚偷息人间，回首前尘，每生

---

① 谢健：《谢铸陈回忆录》，第125页。

② 谢健：《谢铸陈回忆录》，第128页。实际上，园瑛法师个人思想并非一贯保守，其与太虚有着不错的友谊，许多主张、思想与太虚是相近的，当然，也有分歧矛盾的一面（陈兵、邓子美：《二十世纪中国佛教》，第47~48页）。

③ 谢健：《谢铸陈回忆录》，第146页。

感怆。"

1960 年 2 月 13 日，这位在中国现代史上不甚起眼的人物在台南撒手人寰。在谢健弥留之际，后人无法确知他在想什么。可能是想起早年负笈东洋的经历；可能是浮现着数十年的职业生涯，或为法政教员，或为司法官，或为律师，或为行政官，或为参政员，等等；也有可能是，在经历了多年的"身世茫茫老病贫"之后，想象起了虔诚皈依的佛教所描述的西方极乐世界。当然，所有这些只是后来者的想象而已，其可信度远不如这位老人在晚年对人生历程的自述：

> 自二十岁赴日留学，辗转研习法律，二十七岁毕业回国，次年以后，或为司法官，或为律师，虽不常厥职，综计不下三十年，而以晚岁连续执行律业连达十六七年为最久，我旦夕所磨砺以须者，亦有一"正义之剑"，问谁有不平之事，此剑非他，法律是也。尝持此为人间平不平，虽未尽称心，亦聊复快意。民国十年后，觉解脱世间痛苦，法律有时而穷，乃又转而求助于佛法，欲为此娑婆世界，另辟境界，自度度人，同登极乐，誓愿虽弘，根基有限，但求我佛慈悲耳。世间法也，出世间法也，过去所为，要不外于此。迁台以来，老病日甚，益无能为，但"晚年唯好道"五字，足以尽之。①

其实，现代中国的法律人，与宗教多有纠葛。除了谢健和前文提及的黄庆澜、梅光羲等人外，不能不提及的是现代法学名家吴经熊②——被称为"一位跨越东方和西方文明的奇才""二十世纪真正享有世界声誉的中国法

---

① 谢健：《谢铸陈回忆录》，第 146～147 页。
② 吴经熊（1899～1986），浙江宁波人，1920 年毕业于东吴大学法学院，同年留学美国密歇根大学法学院，获法律博士学位，旋即赴巴黎大学、柏林大学和哈佛大学游学。1924 年春回国，任东吴大学法学院教授，1927 年任东吴大学法学院院长，并从事司法实务工作，出任司法官，1929 年任上海临时法院院长。1933 年任宪法起草委员会副委员长（委员长为孙科），公布了著名的《吴氏宪草》。1938 年皈依天主教。1949 年后长期客居美国，直到1966 年后定居台湾，其间执教于多所大学和文化机构。著有《法律哲学研究》《唐诗四季》《超越东西方》等中英文法学、文学和宗教著作多种。

学大家"。面对传统与现代、西方与中土、法律与人情、理想与现实等多种矛盾与纠葛并存的中国现代社会，"当法律不足以慰藉心灵时"，吴经熊于1938年——法律人生的壮年时期——皈依了天主教，疏远了他早年所热衷的法律事业。① 在知识与信仰之间的纠缠，吴经熊与本章论述的主人公谢健有一定的可比性。

何止谢健如此，何止法律人如此，现代中国许多读书人又何尝不是如此？1929年4月，傅斯年（孟真）对胡适说："我们的思想新，信仰新；我们在思想方面完全是西洋化了；但在安身立命之处，我们仍旧是传统的中国人。"胡适评论道："孟真此论甚中肯。"② 胡适被认为是提倡西方个人主义和西学最热心的人，但是，在他的内心深处，即"安身立命之处"还是传统的。史家唐德刚就认为胡适是"三分洋货，七分传统"。③ 可见，现代知识人在何种程度上能突破传统，着实是个问题。那个时代读书人心中的矛盾与痛楚折射出那个时代的诸多问题。

在中国传统社会，士人（读书人）习读自己文化的经籍，由此产生的整套知识，其有别于现代知识。传统经籍在被士人习读的同时，多半也容易慰藉他们的心灵，内化为心中的信仰，外化为士人的言行举止，这种知识与信仰基本上是契合的。但是，伴随着西方文明扩张而来的现代知识，未必具有让国人皈依信仰的亲和力，这使国人的知识与信仰发生分离，呈痛苦状。从此角度考虑，现代（多半是西化的）的法政知识未必能给人以内心信仰，包括司法官在内的中国现代法律职业者产生心灵困惑，或多或少与此有关。

"法律必须被信仰，否则它将形同虚设"，西方法学家伯尔曼的名言揭示了法律与信仰的内在关联。值得补充的是，这一命题在现代中国的展开则与中国文化传统和现代特殊境况密切相关。诚如学者所言：我们的现代法律制度包括宪法、行政法、民法、诉讼法等许多门类，它们被设计来调整社会

---

① 关于吴经熊的这段弃法学转皈灵修的论说，参阅许章润《当法律不足以慰藉心灵时——从吴经熊的信仰皈依论及法律、法学的品格》，氏著《法学家的智慧：关于法律的知识品格与人文类型》，清华大学出版社，2004。

② 曹伯言整理《胡适日记全集》第5册，1929年4月27日，第581页。

③ 唐德刚：《胡适杂忆》，台北，传记文学出版社，1980，第37～54页。

生活的各个领域，为建构一个现代社会奠定基础，同时，它们也代表了一种精神价值，一种在久远的历史中逐渐形成的传统。问题在于，这恰好不是我们的传统。这里不但没有融入我们的历史，我们的经验，反倒常常与我们"固有的"文化价值相悖。于是，当我们最后不得不接受这套法律制度的时候，立即就陷入无可解脱的精神困境。一种本质上是西方文化产物的原则、制度，如何能够唤起我们对于终极目的和神圣事物的意识，又怎么能够激发我们乐于为之献身的信仰与激情？我们并不是渐渐失去了对于法律的信任，而是一开始就不能信任这法律。因为它与我们五千年来一贯遵行的价值相悖，与我们有着同样长久之传统的文化格格不入。①

　　本章论说的主人公谢健，是一位法律职业者。从谢健一生所从事的职业种类来看，显得多变与反复，这一方面反映了现代中国局势的不稳，未能为司法官提供稳定的工作岗位，更不用说法治所需的大环境了；另一方面也反映了司法官职业待遇微薄，对特定群体（主要是法律人群体）来说没有太大吸引力。若以从业时间长短来看，谢氏担任司法官的时间不算很长，而从事律师职业的时间最长。如果说司法官与律师都是法治领域内的工作者，那么这位工作者主要心思尚不在此处，灵魂还寄托于他处。谢健虽然只是中国开启现代法治进程以来千千万万法律职业者中的一员，未必有很普遍的代表性，但从其生命历程——速成式的法政教育、多变的职业生涯、皈依佛门、悲凉的晚景中，似乎隐约窥见了现代中国法治的某种难为（未必是不可为）。

　　一位法律职业者的个体职业之路，不仅显示了他本人的生命历程和职业样态，某种程度上，亦可反映那个变动时代中法律职业者的些许共相。

---

　　①　梁治平：《死亡与再生：新世纪的曙光》，《法律与宗教》代译序，中国政法大学出版社，2003。

第八章　司法官视野中的现代中国法制：
路向与功用

　　存活于一定时空中的人们，有其特定之心境，此心境必与其时代处境、社会问题、个人遭际等因素密切相关。晚清以降，国人无不面对着域外与本土、移植与再造、激进与保守、革命与改良等貌似二元对立、非此即彼，实际上是两者（或多方）并存、竞技、调适的问题。中国现代司法官——其中很多人也是法学家和学者——对此等问题，也有着多方位的思考和探求，他们的所思所求值得后来者驻足深思。本此问题意识，本章择取中国现代史上两位重要司法官，通过他们的视野来感受现代中国法制的时代境遇。

　　此二人为董康和许世英，他们都是清末司法改革的积极参与者，此间他们筚路蓝缕，孜孜以求。他们法律人生的顶峰是在民国北京政府时期，都曾出任北京政府的大理院院长和司法总长，他们位高权重，"站得高，看得远"，具有一定的典型性。二者的法律人生是丰富的，无法进行面面俱到的论说，鉴于此，笔者只择取他们视野中有关中国法制的路向与功用问题，加以考究与阐释。

　　董康（1867~1947），原名寿金，字授经（又作绶经、绶金），号诵芬室主人，江苏武进人。光绪十四年（1888）中举人，光绪十五年（1889）参加京师礼部会试，次年殿试，中进士，授刑部主事。1902年起，先后任法律馆提调兼京师法律学堂教务提调、宪政编查馆科员、大理院刑庭推事、大理院推丞等职。辛亥革命后东渡日本，攻研律法。1914年回国，历任大理院院长、修订法律馆总裁、司法总长、财政总长等职。南京国民政府成立后，董康先后任上海法科大学校长，东吴大学法学院院长，国民政府法官训练所教务主任、所长，并一度为执业律师。1933年冬重返北平，担任北京大学法科、国学研究所教授。于法律实务和学术研究均有创获，被视为法学大家。抗战爆发后，董康出任日伪政权伪职。抗战胜利后被起诉，但因病未前往，1947 年病逝于北平。董康除了是现代法律名人和政治活动家之外，^① 还是文化名人，其学术成就及于戏曲、诗词、藏书、刻书、目录学、古籍整理等诸多领域。^②

　　许世英（1873～1964），字静仁，号俊人，晚年别号双溪老人，安徽至德人。光绪十七年中秀才，光绪二十三年拔贡，考列一等，掣签分发刑部任事。1907 年 4 月许世英筹备东北各级审判厅，1908 年被任命为奉天高等审判厅厅丞，其主持下的奉天司法筹设建制模式成为清末司法改革的"模范"。民国建立后，1912 年 5 月，许世英被任命为大理院院长，7 月出任司法总长，至次年 9 月卸职，任职年余里，对司法各项改革多有创获，此为许氏司法生涯（而非政治生涯）顶峰时期。此后，许氏作为皖系重要人物活跃于政治舞台上，直至 1925 年 12 月出任段祺瑞执政府的国务总理，次年 5 月下台，避居上海。南京国民政府成立后，许氏任赈务委员会委员长，为期 8 年。1936 年 2 月出任驻日大使，至 1938 年 1 月回国，再次主持全国赈济事务。抗战胜利后，出任蒙藏委员会委员长。1949 年移居香港，后赴台湾，任"总统府"资政。1964 年 10 月病逝于台北。^③ 遗有《黄山揽胜集》《闽海巡记》《天南鸿雪》等著述。

---

① 董康生平及其对中国现代法制和法学的贡献，可参阅何勤华、魏琼编《董康法学文集》编者前言；华友根《董康生平事迹述略》，华友根编《董康法学文选》。

② 董康是现代法律史研究的热门人物，相关史料整理与研究成果如下：何勤华、魏琼编《董康法学文集》；华友根编《董康法学文选》；田涛《沈家本、董康与法制改良的悲剧》，《第二法门》，法律出版社，2004；张伯元《董康与法律文献整理——〈书舶庸谭〉读后》，何勤华、魏琼编《董康法学文集》附录三；陈新宇《向左转？向右转？——董康与近代中国的法律改革》，《法制史研究》（台北）第 8 期，2005 年 12 月（陈文中提出"董康问题"，颇耐人寻味）；华友根《中国近代立法大家：董康的法制活动与思想》，上海书店出版社，2011；等等。

③ 沈寂：《许世英生平》，安徽政协文史资料委员会、东至县政协文史资料委员会编《许世英》，中国文史出版社，1989；陈家林：《许世英拔贡前后史实小考》，《安庆师范学院学报》（社会科学版）1993 年第 3 期；等等。就笔者阅读所及，法史学界对许世英之研究，尚付阙如。

第一节　西方与东方：法制改革的路向

民国二十四年（1935），年近古稀的董康——一位亲历了中国现代法制改革历程和重重政治风潮的老人——在回顾现代中国法制改革时，留下了以下文字：

> 前清团匪事变，国家锐意修订法律，愚承归安沈寄簃预知遇，令提调其事，尔时实为沉浸欧制最力之一人，亦为排斥礼教最烈之一人。改革后忝厕政府者十余年，服役社会者又十余年，觉曩日之主张，无非自抉藩篱，自溃堤防，颇忏悔之无地也。①

一位法界老人，晚年颇为"忏悔"，是何缘故？因为在他看来，其此前所主张和从事的中国法制改革事业走错了路向，无异于"自抉藩篱，自溃堤防"，能不痛心！

董康早年即签分刑部，开始刑曹生涯，在晚清法界名宿薛允升、赵舒翘、沈家本等人的指导和提携下，研习律学和从事司法实务。1901年之后的清末新政，启动了中国现代司法改革，当时董康为沈家本的左膀右臂。清末修律中，董康"痛斯积弊，抱除旧布新主义，所拟草案，如《法院编制法》、《民律》、《商律》、《强制执行法》、《刑律》、《民刑诉讼律》，俱采各国最新之制。凡奏折公牍及签注辩论，其中关于改革诸点，阳为征引载籍，其实隐寓破坏宗旨"。这些新法遭到劳乃宣、张之洞等人的反对，引发"礼法之争"，"当时引起新、旧两党之争，被人攻击，亦以余与归安沈公为最烈，且屡列弹章"。② 在争论中，董康坚定地站在沈家本一边，对礼教派的指责，以"新律不违礼教"为由，为新律逐条辩解，③ "几于舌敝唇焦"。④

---

① 董康：《前清司法制度》，《法学杂志》第8卷第4期，1935年。
② 董康：《民国十三年司法之回顾》，《法学季刊》第2卷第3期，1925年。
③ 李贵连：《沈家本传》，第340～342页。
④ 董康：《中国修订法律之经过》，何勤华、魏琼编《董康法学文集》，第463页。

在当时的董康看来，中国法制改革的路向是"俱采各国最新之制"，用当下流行话语表述即"与世界接轨"，向西方学习是董氏法制改革的目标。

然而，在民国十年、十一年前后，董康的思想发生了重大变化。不妨看看董氏此时的言论：

> 自欧风东渐，关于刑法之编纂，谓法律论与礼教论不宜混合。鄙人在前清从事修订，亦坚执此旨。革易后服务法曹者十年，退居海上，服务社会又若干年，觉有一种行为。旧时所谓纵欲败度者，今于法律，不受制裁。因之青年之放任，奸宄之鸱张，几有狂澜莫挽之势。始信吾东方以礼教立国，决不容无端废弃，致令削足就屦，叠承谆谆垂询……若不以礼教为之范围，大之则国与国争，扩充列国七雄，前后五代之战祸，生灵被其涂炭，反召他笔之侵侮。小之则人与人争，彼行邪说，冈辨是非，重演泽水猛兽之实祸。四民生业，为其根本动摇，虽有善者，亦复无如之何，以东方今日之情形，为谋社会之安宁，宜维持家之制度，而家之制度，舍礼教无第二法门。由是言之，明刑弼教，在今日尤宜严格励行。[①]
>
> 论吾国法系，基于东方之种族，暨历代之因革，除涉及国际诸端，应采大同外，余未可强我从人。[②]

查阅董康这时的言论，不难发现其与董氏先前的言论差别很大。实际上，早在1914年，董康就曾提议暂时恢复传统的就地正法制度，宣传秋审制度，1915年他参与制定的《第一次刑法修正案》，里面就多见"礼教"的影子，可见董康如此思想在民国初年即已略显端倪，[③] 只是尚未凸显出来。而此重大转折出现在民国十年、十一年前后，是何缘故？

流变本是人生思想的一大特性，这种特性，局外人一时也难以做到"同情之了解"。先听听董康的自我解释，他说：

---

① 董康：《刑法宜注重礼教之刍议》，何勤华、魏琼编《董康法学文集》，第626、637页。
② 董康：《民国十三年司法之回顾》，《法学季刊》第2卷第3期，1925年。
③ 陈新宇：《向左转？向右转？——董康与近代中国的法律改革》，《法制史研究》（台北）第8期，2005年12月。

　　至纂修事业，须经历二之时期：一、知新时期。凡成就必由于破败，即法律何莫不然。为表示改革之决心，荟萃各法案，甄择所长，无论何国皆然，不能执以为起草者之咎。二、温故时期。民族随生聚而成习惯，故成王之诰康叔，于文轨大同之日，犹许用殷罚殷彝，此出于经验后之认定，不得嗤之为墨守旧章。①

　　其实，这又何止法制领域，现代中国人向西方学习，大体也遵循这一历程，即先知新后温故：早期大量引进西学，"欧风美雨驰而东"，但到一定程度后（加之各种因缘，如欧战），开始反思东方与西方，西方未必都是优长，东方未必尽是劣短，乃开始"温故"。

　　综观董康此时的言论，他对中国法制的路向有如下审视：

　　（1）重审中国法制的西化路向，强调情、理、礼教、习惯等因素对建构中国法制之重要性。晚年董康对传统法制中的情、礼、俗等之研究与阐发，用力颇深，并试图做到中西会通。在论及欧美的减刑制度时，董氏曰："今欧美等减刑委员会，康虽未调查其内容，推其组合之本意，无非就法与情二者之间，调剂其平，将来如有是项会议之设，宜并采旧制精神也。"②董康初仕法曹时，即参与秋审事务，他精研秋审精神，认为秋审是给死囚一个重新复核审理的机会，这是中国传统司法中矜刑慎杀理念的体现，对这一精神的把握和自己法曹实务的经历，使他对传统刑罚有深刻体认，认为其中包含着很多合理因素，并与欧美减刑制度相比照（不排除有某些牵强附会之处）。不妨阅读董康论说法制与情、理、礼教、习俗等关系的一些文字：

　　欧战告竣，一切法律，悉随社会为转移，而社会基于各本国之惯习，自不待言，则新旧定向，已经改易。前之所谓新者，视同土饭尘羹。所谓旧者，等于金科玉律。民国十二年漫游英伦，调查其司法系

---

① 董康：《从吾国社会实际需要略论刑法》，《国立北京大学社会科学季刊》第 6 卷第 1 期，1936 年。
② 董康：《论秋审制度与欧美减刑委员会》，《法轨》创刊号，1933 年 7 月。

统，知治安裁判，与前清之行政官兼理司法无甚区异……推吾国之法律进行，当然亦有回复故步之一日……总之，出乎礼者入乎刑，刑为最后之制裁，不敌礼平时之陶育。此后吾国欲养成司法人才，宜调剂于情法之间，必使无讼，以为考成。①

立国之原则言，礼为维持社会必要之具，易言之，即社会之一种公法也。②

法律为一种社会学，吾东方之社会组织法，一在三纲，即君臣父子夫妻。谋一国秩序之安宁，在明君臣。虽有等国家，国体不同，而政府为重心之所在，应保持法律上之尊严，自不能因此于字典内将君臣之字革除。谋家庭之秩序之安宁，在明父子夫妻。不论达于如何危险，允宜保持勿替。一在五常，即仁义礼智信。此五者，所以活动此社会巩固此社会者。二语虽老生常谈，实治乱兴亡之所维系，深愿我东方之大同胞，共同体验之也。③

从上述论说中可知，董康认为中国法制应构建在中国社会的习俗、情理、习惯之上，达致二者融合，而非排斥中国本土因素。

（2）对西方法制认识的细化与深化，由大陆法系转向英美法系。从1922 年下半年到 1923 年初，董康在欧洲考察，可谓"边走边看，边看边思，边思边言"，他说"中国司法采取欧陆制度，实属错着，以中国之情势，当采取英国制度也"，④ 因为在董康看来，"英美法律手续与中国旧法律颇为密合"。⑤ 董康回国后，著书立说，比较分析英美法系与欧陆法系之异同优劣，以及英美法系的优点与中国传统法制的契合之处，甚至怀疑英美法系是否源于东方。董康忆述："余往年漫游欧美，特别注重司法一项。觉英之法院手续单简，人民尊敬法院之判决，上诉寥寥。关于幼年及夫妻制度，

---

① 董康：《前清司法制度》，《法学杂志》第 8 卷第 4 期，1935 年。
② 董康：《刑法比较学》上册，上海法学编译社，1933，第 7 页。
③ 董康：《中国修订法律之经过》，何勤华、魏琼编《董康法学文集》，第 467 页。
④ 《董康在英之谈话》，《申报》1922 年 12 月 1 日，第 4 版。
⑤ 《董康在伦敦之谈片》，《申报》1923 年 1 月 16 日，第 4 版。

纯与吾国未革新前相似，始信英国亦为我东方法系所绌染也。继至巴黎，参观最高法院，该院法官倍于我，而积案等于我，濡滞之苦胜于我。询以有无速结之方法，院中人云，当事人之权利不宜驳夺，惟于民事励行最新之调解法。以视英上级法院之清简，远不逮矣。"① 董康又云："当游英京伦敦，于律师公会，泛论犯罪年龄责任，英分七岁、十二岁、十六岁为三时期，与周官同，颇疑英之系统，亦出东亚，或即所谓东来法之一欤？由是推之东亚法系，固亦横亘世界，与罗马法对峙，不可磨灭之物也。"② 显而易见，在董康看来，英国的法制更值得中国学习。后来，董康对此又有申论，曰："泰西法系，向分英美、大陆两派，英美悉本自然，大陆则驱事实以就理想，以双方权利之主张，为学者试验之标本，程叙迂远，深感不便。欧战而后，社会之状态，学理之递迁，现迫革新之时期，恐非旧日条贯所能制限。特各国疮痍甫定，尚未提议及之也。从前之改良司法，采用大陆，久蒙削趾就屦之诮，改弦易辙，已逮其时。"③

　　显而易见，西方法制在董康眼中已经"分裂"了，要细化、有区别地看待和学习。他认为学习的方向要改变，不能学习欧陆法系了，而要重点学习英美普通法系了，其实，这与董氏前述转变（即重视中国社会传统，重视法制与情、理、礼教、习惯的融合）有关，因为英美普通法系的形成正是基于它们的社会风俗习惯。众所周知，英美法系、欧陆法系是现代世界两大法系，对构建现代世界的法律秩序，影响极巨。英美法系是由英国发展而推广到英语世界的法律制度，与欧陆国家以及受欧陆国家征服和统治的国家所运用的法律制度（欧陆法系）不同。英美法最早源于英国盎格鲁－萨克逊时期的地方习惯法，公元 11 世纪诺曼人征服英国后，通过国王委派法官到各地巡回审判，把原本存在的地方习惯法择优通过判例的形式加以淬炼，成为英国王室法院普及通用于全国的"普通法"（common law），在此基础上，经由漫长的历史演化过程，形成现代的英美法系。与英美法系不同，以法

---

① 华友根编《董康法学文选》，第 174～175 页。
② 董康：《新旧刑律比较概论》，何勤华、魏琼编《董康法学文集》，第 479 页。
③ 董康：《民国十三年司法之回顾》，《法学季刊》第 2 卷第 3 期，1925 年。

国、德国为代表的欧陆法系国家，则是以立法方式制定国家所有的基本法律，并把这些成文法编纂成为法典。当法院处理法律纠纷时，法官必须从法典中找到涵盖该纠纷的规定，然后适用法律，换言之，法官只能依据成文法典做出判决。

在英美法系与欧陆法系之间，中国法律人多半从一开始就选择欧陆法系，特别是其中的民法。因为在他们看来，中国社会习俗、习惯是落后的，不可利用，而只有通过立法，制定"先进"的体系化的法典，才能改造落后的中国，使之现代化。不管是民国北京政府，还是南京国民政府，基本上均持这种立场，如作为国民党政权头号立法人物的胡汉民，就毫不含糊表示要学习欧陆法系，系统地移植欧陆成文法。① 在此之前，早在1920年代初，董康即意识到要转向学习英美普通法传统，可谓有相当的洞识与预见。

董康对中国现代法制改革路向的认识，前后发生如此巨大的变化，背景因素为何？梳理董康的相关文献材料，可窥大体。1913年董康致一位友人函中道及："去岁至北京一游，见政界重要人物，非未经历练之学生，即北洋旧日之走狗，赌徒恶少，充斥诸曹，中央如此，各省可知。噫，此非天之亡清，实亡我中国也，惟有付之一恸而已。"② 从中可知，董康与民国建立之后当权的北洋派，未必为同路人，董氏对北洋派颇多鄙视，对民国初年政权落入北洋派及无经验之青年手中，颇感不满和失望。

具体到法制领域，以在中国建成"法治"社会为追求的董康，在目睹了民国司法种种丑态之后，满腹愤意，批评之声不绝于耳。例如，他对法官选任和司法运行程序上的弊端就多有批评，曰："以能力言，法院随国体而改造，法官概用青年，阅世未深，无可讳言。民事诉讼，藉上诉之层递，冀进行之迟延。防御攻击，莫辨诪张，异议参加，率缘操纵。刑事诉讼，证据游移，多件事实。科刑出入，亦戾人情。于疑难重案，纠问依违，更乏平亭之术。若上级滥行发回，或对上级发回之案揣摩定谳，尤为民刑诉讼之通

---

① 黄宗智：《法典、习俗与司法实践：清代与民国的比较》，上海书店出版社，2003，第62页。

② 缪荃孙：《艺风堂友朋书札》上册，顾廷龙校阅，上海古籍出版社，1981，第441页。

弊。凡斯诸点，由于法律繁重者半，由于能力薄弱者亦半。"① 面对这种境况，对自己多年来执着的法制西化事业进行省思，也是人之常情。简言之，现状的不如人意是董康重审中国法制路向的重要原因之一。

董康思想的变化还与当时中国思想界的总体变动有关，这又与欧战和五四运动等事件密切关联。欧战后，西人在反省他们自认为"先进""文明"的西方文化，也在观察和对照东方文化，同样，中国人在省思多年来一直心向往之的"西方"的同时，也在重审中土的"汉家故物"，彼此都在"对视"。西方在中国人心目中也不再是铁板一块，有英美、法兰西、德奥等，它们是不甚相同的，应该有区别地看待。这种对西方的重新认识与当时国内的诸多事件、纷争纠缠在一起，形成一股强大的思想潮流，并进而深刻影响此后相当长时期的中国思想界、知识界。1920～1925年，围绕梁启超的《欧游心影录》、梁漱溟的《东西文化及其哲学》，以及丁文江、张君劢的科学与玄学论战而展开的对东西方文化的省思，都是这股思潮的体现。②

若把考察视野再扩展一点，此种思潮具有国际背景——欧战后整个世界都在反思西方文明。印度诗人泰戈尔应邀于1924年4月到中国，他向中国舆论界发表的第一次谈话就明确指出："泰西的文化单单趋重于物质，而于心灵一方面，缺陷甚多。试观西洋文化，因欧洲大战以来，竟暴露了人类相残食的悲剧，而濒于破产。此事已是其明显的例证。欧人自夸为文化的渊丛，而天天以相残相伐，反目冲突为能事。"相反，"东方文明则最为健全，而对于我们东方民族，常从事于最相当的建设方面，从这一点来看，欧洲人也已承认东方文化的真价值，而且已着手研究了"。③

这股思潮深刻影响了董康——一位司法官、法律人，同时也是一位学者、文化人——对包括法制在内的东西方文化的重新审视。1922年8月辞

---

① 董康：《民国十三年司法之回顾》，《法学季刊》第2卷第3期，1925年。

② 郑师渠：《论欧战后中国社会文化思潮的变动》，《近代史研究》1997年第3期；罗志田：《西方的分裂：国际风云与五四前后中国思想的演变》，《中国社会科学》1999年第3期；等等。

③ 王聿均：《泰戈尔及其他》，台北，世界文物出版社，1974，第19、20页。关于世界范围的对西方的反思，可参阅艾恺《世界范围内的反现代化思潮——论文化守成主义》，贵州人民出版社，1991。

职后，董康旋即赴欧洲考察，直到 1923 年初回国，这段时间的考察，董康对战后西方社会文化的了解可谓"近距离"的，体认不可谓不深。

个人际遇也是董康思想变化的原因之一。民国北京政府统治的中后期，政潮迭起，军阀混战，社会失序，厕身其中的人不仅颇感失望，甚至伤及身心。1922 年 7 月 15 日，陆军、内务、财政、农商等部职员数百人赴国务院索薪，场面失控，时任财政总长的董康被殴致伤，经此大辱，董氏旋即辞职赴欧。又如，由于受军阀通缉，董康于 1926 年底开始流亡日本，他在日记中写道："今踽踽一人，踽踽海上，皆受政治之影响。"① 这或多或少是董康当时心境之表露，此时他所能做的事，便是在流亡之间，去寻访古书，探究故纸堆中的学术了。

许世英对中国现代法制改革路向的思考，与董康基本一致。许氏在清末新式司法筹设、组建中不遗余力地引介西方制度，在民初出任大理院院长，特别是 1912～1913 年担任司法总长，任内推行的各项司法改革都体现了他对民国肇建中司法改革的基本取向——以西方为目标，用西方法制来改造中国社会。但晚年的许世英对这种西化路向不以为然，例如，许氏认为存在于中国传统社会中的"迷信""人心"等——被视为落后的本土事物——对建构现代法制具有不可忽视的作用，认为迷信具有许多法律无法企及的功能，可"使人安分守己，易于满足，另一方面，为寄希望于来生的享受，有钱都能乐善好施。无钱的至少不会去做坏事。所以这种迷信，对于社会治安，实有很多裨益。它可以在法律之外，先在每一个人的心里建立起了一座精神的堤防，有效地阻止了他们的犯罪意念，从而自然地减少了犯罪的行动"。②

关于中国法制改革的路向问题，在董康、许世英等眼中，都曾或明或暗地有过变动。他们早年多半是西向而行，晚年则在新的体认基础上，重返本土、传统中去探寻中国法制的路向和中国人安身立命之所在（亦非简单调头向东）。

---

① 董康：《书舶庸谭》卷 1，1927 年 1 月 1 日，辽宁教育出版社，1998，第 2 页。
② 许世英：《许世英回忆录》，第 7 页。

第二节　左与右：法制的功用定位

晚清以降，特别是甲午战争之后，富国强兵成为中国人最强烈的表达和诉求，并急切地付诸实践，其背后涌动着民族主义的潜流。在这历史大背景之下，当时中国其实已经没有完全意义上的"守成主义"和"守旧派"了，"变"成为国人的共识，差别的只是如何变以及变的轻重缓急。现代中国的诸多思潮、运动和变法只有置于如此历史情境之中，才能获得更深刻的理解。

中国现代史上常见的"变法"，虽然牵涉法律问题，但不仅仅是法律问题，更关涉整个体制与制度的转型问题，其实是一项巨大的"社会工程"。这是"全盘改革"，司法制度改革与新的政治、军事、教育等制度改革相互协调，"配合并进"。① 在这个根本性的社会变迁中，必然涉及整个社会秩序的打破和重建。在此进程中，法律通常不是用来确认和维护社会秩序，而是用来改造和重构现存社会秩序，即使是在某些讲求"法治"的年代，也只是国家以"立法"的形式来推进这种改造与重构。

然而，法治本身所指的是对现存秩序的确认、提升与维护。马克思主义经典作家对此就有很"经典"的论说，马克思指出："社会上占统治地位的那部分人的利益，总是要把现状作为法律加以神圣化，并且要把习惯和传统对现状造成的各种限制，用法律固定下来。"② 恩格斯也认为："在社会发展某个很早的阶段，产生了这样的一种需要：把每天重复着的生产、分配和交换产品的行为用一个共同规则概括起来，设法使个人服从生产和交换的一般条件。这个规则首先表现为习惯，后来便成了法律。"③ 在此，马克思、恩格斯均强调法律与现存秩序的紧密关联——法律源于对现存秩序的确认与提升，使之"正当化"。当然，在此过程中，时间也扮演着重要角色。法治是

---

① 谢冠生：《篷笙堂文稿》，台北，台湾商务印书馆，1973，第 7 页。

② 《资本论》第 3 卷，人民出版社，1975，第 894 页。

③ 恩格斯：《论住宅问题》，中共中央马克思恩格斯列宁斯大林著作编译局编《马克思恩格斯选集》第 2 卷，人民出版社，1972，第 538～539 页。

在现存秩序中将各种矛盾、纠纷、冲突纳入制度化、程序化渠道加以解决，它给人以一种预期。简言之，法治本身是确认和维护现存秩序的。

如果把用法律来确认和维护现存秩序的理念与实践称为"右"，把用法律来改造社会称为"左"的话，那么，左与右、变法与法治之间有某种内在张力，即变法要求改造现存社会秩序，而法治要求确认和维护现存秩序。在中国现代史中，这种紧张尤其凸显，因为舍弃旧世界、追求富强成为现代中国人最强烈的诉求，并在实践中一浪高过一浪地展开，改造的声浪盖过了维护的言说。[1]

中国现代法律职业者，对这个时代难题不会没有感知（不否认有些是少知少觉的）。作为该群体中的"一流角色"，董康和许世英对此多有关注和省思。许世英在清末民初颇具雄心壮志，试图用法律（包括法律改良和广设司法机构等）来废除列强领事裁判权和改造中国社会，以期建成法治的"新中国"。他在出任司法总长后不久，即抛出《司法计划书》，规划民国法治的蓝图，云：

> 司法独立为立宪国之要素，亦即法治国之精神。然必具完全无缺之机关而后可立司法之基础。……现拟自今日起至民国三年六月以前，先就已设之审检厅次第改组，俾苏喘息，而便预筹统计。全国应设院局二千有奇，分为五年设备，每年至少期以成立五分之一为率，扣至第五年一律完成，先由各省就地方之情状，分开办之先后，院局之设备大略如此。……外人领事裁判权所以绝对不肯让步者，大抵以吾国法律、裁判、监狱三者均不能与世界各国平等，故常藉为口实，实吾国之莫大耻辱。[2]

在司法总长任内，许世英大刀阔斧地推行司法改造，诸如普遍任用法政

---

[1]　苏力：《现代化视野中的中国法治》，苏力、贺卫方主编《20 世纪的中国学术与社会》（法学卷），山东人民出版社，2001。

[2]　许世英：《司法计划书》，中华民国元年十一月，中国国家图书馆藏书。

毕业生，废除旧式刑幕人员，广设监所，推行律师制度等，特别是在废除旧式刑幕人员出任新政权司法官的问题上，许氏表现出了与"旧中国"决裂的果断态度。

1912 年 7 月，许世英出任司法总长，在许氏看来，"为法官者，必学识、经验、道德三者具备，乃能保持法律之尊严，增长人民之幸福"。① 当然，这是一种"应然"层面的表达，"道德"和"经验"不易细化认定与操作，"学识"则易于认定与判别，这导致对"学识"——司法官必须是新式法政毕业人员——的强调。如此一来，就把大量非新式法政毕业人员排除在民国司法官队伍之外，否定了前清《法官考试任用暂行章程》等相关法规的效力。② 循此思路，许氏在全国范围内推行司法改组，其后果是造成了大量旧式刑幕人员"下岗"，他们群起抗议，组成各省法官代表，向大总统、国务院呈请，指责司法部所为不当。许世英则再次饬令全国司法官厅，重申他废除刑幕人员的决心，表示："南山可移，此案决不可改。"③ 国体变革，司法官员需要重新任命，本无可厚非，但将旧式人员全部排除在外，则未必稳妥。从理论上讲，司法是实践性很强的职业，受过新式法政教育的"新人"，在执业中未必优胜于刑幕人员等"旧人"。④ 但在民初求新求变的浪潮中，用"新"式司法改造"旧"社会就被认为具有"合理性"了。⑤ 所以，当孙中山谈及许世英在民国初年的司法改革时，就称之为"司法革命"。⑥

① 《令各省高等两厅长将高等以下各厅员文凭成绩认真考验文》，《司法公报》第 7 号，1913 年 4 月 15 日，"公牍"，第 27～28 页。
② 《复奉天司法筹备处高等审判厅前清适用之法官考试任用章程应失效力不得藉口援用电》，《司法公报》第 8 号，1913 年 5 月 15 日，"公牍"，第 33 页。
③ 《令各省司法筹备处/高等审检厅长及法院改组法官任用务照本部第 53 号训令办理文》，《司法公报》第 7 号，1913 年 4 月 15 日，"公牍"，第 34～35 页。
④ 当代法学家苏力教授也表达了类似的观点：不同审级、不同地域的司法官在司法实践中所利用的知识与技术是不同的（苏力：《送法下乡：中国基层司法制度研究》第 2、3 编）。苏力在调查访谈中，对一位政法学院毕业生问及法学教育的知识在司法审判实践中的用处，对方回答是："学校（学）的那点儿东西，我都还给老师了。"苏力：《送法下乡：中国基层司法制度研究》，第 369 页。
⑤ 详见本书第五章。
⑥ 黄伯度编《许世英先生纪念集》，台北，文海出版社，1978，第 1 页。

中国现代司法改革就是奉行这种"革命"的能动路线，试图用法律改造中国社会，使之"现代化"。晚年许世英对此多有反思，他对许多东方传统、法律之外事物的理解富含温情与敬意，深意绵长，曰："那些科学最发达的国家却同时并容这种完全违反科学的说法（例如宗教等），看来似乎是不可思议的，但据说对社会秩序，有想象不到之效。英美等国，法官开庭，被传讯人先得手按圣经，立誓决不说假话，我们就不难看出迷信的力量！我总觉得，法律的力量只能维护道德，而不能推展道德；如果一个社会要全仗法律来维持它的秩序，那实在是个可悲的现象。"[①] 对经过"现代化"，维护现存秩序的因素被"革命"后的社会，许氏表现出了忧虑，"现在，这种迷信已经被打破，人们不再保守，开始兴起创造自己的前途的坚决意念，奋斗进取，改造了自己的环境，也改造了国家的命运；但是，社会的治安，却也连带的远不如过去安定，因为既已无因果报应之说，人们也不再寄幻想于来生，精神的约束力量一崩溃，于是，杀人、抢劫、欺诈、奸淫，都可无所顾忌，肆意横行了"[②]。许氏似乎体认到现代社会之法律越多，而秩序越少，法治不可能仅仅是法律，而只有与自己传统衔接，并在对现存秩序改良的基础之上，才可能探索出适合中国的现代法治。

不管是用法律来改造社会，还是用法律来维护秩序，其实，在大多数情况下，两者是并存、拉锯与纠缠的，这是法律在现代中国的实际处境。如果将"左右"之辩与"东西"之争关联起来考察的话，会发现"左右"与"东西"也是不可截然两分的，相反，二者在很多层面上是重叠和纠缠的。如前述的董康，他的"东西"之争已经部分包含着"左右"之辩，他早年的司法实践与改革多半是用法律来改造中国社会，而晚年则转向对东方情理、礼教、习俗的强调，则多半是对中国现存社会秩序的回归，右的因素与成分在增加。

现代中国法制的路向（东与西）和功用定位（左与右），在很多法律职

---

① 许世英：《许世英回忆录》，第 9 页。
② 许世英：《许世英回忆录》，第 7 页。

业者眼中是复杂的、变动的，他们早期大多向往西方，认为中国法制改革的路向是朝西的，但到了晚年，开始重新审视东西方，"西方"不再是他们先前想象的那样，西方法制也要区别看待，普通法系和欧陆法系的差别就很大，中国应该更多学习英美普通法系。"东方"也是变动的，原先认为礼教、民俗、习惯等是落后的，是中国法制改革的绊脚石，必欲除之而后行。但是，当"法治秩序的好处未得，而破坏礼治秩序的弊端却已先发生了"①的局面出现后，他们开始审视中国法制发生作用所赖以存在的"汉家故物"——礼教、民俗、习惯等，认为中国法制之出路离不开这些传统"资源"支撑。他们早年往往认为，用法律改造中国社会以建构法治，是他们追求富国强兵，实现民族复兴的总体工程中的重要环节，但到晚年，他们体认到法治本身所要求的是秩序，法治建构离不开维护秩序，是要回应社会的。这种体认的变动是与法律职业者个人遭际、时代处境、国际格局等因素密切相关的。当然，在很多情况下，中国法制路向的东方与西方、功用定位中的左与右，都不是二元对立、非此即彼的，而是两者（甚至多方）并存、融合、分工、竞争和相互影响的。

---

① 费孝通：《乡土中国　生育制度》，北京大学出版社，1998，第 58 页。

结语　维护型改造者：法律职业与现代中国

在第二次世界大战之中，1943 年 1 月 11 日，中国与英国、美国分别在重庆和华盛顿签订《关于取消英国在华治外法权及其有关特权条约》《关于取消美国在华治外法权及处理有关问题之条约》，正式宣布，英美废除在华治外法权及其他特权。① 很快，比利时、挪威、巴西、荷兰、瑞典等国相继取消在华相关特权。由此，中国司法主权得以收回。1 月 11 日后来成为中华民国的"司法节"，既以资纪念，也意在宣扬法治精神。

二十四年之后，1967 年 1 月 11 日，中国现代法制变革的亲历者、法律界名人、时任台湾"司法院院长"的谢冠生在台北举行的司法节纪念活动上说道："距今 60 年前，我国开始改革原有的法律及司法制度，当时动机就是为的要想取消外人领事裁判权……所以当时一切变法措施，不得不尽量舍己从人，以期符合外人的希望。中国法系，原被推为世界五大法系之一，有其固有的优点，至此遂不得不完全割爱。在那时候，因为一心一意，以收回法权为念，固有其不得已的苦衷，未可厚非，但及今检讨，似不免有矫枉过正的地方。"② 谢氏所言之"舍己从人""完全割爱""不得已的苦衷""矫枉过正"等语句，颇为沉重，彰显了一代法律职业者对中国现代法制变革进程的深刻反省。不过，沉重归沉重，反省归反省，这一历史进程既然已经开启，便是不可逆的。

近代以降，伴随着西方的坚船利炮、殖民征服、贸易往来，世界各地交往互动日渐频密，中国无法例外。晚清以来，"西方"的到来逐渐把中国纳

---

① 韩信夫、姜克夫主编《中华民国史·大事记》第 10 卷，第 7032 页。

② 谢冠生在台北 1967 年司法节的致辞，载《司法专刊》第 190 期，第 6 页，转自朱勇主编《中国法制通史》第 9 卷，法律出版社，1999，第 203 页。

入（西方主导的）世界体系。中国现代法律制度、司法体系移植自西方，司法官必然具有其原产地的某些属性；同时，中国现代司法官毕竟产生于中国，不能不受中国传统与当时现实的影响。简言之，包含司法官在内的中国现代法律职业者，是中西、古今、新旧等多维因素交织互动的产物。

众所周知，近代以来的世界法律制度大体可分为英美法系与欧陆法系。两大法系国家中的司法官，无论是历史传统、制度设计，还是现实状况，都存在很大区别。清末以来中国法制改革，远师欧陆，近法日本。准确地说，中国移植的是经由日本中转的欧陆法系。

作为英美法系母国的英国，法官职业经历了长久的历史演进过程。公元1066年诺曼征服以前，英国各地存在形式不一的司法机构，根据地方习惯法行使司法职能。诺曼征服之后，英王在不急于改变现存司法格局的情况下，设立王座法庭，并派出巡回法官到各地巡回审判，逐渐统合各地的习惯法。借此方式，巡回法官们逐渐将原有的地方习惯法改造成普遍适用的统一法。因此，原本各地的习惯法逐渐演化成为英格兰的普通习惯法，"普通法"称谓之意涵即此。无疑，王座法庭设立的初衷是强化国王对于司法的控制，但由于诉讼业务的增长、普通法程序的复杂化等，王座法庭的审判逐渐"专业化"，由此带来是法官群体的"职业化"。"职业化"首先是"专业化"的延伸，不仅出现了专业的法院，而且出现了专门从事司法审判的职业群体，而不再混同于一般的王室政府官员（此前法官往往由王室政府官员兼任，任期较短，亦不固定）；"职业"还意味着司法审判成为一种要求"深奥的专业知识"的工作岗位，而这种知识"只有通过专门的正式的教育或精细的学徒制才能获得"。这种依靠专业知识训练而来的职业阶层，也构成了拒斥国王或其他非专业人士介入司法的"天然屏障"，从而进一步强化了司法与国王人身的分离。到13世纪后半期，法律知识的背景和司法实践的经历，已经越来越成为确认法官任职资格的重要因素。一般认为，大约在13世纪末期，职业的法官群体已经在英格兰普通法的法院体系中形成了。

除了职业法官之外，英国法律职业阶层的形成，还依赖于职业律师群体的兴起与"律师晋升法官"规则之确立。13世纪后半期，英格兰出现职业律师，并形成了学徒制的培养模式，及至 14 世纪前期，职业律师群体已经在英国出现。① 并由此推动了"律师晋升法官"规则的确立。当国王任命法官时，逐渐倾向于从代表律师界最高职业水平的御用高级律师中挑选，并逐渐成为一项常规制度：对于一名王室法官来说，高级律师的经历已经成为法官职业的必经阶段；那些离职后的法官也可能重新回到律师界继续从事律师业务。因此，英国历史上的普通法院的法官群体总是和高级律师群体以"兄弟"相称，甚至高级律师本身就是法官群体的一部分，并在事实上履行法官的职责。总之，正是"律师晋升法官"规则的确立，使得律师阶层与法官阶层形成了一个紧密的高度同质化的"共同体"，英国普通法法官的"职业化"由此定型。②

17、18 世纪以来，英国由于国力增强，在世界各地进行殖民扩张。伴随着英国的坚船利炮、贸易往来、文化输出，英国普通法逐渐推广到世界各地，成为如今具有世界意义的英美普通法系。大体而言，在普通法系国家，法官给世人的形象是，法官是有修养的人，甚至有着父亲般的严慈。普通法系国家中有许多伟大的名字属于法官：柯克（Coke）、曼斯菲尔德（Mansfield）、马歇尔（Marshall）、斯托里（Story）、霍姆斯（Holmes）、布兰代斯（Brandeis）、卡多佐（Cardozo）。普通法系的创建、形成和发展，正是出自他们的贡献。他们逐案严密地进行推论，建立了一个法律体系，使得其后的法官只能遵守"遵循先例"的原则，依据相同的判例审理类似的案件。虽然在普通法系国家里立法的作用得到普遍承认，而且有大量有效成文法规存在，但是，总体而言，普通法是由法官创造和建立起来的。可以说，法官在普通法系国家的法律制度中占据核心地位。在普通法系国家中，法官的薪俸优厚，地位尊崇。例如，美国的法官，他们都曾就读于法学院，然后在私人执业或是在官方机构中任职方面有成功的经历（通常作为地方检察官）。他们要么通过任命，要么通过选举而出任法官，能否出任法官的考量

---

① 布兰德：《英格兰律师职业的起源》，李红海译，北京大学出版社，2009，第 124 ~ 151 页。
② 于明：《司法治国：英国法庭的政治史（1154 ~ 1701）》，法律出版社，2015，第 234 ~ 239 页。

因素包括执业中的成功、在律师同行中的声望以及政治影响等。被任命或选举为法官，常常被看成是一生中姗姗来迟的辉煌成就，也是对其尊敬和威望在形式上的承认。

但是，在欧陆法系国家中，法官情况与此不同。欧陆法系国家的法官属于文官，虽然欧陆法系各国存在差异，但基本模式是：谋取司法职位是欧陆法系国家中法律大学毕业生所可能选择的职业之一。如果想从事司法工作，在毕业后不久参加国家司法考试，通过后被任命为初级法官（在法国以及其他若干国家，还必须在法官培训学校深造），一定期限后，便可正式成为基层法院的法官。在此之后，他在司法阶梯中的升迁取决于其在工作中所显示的能力以及资历，其薪俸之提高则依据既定的标准。同时，他还将加入一个旨在提高职业薪俸、改善工作条件、保证职业稳定的法官组织。通过其他途径进入司法界的情况较为罕见。虽然一些欧陆法系国家规定，可以从社会上著名的律师或法学家中任命高级法院的法官，但是，绝大多数司法职位（甚至最高法院的司法职位）仍然由出自职业司法系统内部的人所占据。高级法院的法官虽然也受到社会的尊敬，然而，这种尊敬与在其他文官系统中的高级官员所获得的尊敬并无差别。欧陆法系国家中的法官情况如此，原因是多方面的。从历史传统而言，这与欧陆法系的司法传统有关，例如，欧陆法系司法传统源于帝制时代的罗马，随着罗马由元首制向帝制的过渡，以及法典编纂的展开，罗马的法官成为文官系统的组成部分。

欧陆法系国家的司法审判过程颇似一种机械式活动的操作图。除了很特殊的案件以外，法官出席法庭仅是解决各种争讼事实，从现存的法律规定中寻找显而易见的法律后果。法官的作用也仅仅在于找到这个正确的法律条款，把条款与事实联系起来，从法律条款与事实的结合中产生解决办法，法官赋予其法律意义。于是，整个审判过程被框于学究式的形式逻辑的三段论式之中：成文法规是大前提，案件事实是小前提，案件的判决则是推论出的必然结果。在欧陆法系中，伟大人物并不出于法官，而是那些立法者，如查士丁尼、拿破仑等；还有法学家，如盖尤斯（Gaius）、伊纳留斯（Irnerius）、巴尔多鲁（Bartolus）、曼西尼（Mancini）、多玛（Domat）、萨维尼（Savigny）等。故此，欧陆法系国家的法官给世人的形象是，法官不是那种有修养的伟人，也没有父亲般的尊严，常常就和普通人一样。法官的形象是一个执行重要的而实际上无创造性任务的文职官员。总之，欧陆法系的司法工作是一个官僚的职业；法官是职员、公务员；法院作用狭窄、机械而又缺乏创造性。[①]

若以移植欧陆法系的日本为参照，不难发现日本（二战之前）法官与现代中国法官的相似之处。二战之前的日本，司法官在学识和人格方面虽然享有相当高的声誉，但他们"实际上却属于官僚集团的一部分"，律师被不甚合理地置于检察官的监督之下。尽管在当时的法律职业者中，骨气峥嵘、以身护法、坚决抵制不正当干涉的确实不乏其人，但由于缺少制度保障，他们努力的作用往往很微弱，他们本人甚至有时不得不为此付出惨重代价。总体而言，在二战之前的日本，司法制度建设"以提高权威性为基本主题"。[②]这与二战之前日本强化国家官僚机器、建构现代民族国家的总体目标是一致的。

中国现代司法官制度既然移植的是欧陆法系，那么，欧陆法系中司法官的诸多属性，也自然为中国所承袭。在现代中国，虽然"司法独立"声浪甚高，但无论是在国家体制设置，还是在实际运行过程中，司法机构只是政权的组成部分，也是国家诸多"衙门"之一；在司法机构中供职的司法官，除了职业分工之外，实际上与其他机构中的文官（公务员）并无二致。这与欧陆法系国家的司法官情况基本一样。中国现代法律职业者，主要包括司法官、律师、法学研究者等组成部分，事实上，他们并未构成相互关联的法律共同体。法学家蔡枢衡认为，中国"立法者、学人、司法官及律师四者各为整个法的机构之一部"，互相关系理应"至为密切"，但是目前情形并非如此，"纵不认为四者彼此互相否定，至少亦不易发现其应有之正当关

---

① 梅利曼：《大陆法系》，顾培东、禄正平译，法律出版社，2004，第34~38页。值得注意的是，无论是英美法系，还是欧陆法系，其内部差异也不小。例如，同属欧陆法系的法国与德国，法律职业者情况颇为不同，在两国法律秩序的创造过程中，最显要者，在法国是律师，在德国则是法学教授。大木雅夫：《比较法》，范愉译，法律出版社，1999，第263~307页。

② 季卫东：《法律职业的定位——日本改造权力结构的实践》，氏著《法治秩序的建构》（增补版），商务印书馆，2014，第214、215页。

联。大抵学人之态度，原则上漠视法规与社会之关系，非流为法文及判例至上主义之信徒，即陷于自我第一之绝境；立法者作成法规之际，立法例之诱惑力似大于现实之刺激；司法官之机能不过一架适用三段论之机构，理想与现实之调和，法规与生活之关系，正义与功利之权衡，均非所问；至于律师则以职业意识为一切行动之指导原则，社会国家之正义及利益，惟在不影响个人利益范围内，有其存在余地。于是同以中国社会为内容之法、法的认识及其实践，自不免彼此径庭。法之为法，失其固有意义，甚至丧失其存在"。① 显而易见，中国法律职业群体各部分之间，缺乏真正的关联。若从法制移植的源头来看，欧陆法系国家的法律职业群体各组成部分之间，也大体如此，是"一个支离破碎的个体的结合"。②

除了继受欧陆法系的诸多属性之外，晚清民国时期中国的状况，也深刻影响着司法官个体与群体。在现代中国，"变"成为最显著的动态特征。"变"首先表现为政治体制的变动。在清末新政改革之中，尤其新政后期引入仿行立宪改革，政体设置与相关制度创设整体上移植西方，如此政治体制变革，前所未有。清末修律变法和筹设新式审检机构正是在这样历史情境中启动的，现代中国的第一批"新式"司法官由此产生。揆诸史实，不难发现，第一批新式司法官来源有二：传统时代的刑官与新式（留学）法政人员。

以清末官制改革前后的刑官唐烜为个案，大体可呈现一位传统刑官如何转变成为现代司法官（推事），及其在此过程中的观察与感受。身为刑官，唐烜亲身经历了大理院与法部的筹设过程以及部院之争，在此过程中，唐氏本人也完成从刑官到推事的转变。面对伴随官制改革而来的司法变革，唐烜除有意识了解些许法政新知外，主动因应这场变革的心理与举动并不多。官制改革后，身为新式推事的唐烜，总体上仍属传统刑官之范畴，其知识主体依旧是传统律学，司法推理、审案方式也变化无多，可谓身已新而心依旧。这体现了中国现代首批"新式"司法官产生的"旧"路径。

---

① 蔡枢衡：《抗战建国与法的现实》，氏著《中国法理自觉的发展》，第26～27页。
② 梅利曼：《大陆法系》，第115页。

中国现代首批司法官也有不少新式法政人员，"新人""新知"等也由此注入中国现代法制变革之中。以清末留日法科学生黄尊三为个案，笔者重点考察其留学期间的阅读结构、新旧知识与日常生活。研究表明，黄氏之阅读大体包括外语、法科专业、日常阅读三部分，其中外语占据相当大部分时间与精力，即使在日常阅读中也经常通过阅读外文报刊、书籍等提高外语水平，此外，尚有各种社团活动及交友应酬，这自然挤压了法科专业学习时间。黄氏日常阅读中的对古书与修身书籍的偏好，折射出新时代、新环境中练就的"新人"有多"新"，其中旧资源、旧因素可能超乎此前想象。黄氏学习法科，是留日后半期才确定的，且属无奈之选，但确实能提供不少新思维、新视野，其兴趣在宪法、行政法、国际法等公法领域，反映了留日学生所面对的时代问题及其应对之策。

在考察个体的基础上，本书也注意清末司法官群体的形成问题。随着清末新政朝立宪方向推进，三权分立、司法独立成为新政改革的理想图景和实践指向之一。光绪三十二年，清政府设立新式最高审判机构——大理院，中国新式司法官群体由此产生。宣统年间，司法官选任逐渐走上规范化的考选之路。经由宣统二年司法官考试，大批法政人员加入司法官队伍，到宣统二年、三年，形成一千多人规模的司法官群体，其中"新人"占近一半。新旧之别确实存在于清末司法官群体中，但实际上更多的是"新人不新""旧人不旧"。由于清末新政、立宪等制度变革，很多传统人员实现了现代转型，从"旧人"变成"新人"，现代的新式司法官多半由传统的刑官、候选候补等官员转变而来。原本以化解社会纠纷、维护现存秩序为职责的司法官群体，很多未能安心其职，不少人成为革命者。从这个角度讲，清末司法官群体未免"貌合神离"，仅具其"形"。在该群体形成过程中，体现了中国从传统到现代转变过程中人员是如何承续、转化的，变与不变是如何共生的。

现代中国的"变"也体现在政权更迭方面。宣统三年，辛亥革命爆发，在革命浪潮中，民国肇建，清帝逊位，中国步入共和时代。鼎革之际，中国法律变革承前启后的关键人物、清末法界领袖沈家本在民国元年的经历与感受，颇具特殊意味。其中蕴含着历史人物个体与转折时代交融互动的诸多信息，如辛亥革命爆发后清廷司法中枢人员变动频繁、新旧政权交接的诸多矛盾冲突、革故与鼎新之间错综复杂的面相，等等。作为前清的法界领袖与政权更迭的亲历者，沈家本除了感受时局变动、纷扰之外，其实更多的是介于历史台前与幕后、中心与边缘之间的一位垂暮老者"不复与政界相周旋"的静默，对于政治，有关心而无参与，这为鼎革之际的历史变动提供了舒缓深沉的底色。

经由辛亥革命，中国实现了从清朝到民国的政权更迭。一般认为，"革命"更多的是妥协，故两个政权之间的承续性显而易见，人事系统尤为显著。事实上，并不尽然。在司法等强调专业性的领域，在承续的面相之下，隐性的"革命"悄然发生。民国初年司法改组主要在司法总长许世英任上推行，司法官任用资格为"法政三年毕业且有经验者"，这造成大批旧式司法官的离职和大量法政新人成为司法官，人事变动甚巨。司法本为讲求实践经验之职业，由初出校门的法政青年掌理司法事务，问题丛生。为解决这一问题，许氏继任者梁启超、章宗祥等推行司法官甄别，意在拔用"合格而能胜任之人才"，并取得一定成效。无疑，许世英改组举措有利于推进司法专业化、职业化，建设现代法治国家，也符合辛亥鼎革后不"除旧"似难"布新"的时代语境。问题是，在新旧过渡年代，不宜操之过急。时代变迁对"旧人"自有其淘汰机制与转化办法，及至民国十年左右，司法"旧人"几无踪影，可见民国初年司法人事新陈代谢之速。

毋庸置疑，中国的政治时局变动深刻影响了法制、司法建设的进展，因此，言及民国北京政府司法建设之艰难时，学界多归因于军阀干涉、财政窘迫、人才难得等外部因素，此固属事实，然而，法律界内部问题亦值得注意。以司法行政官员余绍宋为中心，大体可展现北京政府时期法律界的关系网络、日常交游、职业意识等面相，亦能呈现复杂的司法内外生态的变动过程：北京政府前期，军政势力干涉司法并不明显，亦不严重；及至中后期，随着国家文武结构失衡，中央地方权势易位，各地军阀分立，财政窘迫等，司法外部生态严重恶化。外部生态的恶化，不仅导致司法运转严重不畅，而且引发了系统内部暗潮涌动，"法潮"迭起。值得注意的是，在强调专业化、职业化、共同体的同时，司法系统逐渐形成相对独立、自治（或封闭）

的内部生态，产生各种盘根错节的关系网络，对法制建设来说，这些多半并非积极因素。由此而言，北京政府中后期的司法系统，可谓"内外交困"。其实，这也是民国北京政府中后期政治、社会状况在司法领域的体现。

此外，现代中国的"变"还体现在思想、文化、社会等诸多层面上，作为这段历史亲历者的司法官个体，也无不经历、体验着现代中国的变动。由此角度观察，中国现代政治、法制变动与法律职业者的职业之路如何交织互动，是一个饶有意味的问题。以谢健为个体样本，不难发现中国现代司法官职业之路的诸多问题：法政教育过程中人脉关系的形成，以及这种关系在个体职业生涯中的作用；司法官从业者来去的无常与职业的多变，显示了司法官职位对法律人缺乏吸引力；等等。现代（西方）法政知识更多的是谋生工具，多半未能给法律职业者以精神寄托和内心信仰，他们更多的是从传统文化中求得生命，从某种意义上讲，他们的安身立命之所在，更多的是中土的、传统的。

中国现代法制变革深刻形塑着法律职业者，若从相反方向观察，法律职业者眼中的中国现代法制改革又如何呢？这也是饶有意涵的问题。以中国现代法制变革亲历者、法律界名人董康和许世英为个案，说明现代中国法制的路向与功用是变动的，存在着"东西"之争与"左右"之辩。他们早年一般认为中国法制改革路向是朝向西方的，及至晚年则关注东方，认为建构中国自己的法制离不开"汉家故物"的支撑；他们早年倾向于用法律制度来改造中国社会，作为追求富国强兵、实现民族复兴的总体社会工程中的重要手段，但到了晚年，则体认到法制的建构离不开对现存秩序的维护。当然，这种变动与法律职业者的个人遭际、时代处境、国际格局等因素密切相关。

无论从欧陆法系国家状况，还是移植后中国自己的司法制度设计，以及清末民国的实际情况来看，司法官都是现代中国官僚体系的构成部分。晚清以降，尤其甲午战争之后，变革其实已经成为中国知识阶层、政治精英等的共识，不同的只是变的方式与变的轻重缓急。面对19、20世纪之交严峻的中外形势，清廷推行新政，谋求摆脱危机，这客观上促使中国从传统帝制－文化共同体走向现代民族－国家，辛亥鼎革之后，民国政府赓续这一历史进程。法制、司法、司法官群体等是这一转型、建构过程中的组成部分。易言之，包括司法在内的国家治理体系必须变革，以构建现代民族国家所需要的法律制度与司法体制，唯有如此，才能在列国纷争的世界格局中谋求生存。从这个角度而言，无论自身有意或无意，新式司法官均为现代中国的建构者（参与者）。

在现代民族国家的建构者眼中，现存的中国社会民俗习惯是落后的，必须加以改造，司法改造是其中重要渠道之一，而且是社会性的、深层次的、不可或缺的。由此而言，作为现代中国官僚体系中的司法官即成为社会民俗习惯的改造者。但是，从法律职业而言，是在稳定环境和现存秩序之中，将各种矛盾、纠纷、冲突纳入制度化、程序化渠道加以解决，司法官职业本质是确认和维护现存秩序，司法官应该是现存秩序的维护者。当然，这并不否认法律要适应社会变化而变化，故此，西方法律史巨擘庞德就指出，"法律必须稳定，但又不能静止不变"，① 正说明了法律的稳定与变化之间的张力关系。值得提醒的是，法律要适应社会变化而变化与用法律来改造社会，两者明显有别。问题是，在现代中国大部分时间里，法律是用来改造社会的。法学家蔡枢衡即指陈，晚清以来的"变法图强的究极之意义不外二点：第一是旧律已经不适时宜，旧律变成新法就是一种强盛的表现；第二是藉新法的作用以促进社会的发展或用法律改造社会"，并提醒道："法律促进社会发展的作用是相对的，换句话说，法律对于社会的发展只能推波助澜，不能兴风作浪。"② 蔡氏所言，从反向说明：在现代中国，法律多半是用来改造社会、促进社会发展的。在如此法律制度之下，中国现代司法官自然成为社会民俗习惯的改造者。

综上所述，在现在中国的历史舞台上，司法官大致扮演着三重角色：现代民族国家的建构者（参与者）、民俗习惯的改造者、现存秩序的维护者。实际上，这三重角色之间不易平衡，不时会有矛盾，甚或剧烈冲突，中国现代诸多法律、司法问题也由此而生。因为现代中国总体上呈现变动状态，"不变"仅具相对意义，所以建构与改造是绝对的，维护则是相对的。由此而言，现代中国的司法官，可谓"维护型改造者"。

---

① 罗斯科·庞德：《法律史解释》，邓正来译，中国法制出版社，2002，第 2 页。
② 蔡枢衡：《近四十年中国法律及其意识批判》，氏著《中国法理自觉的发展》，第 40 页。

附　录

一　清末大理院司法官简表

姓名	官职	籍贯	出身	任职时间
沈家本	正卿	浙江归安	进士	光绪三十二年
张仁黼	正卿	河南固始	进士	光绪三十三年
英瑞	正卿	满洲正白旗	举人	光绪三十三年
定成(镇平)	正卿	满洲正黄旗	癸未进士	光绪三十三年
刘若曾(仲鲁)	少卿	直隶盐山	己丑进士	光绪三十二年
许受衡	刑科推丞	江西龙南	乙未进士	光绪三十三年
周绍昌	民科推丞	广西灵川	甲午进士	光绪三十三年
王式通(书衡)	民科推丞	山西汾阳	戊戌进士	光绪三十三或三十四年
乐善	刑科推事	满洲镶红旗	监生	光绪三十三年
顾绍钧	刑科推事	顺天宛平	附生	光绪三十三年
吴和钿	刑科推事	安徽怀宁	监生	光绪三十三或三十四年
秦曾潞	刑科推事	江苏嘉定	戊戌进士	光绪三十四年试署,宣统元年实授
余和埙	刑科推事			光绪三十三年
联惠	刑科推事	满洲镶白旗	贡生	光绪三十三年
史绪任	刑科推事	河南辉县	丙戌进士	光绪三十三年
汪忠杰(星甫)	刑科推事	直隶朝阳府	壬辰进士	光绪三十三年
孙宗麟(振轩)	刑科推事	顺天大兴	监生	光绪三十三或三十四年
文霈	刑科推事	满洲镶蓝旗	生员	光绪三十三年
唐烜	刑科推事	直隶盐山	己丑进士	光绪三十三年
金绍城	刑科推事	浙江归安	进士(留英毕业生)	光绪三十三年
冯寿祺	刑科推事	湖北黄陂	举人	光绪三十三或三十四年
杨登甲	刑科推事	湖南湘潭	监生	光绪三十三或三十四年

续表

姓名	官职	籍贯	出身	任职时间
荣宽	刑科推事	满洲镶蓝旗	翻译生员	光绪三十三年
王景浚	刑科推事	直隶东光	甲午进士	光绪三十三年
梁秉鑫	刑科推事	顺天昌平	举人	光绪三十三年
董康	刑科推事	江苏武进	庚寅进士	光绪三十四年试署,宣统元年实授
徐墣芝	刑科推事	汉军正蓝旗	廪生	光绪三十三或三十四年
李传治	民科推事	江苏新阳	监生	光绪三十三年
蒋德椿	民科推事	湖南湘乡	荫生	光绪三十三年
胡浚(荩孙)	民科推事	直隶天津	戊戌进士	光绪三十三或三十四年
陈善同	民科推事	河南信阳州	癸卯进士	光绪三十三或三十四年
治良	民科推事	满洲镶红旗	监生	光绪三十三年
蔡桐昌	民科推事	广西博白	戊戌进士	光绪三十三年
贺俞(焕章,鲠云)	民科推事	江苏丹阳	举人(留日毕业生)	光绪三十三或三十四年
吴尚廉	民科推事	广东南海	庚寅进士	光绪三十三或三十四年
涂翀凤	民科推事	江西丰城	甲午进士	光绪三十三或三十四年
金恩科	刑科推事	直隶天津	举人	宣统元年实授
白堃	刑科推事	顺天通州	附生	宣统元年为额外司员,宣统二年实授
谭廷飏	民科推事	山东历城	乙未进士	宣统二年实授
聂梦麟(玉书)	民科推事	直隶大名	壬寅进士	光绪三十四年为额外司员,宣统二年实授
李方	刑科推事	广东长乐	进士(留英毕业生)	宣统二年实授
秦曾蔚(葵初)	刑科推事	江苏嘉定县	荫生	宣统三年实授
姚大荣	刑科推事	贵州普定	癸未进士	光绪三十三年到任,宣统三年实授
欧阳颍	刑科推事	江西彭泽县	监生	宣统三年实授
弼敬	刑科推事	满洲正黄旗	贡生	宣统三年到任
张成勋	总检察厅厅丞	陕西汉阴	丁丑进士	光绪三十三年
王世琪	总检察厅厅丞	湖南宁乡	己丑进士	光绪三十四年
林炳华	检察官	广西宜山	举人(留日毕业生)	光绪三十三或三十四年
熙桢	检察官	满洲正白旗	荫生	光绪三十四年试署,宣统元年实授
蔡瑞年	检察官	福建浦城	廪贡	光绪三十三或三十四年
吴正声	检察官	浙江余杭	举人	光绪三十三或三十四年

姓名	官职	籍贯	出身	任职时间
全沛丰（脯坡）	检察官	浙江山阴	举人	光绪三十三或三十四年
胡蓉第（勉襄）	检察官	广东顺德	监生	光绪三十三或三十四年
周凤翔	检察官	四川彭山	壬辰进士	光绪三十四年额外司员，宣统元年试署，宣统二年实授
左念康	检察官	湖南湘阴	廪贡	宣统二年实授
张智远	检察官	四川宜宾	癸卯进士	宣统三年实授
陈兆奎	检察官	湖南桂阳	廪贡	宣统元年为额外司员，宣统三年实授
陈延年	检察官	广东番禺	举人	宣统三年实授
沈家彝	推事	江苏江宁	举人（留日毕业生）	光绪三十四年
张元节	推事	浙江乌程	拔贡	光绪三十四年
邹国玮（辅臣）	从五品推事	江西安仁	拔贡	光绪三十四年
曾彝进	六品推事	四川	副贡（留日毕业生）	光绪三十四年
刘丕显	六品推事	山东昌邑	廪贡	光绪三十四年
杨津	六品推事	山东潍县	附生	光绪三十四年
李在瀛	六品推事	四川乐山	举人	光绪三十四年
王庆恒	六品推事	浙江会稽	附贡	光绪三十四年
范绪良	六品推事	江苏上元		光绪三十四年
王尊五（子美）	六品推事	山西闻喜	附贡	光绪三十四年
韩永成	六品推事	河南武安	监生	光绪三十四年
王克忠	六品推事	广东西宁	举人	光绪三十四年
恽福鸿	六品推事	江苏阳湖	附贡	光绪三十四年
张孝杉	六品推事	湖北武昌	留日毕业生	光绪三十四年
吴承仕	六品推事	安徽歙县	举人	光绪三十四年
陈锡恭	六品推事	广东东莞	举人	光绪三十四年
陈崇鼎	六品推事	广东番禺	举人	光绪三十四年
翁鸣瑝	六品推事	福建侯官	举人	光绪三十四年
黄显声	六品推事	河南商城	举人	光绪三十四年
程起鹏	六品推事	江苏长洲	举人	光绪三十四年
陈经	六品推事	江苏江阴	举人	光绪三十四年
辉祥	六品推事	满洲镶白旗	举人	光绪三十四年
刘佑骐	六品推事	湖北黄安	举人	光绪三十四年
韦绍皋	六品推事	广西宣化	举人	光绪三十四年

姓名	官职	籍贯	出身	任职时间
廉隅	从五品推事	江苏金匮	进士（留日毕业生）	宣统元年
易树鸪	六品推事	河南商城	举人	宣统元年
潘厚泽	六品推事	江苏长洲	学生	宣统元年
李诜	六品推事	江苏昆山		宣统元年
陈镇	正六品推事	湖北安陆		宣统元年
马耀宗	正六品推事	河南罗山	举人	宣统元年
江庸	正六品推事	福建长汀	举人（留日毕业生）	宣统元年
陈兆煌	推事	广东番禺	附贡	宣统元年
许邕	推事	湖南善化	监生	宣统二年
张传纶	推事	安徽桐城	贡生	宣统二年
董云湘	推事	直隶宁河	监生	宣统二年
龚鸿义	推事	福建闽县	廪贡	宣统二年
方皋	推事	安徽定远	监生	宣统二年
萧敏城（志成）	推事	江西泰和	监生	宣统二年
李鸿穗	从五品推事	顺天宁河	举人	宣统二年
姚震	从五品推事	安徽贵池	举人（留日毕业生）	宣统二年
姚德凤	六品推事	江苏新阳	岁贡	宣统二年
陈泽民	六品推事	浙江永嘉	监生	宣统二年
毓彩（宗室）	六品推事	镶红旗	荫生	宣统二年
梁德孝	六品推事	山东荣成	监生	宣统二年
唐钧衡	六品推事	广西玉林	监生	宣统二年
刘文述	六品推事	安徽合肥	监生	宣统二年
唐春琦	六品推事	直隶静海	监生	宣统二年
王德鸥	六品推事	四川富顺	监生	宣统二年
胡庸章（师重）	六品推事	四川富顺	监生	宣统二年
彭克肖	六品推事	贵州黎平府	监生	宣统二年
朱重庆	六品推事	安徽泾县	举人	宣统二年
田文宽	六品推事	山东潍县	监生	宣统二年
福至	六品推事	蒙古镶蓝旗	监生	宣统二年
胡之琦	六品推事	安徽泾县	附贡	宣统二年
林志章	六品推事	江苏无锡	附贡	宣统二年
朱文锅	六品推事	浙江萧山	监生	宣统二年
胡宗虞	六品推事	贵州安顺府	举人	宣统三年

姓名	官职	籍贯	出身	任职时间
马家麟	六品推事	江苏清河	举人（留日毕业生）	宣统三年
史纪昌	六品推事	直隶阜城	拔贡	宣统三年
何增嵩	六品推事	贵州贵阳府	举人	宣统三年
张日睿	六品推事	直隶盐山	举人	宣统三年
杜芝庭	六品推事	浙江山阴	举人	宣统三年
江辛	六品推事	安徽旌德	举人	宣统三年
张宗祥	六品推事	浙江海宁	举人	宣统三年
吕祖植	六品推事	安徽旌德	岁贡	宣统三年
陈锡恭	五六品推检	广东东莞县	举人	宣统三年
潘厚泽		江苏吴县	学生	宣统三年
沈其泰	五六品推检	浙江归安县	副贡	宣统三年
吴宪仁	七品推检	福建侯官县	举人（留日毕业生）	宣统三年
区枢	七品推检	广东南海县	拔贡（留日毕业生）	宣统三年
李国瑜（少堂）	七品推检	贵州贵筑县	监生	宣统三年
魏墍	七品推检	江西宁都县	拔贡	宣统三年
苏道衡	七品推检	湖北沔阳州	举人	宣统三年

　　注：本表陈延年之后司法官均为额外司员。

　　资料来源：《最新职官全录》（关于大理院部分），宣统元年冬季、二年冬季、三年夏季刻本，北图社影印室辑《清末民初宪政史料辑刊》第4～7册；《宪政最新搢绅全书》第1册下，大理院部分；敷文社编《最近官绅履历汇编》第1集；程燎原：《清末法政人的世界》；韩涛：《晚清大理院：中国最早的最高法院》，第373～410页；等等。

二　清末京师各级审检厅司法官名单（上）

姓名	职官	籍贯	出身	备注
京师高等审判厅				
奎绵	厅丞	满洲正蓝旗	生员	三十三年到任
王之范	刑科推事	山东堂邑县	拔贡	二年离任
文海	刑科推事	蒙古镶蓝旗	廪生	
沈似爀	刑科推事	浙江萧山县	戊戌进士	
余恭楷	刑科推事	江西丰城县	监生	
王恩荣	刑科推事	直隶定兴县	监生	
黄斗元	刑科推事	安徽广德州	庚寅进士	三年离任

姓名	职官	籍贯	出身	备注
寿祺	民科推事	满洲正白旗	生员	
俞缦	民科推事	浙江临安县	附贡	
孔繁淦	民科推事	山东曲阜县	拔贡	
蔡玮	民科推事	浙江桐乡县	戊戌进士	二年离任
周文凤	民科推事	湖南武陵县	监生	
朱玶	民科推事	广东花县	乙未进士	二年到任
宋锡泉	民科推事	山东利津县	附生	二年到任
刘映奎（幼苏）	署刑科推事	福建宁化县	丁未会元	三年到任
京师高等检察厅				
徐谦	检察长	安徽歙县	癸卯进士	
张智远	检察官	四川宜宾县	癸卯进士	三年离任
孙宝瑚	检察官	浙江钱塘县	附生	
朱孙莆	检察官	江苏宝应县	监贡	
朱崇年	检察官	广东新会县	甲辰进士	二年从地检厅离任，三年调任高检厅
王炽昌	检察官	湖南湘潭县	举人	二年调任地检厅，三年调任高检厅
京师内外城地方审判厅				
续昶	厅丞	满洲镶白旗	贡生	
杨增荦	刑科推事	江西新建县	戊戌进士	二年离任
栾骏声	刑科推事	奉天海城县	癸卯进士	三年离任
孙家瑜	刑科推事	浙江仁和县	廪生	二年离任
王基磐	刑科推事	湖北黄冈县	丙戌进士	
吴遒翼	刑科推事	河南光州	举人	
李维钰	刑科推事	贵州贵定县	癸卯进士	二年离任
张履谦	刑科推事	直隶承德府	癸卯进士	
吴洪椿	刑科推事	安徽泾县	举人	
王耒	民科推事	浙江仁和县	监生	三年离任
赵福涛	民科推事	浙江山阴县	监生	
俞澍棠	民科推事	浙江黄岩县	癸卯进士	三年离任
张兰	民科推事	直隶任邱县	举人	
吴德耀	民科推事	安徽歙县	举人	
陈克耀	民科推事	湖北江陵县	举人	
任承沆	民科推事	江苏宜兴县	癸卯进士	
张宗儒	民科推事	浙江归安县	附贡	

续表

姓名	职官	籍贯	出身	备注
陈惠恺	民科推事	湖北黄陂县	壬辰进士	
赖毓灵	刑科推事	四川内江县	举人	二年到任
高祖培	刑科推事	陕西米脂县	乙未进士	二年到任
郑宝慈	刑科推事	江苏上元县	监生	二年到任
舒翎	推事	安徽怀宁县	监生	二年调自京师初级审判厅
彭光莹	刑科推事	广东南海县	附贡	二年到任
万正常	刑科推事	四川犍为县	举人	二年调京师初审厅
陈鸿年	刑科推事	浙江秀水县	监生	二年调京师初审厅
孙寿臣	民科推事	山东历城县	举人	二年调京师初审厅
郑言	民科推事	四川华阳县	甲辰进士	二年到任
龚福焘	民科推事	湖南善化县	甲辰进士	二年到任
刘纯仁	刑科推事	浙江新昌县	举人	三年到任
杨培年	推事	山东历城县	贡生	元年在京师初审厅任职，三年调地审厅
讷谟图	民科推事	蒙古镶黄旗	毕业生	三年到任
朱大经	民科推事	安徽泾县	附贡	三年到任
京师内外城地方检察厅				
张一鹏	检察长	江苏元和县	举人（留日毕业生）	三年离任
鲍其豹（惠人）	检察长	安徽歙县	己丑进士	三年到任
区孝达	检察官	广东顺德县	附贡	
麦毓勋	检察官	广东东莞县	举人	二年离任
杨文渊	检察官	江苏金匮县	进士（毕业生）	二年到任
宣人哲	检察官	江苏高邮州	附贡	二年到任
奢龄	检察官	满洲镶红旗	贡生	二年到任
陈嘉福	检察官	浙江	监生	三年到任
京师初级审判厅				
胡云程	推事	安徽桐城县	监生	
卢师湘	推事	江西南康县	拔贡	
沈宝昌	推事	浙江山阴县	举人	
李兆年	推事	福建建安县	优贡	二年调地审厅
唐嵩寿	推事	顺天宛平县	附生	
怡康	推事	满洲正蓝旗	贡生	二年到任
蒋中觉	推事	江苏吴县	增生	二年到任
胡赞采	推事	河南光州	廪贡	二年到任

续表

姓名	职官	籍贯	出身	备注
胡宏恩	推事	安徽怀宁县	监生	二年到任
郭文彻	推事	安徽亳州	举人	二年到任
涂熙雯	推事	四川江津县	举人	三年到任
京师初级检察厅				
程起鹏	检察官	江苏长洲县	举人	
邓心蕃	检察官	福建上杭县	监生	三年离任
呼延桢	检察官	山西咸宁县	举人	
陈绍祖	检察官	广西苍梧县	举人	二年离任
戴焕文	检察官	湖南长沙县	荫生	
潘元谅	检察官	广东南海县		三年到任

注：京师各级审检厅多在光绪三十三年至宣统元年成立（表中光绪、宣统年号从略，如三十三年即光绪三十三年，二年即宣统二年，三年即宣统三年，本书其他表格同）。

资料来源：《宪政最新搢绅全书》第 1 册下，京师高等、内外城地方、初级审检厅部分；敷文社编《最近官绅履历汇编》第 1 集；程燎原：《清末法政人的世界》；《最新职官全录》（关于京师高等、内外城地方、初级审检厅），宣统元年冬季、二年冬季、三年夏季刻本，北图社影印室辑《清末民初宪政史料辑刊》第 4～7 册；等等。

三　清末京师各级审检厅司法官名单（下）

姓名	籍贯	年龄	来源/履历	调派
周承椊	广西临桂	36	监生，候选通判（原是候选州同）	三十三年八月十八日札调到厅，十月派第四初审厅推事行走，十二月十三日奏调
黄锡畴	江苏阳湖	27	监生，候选布理问，直隶州知州补用	三十三年八月十八日札调到厅，十月派地审厅行走，十二月十三日奏调，元年正月派充第三初审厅行走推事，是年三月二十八日奏准以六品推事候补
冯汝玫	浙江桐乡	26	候选同知	三十三年八月十八日札调到厅，是年十二月十三日奏调
姚明善	江苏上海	30	候选布理问	三十三年八月十八日札调到厅，十月二十四日派第二初审厅推事，十二月十三日奏调，三十四年正月初七日调地检厅行走，三月二十八日派充地检厅检察官额外帮办，九月初四日派代理帮办检察官

姓名	籍贯	年龄	来源/履历	调　派
朱孙莆	江苏宝应	46	监贡生,分省补用知府	三十三年八月十八日札调到厅,派高检厅学习行走,十二月十日奏调,十一月初三日派署地审厅刑科第一庭推事,三十四年五月初八日奏署高检厅检察官,仍留原官补用,三十四年九月初一日验放补实
吴敬铭	河南光州	40	附贡生,湖北试用同知	三十三年八月十八日札调到厅,派高检厅学习行走,十二月十三日奏调,三十四年五月初八日奏署高检厅检察官,九月初一日验放补实
卢师湘	江西南康	33	教职江苏知县	三十三年八月十八日札调到厅,十月派第四初审厅推事,十二月十三日奏调,三十四年五月初八日奏署第四初审厅推事,九月初一日验放补实,元年调第二初审厅推事,是年八月初九日调回第四初审厅刑科推事
曾广源	湖北江陵	28	附生,光绪癸卯科举人,丁未科会考一等	三十三年八月十八日札调到厅,十一月初三日派第四初审推事行走,十二月十三日奏调
区孝达			候选知县	三十三年八月十八日札调到厅,十月派地检厅检察官,十二月十三日奏请留厅,三十四年五月初八日奏署地检厅检察官,九月初一日验放补实
周庆恩			候选盐大使	三十三年八月十八日札调到厅,十月派第二初检厅检察官,同月辞差
余嘉福	浙江会稽	45		三十三年八月十八日札调到厅,二十八日派地审厅开办,十二月十三日奏调,元年三月二十八日奏请以七八品官候补
陈懋森			分省知县	三十三年八月十八日札调到厅,十月派第二初审厅推事行走,十一月初七日请假三个月,所遗差使派唐嵩寿署理,十二月二十四日按准地方厅咨呈该员辞,本年十月二十二日丁母忧
宝　书	满洲正蓝旗		廪生	三十三年八月十八日札调到厅,派高审厅随同筹划,十二月十三日奏请留厅
锡　瀛			布理问衔	三十三年八月十八日札调
锜　麟			度支部候补主事	三十三年八月十八日札调,兼差
李　杜	安徽桐城		举人,候选州同	三十三年八月二十五日札调到厅
张宗儒	浙江归安	28	附贡,直隶试用直隶州知州	三十三年八月二十五日札调到厅,十二月十三日奏请留厅,三十四年五月初八日奏署地审厅民科第二庭推事,九月初一日验放补实

235

姓名	籍贯	年龄	来源/履历	调　派
汪仁溥	江苏长洲	30	附贡	三十三年八月二十五日札调到厅,十月派第五初检厅检察官,十二月十三日奏请留厅,十一月二十二日调地检厅帮办,三十四年正月二十八日派署地检厅检察官,五月初八日奏署地检厅检察官,九月初一日验放补实,元年八月十四日,地方厅咨呈该员于是年八月初三日老家主在籍病故,故例应丁忧
邵孔亮			直隶即用知县	三十三年八月二十五日札调
靳宗钧	河南安阳	26	直隶候补县丞	三十三年八月二十五日札调到厅,十一月初三日派第二初审厅推事行走,十一月二十二日调地检厅行走,十二月十三日核减
耆　龄			礼部礼器库学习簿正	三十三年八月二十五日札调到厅,十二月十三日奏请留厅,三十四年正月二十八日派委地检厅帮办
黄斗元			试用知县	三十三年八月二十七日札调到厅,十二月十三日奏请留厅,三十四年五月初八日奏署高审厅刑一庭推事,九月初一日验放补实
沈宝昌	浙江山阴	25	拣选知县	三十三年八月二十七日札调到厅,十一月初三日派第三初审厅推事行走(署第三初检厅检察官),十二月十三日奏请留厅,三十四年十月二十一日调署第二初审厅刑科推事,十二月初十日奏署第二初审厅刑科推事
胡宏恩	安徽怀宁	30	监生,分发试用知县	三十三年八月二十七日札调到厅,十月派第三初审厅推事行走,十二月十三日奏请留厅,三十四年十一月二十七日派第五初审厅帮办推事
陈祥泰			元年二月初四日地方厅咨呈,由候选县丞改捐候选布理问	三十三年八月二十七日札调到厅,十二月十三日奏请留厅,三十四年十一月初一日派第五初检厅检验员,三十四年十二月初一日改为行走检察官,同月二十九日调回地检厅行走,宣统元年七月二十四日,地方厅咨该员请假回籍修墓
彭庚孙	江苏	48	直隶州用直隶候补知县	三十三年九月初二日札调到厅,十月派第一初审厅推事行走,十二月十三日奏请留厅
钟长庚	江苏山阳	32	监生,分缺间候选知县	三十三年九月初二日札调到厅,十月派第三初检厅检察官,十二月十三日奏请留厅,十一月二十二日调地检厅行走,调第四初检厅检察官行走,宣统元年十月十六日地方(厅)咨呈告假措资
黄大暹	四川永川	26	元年二月十九日地方呈明更正,由候选主事改捐双月选月州同	三十三年九月初二日札调到厅,十一月初三日派第五初审厅推事行走,十二月十三日奏请留厅

姓名	籍贯	年龄	来源/履历	调　派
叶树芬	广东番禺	31	四川试用知县	三十三年九月初十日札调到厅,十二月十三日奏请留厅,三十四年正月初七日派第五初审厅推事行走,十月十八日因水土不服辞差
潘元谅	广东南海	26	候选知县	三十三年九月初十日札调,十二月十三日奏请留厅,三十四年三月到厅,四月初四日派充东文翻译官,十一月初十日派兼充地检厅行走,元年九月十六日,地方厅咨呈该员呈请开去东文翻译差
张璧田			农工商部候补主事	三十三年九月十七日札调到厅,十二月十三日奏请留厅
汪正瑛	四川犍为	27	监生	三十三年九月十七日札调到厅,十二月十三日奏请留厅
沈德坊			分省试用县丞	三十三年九月十七日札调到厅,十二月十三日核减
李海恩	广西桂平	35	优廪生,丁酉科举人,内阁候补中书	三十三年九月十七日札调到厅,十二月十三日奏请留厅,三十四年十一月初四日派第二初级检察厅行走
曹鋆			试用县丞	三十三年九月十七日札调到厅,十二月十三日核减,三十四年四月三十日已赴吉林充调查处科员
孙寿臣	山东历城	57	举人,候选知州	三十三年九月十八日札调到厅,十月二十四日派第四初审厅推事,十二月十三日奏请留厅,三十四年五月初八日奏署第一初审厅推事,九月初一日验放补实
呼延桢	陕西咸宁	50	己丑科举人,候选直隶州州同	三十三年九月二十五日札调到厅,十月派第五初审厅推事,十二月十三日奏请留厅,三十四年六月初八日服满,十月二十一日调署第三初检厅检察官,十二月初十日奏署第三初检厅检察官
何霖煦	安徽怀宁	30	监生,指分江苏试用府经历	三十三年九月二十五日札调到厅,十一月初一日派第一初检厅检察官行走,十二月十三日奏请留厅
许同莘			举人	三十三年九月二十五日札调到厅,十月派地审厅推事候补,同月辞差
林诒喆			候选从九品	三十三年九月二十五日札调到厅,十二月十三日奏请留厅
孙景谦	直隶青县	38	监生,分省补用盐大使	三十三年九月二十八日札调到厅,十二月十三日奏请留厅
荣兴			法部录事	三十三年九月二十八日札调到厅,十二月十三日奏请留厅
王笃恭			候选知县	三十三年九月二十八日札调到厅,十二月十三日奏请留厅

续表

姓名	籍贯	年龄	来源/履历	调派
聂邦弼			候选县丞	三十三年九月二十八日札调到厅，十二月十三日核减
董庆余	福建闽县	32	广东候补布理问	三十三年十月初七日札调到厅，十一月初一日派第二初检厅检察官行走，十二月十三日核减
程其械	四川	38	试用府经历	三十三年十月初八日札调
江 超			拣选盐大使	三十三年十月初九日札调到厅，十二月十三日核减
谭奎萃			候选直隶州同	三十三年十月初九日札调到厅，十二月十三日核减
方培湜	河南罗山	32	江苏候补通判	三十三年十月十四日札调到厅，派第五初审厅推事行走，十二月十三日奏请留厅，三十四年十月初四日派充帮办检察官
张贺世			试用通判，先以布理问当差，元年二月十四日地方厅咨呈	三十三年十月二十一日札调到厅，十一月二十二日派第二初审厅推事行走，十二月十三日奏请留厅，元年六月十一日地方厅咨呈请假回籍省亲
唐嵩寿	顺天宛平	47		三十三年十月二十三日札调到厅，派地审厅行走，同月二十九日派代理第一初检厅检察官，十一月十九日派署第二初审厅推事行走，十二月十三日奏请留厅，三十四年三月十六日派委第五初审厅帮办推事，十一月二十七日署理第三初审厅刑科推事，元年八月初六日地方厅咨呈该员调第五初审厅推事
杨 德			六品警官	三十三年十一月初五日札调到厅，派第一初审厅推事行走
陈 业			候选知州	三十三年十一月初十日札调到厅，派地审厅行走，十二月十三日奏请留厅，三十四年七月十三日派第五初审厅推事行走，十二月二十九日调回地审厅行走，元年三月初四日地方厅咨呈该员呈请辞差
翁之铨	江苏常熟	20	附贡，候选州同（原是州同职衔）	三十三年十一月初十日札调到厅，派地审厅行走，十二月十三日奏请留厅
汪毓炟	江苏长洲	35	附生，庚子辛丑科举人，候选知县	三十三年十一月初十日札调到厅，派地审厅行走，十二月十三日奏请留厅，元年三月二十六日奏请以五六品推事候补，同年四月十一日地方厅咨呈将五六品推事照准注销
卞福孙	江苏仪征	22	监生	三十三年十一月十三日札调到厅，十二月十三日奏请留厅
徐兴寿			候选知县	三十三年十一月十三日札调到厅，派第五初审厅推事行走，十二月十三日奏请留厅，三十四年十一月十七日派第二初检厅行走检察官

续表

姓名	籍贯	年龄	来源/履历	调　派
张象斌			候选县丞	三十三年十一月十三日札调到厅，派地审厅行走，十二月十三日核减
汪朝甲			候选布理问	三十三年十一月十三日札调医官委用，到厅，派地审厅听候差遣，十二月十三日核减，三十四年十一月初二日派地检厅额外行走
李步沆			前法部试署员外郎	三十三年十一月十四日札调到厅，派地审厅推事帮办，十二月十三日核减
雷元澍	河南光州（直隶州）	52	戊子科举人，云南候补知府	三十三年十一月十四日札调到厅，派地审厅推事帮办，十二月十三日奏请留厅，十一月二十八日委派地审厅民科一庭推事长，三十四年正月十四日署理地审厅民科第二庭推事，杨承恩丁忧遗缺
牛宝璇			内阁候补中书	三十三年十一月十四日札调到厅，派地审厅推事帮办
丁传福			候选州判	三十三年十一月二十日札调到厅，派地审厅行走，十二月十三日核减
程桂芬			广西补用知县	三十三年十一月二十日札调到厅，派地审厅行走，十二月十三日核减
周树年	江苏江都	41	丁酉科拔贡，候选通判	三十三年八月二十三日札调到厅，派地审厅行走，十二月十三日奏请留厅，三十四年三月十一日派分往第五初审厅检验委员，四月十五日请假回籍措资
朱鸿祥	安徽合肥	38	前法部候补主事	三十三年八月二十五日札调到厅，派地审厅行走，十一月二十八日派署第二初审厅推事，十二月十三日奏请留厅，三十四年正月初七日署理第二初审厅推事，七月初九日服满，十月二十一日调署第五初审厅刑科推事，十一月调回本部当差
姚熙绩	浙江余杭	37	廪生，丁酉科举人，拣选知县	三十三年十一月二十五日札调到厅，派地审厅行走，三十四年十一月初一日派第四初检厅行走检察官，元年闰二月二十七日奏请留厅
赵保三				三十三年十一月二十五日札调到厅，派地审厅行走，十二月十三日核减
张文森			候选藩库大使	三十三年十一月二十五日札调到厅，派地审厅行走，十二月十三日核减

　　注：1. 原档共列 87 人，现将札调未到任者、担任典簿主簿者、与大理院额外司员重复者（姚德凤，1 人），共计 18 人删除，故本表计 69 人。2. 本表中朱孙蒂、卢师湘、区孝达、张宗儒、耆龄、黄斗元、沈宝昌、胡宏恩、潘心谅、孙寿臣、呼延桢、唐嵩寿共 12 人与上表重复，未删除，上下两表合计 135 人。

　　资料来源：《各厅官员履历册（宣统朝）》，中国第一历史档案馆藏法部·举叙司档案，档案号：31724。

四　清末直隶（天津）审检厅司法官简表

姓名	今　职	原官、出身	到厅时间	差委时间
直隶天津高等审判分厅试办庭长				
伍　钧	试办民科庭长	监生，候补知县	三十二年十二月	三十三年二月充审判官，二年三月调充本厅庭长
直隶天津地方审判厅试办庭长				
李绍勋	试办厅长并刑科庭长	荫生，前刑部主事，截取直隶州知州	元年五月初八	二年三月委厅长兼庭长
陈毓瑞	试办民科庭长	监生，试用知县	三十三年九月	三十三年十一月充审判官，二年三月委充庭长
直隶天津高等审判分厅试办推事				
杨大芳	试办刑科推事	甲辰进士	三十三年二月初十	前审判官豫（预，下同）审官，二年三月委充推事
王祝三	试办民科推事	举人，知县	三十三年二月初十	前审判官，二年三月委充推事
李文吉	试办民科推事	监生，知县	三十三年五月十六日	前书记官，三十四年二月承审官，二年三月委充推事
何维彬	试办刑科推事	荫生，试用知县	三十三年九月	三十三年十二月审判官，二年三月委充推事
胡龙琳	试办刑科推事	癸卯进士，即用知县	三十三年十二月	前书记官，三十四年六月承审员，二年三月委充推事
刘观龙	试用民科推事	附贡生，补用知州	三十四年八月初八	前书记官，元年十一月承审官，二年三月委充推事
直隶天津地方审判厅试办推事				
叶　澄	试办刑科推事	监生，试用通判	三十二年十二月	前书记官，三十三年十月豫审官，二年四月委充推事
胡式金	试办刑科推事	举人，试用知县	三十三年正月二十九日	前书记官，三十三年十月豫审官，二年四月委充推事
林钟琪	试办民科推事	举人，分省知县	三十三年二月二十二日	三十三年二月委充推事
吴宝棣	试办刑科推事	监生，候补知县	三十四年三月初七	三十四年三月承审官，二年四月委充推事
冯麟湘	试办刑科推事	监生，候补知县	三十三年四月二十一日	三十三年承审官，二年委充推事
凌绍彭	试办民科推事	附贡生，候补知县	三十三年四月二十一日	前书记官，三十三年十月承审官，二年三月委充推事
王日端	试办民科推事	监生，试用知县	三十三年九月初十	三十四年四月承审官，二年四月委充推事

姓名	今　职	原官、出身	到厅时间	差委时间
陈　楷	试用民科推事	举人，补用知县	三十四年正月二十日	前书记官，元年十二月承审官，二年四月委充推事

直隶天津初级审判厅试办推事

姓名	今　职	原官、出身	到厅时间	差委时间
时春升	试办一级推事	优贡，补用知县	三十三年七月	二年五月委充推事
张宗彦	试办一级推事	举人，候补知县	三十三年九月	前会审官，三十三年九月承审官，二年委推事
俞恒试	试办二级推事	监生，补用知县	三十三年十二月	前审判官，三十四年二月豫审官，二年四月委推事
潘绍基	试办三级推事	监生，候补知县	元年闰二月十二日	前书记官，主簿，二年委推事
李祖熙	试办四级推事	附贡生，补用通判	元年八月二十日	前豫审官，三十三年正月审判官，二年三月委推事

直隶天津高等审判分厅候补推事

姓名	今　职	原官、出身	到厅时间	差委时间
朱学轼	候补推事	举人，补用知县	三十四年六月十九日	二年四月委推事
董柏楹	候补推事	拔贡，副榜直州判	三十四年七月十八日	二年四月委推事
崇　文	候补推事	举人，即用知县	元年九月初六日	元年九月前会审官，二年四月委推事
吴　放	候补推事	荫生，试用知县	元年九月初六日	元年十月前会审官，二年四月委推事
龚景韶	候补推事	举人，截取知县	元年十一月初九日	二年四月委推事
谭恺	候补推事	举人，截取知县	元年十一月	二年四月委推事

直隶天津地方审判厅候补推事

姓名	今　职	原官、出身	到厅时间	差委时间
余耀祖	候补推事	监生，法政学校毕业，试用知县	三十四年四月十五日	元年八月前会审官，二年四月委推事
英　斌	候补推事	副榜，补用知县	三十四年九月十六日	二年四月委推事
胡念祖	候补推事	监生，法政学校毕业，候补知县	元年七月十三日	元年八月委推事
傅如恒	候补推事	举人，试用知县	元年九月初十日	元年十一月委推事
曾湘泽	候补推事	举人，候补知县	元年九月十五日	元年十一月前交涉会审官，二年四月委推事
朱慰然	候补推事	举人，试用知县	元年十二月初二日	二年四月委推事
向　莹	候补推事	廪贡生，候补知县	元年十二月十八日	二年四月委推事
吴　光	候补推事	举人，教习，候补知县	元年十二月	元年十二月委推事
虞维铎	候补推事	荫生，日本法政大学毕业，补用知县	二年四月二十日	二年四月委推事

续表

姓名	今职	原官、出身	到厅时间	差委时间
直隶天津高等审判分厅学习推事				
袁书清	学习推事	优贡,补用知县	三十四年七月十九日	三十四年十一月奉委会审
陈钟伊	学习推事	监生,誊录知县	元年七月二十一日	元年七月奉委会审
陈鸿烈	学习推事	监生,候补知县	元年八月初八	元年八月初七奉委
邓裕琳	学习推事	监生,法政学校毕业,试用知县	元年十一月初十日	元年十一月初七日
陈樽	学习推事	举人,拣发知县	元年十二月十六日	元年十二月奉委
贾怀瑾	学习推事	举人,候选知县	元年十二月十八日	元年十二月奉委
孙乃照	学习推事	举人,补用知县	二年三月	二年三月奉委
柴豫芳	学习推事	举人,法政学校毕业,补用知县	二年六月二十九日	二年五月奉委
直隶天津地方审判厅学习推事				
周子荫	学习推事	副贡,即用知县	元年七月	元年七月
随良	学习推事	廪贡,补用知县	元年十一月十五日	元年十一月
查履忠	学习推事	监生,日本法政学校毕业,试用知县	元年十一月	元年十一月
蒋耀琮	学习推事	优贡,朝考,补用知县	元年十二月二十六日	元年十二月
谢祖安	学习推事	监生,候补知县	二年二月	二年二月
直隶天津高等检察分厅试办检察官				
刘思鑑	试办监督检察官	监生,补用道	三十三年五月	三十三年五月前地方厅检察长,二年四月委监督检察官
凌会京	试办检察官	举人,即用知县	三十四年七月	三十四年十二月前会审官,书记官,二年四月委检察官
直隶天津地方检察厅试办检察官				
方大年	试办检察长	监生,日本法政学校毕业,即补通判	三十三年正月	三十二年十二月前检察官,二年四月委检察长
何烈	试办检察官	监生,试用知县	三十三年七月	三十三年前书记官,承审官,二年四月委检察官
宝信	试办检察官	举人,直隶州知州	三十四年正月二十日	前会审官,推事,二年四月委检察官
直隶天津初级检察厅试办检察官				
林孝曾	试办第一初级检察官	举人,分省知县	三十三年七月十六日	三十四年八月初一日前会审官,现充今职

姓名	今　职	原官、出身	到厅时间	差委时间
高鸿猷	试办第二初级检察官	副贡,即用知县	三十四年七月	元年二月前会审官,承审官,现充今职
孙毓藻	试办第三初级检察官	附生,候补知县	三十三年四月	前书记官,元年十一月承审官,二年三月委检察官
王莲堂	试办第四初级检察官	监生,候补知县	三十四年七月	三十四年前会审官,主簿,现充今职
直隶天津高等审判分厅候补检察官				
裴景宋	候补检察官	监生,候补知县	元年二月	二年四月委今职
周庆瑗	候补检察官	举人,改选知县	元年九月初六日	元年九月前会审官,二年四月委充今职
直隶天津地方检察厅候补检察官				
刘锡庸	候补检察官	荫生,候补知县	元年十月十八日	二年四月委今职
王承先	候补检察官	监生,试用知县	元年十一月	二年四月委今职

资料来源:《法官任用(附书记官)》,中国第一历史档案馆藏法部·宪政筹备处档案,档案号:32203。原表无时间,截止时间约在宣统三年。

五　清末奉天各级审检厅司法官名单

职别	姓名	年龄	籍贯	出身	原官	到差日期
高等审判厅						
厅丞	许世英	32	安徽至德	丁酉拔贡	花翎截取繁缺知府,民政部外城巡警总厅行政处金事	三十三年十二月
署推事兼刑庭长	杨兆镛	49	湖北襄阳	壬午举人	前四川补用知县	三十三年十二月
推事兼民庭长	谢桐森	33	直隶丰宁	贡生	花翎四品衔法部主事	三十三年十二月
推事	陶祖尧		浙江会稽	监生	同知	三十三年十二月
署推事	姜鹏	50	江西上饶	监生	奉调补用知县	三十三年十二月
奉天府地方审判厅						
署推事	萧文华	32	安徽霍山	丁酉拔贡	丁忧,法部主事	三十三年十二月
推事、刑庭长	孙长青	53	顺天大兴	监生	在任候补知府准补金州厅海防同知	三十四年三月
推事、民庭长	袁晟	39	江西新建	监生	留奉两浙补用盐运副使	三十三年十二月

职别	姓名	年龄	籍贯	出身	原官	到差日期
推事	倪泰	46	浙江会稽	监生	留奉补用知县	三十三年十二月
署推事	张善铎	54	江苏吴县	监生	花翎四品衔,前江西永新县知县	三十三年十二月
署推事	曹重	35	江西新建	监生	花翎候选道,广西候补知县	三十四年四月
署推事	寿椿	44	满洲镶白旗	壬辰进士	捐复降级补用浙江即用知县	三十三年十二月
抚顺地方审判厅						
署推事长	程继元	29	安徽休宁	癸卯进士	法部主事	三十四年十二月
署推事、刑庭长	张志嘉	44	直隶安平	庚寅进士	法部主事	三十四年十二月
署推事、民庭长	汪超	42	安徽祁门	庚子辛丑举人	掣用盐大使	三十四年十二月
初级审判厅						
监督推事(第一厅)	杜锡麟	38	直隶安平	庚子辛丑科举人	留奉补用知县	三十三年十二月
试办推事(第一厅)	杨文淦	51	浙江会稽	监生	留奉补用知县	三十三年十二月
推事(第二厅)	方瑛	39	安徽太湖	增贡生	知县用,留奉江西补用府经历	三十三年十二月
推事(第三厅)	汪元鼎	41	安徽相城	附监生	留奉补用知县	三十四年五月
推事(第四厅)	姜可钦	39	直隶静海	廪贡	大理院八品录事	
推事(第五厅)	周神武	53	山西文水	监生	同知衔同知用候补知县	三十三年十二月
推事(第六厅)	颜文海	46	浙江萧山	监生	知县用留奉补用县丞	三十三年十二月
高等检察厅						
署检察长	汪守珍	35	安徽婺源	丁酉拔贡	丁忧,民政部外城巡警总厅司法处金事	三十三年十二月
检察官	赵宇航	32	直隶南宫	庚子辛丑科举人	分发奉天即用知县	三十三年十二月
署检察官	赵毓衡	38	安徽怀宁		民政部六品警官	三十三年十二月
奉天府地方检察厅						
检察长	廖世经	41	江苏嘉定	附生	民政部外城巡警总厅六品警官	三十三年十二月

续表

职别	姓名	年龄	籍贯	出身	原官	到差日期
署检察官	吴肇和	22	广西临桂	附生	候选州同	三十三年十二月
抚顺地方检察厅						
署检察长	萧晋荣	33	广西富川	丁酉科副榜、北洋巡警学堂毕业	拣选知州，承德地方检察官	三十四年十二月
署检察官	刘康	36	安徽巢县	日本法政大学毕业	候选知县	三十四年十二月
初级检察厅						
检察官（第一初检厅）	李仙根	30	直隶献县	癸卯举人	拣选知县	三十四年五月
检察官（第二初检厅）	王一德	39	安徽合肥	日本警务毕业生	候选县丞	三十四年八月
检察官（第三初检厅）	汪篯	32	安徽怀宁	附生，日本经纬学堂毕业生		三十四年六月
检察官（第四初检厅）	张拱垣	27	奉天辽阳	警务毕业生	乡镇巡警分局巡官	三十四年十二月
检察官（第五初检厅）	支寿铭	47	盛京汉军正黄旗	监生	知县用，候选府经历	三十三年十二月
检察官（第六初检厅）	成德	36	开原汉军镶红旗		花翎补用协领	三十三年十二月

资料来源：《奉天省各级审判检察厅统计书》（光绪三十四年），宣统元年印行，第 11~12、38~39 页，中国政法大学图书馆藏书。

六　清末吉林各级审检厅司法官名单

姓名	职别	年龄	籍贯	出身	原官	到差年月
高等审判厅						
王国琛	厅丞	35	湖北松滋	监生	留吉补用通判	三十四年十月
刘清书	民科推事	50	奉天汉军镶红旗	监生	长寿县知事	三十四年六月
刘乾义	民科推事	37	云南元江	辛亥补行庚子举人	广东试用直州同	三十四年五月
孔庆鐈	民科推事	29	山东曲阜	癸卯举人	广东拣发知县	三十四年五月
陶士英	刑科推事	31	浙江会稽	附生	府经历职衔	三十四年九月
石伊耘	刑科推事	46	湖北武昌	监生	分省知县	三十四年十一月
杨嘉午	刑科推事	40	安徽怀宁	监生	候补同知	元年二月

姓名	职别	年龄	籍贯	出身	原官	到差年月
严昭瑢	候补推事	31	湖北江陵	监生	同知职衔	元年二月
诸克聪	候补推事	27	四川江津	廪贡生、北洋法政学校毕业	选用通判	元年二月
高等检察厅						
史菡	检察长	46	直隶玉田	乙酉举人	二品衔候补道	三十四年五月
朱兴淮	检察官	35	浙江海盐	附贡生	同知衔候补知县	三十四年五月
邱正夔	检察官	40	江苏甘泉	廪生、日本法政大学毕业	通判衔	三十四年六月
张明俊	行走检察官	50	奉天绥中	吉林监狱科毕业	候补府经历	三十四年十月
地方审判厅						
王炳文	推事长	46	浙江山阴	附贡生	三品衔花翎候补同知	三十四年五月
张象煜	民科一庭推事	32	江苏元和	监生	分省试用布库大使	三十四年五月
崔蓬山	民科推事	50	顺天通州	监生	补用通判	三十四年五月
耿翼	民科推事	38	山东新城	癸卯举人	即用知县	三十四年五月
方世立	民科二庭推事	46	安徽桐城	监生	候补知州	三十四年五月
善元	民科推事	38	顺天满洲镶蓝旗	甲午举人	候补知县	三十四年七月
唐延芬	民科推事	27	广西	附监生	分省补用通判	三十四年九月
朱继经	刑科一庭推事	44	直隶滦州	乙酉拔贡,甲午举人	滨江厅同知	三十四年八月
欧暑春	刑科推事	40	奉天奉化	癸卯举人	即用知县	三十四年五月
刘崇忠	刑科推事	29	顺天府大兴	附生	委用知县	三十四年五月
马锡铎	刑科二庭推事	44	盛京汉军镶黄旗	监生	候补知县	三十四年五月
张麟阁	刑科推事	34	奉天广宁	丙午优贡	补用知县	三十四年五月
裘炳勋	刑科推事	38	浙江嵊县	贡生	州判衔	元年二月
忠谋	候补推事	44	京师满洲正蓝旗	举人	补用同知候补知县	三十四年七月
杨光第	候补推事	49	江苏江阴	监生	候补按察使	三十四年九月
黄守愚	候补推事	36	湖南宝靖	监生	候补县丞	三十四年九月
王荣昌	候补推事	62	奉天宁远州	考取吏员	升用同知试用知县	三十四年十一月
地方检察厅						
李廷璐	检察长	40	顺天宛平	监生	候补同知	三十四年八月
申伯勋	检察官	41	奉天铁岭	丁酉拔贡	候补知县	元年二月
殷由莘	帮办检察官	26	浙江鄞县	监生	县丞职衔	元年二月

续表

姓名	职别	年龄	籍贯	出身	原官	到差年月
朱裕古	行走检察官	30	江苏昆山	附生、江苏法政毕业生		元年二月
韩新文	行走检察官	27	直隶枣强	附生，吉林法政毕业生		元年二月
孟福源	行走检察官	29	顺天昌平	监生	候补府经历	元年二月
倪　威	行走检察官	33	云南昆明	监生	府经历职衔	元年二月
第一、二初级审检厅						
炳　桢	推事	49	驻京蒙古镶黄旗	贡生	候补知县	元年二月
高　铎	检察官	28	四川泸州	监生	候选同知	三十四年十二月
张步云	推事	42	奉天锦州	增贡生	分省试用知县	三十四年五月
许嘉麟	检察官	29	浙江山阴	监生	直隶候补布（政使司）经历	三十四年五月

资料来源：《吉林提法司第一次报告书》，中国政法大学图书馆藏书。表中所列皆宣统元年三月在职人员。

七　宣统二年司法官考试录取名单[①]

京师

中国第一历史档案馆保存的清末法部档案中，有完整的宣统二年京师法官考试录取名录，共 561 名，其中最优等 83 名，优等 193 名，中等 285 名。[②] 兹将名单和相关信息整理如下表：

姓名	籍贯	履历/来源	考试成绩
最优等 83 名			
诚　允	满洲正红旗	毕业生	96 分 4 厘
赵赓祥	奉天	优贡	96 分 4 厘
廖儒宗	直隶	举人	94 分 3 厘

---

① 宣统二年司法官考试，是中国历史上第一次全国规模的司法考试，主考场设在京师，在四川、云南、广西、贵州、甘肃、新疆等地设分考场。此名单根据多种史料综合而成。

② 《审判检察各厅等缺职员衔各清单及考生统计册等》（考试法官题名录，宣统二年），中国第一历史档案馆藏法部·举叙司档案，档案号：31677（第 3 号）。

姓名	籍贯	履历/来源	考试成绩
汪庚年	浙江	举人	94 分 3 厘
杨孝则	奉天	毕业生	94 分 3 厘
朱毓珍	浙江	毕业生	93 分 6 厘
王子敬	山西	拔贡	93 分 6 厘
林子瑶	河南	拔贡	93 分 6 厘
杨绍中	河南	拔贡	93 分 6 厘
薛 勉	河南	举人	93 分 6 厘
卢启贤	湖北	直州判	92 分 9 厘
韩和协	广东	毕业生	92 分 1 厘
欧阳煦	四川	直州判	92 分 1 厘
朱友英	湖北	拔贡	92 分 1 厘
边英侪	河南	毕业生	92 分 1 厘
韩光祚	山东	毕业生	92 分 1 厘
杨拱笏	贵州	毕业生	92 分 1 厘
许家恒	江苏	毕业生	91 分 4 厘
毕殿槐	湖北	直州判	91 分 4 厘
尚鳌文	河南	毕业生	91 分 4 厘
王虞耕	山东	毕业生	91 分 4 厘
王 植	福建	毕业生	90 分 7 厘
银公铨	四川	毕业生	90 分 7 厘
牛葆愉	河南	拔贡	90 分 7 厘
范学铭	直隶	直州判	90 分 7 厘
陈克正	奉天	毕业生	90 分 7 厘
简文昭	广东	毕业生	90 分 7 厘
王永槐	四川	拔贡	90 分
张钟泽	广东	毕业生	90 分
孙志曾	云南	毕业生	90 分
任祖菜	浙江	毕业生	90 分
李国瑜	贵州	毕业生	89 分 3 厘
刘敬铣	湖北	知县	89 分 3 厘
马国文	湖北	毕业生	88 分 9 厘
刘 澄	湖北	举人	88 分 6 厘
张梯云	山东	直州同	88 分 6 厘
孟庆恩	镶黄旗	毕业生	87 分 9 厘

姓名	籍贯	履历/来源	考试成绩
乔从锐	直隶	举人	87 分 9 厘
苏 敬	广东	毕业生	87 分 9 厘
沈启熙	浙江	毕业生	87 分 9 厘
谢盛堂	四川	优贡	87 分 1 厘
鲁士贞	安徽	毕业生	87 分 1 厘
林 典	浙江	举人	87 分 1 厘
吴宗乾	湖南	州判	86 分 4 厘
廖慎修	广东	毕业生	86 分 4 厘
方仁声	广东	毕业生	86 分 4 厘
王树的	山东	举人	85 分 7 厘
许勋元	广东	毕业生	85 分 7 厘
郭 廉	江苏	直州判	85 分 7 厘
谈 海	广东	举人	85 分 7 厘
唐藻芬	广东	毕业生	85 分 7 厘
彭延思	湖南	举人	85 分 7 厘
鲍忠淇	直隶	毕业生	85 分
蔡光辉	江苏	毕业生	85 分
朱德权	湖北	毕业生	85 分
卢 尧	广东	毕业生	85 分
颜布鲁	江西	直州同	84 分 3 厘
李琴鹤	河南	毕业生	84 分 3 厘
李瑞瑾	河南	举人	84 分 3 厘
黄鹍年	广西	毕业生	83 分 6 厘
伍 岳	广东	毕业生	83 分 6 厘
李继曾	直隶	毕业生	83 分 6 厘
朱震修	浙江	优贡	83 分 6 厘
刘豫瑶	江苏	举人	83 分 6 厘
张之桂	直隶	毕业生	82 分 9 厘
苏宗轼	浙江	毕业生	82 分 9 厘
张俊章	四川	毕业生	82 分 9 厘
薛凤鸣	山西	知县	82 分 9 厘
冯世凯	奉天	毕业生	82 分 1 厘
秦德经	山东	拔贡	82 分 1 厘
高玉田	河南	拔贡	81 分 4 厘

姓名	籍贯	履历/来源	考试成绩
周景薰	湖北	毕业生	81分4厘
张锡康	浙江	毕业生	81分4厘
宋沅	浙江	优贡	81分4厘
楼金鑑	浙江	优贡	81分4厘
吴庆莪	浙江	刑幕	81分4厘
沈豫善	河南	典簿	80分7厘
杨櫆	云南	拔贡	80分7厘
梁载恩	广东	举人	80分7厘
杨子儒	河南	拔贡	80分
陈炎	浙江	毕业生	80分
陈贤忠	广东	毕业生	80分
盛时	湖南	毕业生	80分
优等193名			
沈桂华	湖北	拔贡	91分4厘,主要科不满70分
卢维时	奉天	毕业生	90分,主要科不满70分
薛雪	江苏	拔贡	88分6厘,主要科不满70分
陈赞舜	福建	举人	88分6厘,主要科不满70分
唐凌霄	四川	毕业生	87分9厘,主要科不满70分
杨炳勋	陕西	举人	87分9厘,主要科不满70分
孙如鑑	安徽	举人	87分9厘,主要科不满70分
朱锡鎏	广东	毕业生	87分1厘,主要科不满70分
陈昌谟	广东	毕业生	86分4厘,主要科不满70分
方廷瑞	安徽	毕业生	86分4厘,主要科不满70分
贺德深	湖北	毕业生	85分7厘,主要科不满70分
马泰峰	直隶	毕业生	85分4厘,主要科不满70分
彭学浚	江西	举人	85分3厘,主要科不满70分
臧著晙	山东	副贡	85分,主要科不满70分
房金锜	山东	拔贡	85分,主要科不满70分
徐文澜	浙江	优贡	85分,主要科不满70分
李鼎抡	云南	举人	85分,主要科不满70分
罗兆凤	四川	七品警官	85分,主要科不满70分
杨资洲	直隶	直州判	84分3厘,主要科不满70分
绍铭	正白旗	毕业生	84分3厘,主要科不满70分
张鹏霄	江西	毕业生	84分3厘,主要科不满70分

姓名	籍贯	履历/来源	考试成绩
徐绍溥	浙江	毕业生	84 分 3 厘，主要科不满 70 分
莫开琼	广东	毕业生	83 分 6 厘，主要科不满 70 分
赵协曾	浙江	毕业生	83 分 6 厘，主要科不满 70 分
杨奉清	湖北	副贡	82 分 9 厘，主要科不满 70 分
周起凤	广东	毕业生	82 分 9 厘，主要科不满 70 分
胡耀南	浙江	举人	82 分 9 厘，主要科不满 70 分
王　晋	四川	毕业生	82 分 1 厘，主要科不满 70 分
凌　璧	安徽	毕业生	82 分 1 厘，主要科不满 70 分
宋如璋	直隶	举人	82 分 1 厘，主要科不满 70 分
林熙畴	广东	毕业生	82 分 1 厘，主要科不满 70 分
高　崇	四川	州判	82 分 1 厘，主要科不满 70 分
姚寿衡	湖南	毕业生	81 分 4 厘，主要科不满 70 分
郑可经	四川	举人	81 分 4 厘，主要科不满 70 分
谷其俊	河南	毕业生	81 分 4 厘，主要科不满 70 分
李沅湘	广东	毕业生	81 分 4 厘，主要科不满 70 分
傅师说	浙江	按经历	81 分 4 厘，主要科不满 70 分
张家驹	四川	举人	80 分 7 厘，主要科不满 70 分
吴奠南	贵州	优贡	80 分 7 厘，主要科不满 70 分
钟泰阶	湖南	知县	80 分 7 厘，主要科不满 70 分
吴　煊	四川	举人	80 分 7 厘，主要科不满 70 分
郑中砥	福建	毕业生	80 分，主要科不满 70 分
徐柱石	江西	举人	80 分，主要科不满 70 分
李鸿彬	山西	拔贡	80 分，主要科不满 70 分
欧　卓	湖南	举人	79 分 3 厘
唐　鑑	浙江	拔贡	79 分 3 厘
王文翰	河南	法政学生	79 分 3 厘
梅兆泰	河南	拔贡	79 分 3 厘
朱祖植	浙江	刑幕	79 分 3 厘
冯文栋	浙江	举人	79 分 3 厘
赵春芳	直隶	拔贡	79 分 3 厘
冯同璟	浙江	毕业生	79 分 3 厘
马振濂	河南	直州判	79 分 3 厘
师维祺	河南	副贡	79 分 3 厘
陆麟绂	河南	举人	79 分 3 厘

姓名	籍贯	履历/来源	考试成绩
于大僚	湖南	拔贡	78 分 6 厘
孙百福	山东	知县	78 分 6 厘
侯福昌	山西	拔贡	78 分 6 厘
杜 甄	广东	中书	78 分 6 厘
达 善	满洲镶蓝旗	毕业生	78 分 6 厘
孙熙泽	安徽	知县	78 分 6 厘
郑诗燮	福建	毕业生	78 分 6 厘
郭子遐	江西	毕业生	78 分 6 厘
刘绍瑀	山西	毕业生	78 分 6 厘
雷作霖	福建	拔贡	78 分 6 厘
汪贻夔	浙江	刑幕	78 分 6 厘
丁 焖	浙江	副贡	77 分 9 厘
周伯甲	山东	毕业生	77 分 9 厘
崔正峰	奉天	毕业生	77 分 9 厘
周业钜	湖南	拔贡	77 分 9 厘
唐受潘	四川	举人	77 分 9 厘
江镇三	湖南	毕业生	77 分 9 厘
周 鲁	广东	毕业生	77 分 9 厘
陈汉芬	湖北	拔贡	77 分 9 厘
刘钟球	江苏	通判	77 分 9 厘
许宗谦	直隶	毕业生	77 分 9 厘
左树玉	湖北	知县	77 分 6 厘
裘 綮	浙江	毕业生	77 分 4 厘
李鸿钧	山东	举人	77 分 1 厘
伊若璋	山东	毕业生	77 分 1 厘
李世禄	山东	拔贡	77 分 1 厘
袁荫翘	江西	毕业生	77 分 1 厘
孙鸿宾	直隶	拔贡	77 分 1 厘
陈树基	浙江	副贡	77 分 1 厘
商建中	河南	拔贡	76 分 4 厘
潘澄修	汉军镶白旗	毕业生	76 分 4 厘
冉翼道	四川	通判	76 分 4 厘
叶承家	广东	按经历	76 分 4 厘
徐抡元	山西	举人	76 分 4 厘

姓名	籍贯	履历/来源	考试成绩
范一桂	浙江	毕业生	76 分 4 厘
常述明	直隶	副贡	75 分 7 厘
魏大名	直隶	刑幕	75 分 7 厘
蓝作栋	四川	毕业生	75 分 7 厘
百源澄	河南	毕业生	75 分 7 厘
王孝緘	福建	毕业生	75 分 7 厘
麻席珍	山西	举人	75 分
王庚堂	直隶	毕业生	75 分
郭霖三	直隶	毕业生	75 分
林钟儒	福建	毕业生	75 分
张 悫	山东	毕业生	75 分
奉 楷	四川	毕业生	75 分
傅 琳	浙江	毕业生	75 分
程松年	四川	优贡	75 分
许其襄	河南	拔贡	75 分
郑春魁	河南	拔贡	75 分
纪春书	直隶	毕业生	75 分
毛鸿达	广东	毕业生	75 分
林稷枬	贵州	举人	75 分
王炎武	河南	毕业生	75 分
秦肇煌	江苏	毕业生	75 分
余信芳	浙江	毕业生	75 分
刘树勋	四川	州判	75 分
沈德滐	浙江	毕业生	75 分
周 祉	河南	举人	75 分
董敬修	山西	毕业生	74 分 6 厘
刘廷弼	吉林	毕业生	74 分 3 厘
张友伊	河南	拔贡	74 分 3 厘
蔡文炳	湖南	毕业生	74 分 3 厘
杨华甫	湖北	刑幕	74 分 3 厘
陈秉韶	广东	毕业生	74 分 3 厘
陈硕谟	福建	毕业生	74 分 3 厘
史锡绥	四川	毕业生	74 分 3 厘
郭慎五	河南	毕业生	74 分 3 厘

姓名	籍贯	履历/来源	考试成绩
廖云桢	河南	刑幕	74 分 3 厘
倪瑞芝	浙江	拔贡	74 分 3 厘
张之炎	江西	拔贡	74 分 3 厘
裕 然	汉军镶红旗	优贡	74 分 3 厘
邱 澜	福建	毕业生	74 分 3 厘
梁任澄	湖南	举人	74 分 3 厘
陈树藩	湖北	刑幕	74 分 3 厘
董 牪	直隶	知县	73 分 9 厘
张浚源	山东	毕业生	73 分 6 厘
韩国斌	湖北	直州判	73 分 6 厘
危道济	湖南	同知	73 分 6 厘
刘凤铭	汉军正红旗	直隶州	73 分 6 厘
徐守常	奉天	毕业生	73 分 6 厘
赵 模	浙江	拔贡	73 分 6 厘
孟广铎	河南	毕业生	73 分 6 厘
刘毓崑	四川	举人	73 分 2 厘
邵 骥	浙江	拔贡	73 分 2 厘
陆培鑫	广西	知县	72 分 9 厘
刘仁裕	浙江	直州判	72 分 9 厘
曹元朗	浙江	毕业生	72 分 9 厘
赵华汉	浙江	通判	72 分 9 厘
秦汝梅	山西	举人	72 分 9 厘
吴柏年	湖北	毕业生	72 分 9 厘
梁廷俊	直隶	举人	72 分 9 厘
宋孟年	浙江	毕业生	72 分 9 厘
林柏同	广西	举人	72 分 9 厘
涂丙熙	江西	州同	72 分 9 厘
黄 裳	福建	毕业生	72 分 9 厘
奚 侗	安徽	毕业生	72 分 9 厘
王用益	四川	毕业生	72 分 9 厘
骆永诠	河南	拔贡	72 分 8 厘
高棠恩	山东	举人	72 分 1 厘
孙遗恩	山东	拔贡	72 分 1 厘
何谦章	广西	拔贡	72 分 1 厘

姓名	籍贯	履历/来源	考试成绩
陈　堃	福建	举人	72 分 1 厘
张书玉	广西	优贡	72 分 1 厘
张庭馥	河南	拔贡	72 分 1 厘
程世济	江西	州同	72 分 1 厘
毛龙章	直隶	拔贡	72 分 1 厘
章朝瑞	江西	举人	72 分 1 厘
陈人经	江西	拔贡	71 分 8 厘
何绍休	江西	副贡	71 分 4 厘
关瑞琛	广东	毕业生	71 分 4 厘
郭文先	湖南	州判	71 分 4 厘
陈　策	河南	拔贡	71 分 4 厘
李敬之	河南	拔贡	71 分 4 厘
杨恩培	山东	举人	71 分 4 厘
钟之翰	浙江	毕业生	71 分 4 厘
吴孝忱	福建	毕业生	71 分 4 厘
邓振廊	湖北	毕业生	71 分 4 厘
周辉远	山东	拔贡	70 分 7 厘
郭　翰	湖南	拔贡	70 分 7 厘
于宗周	奉天	毕业生	70 分 7 厘
陈祥贻	安徽	州同	70 分 7 厘
郑彭龄	广东	毕业生	70 分 7 厘
唐　岳	湖南	拔贡	70 分 7 厘
余瑞鸾	广东	毕业生	70 分 7 厘
王　藻	湖北	优贡	70 分 7 厘
刘光藩	四川	拔贡	70 分 7 厘
王性河	直隶	拔贡	70 分 7 厘
张焕齐	直隶	举人	70 分 7 厘
王泽荣	河南	举人	70 分 7 厘
江天泽	广东	毕业生	70 分
颜　寿	四川	毕业生	70 分
李应桂	广西	毕业生	70 分
张获年	湖南	举人	70 分
段经畲	江西	知县	70 分
邱桂桦	山东	毕业生	70 分

姓名	籍贯	履历/来源	考试成绩
姚秉均	山西	优贡	70 分
宋祥荽	四川	毕业生	70 分
中等 285 名			
庄枢元	福建	毕业生	92 分 9 厘,主要科不满 60 分
罗景福	汉军正白旗	毕业生	87 分 1 厘,主要科不满 60 分
石润金	湖南	毕业生	87 分 1 厘,主要科不满 60 分
孙桂森	奉天	毕业生	86 分 4 厘,主要科不满 60 分
李鸿文	山西	知县	86 分 4 厘,主要科不满 60 分
彭 颐	江西	举人	85 分 7 厘,主要科不满 60 分
刘子修	广东	毕业生	85 分 7 厘,主要科不满 60 分
裴子晏	山东	毕业生	85 分,主要科不满 60 分
王荃芗	山东	毕业生	84 分 3 厘,主要科不满 60 分
曹鼎汾	浙江	举人	84 分 3 厘,主要科不满 60 分
顾文郁	江苏	毕业生	83 分 9 厘,主要科不满 60 分
瞿鸿宾	湖北	毕业生	82 分 9 厘,主要科不满 60 分
李 琦	湖北	毕业生	82 分 9 厘,主要科不满 60 分
王宗儒	直隶	拔贡	82 分 9 厘,主要科不满 60 分
张翘汉	镶黄旗	毕业生	82 分 9 厘,主要科不满 60 分
邵福楙	江苏	毕业生	82 分 1 厘,主要科不满 60 分
陈海超	镶黄旗	毕业生	81 分 4 厘,主要科不满 60 分
潘学海	江西	毕业生	81 分 4 厘,主要科不满 60 分
陈传钧	河南	毕业生	80 分,主要科不满 60 分
曾纯阳	湖南	举人	80 分,主要科不满 60 分
王容德	河南	知县	80 分,主要科不满 60 分
刘 通	福建	毕业生	80 分,主要科不满 60 分
包有鱼	安徽	毕业生	80 分,主要科不满 60 分
王汝湘	直隶	举人	80 分,主要科不满 60 分
彝 勋	正蓝旗	直州同	79 分 3 厘,主要科不满 60 分
李秉超	山东	毕业生	79 分 3 厘,主要科不满 60 分
沙兆镛	直隶	举人	79 分 3 厘,主要科不满 60 分
钟 达	福建	毕业生	79 分 3 厘,主要科不满 60 分
萧 益	江西	毕业生	78 分 9 厘,主要科不满 60 分
左树瑄	湖北	拔贡	78 分 6 厘,主要科不满 60 分
萧治馨	四川	毕业生	78 分 6 厘,主要科不满 60 分

姓名	籍贯	履历/来源	考试成绩
华　国	山东	毕业生	78分6厘,主要科不满60分
杨灼熊	广东	毕业生	78分6厘,主要科不满60分
骆永让	河南	优贡	77分9厘,主要科不满60分
黄凤琳	广东	知县	77分9厘,主要科不满60分
章士濂	浙江	刑幕	77分9厘,主要科不满60分
孙高荫	山东	主事	77分9厘,主要科不满60分
叶自纯	安徽	副贡	77分9厘,主要科不满60分
王祖培	直隶	毕业生	77分9厘,主要科不满60分
王官寿	江苏	毕业生	77分9厘,主要科不满60分
卜云吉	陕西	举人	77分1厘,主要科不满60分
董毓琳	直隶	毕业生	77分1厘,主要科不满60分
刘　泮	广东	毕业生	77分1厘,主要科不满60分
胡修辅	河南	拔贡	77分1厘,主要科不满60分
邬荣经	河南	通判	77分1厘,主要科不满60分
郑翰材	广西	举人	77分1厘,主要科不满60分
王　琯	四川	毕业生	77分1厘,主要科不满60分
童培元	福建	优贡	77分1厘,主要科不满60分
吴荣萃	江苏	毕业生	77分1厘,主要科不满60分
马宗杰	广东	毕业生	76分4厘,主要科不满60分
俞安寿	浙江	毕业生	76分4厘,主要科不满60分
增　恩	满洲正白旗	毕业生	76分4厘,主要科不满60分
钟　鸣	满洲正白旗	毕业生	76分4厘,主要科不满60分
孙发绪	直隶	知县	76分4厘,主要科不满60分
侯光第	福建	毕业生	76分4厘,主要科不满60分
施恩溥	江苏	拔贡	76分4厘,主要科不满60分
胡兆沂	江苏	毕业生	76分4厘,主要科不满60分
钟应德	江西	举人	75分7厘,主要科不满60分
马维麒	陕西	拔贡	75分7厘,主要科不满60分
孙佐廷	奉天	州判	75分7厘,主要科不满60分
郑凤锵	福建	毕业生	75分7厘,主要科不满60分
王兆熊	福建	毕业生	75分7厘,主要科不满60分
徐庭麟	江苏	毕业生	75分7厘,主要科不满60分
杨遵路	江苏	毕业生	75分7厘,主要科不满60分
钱　江	浙江	毕业生	75分5厘,主要科不满60分

姓名	籍贯	履历/来源	考试成绩
赵钲铑	江苏	拔贡	75分5厘，主要科不满60分
李家祥	直隶	毕业生	75分4厘，主要科不满60分
边宝田	直隶	毕业生	75分，主要科不满60分
王其康	江苏	拔贡	75分，主要科不满60分
陈璋训	河南	优贡	75分，主要科不满60分
叶金扬	江苏	毕业生	75分，主要科不满60分
牟家夔	山东	副贡	75分，主要科不满60分
王锡九	直隶	毕业生	74分3厘，主要科不满60分
萧辉锦	江西	举人	74分3厘，主要科不满60分
何凤升	浙江	刑幕	74分3厘，主要科不满60分
张栋铭	山东	直州判	74分3厘，主要科不满60分
方应钊	广东	毕业生	74分3厘，主要科不满60分
童建侯	浙江	毕业生	74分3厘，主要科不满60分
李 煊	福建	毕业生	74分3厘，主要科不满60分
唐慎坊	江西	通判	74分3厘，主要科不满60分
林盛勋	广东	毕业生	74分3厘，主要科不满60分
陈永清	广东	毕业生	74分3厘，主要科不满60分
石 峻	河南	毕业生	74分3厘，主要科不满60分
李国权	河南	拔贡	74分3厘，主要科不满60分
黎培元	直隶	拔贡	73分8厘，主要科不满60分
瑞 麒	满洲正蓝旗	举人	73分6厘，主要科不满60分
徐沐三	湖北	举人	73分6厘，主要科不满60分
陶绪长	江西	都事	73分6厘，主要科不满60分
杨如琮	广西	拔贡	73分6厘，主要科不满60分
叶玉森	江苏	优贡	73分6厘，主要科不满60分
冯芙昌	广东	优贡	73分6厘，主要科不满60分
李士藩	湖北	知县	73分6厘，主要科不满60分
林祥熊	福建	毕业生	73分6厘，主要科不满60分
鄢耀枢	福建	直州同	72分9厘，主要科不满60分
赖汝松	广西	举人	72分9厘，考要科不满60分
黎世澄	四川	拔贡	72分9厘，主要科不满60分
邵诒毅	浙江	毕业生	72分9厘，主要科不满60分
郑思曾	浙江	毕业生	72分9厘，主要科不满60分
吴广龄	福建	毕业生	72分9厘，主要科不满60分

姓名	籍贯	履历/来源	考试成绩
王占梅	直隶	毕业生	72 分 4 厘，主要科不满 60 分
谢耀棠	广东	毕业生	72 分 4 厘，主要科不满 60 分
袁焕仑	四川	州判	72 分 1 厘，主要科不满 60 分
易文藻	广西	毕业生	72 分 1 厘，主要科不满 60 分
秦树勋	广西	拔贡	72 分 1 厘，主要科不满 60 分
方浏生	浙江	毕业生	72 分 1 厘，主要科不满 60 分
李荫川	直隶	毕业生	72 分 1 厘，主要科不满 60 分
余鸣谦	福建	毕业生	72 分 1 厘，主要科不满 60 分
张庆珍	安徽	毕业生	72 分 1 厘，主要科不满 60 分
周骏声	浙江	毕业生	72 分 1 厘，主要科不满 60 分
赵 鈇	浙江	刑幕	72 分 1 厘，主要科不满 60 分
郑藻翔	广东	毕业生	72 分 1 厘，主要科不满 60 分
萧日炎	广东	毕业生	72 分 1 厘，主要科不满 60 分
王曰灝	湖北	拔贡	72 分 1 厘，主要科不满 60 分
吴英翰	湖南	拔贡	72 分 1 厘，主要科不满 60 分
黎家骁	广东	拔贡	71 分 4 厘，主要科不满 60 分
孙龙光	广东	毕业生	71 分 4 厘，主要科不满 60 分
曾国霖	江苏	毕业生	71 分 4 厘，主要科不满 60 分
张 相	江苏	拔贡	71 分 4 厘，主要科不满 60 分
任景亭	山东	毕业生	71 分 4 厘，主要科不满 60 分
牛照藻	山西	毕业生	71 分 4 厘，主要科不满 60 分
杨光宪	直隶	优贡	71 分 4 厘，主要科不满 60 分
董书甲	奉天	优贡	71 分 4 厘，主要科不满 60 分
马宗芗	奉天	直州判	71 分 4 厘，主要科不满 60 分
振 华	汉军镶蓝旗	毕业生	71 分 4 厘，主要科不满 60 分
孙云澄	浙江	毕业生	71 分，主要科不满 60 分
王玙璠	满洲镶红旗	直州判	70 分 7 厘，主要科不满 60 分
何凤岐	广西	拔贡	70 分 7 厘，主要科不满 60 分
关宗骥	广西	拔贡	70 分 7 厘，主要科不满 60 分
朱甘霖	安徽	毕业生	70 分 7 厘，主要科不满 60 分
夏敬履	江西	毕业生	70 分 7 厘，主要科不满 60 分
洪绍祖	浙江	毕业生	70 分 7 厘，主要科不满 60 分
黄乐诚	广东	毕业生	70 分 7 厘，主要科不满 60 分
陈 寅	陕西	知县	70 分 7 厘，主要科不满 60 分

姓名	籍贯	履历/来源	考试成绩
刘传猷	河南	直州判	70 分 7 厘,主要科不满 60 分
邹 杰	四川	毕业生	70 分 7 厘,主要科不满 60 分
霍乃晖	广东	毕业生	70 分 7 厘,主要科不满 60 分
关思轼	广东	毕业生	70 分 7 厘,主要科不满 60 分
郑尧勋	广东	毕业生	70 分 7 厘,主要科不满 60 分
曲著勋	河南	拔贡	70 分,主要科不满 60 分
林伯权	广东	毕业生	70 分,主要科不满 60 分
孙曾荫	山东	主事	70 分,主要科不满 60 分
叶葆彝	浙江	拔贡	70 分,主要科不满 60 分
张映竹	山东	毕业生	70 分,主要科不满 60 分
魏永廉	山东	毕业生	70 分,主要科不满 60 分
赵克仁	山西	毕业生	70 分,主要科不满 60 分
郑丰稔	福建	拔贡	70 分,主要科不满 60 分
董起桓	福建	毕业生	70 分,主要科不满 60 分
章友文	福建	优贡	70 分,主要科不满 60 分
陈世彬	福建	毕业生	70 分,主要科不满 60 分
魏 堃	江西	拔贡	70 分,主要科不满 60 分
方毓麟	安徽	毕业生	70 分,主要科不满 60 分
翁捷三	福建	毕业生	70 分,主要科不满 60 分
武绳绪	直隶	州同	69 分 3 厘
孔宪熙	奉天	优贡	69 分 3 厘
杨禀贞	江苏	毕业生	69 分 3 厘
杨同翰	福建	毕业生	69 分 3 厘
杨葆铭	福建	毕业生	69 分 3 厘
姚斯盛	四川	拔贡	69 分 3 厘
许 实	云南	举人	69 分 3 厘
刘崇先	云南	拔贡	69 分 3 厘
谭芝淦	广东	毕业生	69 分 3 厘
方寿恒	安徽	毕业生	69 分 3 厘
姚恭宋	河南	拔贡	69 分 3 厘
书 年	满洲正黄旗	毕业生	69 分 3 厘
王尚震	河南	拔贡	69 分 3 厘
周丕显	河南	毕业生	69 分 3 厘
杜承休	湖北	举人	68 分 6 厘

续表

姓名	籍贯	履历/来源	考试成绩
廖文洵	四川	毕业生	68 分 6 厘
赵毓桂	江苏	毕业生	68 分 6 厘
饶　光	广东	毕业生	68 分 6 厘
陈荣椅	广东	举人	68 分 6 厘
刘　楷	陕西	举人	68 分 6 厘
王锦文	浙江	拔贡	68 分 6 厘
李炳文	河南	主事	68 分 6 厘
杜光桥	湖北	知县	68 分 6 厘
王右弼	湖北	毕业生	68 分 6 厘
李树槑	吉林	知县	68 分 6 厘
周晋旃	直隶	毕业生	68 分 6 厘
王志新	直隶	知县	68 分 6 厘
黄祖周	安徽	毕业生	68 分 6 厘
黄守藩	福建	毕业生	68 分 6 厘
曾庆榜	湖南	刑幕	68 分 6 厘
李续源	湖南	直州判	68 分 6 厘
瞿璭钧	湖南	直州判	68 分 6 厘
董清嵘	四川	举人	68 分 6 厘
王作桢	山西	举人	68 分 6 厘
钱　璜	江苏	毕业生	68 分 6 厘
王普昌	河南	拔贡	68 分 6 厘
何实铨	山西	刑幕	67 分 9 厘
刘毓漳	山东	盐经历	67 分 9 厘
罗　捷	湖北	刑幕	67 分 9 厘
刘培炜	广东	毕业生	67 分 9 厘
王　淦	河南	拔贡	67 分 9 厘
关赓熙	广东	毕业生	67 分 9 厘
谭奎午	直隶	直州判	67 分 9 厘
李玉田	直隶	拔贡	67 分 9 厘
李丙荣	江西	拔贡	67 分 9 厘
李承钧	湖北	直州判	67 分 9 厘
李　樊	湖南	刑幕	67 分 9 厘
林德基	广西	盐(运使司)经历	67 分 9 厘
吴朋复	江西	直州判	67 分 9 厘

姓名	籍贯	履历/来源	考试成绩
许登瀛	浙江	优贡	67 分 4 厘
窦学增	汉军镶蓝旗	毕业生	67 分 1 厘
王荣甲	汉军正蓝旗	毕业生	67 分 1 厘
董鑑堂	陕西	拔贡	67 分 1 厘
孙鸿卓	奉天	毕业生	67 分 1 厘
陈鹤年	陕西	毕业生	67 分 1 厘
宿文奎	奉天	毕业生	67 分 1 厘
胡登弟	直隶	毕业生	67 分 1 厘
周化南	湖北	毕业生	67 分 1 厘
王士斌	山东	毕业生	67 分 1 厘
姜运昌	河南	拔贡	67 分 1 厘
张文翰	黑龙江	毕业生	67 分 1 厘
伍玉堂	广东	毕业生	67 分 1 厘
何尔照	四川	知县	67 分 1 厘
吴继高	山东	毕业生	67 分 1 厘
边澄恩	山西	优贡	67 分 1 厘
徐连芳	山东	知县	67 分 1 厘
程 鑑	江苏	毕业生	67 分 1 厘
曹香蓉	山东	拔贡	67 分 1 厘
吴兆枚	福建	毕业生	67 分 1 厘
赵 麟	浙江	刑幕	67 分 1 厘
陈承虞	福建	毕业生	67 分 1 厘
卢中琛	广西	毕业生	67 分 1 厘
何采铭	福建	毕业生	67 分 1 厘
刘桂荣	广东	毕业生	67 分 1 厘
徐家驹	贵州	举人	67 分 1 厘
陈祖尧	福建	拔贡	67 分 1 厘
郑端杰	福建	毕业生	67 分 1 厘
徐植春	安徽	优贡	67 分 1 厘
华其渊	福建	毕业生	66 分 9 厘
张宗良	贵州	直州判	66 分 9 厘
吕森桂	直隶	拔贡	66 分 4 厘
奎 英	汉军镶黄旗	知县	66 分 4 厘
林志宏	福建	毕业生	66 分 4 厘

姓名	籍贯	履历/来源	考试成绩
王家三	河南	优贡	66 分 4 厘
林振声	广东	举人	66 分 4 厘
寇书成	吉林	毕业生	66 分 4 厘
张业广	湖北	知县	66 分 4 厘
邱祖德	湖北	优贡	66 分 4 厘
石廷献	福建	毕业生	66 分 4 厘
黄行素	江苏	毕业生	66 分 4 厘
李经文	福建	举人	66 分 4 厘
彭显殷	广东	毕业生	66 分 4 厘
孙莘斌	湖北	直州判	66 分 4 厘
德　荫	满洲镶蓝旗	毕业生	66 分 4 厘
黄　勋	福建	毕业生	66 分 4 厘
刘恒济	河南	直州判	66 分 4 厘
吴廷琪	河南	毕业生	65 分 7 厘
贾庆春	汉军正黄旗	毕业生	65 分 7 厘
阮家雍	浙江	刑幕	65 分 7 厘
高涌先	陕西	举人	65 分 7 厘
张慰祖	江苏	通判	65 分 7 厘
刘观成	直隶	知县	65 分 7 厘
万　敷	湖北	毕业生	65 分 7 厘
章永仁	湖南	拔贡	65 分 7 厘
金钟毓	浙江	刑幕	65 分 7 厘
萧绍云	四川	优贡	65 分 7 厘
周翊清	河南	知县	65 分 7 厘
崔寅彤	河南	州判	65 分 7 厘
宋庆连	河南	拔贡	65 分 7 厘
熊绍龙	河南	拔贡	65 分 7 厘
刘青选	河南	举人	65 分 7 厘
严鸿羲	广东	按经历	65 分 7 厘
张　坊	直隶	毕业生	65 分 7 厘
罗　藏	贵州	副贡	65 分 7 厘
陈国华	江苏	毕业生	65 分
张　仑	河南	直州判	65 分
文德昂	广西	举人	65 分

续表

姓名	籍贯	履历/来源	考试成绩
鲁懋勋	直隶	毕业生	65 分
张应藩	湖南	拔贡	65 分
刘丕公	河南	毕业生	65 分
吴皋麒	浙江	刑幕	65 分
张万城	山西	拔贡	65 分
董 拔	福建	毕业生	65 分
冯焕光	广东	拔贡	65 分
杨 鹗	云南	拔贡	65 分
孙甲铭	浙江	刑幕	65 分
娄善簴	河南	毕业生	65 分
林缉铎	福建	毕业生	65 分
吴之恺	安徽	优贡	65 分
张黎庆	直隶	拔贡	65 分
方 翰	安徽	毕业生	65 分
张之麒	奉天	毕业生	65 分
贾赞唐	河南	毕业生	65 分

注：以上京师录取名单与刊登在宣统二年九月二十七日《政治官报》（第 1079 号）的名单相同，且与《申报》1910 年 10 月 29 日所列出的数字吻合。

四川

中国第一历史档案馆也完整保存宣统二年四川法官考试录取名录，共录取 130 名，其中最优等 5 名，优等 40 名，中等 85 名。[①] 详细信息如下：

姓名	年龄	籍贯	履历/来源	考试分数
			最优等 5 名	
王秉璠	41	广东	四川刑幕	87 分 1 厘
喻熙箴	49	贵州	举人，四川县丞	82 分 7 厘
张 骥	30	四川	毕业生	82 分 7 厘
曾宜光	40	四川	毕业生	82 分

---

① 《四川考试法官录取各员拟请照章授职任用缮具清单》，中国第一历史档案馆藏法部·宪政筹备处档案，档案号：32175。

姓名	年龄	籍贯	履历/来源	考试分数
徐运昌	28	浙江	四川知县	80 分 7 厘

优等 40 名

姓名	年龄	籍贯	履历/来源	考试分数
张仲孝	26	四川	毕业生	82 分,因主要科不满 70 分,降优等
江鸿勋	27	四川	毕业生	81 分 1 厘,因主要科不满 70 分,降优等
刘恒堦	27	四川	毕业生	79 分 5 厘
钟树勋	30	四川	毕业生	79 分 1 厘
尹全镇	42	四川	举人	78 分 4 厘
苏学海	34	四川	毕业生	78 分 1 厘
周芹孙	34	四川	法部主事	78 分
王钟荃	37	山东	举人	77 分 8 厘
蹇国桢	35	四川	毕业生	77 分 8 厘
谢文华	39	陕西	拔贡,四川知县	77 分 5 厘
吴江	40	四川	毕业生	77 分 5 厘
黄筠	35	湖北	四川刑幕	77 分 5 厘
陈新燮	35	四川	举人	77 分 1 厘
许铨	30	四川	毕业生	76 分 8 厘
刘永镛	26	四川	毕业生	76 分 7 厘
余柬	35	浙江	四川刑幕	76 分 5 厘
叶青冬	33	四川	毕业生	76 分 1 厘
吴增浚	24	江西	四川布经历	75 分 7 厘
李光珠	51	四川	举人,拣选知县	75 分 4 厘
李均	25	四川	毕业生	75 分 4 厘
赵希文	25	浙江	四川刑幕	75 分 2 厘
姜彬	43	贵州	四川通判	75 分
胡小瑗	31	四川	毕业生	74 分 2 厘
蔡培基	32	四川	毕业生	74 分 1 厘
吴鹤书	44	贵州	举人	74 分
李鹏	40	四川	毕业生	73 分 8 厘
汪毓祥	30	四川	毕业生	73 分 5 厘
杨奉璋	35	四川	毕业生	73 分 5 厘
陈焕章	30	四川	毕业生	72 分 4 厘
王选卿	24	四川	毕业生	72 分 4 厘
路得云	32	湖北	四川盐大使	72 分 2 厘
罗玉鑑	44	云南	四川直州同	72 分 1 厘

姓名	年龄	籍贯	履历/来源	考试分数
王永达	49	四川	拔贡	71 分 8 厘
杨荣荫	48	江西	举人,四川直州同	71 分 8 厘
何道衡	26	四川	毕业生	71 分 5 厘
刘恒埑	28	四川	毕业生	71 分 5 厘
李龙骧	31	四川	毕业生	71 分
陈朝楷	36	四川	毕业生	71 分
胡嘉澍	30	四川	毕业生	70 分 7 厘
王之杰	31	四川	毕业生	70 分
中等 85 名				
王开棣	30	四川	毕业生	73 分 5 厘,因主要科不满 60 分,降中等
马德骧	50	四川	拔贡	72 分 8 厘,因主要科不满 60 分,降中等
王道履	39	四川	优贡	72 分 1 厘,因主要科不满 60 分,降中等
周兆熊	32	四川	毕业生	72 分 1 厘,因主要科不满 60 分,降中等
刘建勋	49	四川	副贡	71 分 5 厘,因主要科不满 60 分,降中等
万含光	38	四川	毕业生	71 分 2 厘,因主要科不满 60 分,降中等
卢廷栋	33	浙江	四川刑幕	69 分 8 厘
来鑫瀛	40	浙江	四川刑幕	69 分 8 厘
植 璧	33	四川	毕业生	69 分 5 厘
徐子清	44	四川	毕业生	69 分 5 厘
杨承宪	39	贵州	拔贡,四川直州判	69 分 4 厘
熊毓璋	31	四川	毕业生	69 分 2 厘
蒋鸿达	35	四川	毕业生	69 分
黄天庆	40	四川	毕业生	68 分 5 厘
江泽霖	29	四川	毕业生	68 分 5 厘
吴造陆	26	四川	毕业生	68 分 4 厘
贾光荣	37	四川	毕业生	68 分 2 厘
钟 允	32	四川	毕业生	68 分 2 厘
杨树荣	25	四川	毕业生	67 分 8 厘
张继典	30	四川	毕业生	67 分 4 厘
刘揆先	31	四川	毕业生	67 分 4 厘
漆树萱	31	四川	毕业生	67 分 2 厘
赵守愚	28	甘肃	举人,四川直州同	67 分 2 厘
李文藻	46	江西	举人,四川盐大使	67 分 1 厘
曹士选	27	四川	毕业生	67 分 1 厘

姓名	年龄	籍贯	履历/来源	考试分数
宋兴咸	28	四川	毕业生	67 分 1 厘
陈其训	36	河南	四川知县	67 分 1 厘
孙　铸	29	成都驻防	四川刑幕	67 分 1 厘
珠鲁图	48	四川	举人,四川盐大使	66 分 7 厘
亢廷鉁	27	四川	毕业生	66 分 4 厘
唐　潜	24	四川	毕业生	66 分 4 厘
常竟成	28	四川	毕业生	66 分 4 厘
胡石臣	26	四川	毕业生	66 分 1 厘
萧代河	34	四川	毕业生	66 分 1 厘
萧应渠	31	四川	毕业生	66 分 1 厘
文　濬	45	成都驻防	举人,四川盐大使	66 分 1 厘
吴善宝	34	浙江	四川刑幕	66 分 1 厘
陈　域	45	顺天	四川知县	66 分
陈开静	38	四川	贵州州判	65 分 8 厘
范崇谟	39	四川	毕业生	65 分 7 厘
郭庆琮	32	四川	分省通判	65 分 1 厘
吕焕文	48	四川	举人	65 分
文星回	38	四川	毕业生	65 分
刘　毅	35	四川	副贡	65 分
董策清	32	四川	本省刑幕	65 分
张光俊	36	四川	毕业生	64 分 8 厘
陈　藩	30	浙江	湖北知县	64 分 5 厘
张瀛洲	40	浙江	四川刑幕	64 分 4 厘
李绍汉	41	云南	举人	64 分 4 厘
郭临江	25	四川	毕业生	64 分 4 厘
冯庆榆	32	四川	湖南同知	64 分 2 厘
蔡光庚	33	四川	毕业生	64 分 1 厘
傅其相	27	湖北	毕业生	63 分 5 厘
黄　彻	27	四川	毕业生	63 分 4 厘
郑道桢	23	四川	毕业生	63 分 4 厘
张钟麟	25	四川	毕业生	63 分 2 厘
倪文炳	56	四川	举人	63 分 2 厘
崺安国	29	四川	毕业生	63 分 2 厘
李光诚	28	四川	毕业生	63 分 2 厘

续表

姓名	年龄	籍贯	履历/来源	考试分数
晏良辅	22	四川	毕业生	63 分 1 厘
张作砺	31	四川	毕业生	62 分 8 厘
周应龙	28	湖北	毕业生	62 分 8 厘
霍光烈	32	四川	毕业生	62 分 8 厘
杨昌言	34	四川	毕业生	62 分 8 厘
王士杰	39	湖北	四川刑幕	62 分 5 厘
邵从光	37	四川	分省州判	62 分 5 厘
徐 琮	41	浙江	四川刑幕	62 分 4 厘
罗秀书	35	四川	举人	62 分 2 厘
李慎修	49	广西	四川直州判	62 分 1 厘
凌贤豹	27	四川	毕业生	62 分 1 厘
罗以经	25	四川	拔贡	61 分 5 厘
熊兆渭	38	四川	毕业生	61 分 4 厘
李铭勋	26	四川	毕业生	61 分 4 厘
彭寿裔	28	四川	毕业生	61 分 4 厘
阮君蕃	37	湖北	毕业生	61 分 4 厘
宋 珂	24	四川	候选州同	61 分 2 厘
刘 锟	30	四川	毕业生	60 分 7 厘
陈敦诗	37	四川	毕业生	60 分 7 厘
季辅昌	42	四川	副贡	60 分 4 厘
赵德泮	29	四川	毕业生	60 分 2 厘
林 奇	26	四川	毕业生	60 分 2 厘
李承烈	32	四川	拔贡	60 分
叶永祺	36	四川	分省通判	60 分
李鹍龄	35	山西	举人,四川知县	60 分
张 铸	51	四川	候选州判	60 分

注：上述四川名单与刊登在宣统三年正月二十三日《政治官报》（第 1187 号）的名单相同，且与《申报》报道的数据相符。参见《四川考试法官业已竣事》，《申报》1910 年 11 月 27 日。

云南

云南法官考试录取名录，中国第一历史档案馆未有完整的档案材料，笔者对法部举叙司填写的《法官官册》中提供的相关信息进行比照梳理，得出录取名录：云南法官考试录取人员中留用本省的有 21 人，派往贵州 5 名，共计 26 人。① 此数据与宣统三年二月十四日《政治官报》（第 1208 号）数据相符，兹将具体名单和相关信息整理如下：

姓名	年龄	籍贯	履历/来源	考试分数
最优等 8 名				
郑 溙	44	浙江	云南知县	100 分
罗钟明	36	四川	举人	100 分
杨华春	44	云南	举人	100 分
徐承恩	34	贵州	举人，云南盐大使	100 分
张世禔	29	湖南	云南藩经历	100 分
端木垚	31	贵州	云南刑幕	95 分
梁友檍	44	云南	举人，两淮盐大使	93 分
张承惠	44	安徽	云南刑幕	89 分
优等 12 名				
吴起銮	38	江西	云南知县	79 分
叶茂林	38	云南	举人	79 分
徐振声	40	云南	副贡	79 分
陈廷谞	44	浙江	举人，云南知县	79 分
宋 藩	46	云南	举人	79 分
林名正	43	贵州	举人	79 分
孙辉藻	42	湖北	优贡	79 分
张际时	38	云南	云南刑幕	79 分
龚达森	37	四川	云南刑幕	79 分
马继眉	27	四川	云南刑幕	79 分
何乾生	49	广东	举人	76 分
于寅亮	35	湖南	云南刑幕	73 分
中等 6 名				
周葆忠	44	四川	云南刑幕	67 分
廖维熊	28	湖南	云南刑幕	67 分
梁念绳	29	湖南	云南刑幕	65 分
张 鉴	39	贵州	举人，云南知县	63 分
陈 镐	42	福建	云南知县	63 分
刘邦基	43	浙江	云南刑幕	63 分

　　注：上述云南录取名单，与《云南第一次考试法官闱文》中所列名单吻合。《云南第一次考试法官闱文》，宣统二年九月排印，中国国家图书馆藏书。

---

　　① 《法官官册》（广西、云南、贵州），中国第一历史档案馆藏法部·举叙司档案，档案号：31704。

广西

广西的录取名单也未能在中国第一历史档案馆找到完整档案材料，但笔者通过整理法部举叙司的《法官官册》得知：广西法官考试录取32名，其中最优等9名，优等6名，中等17名。[①] 此名单与刊登于宣统二年八月十五日《政治官报》（第1038号）的信息相符，兹整理如下：

姓名	年龄	籍贯	履历/来源	考试成绩
最优等9名				
刘庚先	35	湖南	举人，拣选知县	100分
姚桐豫	41	浙江	举人，拣选知县	100分
成应琼	38	湖南	毕业生，本省刑幕	100分
陈洪道	29	浙江	举人，广西知县	99分2厘
蒋继伊	26	广西	举人，拣选知县	91分4厘
霍鸾藻	40	广东	毕业生	86分4厘
程希洛	36	湖南	举人，议叙知县	82分8厘
陈藻鉴	33	广东	毕业生	81分4厘
黄葆燊	28	广东	毕业生	81分4厘
优等6名				
杨家瑄	34	四川	毕业生，广西知县	81分4厘（因主要科不满70分，降优等）
江登瀛	49	浙江	毕业生，候选知县	80分7厘（因主要科不满70分，降优等）
黄长松	28	江苏	监生，湖南知县	77分8厘
朱 杰	36	广东	毕业生	74分2厘
关树文	31	广东	毕业生	74分2厘
石昌松	31	湖南	举人，拣选知县	70分
中等17名				
陈用光	28	广东	毕业生	72分8厘（因主要科不满60分，降中等）
刘达朝	37	广东	毕业生	69分2厘
周绍光	34	广东	增生，广西知县	68分5厘
汤瀚平	30	广东	毕业生	67分8厘
邓甘泉	32	广东	毕业生	67分8厘
黄晃庼	26	广东	毕业生	67分1厘
粟 威	35	湖南	毕业生	66分4厘

---

① 《法官官册》（广西、云南、贵州），中国第一历史档案馆藏法部·举叙司档案，档案号：31704。

姓名	年龄	籍贯	履历/来源	考试成绩
陈钟鋆	36	广东	毕业生	65 分 7 厘
袁葆清	37	广东	毕业生	64 分 2 厘
何成烈	28	广东	毕业生	64 分 2 厘
苏天祥	38	广东	毕业生	64 分 2 厘
白元麟	29	广西	优贡	64 分 2 厘
吴 焯	31	安徽	毕业生,广西知县	64 分 2 厘
马宝森	26	广东	毕业生	63 分 5 厘
石徵庸	37	广西	拔贡	63 分 5 厘
张锡銮	32	广东	毕业生	62 分 8 厘
虞重熙	30	湖南	附生,广西刑幕	60 分

贵州

贵州的法官考试录取名单,宣统三年正月二十二日的《政治官报》(第1186 号)刊登了完整信息:共录取 42 名,其中最优等 1 名,优等 3 名,中等 38 名。兹整理如下:

姓名	年龄	籍贯	履历/来源	考试成绩
最优等 1 名				
杨 琨	33	贵州	毕业生	85 分 2 厘
优等 3 名				
梁韵清	35	广西	贵州知县	78 分 1 厘
马灿奎	34	贵州	毕业生	77 分 8 厘
张泽钧	30	贵州	毕业生	70 分 7 厘
中等 38 名				
韦可经	29	贵州	毕业生	76 分 4 厘,主要科不满 60 分
刘廷瑞	46	湖南	毕业生	75 分 7 厘,主要科不满 60 分
胡文蔚	25	贵州	毕业生	69 分 7 厘
陈正名	40	贵州	毕业生	69 分 4 厘
张金鑑	25	贵州	毕业生	69 分 2 厘
何扬烈	27	湖南	俊秀,贵州刑幕	68 分 5 厘
潘丕炎	36	湖南	文童,贵州刑幕	67 分 1 厘

姓名	年龄	籍贯	履历/来源	考试成绩
郑国樑	26	四川	俊秀,贵州刑幕	67分1厘
胡 炎	27	安徽	贵州刑幕	66分5厘
杨钜昌	30	贵州	毕业生	66分5厘
曾 云	32	湖北	监生,贵州刑幕	66分4厘
谷寅宾	35	贵州	候选巡检,贵州刑幕	66分1厘
叶璧光	26	贵州	毕业生	65分7厘
严恩永	34	四川	应袭恩骑尉,贵州刑幕	65分1厘
查廷銮	36	安徽	俊秀,贵州刑幕	65分
唐楷文	30	四川	优贡	65分
周声汉	36	顺天	毕业生	65分
吴绳武	38	贵州	拔贡,留黔直州判	65分
蒋绍封	23	云南	毕业生,贵州州判	64分7厘
陆廷桢	26	顺天	俊秀,贵州刑幕	64分2厘
官 麟	30	贵州	毕业生	64分2厘
文 焕	35	湖南	俊秀,贵州刑幕	64分
张 锐	30	广东	俊秀,贵州刑幕	63分5厘
曹 瀚	36	湖南	俊秀,贵州刑幕	63分2厘
洪国桢	28	贵州	毕业生	63分
李 质	31	四川	副贡,贵州刑幕	62分8厘
李荫彬	27	四川	俊秀,贵州刑幕	62分8厘
鲁时俊	32	贵州	优附生,云南、贵州等省刑幕	62分7厘
马迁文	23	云南	毕业生	62分5厘
孙嗣煊	27	云南	监生,贵州刑幕	62分5厘
梁定西	36	贵州	廪生,贵州刑幕	62分2厘
董 正	32	贵州	毕业生	62分1厘
萧开锦	39	贵州	毕业生	62分1厘
吴秉衡	29	安徽	监生,贵州刑幕	61分4厘
张孔修	36	四川	毕业生	61分
王国佐	30	贵州	毕业生	60分8厘
罗忠开	28	湖南	俊秀,贵州刑幕	60分8厘
戴寿铭	40	江苏	俊秀,贵州刑幕	60分

甘肃

宣统三年二月十四日《政治官报》（第1208号）刊登了甘肃法官考试

录取名单：共计42人，其中最优等11人，优等8人，中等23人。相关信息如下：

姓名	年龄	籍贯	履历/来源	考试分数
最优等 11 名				
王国柱	37	湖南	甘肃法政教员	94 分 3 厘
胡有焕	49	湖北	举人，甘肃直州同	91 分 6 厘
龙　铸	32	四川	优贡，甘肃知县	87 分 2 厘
欧阳震	43	湖南	甘肃刑幕	86 分 4 厘
杨子凤	30	湖南	甘肃刑幕	85 分 6 厘
任　毅	38	湖南	甘肃刑幕	84 分 7 厘
钟彤沄	53	湖南	浙江同知	83 分 2 厘
乔世臣	35	四川	副贡，甘肃直州判	81 分 4 厘
刘长基	40	云南	举人，甘肃直州同	81 分
慕寿祺	34	甘肃	举人，四川盐大使	80 分 7 厘
胡炳林	43	陕西	拔贡，甘肃直州判	80 分 7 厘
优等 8 名				
金星拱	39	甘肃	甘肃刑幕	78 分 6 厘
朱恩昭	34	江苏	安徽、陕西、甘肃等省刑幕	77 分 9 厘
鲁秉周	35	湖南	甘肃刑幕	77 分 9 厘
张镇涛	37	湖南	甘肃刑幕	75 分 7 厘
王黼堂	43	甘肃	拔贡，陕西直州判	74 分 3 厘
王　凤	37	四川	甘肃知县	73 分
金　常	38	湖北	甘肃法政教员	72 分 9 厘
史荣庆	41	甘肃	甘肃刑幕	70 分 8 厘
中等 23 名				
胡镜清	35	湖南	甘肃刑幕	70 分 6 厘（因主要科不满 60 分，降中等）
孙鸿年	38	直隶	甘肃通判	70 分 3 厘（因主要科不满 60 分，降中等）
李　辉	34	四川	甘肃刑幕	69 分 3 厘
王秉钦	40	陕西	甘肃刑幕	68 分 6 厘
潘毓采	33	甘肃	四川知县	67 分 9 厘
张星瑞	34	陕西	举人，甘肃直州同	67 分 9 厘
彭名崇	37	湖南	甘肃刑幕	66 分 6 厘
周　昆	35	湖南	甘肃刑幕	66 分 4 厘
聂守仁	33	甘肃	甘肃刑幕	65 分 7 厘
章　灿	44	顺天	甘肃知县	65 分 7 厘

续表

姓名	年龄	籍贯	履历/来源	考试分数
崔丽生	43	直隶	陕西、甘肃等省刑幕	65分2厘
段堃煊	43	陕西	甘肃直州同	65分
王之佐	33	甘肃	举人,新疆直州同	65分
牟中连	38	甘肃	优贡	64分6厘
李宗纲	36	湖南	甘肃刑幕	64分3厘
范沛芬	32	河南	举人,甘肃直州同	64分3厘
赵熙漠	33	甘肃	甘肃刑幕	63分3厘
冯四经	37	陕西	举人,新疆知县	63分
萧庆鲁	31	湖南	甘肃知县	63分
胡 俊	43	湖南	甘肃刑幕	62分9厘
江命职	44	云南	举人,甘肃直州同	61分6厘
原志坚	39	甘肃	甘肃刑幕	61分4厘
叶文钰	32	安徽	甘肃刑幕	60分

新疆

宣统三年二月十四日《政治官报》（第 1208 号）刊载新疆法官考试录取名单，共计 8 人，其中优等 2 人，中等 6 人。[①] 整理如下：

姓名	年龄	籍贯	履历/来源	考试分数
优等 2 名				
廖振鸿	34	湖南湘阴	刑幕	71分7厘
徐纪先	47	四川西充	刑幕	71分7厘
中等 6 名				
方常善	43	安徽太平	刑幕	74分7厘,主要科不满60分,降中等
魏承耀	28	甘肃伏羌	举人	74分4厘,主要科不满60分,降中等
余培森	37	安徽来安	举人	69分
万鹏飞	39	湖南沅江	刑幕	66分2厘
李毓崑	45	湖南长沙	刑幕	64分5厘
郭祖雍	44	四川隆昌	刑幕	62分4厘

---

① 此外，《新疆审判厅筹办处报告书》（共 4 册，无页码与册次，宣统三年正月，中国国家图书馆藏书）中也记载同样的名单和信息。

综理前表，宣统二年全国规模的法官考试录取情况如下：京师为561名（最优等83名，优等193名，中等285名）；四川为130名（最优等5名，优等40名，中等85名）；云南26人（最优等8名，优等12名，中等6名）；广西32人（最优等9人，优等6人，中等17人）；贵州42人（最优等1人，优等3人，中等38人）；甘肃42人（最优等11人，优等8人，中等23人）；新疆8人（优等2人，中等6人）。共计841名，其中最优等117名，优等264名，中等460名。

八　清末各省会、商埠等城市司法官名单

宣统二年全国规模司法官考试以后，清政府在各省会、商埠等城市筹设审检厅。笔者目前未能收集到关于此时期各地司法官的完整材料，但根据中国第一历史档案馆馆藏档案，能窥其大概。这些档案的成档时间应在宣统三年（少量在民国元年），法官名册包括广西、云南、贵州、河南、陕西、甘肃、奉天、吉林、山东、山西、江苏、江西、福建、湖南14省，人员共436人。兹整理如下：

姓名	年龄	籍贯/居住地	毕业学校/经历	考试等级	派赴地方
奉天,46人,其中宣统二年京师法官考试录取人员分奉天28人(最优等3人,优等10人,中等15人),其他18人					
诚　允	29	奉天辽阳州正红旗满洲和毓佐领下	奉天法政学堂	最优等	承德地审厅学习,委署锦州地审厅行走推事
孟庆恩	28	盛京内务府镶黄旗	奉天法政学堂	最优等	安东地审厅学习
王树的	36	山东新城县	癸卯科举人	最优等	安东地检厅学习
许宗谦	33	直隶祁州	直隶法政学堂	优等	营口地检厅学习
纪春书	29	直隶承德府	副优贡生,热河法政学堂	优等	承德地检厅
孙鸿宾	34	直隶天津	己酉科拔贡	优等	高检厅学习
李世禄	27	山东惠民县	己酉科拔贡	优等	承德地审厅学习
沈德深	34	浙江会稽	奉天法政学堂	优等	承德地审厅学习
宋如璋	38	直隶祁州	癸卯科举人	优等	抚顺第一初审厅学习

姓名	年龄	籍贯/居住地	毕业学校/经历	考试等级	派赴地方
达善	37	盛京满洲镶蓝旗祥裕佐领下	奉天法政学堂	优等	营口地审厅
于宗周	29	奉天康平县	奉天法政学堂	优等	辽阳第一初审厅学习
徐守常	36	奉天兴仁县	奉天法政学堂别科	优等	新民地审厅学习
钟之翰	29	浙江诸暨县	奉天法政学堂	优等	丁忧
增恩	37	奉天辽阳州正白旗满洲倭隆阿佐领下	奉天法政学堂	中等	承德地检厅
钟鸣	26	盛京正白旗汉军锡厚佐领下	奉天法政学堂	中等	新民第一初审厅
鲁懋勋	25	直隶遵化州	奉天法政学堂	中等	承德第一初审厅学习,后委署锦州初审厅行走推事
董书甲	48	奉天凤凰厅岫岩州	丙午科优贡,直隶补用府经历	中等	新民地检厅
宿文奎	33	奉天义州	直隶法政学堂	中等	宣统三年三月初二日呈报上年十二月初旬在京闻讣丁父忧
振华	26	盛京汉军镶蓝旗	奉天法政学堂	中等	安东第一初审厅
德荫	30	盛京满洲镶蓝旗□元佐领下	奉天法政学堂	中等	高等检察厅
书年	30	盛京满洲正黄旗会海佐领下	奉天法政学堂,礼部读祝官	中等	承德地检厅
马宗芗	29	奉天开原县	己酉科拔贡,直隶州州判	中等	安东地检厅学习
陈超海	28	盛京内务府镶黄旗宝联佐领下	奉天法政学堂	中等	宣统三年十二月初八呈报初二在京闻讣丁父忧
何凤升	31	浙江会稽	刑幕	中等	辽阳地审厅
沙兆铺	58	直隶威县	甲午举人	中等	承德第二初审厅
张之麒	27	奉天承德	直隶法政学堂,直隶府经历	中等	营口第一初审厅
王荃芗	28	山东高唐州	日本法政大学	中等	辽阳地检厅学习
胡登第	31	直隶鸡泽县	日本明治大学	中等	承德第三初审厅
韩邦印	37	直隶盐山县	由附生,候选从九品,考入京师法律学堂三年毕业,奖给副贡出身,经法部奏请,以正七品推检官分发奉天任用		

姓名	年龄	籍贯/居住地	毕业学校/经历	考试等级	派赴地方
王子洞	37	吉林五常府	光绪二十九年由增贡生报捐昭信股票，移奖中书科中书，三十一年由中书加捐主事，分刑部广东司行走，三十四年五月初五日，奏留以主事候补，因在本部律学馆毕业，考取优等，领有文凭。宣统二年，蒙派地方审判厅帮办推事上行走，本年（原档如此，下同。——引者注）十月二十三日，调代理第五初审厅刑科行走推事，于宣统三年闰六月十五日，奏请以厅长监督推事及庭长相当官缺分别补用，奉旨依议，钦此，分发奉天省，十二月初六日，缴照		
虞际唐	33	江苏金坛	京师法律学堂三年毕业，经学部考试，取列优等，并奖给副贡出身，本年三月十五日，经法、学两部会奏，以七品法官分奉天学习		
王麟祥	44	直隶沧州人	由附生考入京师法律学堂三年毕业，取列中等，奖给副贡出身，三年八月十五日，经法、学部两部会奏，以正七品推检分发奉天		
王者香	44	奉天义州	由京师法律学堂三年毕业，经学部考试，取列中等，并奖给副贡出身，本年三月十五日，经法、学部两部会奏，以七品法官分发奉天分厅学习		
刘艺林	49	奉天汉军正红旗	考职巡检，京师法律学堂三年毕业，取列中等，奖给副贡出身，宣统三年八月十五日，奏请以正七品推检分发奉天		
于作舟	33	直隶阜新	京师法律学堂三年毕业，经学部考试，取列优等，并奖给副贡出身，本年三月十五日，经法、学部两部会奏，以七品法官分发奉天学习		
杨宝林	29	奉天义州	由候选从九品考入京师法律学堂毕业，取列中等，奖给副贡出身，宣统三年八月十五日，奏请以正七品推检分发奉天		
洪赞钧	46	奉天义州	京师法律学堂三年毕业，经学部考试，取列中等，奖给副贡出身，本年三月十五日，经法、学部两部会奏，以七品法官分省分厅学习		
王鑑	25	广西马平	京师法律学堂毕业，取列中等，奖给副贡出身，宣统三年闰六月奏请以正七品推检分发奉天		
王铭鼎	30	奉天海城	京师法律学堂三年毕业，经学部考试，取列优等，奖给副贡出身，本年三月十五日，经法、学部两部会奏，以七品法官分省分厅学习		
黄书升	29	江西宜黄	京师法律学堂三年毕业，经学部考试，取列优等，奖给副贡出身，本年三月十五日，经法、学部两部会奏，以七品推检分省学习		
唐理	29	湖南善化	京师法律学堂毕业，经学部考试，取列中等，奖给副贡出身，本年三月十五日，经法、学部两部会奏，以七品法官分省学习		
吴有庚	39	奉天承德	由附生报捐主事，签分刑部，于光绪三十二年九月初八日到部，宣统元年八月初八日学习期满，是年九月十一日奏留，宣统元年二月十七日，经本部奏，因在律学馆第一次毕业，取列优等，奖给副贡，奉旨依议，钦此。于中华民国元年三月十三日改用法官，分发奉天		

姓名	年龄	籍贯/居住地	毕业学校/经历	考试等级	派赴地方
童益浙	42	安徽望江	京师法律学堂毕业,经学部考试,取列中等,奖给副贡出身,本年三月十五日,经法、学部两部会奏,以七品法官分省学习		
邵邦翰	27	江苏武进	京师法律学堂毕业,经学部考试,取列中等,奖给副贡出身,本年三月十五日,经法、学部两部会奏,以七品法官分省学习。派锦州地方检察厅		
胡喜昌	35	浙江永康	廪贡生,候选同知,京师法律学堂乙班毕业,经学部考试,取列中等,奖给副贡出身,宣统三年闰六月,奏请以正七品法官分省学习		
李兆泰	35	江苏武进	附生,由京师法律学堂乙班毕业,经学部考试,取列中等,奖给副贡出身,宣统三年闰六月,奏请以正七品法官分省学习(新民初级检察厅)		

山东,23人,其中包括录事3人,所官1人,检验官4人,司法官实际15人

姓名	年龄	籍贯/居住地	毕业学校/经历	考试等级	派赴地方
杨毓麒	44	顺天大兴县,原籍浙江	由监生报捐府经历,指分山东投效河工,光绪十八年,因堵筑漫口出力,蒙保免补本班,以知县用,三十年六月初四日,丁父忧,服满起复回(山)东,现代理高等审判厅推事		
孙多宸	39	安徽凤台县人	由优廪生考选丁酉科拔贡,就职直州判,光绪二十七年报捐知县,不论双单月,指分山东试用,现代理高审厅推事		
罗朝聘	29	河南襄城	庚子辛丑并科举人,由拣选知县捐足三班,分省试用,并加知衔亲老告近改挈山东,现代理高审厅推事		
戴树昇	40	江苏邳州	由廪贡生挑取誊录,二十三年报捐通判职衔,二十五年臣工列传告成,议叙以通判选用,二十七年改捐知县,双月选用,旋补三班,分指山东试用,报捐花翎同知衔,因工赈案内出力,蒙保,俟补缺,后以直隶州知州仍留原省补用,现代理高检厅检察官		
王拔萃	41	安徽泾县	附贡生,二十二年报捐光禄寺署正,改捐教谕,遇缺先用,二十五年四月,选授池州府石埭县教谕,庚子辛丑并科举人,嗣由俸满捐升知县,指分山东试用,并加同知衔,现代理高检厅检察官		
姜乃升	36	直隶朝阳府	由附生,庚子辛丑并科举人,甲辰中试,以知县用签挈山东,考入山东法政学堂肄业,发给优等毕业文凭,报捐花翎同知衔,现代理省城地审厅推事		
李自华	39	河南浚县	由廪贡生报捐府经历,指分山东试用,因修培堤埝出力,蒙保免补本班,以知县仍留原省补用,三十四年三月报捐同知衔,现代理省城地审厅推事		
华晋蔺	55	江苏金匮	由监生报捐府经历,指分山东试用,因迭次救护商船出力,蒙保免补本班,以知县仍留原省补用,光绪三十年劝办顺直捐输出力,议叙同知衔,现代理省城地审厅推事		

姓名	年龄	籍贯/居住地	毕业学校/经历	考试等级	派赴地方
晏宗寿	40	江苏扬子县	由俊秀报捐监生,在豫省筹办直东三次赈捐局,报捐盐大使职衔,又在山东捐局报捐县丞,指分浙江试用,又在浙江冬漕海运案内,蒙保,俟分发到省,得缺后,以知县用,随办陕西义赈出力,蒙保,以知县分省补用,因吏部查核底衔与履历不符,奏请改为免考本班,以知县仍留原省补用,以浙江正停分发,改指山东,又在顺直捐局报捐花翎,光绪三十一年五月二十九日丁父忧,九月初二日接丁母忧,三十三年起复回东,宣统元年八月委署发审局帮审,并咨送法政学堂肄业,二年八月毕业,现代理省城地检厅检察官		
李继祖	49	直隶天津	光绪辛卯科副贡,考取八旗官学汉教习三年,期满以知县用签掣山东,光绪二十九年丁父忧,服满起复,现代理烟台商埠地审厅推事		
徐元善	45	安徽当涂	廪生,蒙保奖五品衔,丁酉科拔贡,就职直隶州州判,指分山东试用,现代理烟台商埠地审厅推事		
崔之熙	28	安徽太平	光绪丙午科优贡恭应丁未年朝考取列一等,以知县用捐,指(分)山东,并加捐花翎同知衔,现代理烟台商埠地审厅推事		
边度春	41	奉天锦县	由附监生报捐巡检,指分山东试用,因选次剿办匪徒出力,蒙保免补本班,以县丞仍留原省补用,因剿办直隶南境匪徒出力,蒙直督奏保免补本班,以知县归军功候补,仍留原省补用,并加同知衔,又在捐局报捐花翎,旋因遭匪,肃清出力,蒙保,免补本班,以直隶州,归军功候补班,仍留原省补用,现代理烟台商埠地检厅检察官		
徐璞	55	江苏海州	直隶州监生,报捐府经历,指分山东试用,因剿平曹匪出力,蒙保免补本班,以知县仍留原省补用,现代理烟台商埠地检厅检察官		
孙方坠	35	安徽寿州	由监生报捐府经历,指分山东试用,因堵筑陈家窑漫口合龙出力,蒙保免补本班,以知县仍留原省补用,并加同知衔,现代理省城初审厅推事		
王昭堋	30	山东济南府济阳	附生,师范传习所肄业,考试毕业,考取典主簿,现署理省城地检厅录事		
王寿田	42	顺天宛平	因永定河石堤工程出力,蒙保以巡检,不论双单月,遇缺即选,河南停止分发,改指山东,现署理省城地方检察厅录事		
王之绂	28	山东济南府历城	附生,考取典主簿,现署理烟台地方审判厅录事		
李庆升	60	安徽凤阳	岁贡生,就职县丞,指分山东试用,考取典主簿,现署理烟台商埠地方审判厅所官		
刁世卿	30	直隶隆平	附贡,京师检验学习所毕业,取最优等,宣统三年发往山东,派充济南商埠初级检察厅检验员,四月二十一日到差		
邓鹤鸣	20	河南滑县	京师检验学习所毕业,取最优等,宣统三年发往山东,派充省城地方检察厅检验员,四月二十一日到差		

续表

姓名	年龄	籍贯/居住地	毕业学校/经历	考试等级	派赴地方
白虞卿	27	直隶宝坻	京师检验学习所毕业,取优等,宣统三年发往山东,派充省城初级检察厅检验员,四月二十四日到差		
赵文焕	26	直隶大兴	京师检验学习所毕业,取中等,宣统三年发往山东,派充烟台地方检察厅检验员,五月二十一日到差		

山西,27 人

姓名	年龄	籍贯/居住地	毕业学校/经历	考试等级	派赴地方
陈克正	34	奉天辽阳州	丙午科优贡,直隶法政学堂,直隶用县丞	最优等	地审厅刑庭帮办推事
林子儒	32	河南辉县	己酉科拔贡	最优等	地检厅学习
蔡光辉	33	江苏松江府晏县	优廪生,京师法律学堂	最优等	高审厅学习
秦德经	29	山东沂水	己酉科拔贡	最优等	高审厅学习
王子敬	24	山西解州	己酉科拔贡,山西法政讲习科毕业	最优等	地审厅刑庭帮办推事
周祉	26	河南孟津县	庚子、辛丑并科举人	优等	阳曲地审厅
许其襄	35	河南郑州汜水	己酉科拔贡	优等	阳曲地审厅
王文翰	39	河南武陟	廪贡,直隶法政学堂	优等	阳曲地审厅
常述明	38	直隶抚宁	副贡	优等	高检厅学习
奉楷	35	四川遂宁	壬寅并科副贡,京师法政学堂别科卒业	优等	高等审检两厅学习,宣统三年二月十一日派归高检厅
梁廷俊	39	直隶凭乡	庚子、辛丑并科举人	优等	高审厅学习推事
冉翼道	25	四川涪州	京师高等巡警学堂毕业,议叙分省通判	优等	高检厅学习
刘凤铭	31	汉军正红旗	直隶知州	优等	高审厅学习推事
刘传猷	46	河南信阳州	宣统元年恩贡生,山西试用直隶州州判	中等	高审厅学习推事
陈寅	42	陕西渭南	癸巳科举人,山西补用知县	中等	高审厅学习推事
胡兆沂	28	江苏如皋	日本东京法政学堂	中等	阳曲地审厅学习
董毓琳	32	直隶抚宁	附贡生,奉天法政学堂法律科毕业,州同职衔	中等	高检厅学习
王尚震	29	河南商邱	己酉科拔贡	中等	高审厅学习
王官寿	30 等	江苏山阳	附生,日本东京法政大学,在安徽法政学堂充当教习三年	中等	地审厅学习
高诵先	35	陕西府谷	壬寅科举人	中等	阳曲第一初检厅学习

姓名	年龄	籍贯/居住地	毕业学校/经历	考试等级	派赴地方
张映竹	33	山东菏泽	增生,日本法政大学专门部法律科毕业	中等	高审厅学习
贾赞唐	29	河南武安	河南公立法政学堂	中等	阳曲初审厅学习
王容德	32	河南安阳	监生,山西候补知县	中等	阳典县地审厅
叶金扬	39	江苏山阳	附生,日本法政大学毕业	中等	高检厅学习,委署地检厅检察官
赵克仁	37	山西阳曲	廪生,直隶法政学堂,直隶试用巡检	中等	地检厅学习,据提法使详称,该员于六月十四日丁母忧
文宗沛	23	贵州贵筑	京师法律学堂乙班毕业,经学部考取中等,名奏奖副贡出身。宣统三年三月十五日,法部会奏以经第一次法官考试合格论,是年闰六月初三日,奏改以正七品推检,分发山西		
张家麐	33	直隶宁河	由附生,京师法律学堂乙班毕业,经学部考取优等,名奏奖副贡出身,宣统三年三月十五日,法部会奏以经第一次法官考试合格论,是年闰六月初三日,奏改以正七品推检,分发山西		

吉林　9人

姓名	年龄	籍贯/居住地	毕业学校/经历	考试等级	派赴地方
冯世凯	24	奉天盖平	奉天法政学堂	最优等	地检厅学习,现署阿城县地审厅分厅推事
刘廷弼	33	吉林省吉林府	吉林法政学堂	优等	吉林府地审厅,现委宾州初审厅学习推事
卢维时	26	奉天海城	奉天法政学堂	优等	吉林府地检厅
崔正峰	47	奉天盖平	直隶法政学堂	优等	吉林府地检厅
冠书成	27	吉林省吉林府	吉林法政学堂	中等	现署新城府初检厅检察官
贾庆春	24	盛京汉军正黄旗	吉林法政学堂	中等	现署阿城县初检厅检察官
孙鸿卓	28	奉天盘山厅	奉天法政学堂	中等	吉林地检厅学习,现署吉林府第一初检厅检察官
王荣甲	35	盛京汉军正蓝旗胡俊佐领下	奉天法政学堂	中等	吉林府地检厅学习,现署阿城县初审厅推事
赵振熙	39	直隶临榆,原籍江苏	由监生,报捐主事,签分法部,于光绪三十三年六月十六日到部,宣统元年七月,准吏部咨,因革员王昌炽鸣冤一案,经吏部议以罚俸九个月,是年七月二十五日具奏,奉旨依议,钦此。宣统二年五月十六日学习三年期满,六月十六日奏留,于中华民国元年三月十三日,改用法官,分发吉林		

陕西,22人,京师最优等3人,优等11人,中等6人,甘肃法官考试2人(优等1人,中等1人)

姓名	年龄	籍贯/居住地	毕业学校/经历	考试等级	派赴地方
薛勉	32	河南陕州	癸卯科举人	最优等	高检厅学习
李瑞瑾	33	河南济源	庚子、辛丑并科举人	最优等	长安初检厅学习

姓名	年龄	籍贯/居住地	毕业学校/经历	考试等级	派赴地方
欧阳煦	30	四川开县	举人,京师法律学堂毕业,直隶州州同	最优等	西安地审厅学习
陈策	24	河南商邱	己酉科拔贡	优等	宣统三年三月十九日在籍呈报丁父忧并缴销凭照
王晋	28	四川富顺	候选州判	优等	西安地审厅学习
骆永诠	24	河南庐氏	己酉科拔贡	优等	高审厅学习
杨炳勋	36	陕西华阴	丁酉科举人	优等	咸宁初检厅学习
贺德琛	34	湖北江陵	廪生,日本法科大学	优等	西安地检厅学习
史锡绶	29	四川万县	京师法政堂	优等	分发陕西
伊若璋	31	山东新城	京师法政堂	优等	西安地审厅学习
刘光藩	27	四川荣昌	己酉科拔贡	优等	高审厅学习
李鸿彬	34	山西屯西	己酉科拔贡	优等	高审厅学习
秦汝梅	44	山西永济	庚子、辛丑并科举人,拣选试用府经历	优等	高检厅学习
麻席珍	34	山西浑源州	庚子、辛丑并科举人	优等	长安初检厅学习
曲著勋	25	河南陕州	己酉科拔贡	中等	西安地检厅学习
刘恒济	38	河南河内	己酉科拔贡,中州公学法政毕业,直隶直州判	中等	西安地检厅学习
陈鹤年	29	陕西紫阳	山西法政学堂	中等	现委署西安地审厅民庭推事
王作桢	39	山西五台	丁酉科拔贡	中等	咸宁初审厅学习
卜云吉	40	陕西渭南	丁酉科举人	中等	长安初审厅学习
董鑑堂	25	陕西临潼	己酉科拔贡	中等	咸宁初审厅学习
潘毓采	34	甘肃兰州府狄道州	优廪生,试用知县	甘肃中等	陕督咨请改分陕西,以正七品推检用,咸宁初检厅学习
王黼堂	44	甘肃安定县	拔贡,直州判	甘肃优等	陕督咨请改分陕西,以正七品推检用

甘肃,41人,均是参加宣统二年甘肃第一次法官考试,均以正七品推检用,其中1人派陕西,减去1人,实际40人

姓名	年龄	籍贯/居住地	毕业学校/经历	考试等级	派赴地方
王国柱	38	湖南湘乡县	廪贡生,日本法政大学速成科	最优等	委署地检厅检察长
胡有焕	50	湖北广济县	举人,拣选知县,改捐直州同	最优等	高审厅民庭庭长
龙铸	33	四川成都县	由优贡朝考一等知县,签分甘肃	最优等	高审厅刑庭推事

姓名	年龄	籍贯/居住地	毕业学校/经历	考试等级	派赴地方
欧阳震	44	湖南湘乡县	历充刑幕	最优等	署皋兰第一初审厅推事
杨子凤	31	湖南巴陵县	增生,历充刑幕	最优等	署皋兰第二初检厅检察官
任毅	39	湖南巴陵县	历充刑幕	最优等	高检厅检察官
钟彤沄	54	湖南宁乡县	浙江试用同知	最优等	皋兰第一初审厅帮办推事
乔世臣	36	四川华阳县	副贡考取直隶州州判,指分甘肃	最优等	高审厅民庭推事
刘长基	41	云南定远县	举人,直州同,指分甘肃	最优等	高审厅刑庭庭长
慕寿祺	35	甘肃镇原县	举人,试用盐大使	最优等	地审厅刑庭推事
胡炳林	44	陕西镇安县	拔贡,直隶州州判	最优等	地审厅推事
金星拱	40	甘肃金县	优廪生,历充刑幕	优等	高审厅学习
朱恩昭	35	江苏宜兴县	历充刑幕	优等	委署地审厅民庭推事
鲁秉周	36	湖南宁乡县	附生,历充刑幕	优等	委署高审厅刑庭推事
张镇涛	38	湖南巴陵县	历充刑幕	优等	派委皋兰第二初审厅候补推事
王凤	38	四川成都县	附贡生,候选知县	优等	委署地审厅刑庭推事
金常	39	湖北汉川县	廪生,日本高等警务学堂	优等	
史荣庆	42	甘肃安定县	廪生,历充刑幕	优等	分派地检厅学习
胡镜清	36	湖南湘乡县	历充刑幕	中等	分派皋兰第二初审厅学习
孙鸿年	39	直隶天津县	甘肃候补通判	中等	委署地审厅刑庭庭长
李辉	35	四川郫县	历充刑幕	中等	分派地检厅学习
王秉钦	41	陕西蓝田县	廪贡生,历充刑幕	中等	分派地审厅学习
张星瑞	35	陕西朝邑县	举人,拣选直隶州州同	中等	高审厅学习
彭名崇	38	湖南宁乡县	历充刑幕	中等	委署高审厅民庭推事
周昆	36	湖南宁乡县	历充刑幕	中等	高审厅学习
聂守仁	34	甘肃镇番县	增生,历充刑幕	中等	分派地审厅学习
章灿	45	直隶大兴县	候选知县	中等	委署地审厅厅长并民庭庭长
崔丽生	44	直隶安平县	廪生,历充刑幕	中等	高审厅
段堃燿	44	陕西平利县	举人,直州同	中等	高检厅学习
王之佐	34	甘肃张掖县	举人,直州同	中等	委署地检厅检察官
牟中连	39	甘肃皋兰县	附生,甘肃高等学堂毕业,奏奖优贡	中等	高审厅学习

姓名	年龄	籍贯/居住地	毕业学校/经历	考试等级	派赴地方
李宗纲	37	湖南宁乡县	历充刑幕	中等	署皋兰第一初检厅检察官
范沛芬	33	河南光山县	举人,直州同	中等	
赵熙漠	34	甘肃宁州	廪生,历充刑幕	中等	地审厅学习
冯四经	38	陕西渭南县	举人,拣选知县,投效新疆	中等	
萧庆鲁	32	湖南湘乡县	候选知县	中等	
胡俊	44	湖南湘乡县	历充刑幕	中等	皋兰第二初审厅推事
江命职	45	云南会泽县	举人,直隶州州同	中等	
原志坚	40	甘肃伏羌县	附生,光绪二十三年河湟肃清案内蒙古保分省补用县丞,历充刑幕	中等	皋兰第一初审厅学习
叶文钰	33	安徽黟县	历充刑幕	中等	委署地审厅民庭推事
王黼堂	44	甘肃安定县	拔贡,直州判	中等	准陕督咨请改分陕西
河南,28人					
张之桂	44	直隶大名	庚子、辛丑并科举人,北洋法政学堂	最优等	分发河南
朱友英	26	湖北江陵	己酉科拔贡	最优等	分发河南
林子瑶	29	河南辉县	己酉科拔贡	最优等	分发河南
谷其俊	37	河南襄城	河南法政学堂	优等	分发河南
杨资洲	36	直隶大名	保定法政学堂毕业生,直州判	优等	分发河南
王庚堂	39	直隶永年	庚子、辛丑并科举人,北洋法政学堂毕业生,就拣州判	优等	分发河南
马泰峰	31	直隶献县	直隶法政学堂	优等	分发河南
侯福昌	35	山西平遥	己酉科拔贡	优等	分发河南
徐抡元	36	山西五台	癸卯科举人	优等	分发河南
毛龙章	24	直隶静海	己酉科拔贡	优等	分发河南
高棠恩	32	山东栖霞	庚子、辛丑并科举人	优等	分发河南
张潆源	43	山东新城	京师法律学堂	优等	分发河南
熊绍龙	27	河南桐柏	己酉科拔贡	中等	分发河南
张仑	40	河南伊阳	己酉科拔贡,安徽直州判	中等	分发河南
姜运昌	40	河南扶沟	己酉科拔贡	中等	分发河南
石峻	39	河南偃师	河南中州法政学堂	中等	分发河南
周晋旃	38	直隶任邱	直隶法政学堂	中等	分发河南

姓名	年龄	籍贯/居住地	毕业学校/经历	考试等级	派赴地方
吴廷琪	24	河南巩县	河南法政学堂	中等	分发河南
张慰祖	38	江苏吴江	丁酉科优贡,候选通判	中等	分发河南
孙甲铭	46	浙江仁和	刑幕	中等	分发河南
刘楷	39	陕西蒲城	癸卯科举人	中等	分发河南
黄凤龢	32	广东顺德	己酉科优贡,补用知县	中等	分发河南
武绳绪	32	直隶永年	山东试用州同	中等	分发河南
吴继高	40	山东临清	京师法政学堂	中等	分发河南
顾文郁	38	江苏上海	日本法政大学	中等	分发河南
刘毓漳	28	山东济宁州	候选盐经历	中等	分发河南
陈鸿年	52	浙江秀水	监生,光绪三十三年十月,由外城巡警总厅六品警官调厅,三十四年三月初五日,借补第一初级审判厅刑科推事,宣统元年九月二十日开补地方审判厅推事,于三年闰六月十五日,奏以厅长监督推事及庭长相当官缺分别补用,分发河南		
薄海清	23	河南巩县	京师法律学堂乙班毕业,经学部考取优等第五十六名,奏奖副贡出身,宣统三年三月十五日法部会奏以正七品推检用,分发河南		

云南,47人,云南法官考试留省21人(最优等7人,优等8人,中等6人),贵州法官考试派往云南共12人(最优等1人,优等2人,中等9人),均正七品推检用

姓名	年龄	籍贯/居住地	毕业学校/经历	考试等级	派赴地方
杨樾	21	云南宝宁	己酉科拔贡	最优等	地审厅学习推事
孙志曾	34	云南南宁	日本法政大学毕业	最优等	初审厅行走,到派地审厅帮办推事
刘崇先	26	云南定远	己酉科拔贡,四川试用直隶州州判	中等	初审厅学习
姚斯盛	35	四川威远	己酉科拔贡	中等	地审厅学习推事
张宗良	24	贵州永宁州	己酉科拔贡,四川直隶州州判	中等	宣统二年十一月初一日,丁母忧并缴销凭照
董清嵘	28	四川南溪	癸卯科举人,京师法律学堂毕业,拣选知县	中等	地审厅学习
杨鹗	30	云南太和	己酉科拔贡,四川直隶州州判	中等	派地检厅学习检察官
袁焕仑	31	四川资州	附贡,试用州判,京师法律学堂毕业	中等	地检厅学习
郑溱	45	浙江黄岩	云南补用知县	云南最优等	试署省城高审厅民科推事
罗钟明	37	四川西昌	丁酉科举人	云南最优等	地检厅学习
徐承恩	35	贵州桂筑	癸卯科举人,云南试用盐大使	云南最优等	请试署省高审厅刑庭推事

姓名	年龄	籍贯/居住地	毕业学校/经历	考试等级	派赴地方
张世褆	30	湖南零陵	云南试用藩经历	云南最优等	试署地检厅检察长
端木垚	32	贵州贵筑	刑幕	云南最优等	试署省城高审厅刑庭推事
梁友檍	45	云南蒙化厅	癸卯科举人,截取盐大使	云南最优等	试署地检厅检察官
张承惠	45	安徽桐城	历充刑幕	云南最优等	试署省城高审厅民庭长
吴起銮	39	江西高安	副贡,考取知县	云南优等	初检厅学习
陈廷谔	45	浙江太平	壬寅恩正并科举人,考取知县	云南优等	派署初检厅行走检察官,据提法使称,该员禀请给咨回籍学习
林名正	44	贵州普定	乙丑恩科举人	云南优等	地审厅民庭帮办推事
孙辉藻	43	湖北松滋	丙午科优贡	云南优等	初检厅学习推事
龚达森	38	四川宜宾	历任刑幕	云南优等	派署初检厅监督检察官,试署初级检察官
马继眉	28	四川越巂厅	刑幕	云南优等	初检厅推事,试署初检厅监督检察官
何乾生	50	广东顺德	丁酉科举人	云南优等	据提法使详称,该员水土不服,回籍就近学习
于寅亮	36	湖南慈利	历充刑幕	云南优等	地审厅帮办推事,试署地审厅民庭推事,三年七月,提法使详称该员改派高审厅学习推事
周葆忠	45	四川合江	历充刑幕	云南中等	试署地审厅刑庭推事
廖维熊	29	湖南湘潭	历充刑幕	云南中等	派署地审厅民庭长,试署初审厅推事
梁念绳	29	湖南零陵	历充刑幕	云南中等	试署省城高检厅帮办检察官
张鉴	40	贵州贵筑	甲午科举人,克复河口案内奏保知县	云南中等	地审厅学习
陈镐	43	福建侯官	优贡,考取知县	云南中等	试署省城高检厅检察官
刘邦基	44	浙江会稽	历充刑幕	云南中等	试署省城高审厅民科推事
杨焜	34	贵州印江县	贵州法政学堂	贵州最优等	改发云南,派充地审厅帮办推事
马灿奎	35	原籍江西吉安府,寄籍贵州贵筑县	贵州法政学堂	贵州优等	改发云南,地审厅学习推事
张泽钧	31	贵州贵筑县	贵州法政学堂	贵州优等	改发云南

姓名	年龄	籍贯/居住地	毕业学校/经历	考试等级	派赴地方
官麟	31	贵州贵筑县,原籍江西吉安府	优附生,贵州法政学堂	贵州中等	改发云南,地检厅学习
洪国桢	29	贵州贵筑,原籍江南清泉县	优附生,贵州法政学堂	贵州中等	改发云南,派充昆明县初检厅行走检察官
鲁时俊	33	江苏江宁县,寄籍贵州贵筑县	优附生,历充刑幕,正七品	贵州中等	改发云南,地审厅帮办推事
董正	32	贵州贵阳府,原籍四川巴县	日本法政大学速成科,历充法政教员	贵州中等	改发云南,高检厅行走检察官
胡文蔚	26	原籍广东顺德,寄籍贵州修文县	附生,贵州法政学堂	贵州中等	改发云南,初检厅检察官
张金鑑	26	原籍江西抚州,寄籍贵州普定县	贵州法政学堂	贵州中等	改发云南,初审厅学习推事
谷寅宾	36	贵州安顺府	候选巡检,历充刑幕	贵州中等	改发云南,代理高审厅刑庭推事
叶璧光	26	贵州安顺府	贵州法政学堂	贵州中等	改发云南,派地审厅学习推事
王国佐	31	原籍湖南清泉,寄籍贵州安顺府	廪生,法政学堂毕业	贵州中等	派地审厅,学习检察官
冠宗俊	45	贵州贵筑	进士,宣统三年四月二十八日,奏请代理高审厅刑庭长		
洪念江	54	四川锦竹	监生,宣统三年四月二十八日,奏请代理地审厅刑庭长,镇远直隶厅同知		
钟锐	43	四川安县	举人,宣统三年四月二十八日,奏请代理地审厅刑庭推事		
郑文易	34	浙江黄岩	法政举人,宣统三年四月二十八日奏请试署地检厅检察长		
邵良遇	33	浙江山阴	附贡生,三年四月二十八日奏请试署地检厅检察官,补用同知		
朱知绪	41	江苏娄县	监生,宣统三年四月二十八日,奏请代理初审厅监督推事,补用同知,八月咨称该员代理现阅九月有余,规模已具,应饬归行政官,另委法官办理		

贵州,33人,宣统二年贵州法官考试留用本省28人(优等1人,中等27人),云南考试改发贵州5人(最优1人,优等4人)

梁韵清	36	广西临桂	癸卯科举人,分省知县,京师法律学堂毕业	贵州优等	据贵州巡抚咨,该员呈称司法重任,力弗能胜任,情愿注销法官,仍以知县补用,经本部奏准
韦可经	30	贵州正安州	贵州法政学堂	贵州中等	委署第一初审厅监督推事,三年三月任地审厅民庭推事

姓名	年龄	籍贯/居住地	毕业学校/经历	考试等级	派赴地方
刘廷瑞	47	湖南邵阳	补用典吏,贵州法政学堂	贵州中等	地审厅刑庭推事,三年三月,委署高审厅民庭推事
陈正名	41	贵州石阡府,原籍江西庐陵县	贵州法政学堂	贵州中等	第二初审厅监督推事,三年三月任第一初审厅帮办推事
何扬烈	28	湖南湘潭县	历充刑幕	贵州中等	第一初检厅检察官,三年闰六月委署地检厅检察官
潘丕炎	37	云南昆明县	历充刑幕	贵州中等	委署高审厅刑庭推事,三年三月兼庭长
郑国樑	27	原籍浙江山阴县,寄籍四川巴县	贵州法政学堂讲习科毕业,历充刑幕	贵州中等	委署高审厅民庭推事并庭长,三年三月署刑庭推事
胡炎	28	安徽望江县	历充刑幕,补用县丞	贵州中等	委署高审厅推事兼庭长,三年三月委署贵阳地检厅检察长
杨钜昌	31	贵州思南府,原籍丰城县	附生,贵州法政学堂	贵州中等	委署高检厅检察官,三年三月委充第二初审厅帮办推事
曾云	33	湖北麻城县,原籍山东嘉祥县	历充刑幕	贵州中等	分发四川
严恩永	34	四川巴县	应袭恩骑尉,历充刑幕	贵州中等	高检厅学习
查廷銮	37	安徽泾县	历充刑幕	贵州中等	委派地检厅检察官,三年三月委充高检厅帮办检察官
唐楷文	31	四川金堂县	优贡生,补授思州府经历	贵州中等	署地审厅民庭推事,三年三月兼庭长
周声汉	37	湖南湘潭县,寄籍直隶大兴县	日本法政大学速成科毕业,法政学堂教习三年	贵州中等	署地审厅兼刑庭长,三年三月委署厅长兼此缺
吴绳武	39	贵州威宁州	拔贡,就职直州判,分发直隶试用	贵州中等	委署第一初审厅学习推事,三年三月委署该厅监督推事
蒋绍封	24	云南昆明县	贵州试用州判,贵州法政学堂	贵州中等	委署第二初检厅检察官,三年三月委署第一初级检察官
陆廷桢	27	原籍江苏吴县,寄籍直隶大兴	历充刑幕	贵州中等	委署高检厅检察官,三年三月委署是缺
文焕	36	湖南善化县	历充刑幕	贵州中等	改分江西

姓名	年龄	籍贯/居住地	毕业学校/经历	考试等级	派赴地方
张锐	31	广东顺德县	历充刑幕	贵州中等	委署地审厅民庭推事兼理庭长,三年三月委署刑庭推事
曹瀚	37	湖南长沙县	历充刑幕	贵州中等	委署第一初检厅检察官,三年三月委署贵阳地检厅帮办检察官
李质	32	四川泸州直隶州	丁酉副贡,历充刑幕	贵州中等	委署第二初检厅检察官,三年闰六月据提法使详称,该员因案被控,调查得实归案讯办,暂行撤任,札派何扬烈代理该员,因案将人犯传至私宅追征应缴银两,由该提法使申报议处,经本部议得处四等,俟补缺后,照律罚俸九个月,于宣统三年八月四日奏奉
李荫彬	28	四川新繁县	历充刑幕	贵州中等	委署地审厅民庭推事兼理庭长,三年三月委署刑庭推事
马迁文	24	云南澂江府新兴州	候选州判,法政学堂毕业	贵州中等	委署第一初审厅监督推事,三年三月委署地审厅民庭推事
孙嗣煊	28	云南省云南府呈贡县	历充刑幕	贵州中等	署高审厅民庭推事,三年三月委署刑庭推事
吴秉衡	30	安徽宿松县	历充刑幕,民政部录事	贵州中等	委署地检厅学习检察官,三年三月委署贵阳地检厅检察官
张孔修	37	原籍江西建昌府丰城县,寄籍四川秀山县	补用府经历,贵州法政学堂	贵州中等	署地审厅刑庭推事,三年三月委署民庭推事。提法使详称该员于是年五月初七丁母忧
罗忠开	29	湖南长沙府长沙县	历充刑幕	贵州中等	署地检厅检察官,三年闰六月二十八日署贵阳第二初检厅检察官
戴寿铭	41	江苏江宁府上元县	历充刑幕	贵州中等	第二初审厅学习推事,三年三月署监督推事

姓名	年龄	籍贯/居住地	毕业学校/经历	考试等级	派赴地方
杨华春	45	云南昆明县	甲午科举人	云南最优等	改发贵州,三年三月派贵阳地审厅刑庭练习,贵抚咨称二月二十七日派委该庭帮办推事
叶茂林	39	云南新兴州	庚子、辛丑并科举人	云南优等	改发贵州,宣统二年十二月初七丁忧
徐振声	41	云南通海	癸卯科副贡	云南优等	改发贵州,贵阳地审厅民庭练习,贵抚咨二年十二月二十八日到省,三年二月二十七日派委该庭帮办推事,七月十六日代理该庭推事
张际时	39	云南昆明县	刑幕	云南优等	改发贵州,贵阳地审厅刑庭练习,六月二十六日委署该庭推事
宋藩	46	云南昆阳州	甲午科举人	云南优等	贵阳地审厅推事

广西,49人,宣统二年京师法官考试分广西11人(最优等3人,优等5人,中等3人),宣统二年广西第一次法官考试留用本省32人(最优等9人,优等6人,中等17人)

姓名	年龄	籍贯/居住地	毕业学校/经历	考试等级	派赴地方
简文昭	37	广东番禺	优附生,广东法政学堂	京师最优等	分发梧州地检厅候补检察官
许勋元	29	广东归善	优附生,广东法政学堂	京师最优等	梧州地审厅候补推事
唐藻芬	33	广东南海	优附生,广东法政学堂	京师最优等	桂林地审厅候补推事,梧州地审厅推事
林稷枬	38	贵州安化	丁酉科举人	京师优等	桂林地审厅
李应桂	31	广西北流	廪生,日本法政大学	京师优等	分发广西,提法使详称该员于二年十一月初十日呈报丁父忧
吴冀南	31	贵州思南府	丁酉科优贡	京师优等	分发广西
李沅湘	37	广东开平	广东法政学堂	京师优等	桂林地检厅候补检察官
朱锡鎏	35	广东顺德	附生,广东法政学堂	京师优等	梧州地审厅候补推事
陈荣椅	38	广东新会	庚子、辛丑并科举人,拣选知县	京师中等	高检厅候补检察官
何凤岐	43	广西容县	己酉科拔贡	京师中等	分发广西临桂初审厅候补推事
严鸿翯	40	广东归善	戊申科岁贡,试用按经历	京师中等	苍梧初审厅候补推事

姓名	年龄	籍贯/居住地	毕业学校/经历	考试等级	派赴地方
刘庚先	36	湖南邵阳	癸卯科举人,日本法政大学速成科	广西最优等	桂林地检厅检察长,三年闰六月该员另有差委,遗缺由姚明善署理
姚桐豫	42	浙江临海	甲午科举人,候选知县,日本法政大学毕业	广西最优等	署理桂林地审厅厅长,三年正月奉调赴东
成应琼	39	湖南宁乡	刑幕,日本法政大学速成科	广西最优等	委署高审厅刑庭推事,二年十一月二十五日丁父忧
陈洪道	30	浙江太平	庚子、辛丑并科举人,拣发广西知县	广西最优等	梧州地审厅厅长,调署桂林地审厅厅长
蒋继伊	27	广西桂林府全州	癸卯科举人,拣选知县,日本法政大学	广西最优等	
霍鸾藻	41	广东顺德	附生,广东法政学堂	广西最优等	委署高检厅检察官
程希洛	37	湖南湘乡	庚子、辛丑并科举人,候选知县	广西最优等	二年五月三十日委署桂林地审厅刑庭推事,是年十二月十二日调署梧州地审厅推事,三年正月三十日委署梧州地审厅厅长,三年闰六月,该省咨报该员调署高审厅刑庭推事
陈藻鑋	34	广东新会	附生,广东法政学堂	广西最优等	高审厅推事
黄葆燊	29	广东香山	候选县丞,广东法政学堂	广西最优等	高审厅推事
杨家瑄	35	四川资阳	廪贡生,候选知县,广西法政学堂	广西优等	高审厅推事
江登瀛	50	浙江太平	附生,候选知县,宁波法政学堂毕业,正七品	广西优等	署理梧州地审厅刑庭推事
黄长松	29	江苏上元	湖南试用知县,法政学堂毕业	广西优等	高审厅推事
朱杰	37	广东番禺	附生,广东法政学堂	广西优等	委署桂林地审厅推事
关树文	32	广东开平	廪生,广东法政学堂毕业	广西优等	署理梧州地审厅民庭推事,三年六月十三日病故
石昌松	32	湖南保靖	庚子、辛丑并科举人,拣选知县	广西优等	代理苍梧初检厅检察官,后改署理
陈用光	29	广东番禺	日本明治大学法科毕业	广西中等	署理桂林地检厅检察官,代理高检厅检察官,十一月初二日丁父忧

姓名	年龄	籍贯/居住地	毕业学校/经历	考试等级	派赴地方
刘达朝	38	广东新会	广东法政学堂毕业	广西中等	委充高审厅候补推事,调充桂林地审厅候补推事
周绍光	35	广东番禺	增贡,候选知县,审判研究所毕业	广西中等	署理梧州地审厅刑庭推事
汤瀚平	31	广东花县	附生,广东法政学堂毕业	广西中等	署理桂林地审厅推事,十二月十八日派代理临桂初审厅监督推事,三月期满,改为署理
邓甘泉	32	广东新会	增生,广东法政学堂毕业	广西中等	桂林地检厅检察官
黄晃赓	27	广东顺德	附生,广东法政学堂毕业	广西中等	桂林地审厅推事
粟威	36	湖南邵阳	廪生,广东法政学堂毕业	广西中等	署桂林地审厅推事,三年闰六月咨报该员署理梧州地审厅厅长
陈钟鎏	37	广东恩平	廪生,广东法政学堂毕业	广西中等	临桂初检厅检察官
袁葆清	38	广东东莞	附生,广东法政学堂毕业	广西中等	临桂初检厅候补检察官,调署桂林地检厅检察官
何成烈	29	广东新会	广东法政学堂毕业	广西中等	札委代理苍梧初审厅监督推事,改为署理
苏天祥	39	广东顺德	广东法政学堂毕业,补用直隶州州判	广西中等	札委代理梧州地检厅检察官,改为署理,调省另候差委,开去署缺
白元麟	30	广西临桂	丙午科优贡生	广西中等	署梧州检察厅检察官
吴焯	32	安徽怀宁	试用知县,广西法政学堂	广西中等	委署桂林地审厅推事
马宝森	27	广东新宁	广东法政学堂毕业	广西中等	代理桂林地检厅检察官,到任三月改为署理,调署梧州地检厅检察官
石微庸	38	广西义宁	丁酉科拔贡,候选直隶州州判	广西中等	委充苍梧初检厅候补检察官
张锡銮	34	广东开平	附生,广东法政学堂毕业	广西中等	委署临桂初审厅推事
虞重熙	31	湖南新宁	附生,刑幕	广西中等	札委代理苍梧初审厅推事,改为署理

姓名	年龄	籍贯/居住地	毕业学校/经历	考试等级	派赴地方
曾广源	29	湖北江陵	由优附生，癸卯恩科举人，日本法政大学优等毕业，分省补用知县，签分广西，蒙法部调赴京师各级审判检察厅差遣，蒙抚部院奏调来桂，委署高审厅民庭推事，代理刑庭推事，改为署理		
姚明善	33	江苏上海	监生，候选布理问，经巡警部札委巡警东分厅稽查员，又经民政部委充区长，三十三年八月经法部咨调，十月委署京师第四初审厅推事，十二月奏留。宣统元年二月奏请以六品检察官候补，十二月咨调来桂，二年十月委署梧州地检厅检察长，据咨，三年闰六月十二日，署理桂林地检厅检察长		
萧度	41	湖南衡阳	由湖北仕学馆毕业，考入东京明治大学法科肄业，毕业回国，旋蒙前直督端咨送学部考试合格，奉旨赏给法政科举人，著以七品小京官分部补用，钦此。签掣民政部，奏调来桂，委充臬署审判科第三科员，差委代桂林地审厅民庭推事，调署梧州地审厅推事。		
陈学钊	33	贵州思南	由贵州高等学堂学生，游学日本东京警监学校，明治大学专门部法律科毕业，回国蒙前任出使日本大臣胡咨送学部考试合格，奉旨赏给法政科举人，著以知县分省试用，钦此。签掣甘肃，奏调来桂，委充臬署审判科第三科员，差委充桂林地审厅候补推事，委署梧州地审厅推事		
熊成章	26	四川华阳	由四川武备学堂学生，游学日本，入东京早稻田大学肄业，嗣由豫科毕业升入专门部法制经济科，宣统元年七月毕业，蒙前出使日本大臣胡咨回学部考试合格，奉旨赏法政科举人，著以七品小京官分部补用，钦此。签掣民政部，奏调来桂，委代广西高检厅检察官，委署梧州地审厅推事		
安永昌	33	四川绵竹	附生，留学日本大学，法律专门部毕业，经学部考试，奉旨赏给法政科举人，著以内阁中书补用，钦此。奏调来桂充当监狱学堂教员，委署梧州地审厅推事，委署高审厅刑庭推事，委代梧州地审厅厅长，调署高审厅民庭推事		

江苏,48人,宣统二年京师法官考试录取人员分发江苏45人(最优等9人,优等17人,中等19人)

姓名	年龄	籍贯/居住地	毕业学校/经历	考试等级	派赴地方
沈启熙	30	浙江桐乡	附生,浙江法政学堂	最优等	试署镇江商埠地审厅刑科推事
苏宗轼	26	浙江海宁	浙江法政学堂	最优等	试署省城地审厅刑科推事
楼金鑑	35	浙江萧山	己酉优贡	最优等	试署镇江商埠地审厅民科推事
任祖棻	29	浙江萧山	日本明治大学毕业	最优等	省城地审厅帮办推事,民科推事
陈炎	32	浙江新昌	优附生,浙江法政学堂	最优等	试署省城第三初检厅检察官

姓名	年龄	籍贯/居住地	毕业学校/经历	考试等级	派赴地方
朱毓珍	28	浙江山阴	优附生,浙江法政学堂	最优等	二年十二月初七到省,试署省城高审厅民科推事,三年正月到厅,嗣据该厅长官,以学识浅略,难期胜任,咨呈撤任,分发省城高检厅学习,三月二十一日,委充省城高检厅帮办检察官
张锡康	26	浙江东阳	浙江法政学堂	最优等	试署镇江商埠地审厅民科推事
尚鳌文	30	河南罗山	京师法律学堂	最优等	省城高审厅学习
宋沅	30	浙江会稽	丙午优贡	最优等	试署镇江商埠地审厅民科推事
奚侗	33	安徽当涂	江南仕学馆法政毕业,江南主簿	优等	试署镇江商埠初审厅推事
曹元朗	31	浙江石门	日本法政大学	优等	省城地审厅刑科推事
邵骥	22	浙江山阴	己酉拔贡	优等	试署镇江商埠地审厅刑科推事
丁炯	32	浙江萧山	庚子、辛丑并科副贡	优等	省城地审厅民科推事
江镇三	25	湖南新宁	附生,奉天法政学堂	优等	宣统二年十二月十三日到省,据苏抚咨,该员急于进冒,用全体姓名投函报馆,妄肆雌黄,经本部于宣统三年四月初七日具奏注销法官(资格)
陈树基	30	浙江秀水	癸卯恩科副贡	优等	试署镇江商埠地检厅检察官
郑春魁	29	河南温县	己酉拔贡	优等	省城地检厅学习
白源澄	34	河南巩县	河南法政学堂	优等	省城地审厅学习,帮办推事
王炎武	29	河南罗山	京师法律学堂	优等	省城地审厅学习
李敬之	29	河南武陟	己酉拔贡	优等	省城地检厅学习
孟广铎	30	河南郑州	河南中州公学	优等	省城地检厅学习
薛雪	27	江苏宿迁	己酉拔贡	优等	省城地审厅学习
刘仁裕	36	浙江西安	己酉拔贡,安徽直隶州州判	优等	镇江商埠初检厅检察官

姓名	年龄	籍贯/居住地	毕业学校/经历	考试等级	派赴地方
师维祺	37	河南郑州	壬寅副贡	优等	分发江苏,据提法使详称,该员于是年十二月十五日在籍病故
李鼎抡	39	云南鹤庆	癸卯举人	优等	试署镇江商埠地检厅检察官
商建中	24	河南济源	己酉拔贡	优等	省城高审厅学习
傅师说	33	浙江瑞安	岁贡,淞江法政学堂讲习科二年毕业,候选按察使司经历	优等	委充镇江商埠地审厅行走推事
程鑑	26	江苏上元	江南法政讲习所毕业	中等	分发省城第一初检厅学习,委充商埠初审厅行走推事
曾国霖	35	江苏江宁	优附生,江南法政讲习所	中等	省城地审厅刑科推事
叶玉森	30	江苏丹徒	己酉拔贡	中等	省城第一初审厅学习
唐慎坊	30	江西德化	壬寅科并科副贡,提举衔,江苏候补通判	中等	省城高审厅民科推事
杜光桥	35	湖北竹山	江苏候补知县	中等	省城地审厅刑科推事
瞿鸿宾	26	湖北江夏	日本明治大学毕业,候选知县	中等	省城地审厅刑科推事
夏敬履	25	江西新建	京师法律学堂	中等	省城地审厅民科推事
杨光宪	37	顺天固安	壬寅补行庚子科优贡	中等	省城地审厅民科推事
王晋昌	24	河南长葛	己酉拔贡	中等	省城第三初检厅学习
叶葆彝	36	浙江松阳	己酉拔贡	中等	分发省城第二初审厅学习,帮办推事
刘丕公	34	河南荥阳	河南法政学堂	中等	省城第二初检厅学习,镇江商埠初检厅行走检察官
王锦文	28	浙江遂昌	己酉拔贡	中等	委充镇江商埠检察厅行走
陈传钧	28	河南开封	河南法政学堂	中等	省城地检厅学习
郑思曾	34	浙江嵊县	奏奖副贡,分发甘肃,补用直隶州知州,京师大学堂法政毕业	中等	省城地审厅学习,试署省城高审厅刑科推事
李国权	34	河南太康	己酉拔贡	中等	分发省城第一初检厅学习
王淦	25	河南西华	己酉拔贡	中等	省城第二初检厅学习
徐家驹	35	贵州安化	癸卯举人	中等	镇江商埠地检厅帮办检察官

姓名	年龄	籍贯/居住地	毕业学校/经历	考试等级	派赴地方
徐植春	25	安徽宿松	优贡,安庆府中学堂毕业	中等	省城第一初审厅帮办推事,三年四月初八到厅,二十二日丁父忧
娄善簇	31	河南光山	直隶法政学堂三年毕业,直隶补用县丞	中等	镇江商埠地审厅帮办推事
杜芝庭	30	浙江山阴	由癸卯恩科举人,宣统二年考职取中,复试一等,奉旨以主事分部学习,签分大理院食俸一年,充刑科第一庭录供编案上行走,于三年闰六月十五日,奏请以厅长监督推事及庭长相当官缺分别补用,奉旨依议,钦此。分发江苏省		
俞锡藩	39	浙江钱塘	附生兼袭云骑尉世职,法律学堂乙班毕业,取列优等,奏奖副贡出身,宣统三年三月十五日,本部奏以第一次考试合格论,闰六月初三日奏请以正七品推检用,奉旨依议,钦此。是月十五日,验放分发江苏省		
曹祖蕃	36	江西新建	光绪三十年在日本留学,三十二年入东京法政大学,宣统元年五月毕业,八月回国,经学部考试,九月奏奖法科举人,二年四月廷试,取列二等,以七品小京官签分大理院,即请改用法官,以正七品推检仍留原官,分发江苏		

江西,27人,宣统二年京师法官考试录取人员分发江西25人(最优等4人,优等12人,中等9人)

姓名	年龄	籍贯/居住地	毕业学校/经历	考试等级	派赴地方
吴宗乾	33	湖南益阳	己酉科拔贡,就职州判	最优等	委署德化初审厅监督刑庭推事
苏敬	36	广东顺德	日本法政大学	最优等	九江地审厅刑庭推事
林典	31	浙江太平	癸卯科举人	最优等	南昌地审厅民一庭推事
卢启贤	28	湖北襄阳	奏奖拔贡,江西试用直州判	最优等	高审厅刑一庭推事
周业钜	29	湖南安乡	己酉科拔贡	优等	德化初检厅检察官
陈人经	31	江西赣县	己酉科拔贡	优等	南昌初审厅民庭推事
莫开琼	38	广东南雄	廪生,广东法政学堂毕业	优等	南昌地审厅刑一庭推事
唐鑑	40	浙江武康	拔贡,民政部七品小京官	优等	分发江西
杜甄	41	广东南海	辛丑科举人,内阁中书	优等	德化初审厅民庭推事
裘棨	31	浙江嵊县	直隶法律学堂毕业	优等	九江地检厅检察官
左树玉	42	湖北应山	癸卯科举人,拣选知县	优等	九江地审厅民庭推事长
徐文澜	32	浙江永康	己酉科优贡	优等	南昌地审厅刑一庭推事

姓名	年龄	籍贯/居住地	毕业学校/经历	考试等级	派赴地方
沈桂华	30	湖北黄冈	戊申科拔贡	优等	高审厅刑一庭推事
郭翰	35	湖南常宁	己酉科拔贡	优等	高检厅检察官
韩国斌	51	湖北中祥	己酉科拔贡,直州判	优等	南昌地审厅民一庭推事长
张之炎	36	江西上饶	己酉科拔贡	优等	委署新建初审厅民庭推事,三年闰六月初七日,咨该员由就职直州判改奖州同,双月选用
郑丰稔	39	福建龙岩	己酉科拔贡	中等	高审厅民一庭推事,三年四月初一日闻讣丁父忧
刘子修	34	广东新宁	廪贡生,京师法律学堂毕业,试用州同	中等	九江地审厅刑庭推事
曾纯阳	40	湖南湘乡	庚子、辛丑并科举人	中等	南昌地检厅检察官
石润金	40	湖南益阳	廪贡生,日本法政大学	中等	分发江西
叶自纯	29	安徽黟县	庚子、辛丑副贡	中等	九江地审厅民庭推事
章永仁	29	湖南安卿	己酉科拔贡	中等	南昌初检厅检察官
鄢耀枢	38	福建永福	庚子科举人,广东直州同	中等	委署新建初检厅检察官
左树瑄	32	湖北应山	己酉科拔贡	中等	新建初审厅监督推事
彭颐	39	江西奉新	庚子、辛丑并科举人	中等	九江地审厅民庭推事
李文藻	47	江西南昌	己酉科举人,四川截取盐大使	四川中等	省城高审厅学习,三年五月二十八日由四川归本省分厅学习
陈邦燮	30	湖北武昌	由附生,报捐主事,京师译学馆肄业,领有二年修业文凭,光绪三十三年九月蒙钦派王大臣验看,经吏部签分刑部贵州司行走,进士馆法政科毕业,派充地审厅推事行走,代理刑科二庭帮办推事,改派第二初审厅行走推事,宣统二年补行考验,奏改以五六品推检候补,三年奏请以厅长庭长等缺分发江西补用

福建,39 人

梁载恩	42	广东顺德	丁酉科举人	最优等	分发福建
王植	30	福建闽县	附生,福建法政学堂	最优等	分发福建
伍岳	26	广东新宁	广东法政学堂	最优等	分发福建
何绍休	29	江西临川	癸卯科副贡	优等	分发福建
雷作霖	25	福建宁化	己酉科拔贡	优等	分发福建
郑中砥	31	福建长乐	福建法政学堂	优等	分发福建
黄裳	28	福建闽县	福建法政学堂	优等	分发福建

姓名	年龄	籍贯/居住地	毕业学校/经历	考试等级	派赴地方
吴孝忱	37	福建侯官	福建法政学堂	优等	分发福建
林钟儒	27	福建福鼎	福建法政学堂	优等	分发福建
郑诗燮	36	福建闽县	福建法政学堂	优等	分发福建
邱澜	28	福建长乐	福建法政学堂	优等	分发福建
陈硕谟	26	福建福清	福建法政学堂	优等	分发福建
林缉铎	32	福建侯官	副贡,福建法政学堂	中等	分发福建
杨同翰	36	福建闽县	优廪生,福建法政学堂	中等	分发福建
陈世彬	36	福建侯官	日本法政大学	中等	分发福建
郑端杰	33	福建连江	福建法政学堂	中等	分发福建
陈祖尧	28	福建长乐	己酉科拔贡	中等	分发福建
吴兆枚	24	福建连江	福建法政学堂	中等	分发福建
黄守藩	27	福建闽县	福建法政学堂	中等	分发福建
李煊	36	福建侯官	福建法政学堂	中等	分发福建
翁捷三	32	福建闽县	福建法政学堂	中等	分发福建
余鸣谦	31	福建古田	福建法政学堂	中等	分发福建
庄枢元	36	福建连江	福建法政学堂	中等	分发福建
李经文	32	福建福安	壬寅科举人	中等	分发福建
黄勖	35	福建侯官	福建法政学堂	中等	分发福建
王兆熊	27	福建侯官	福建法政学堂	中等	分发福建
林祥熊	32	福建连江	福建法政学堂	中等	分发福建
董拔	34	福建闽县	福建法政学堂	中等	分发福建
刘通	32	福建闽县	福建法政学堂	中等	分发福建
林志宏（后更名宏忠）	26	福建侯官	福建法政学堂	中等	分发福建
石廷献	26	福建长乐	福建法政学堂	中等	分发福建
侯光第	26	福建闽县	福建法政学堂	中等	分发福建
吴广龄	39	福建侯官	福建法政学堂	中等	分发福建
杨葆铭	26	福建连城	福建法政学堂	中等	分发福建
华其渊	32	福建上杭	福建法政学堂	中等	分发福建
包有鱼	39	安徽泾县	福建法政学堂	中等	分发福建
赵鉌	33	浙江山阴	刑幕	中等	分发福建
潘学海	34	江西武宁	癸卯科举人,庚子保送考取二等知县州同	中等	分发福建

续表

姓名	年龄	籍贯/居住地	毕业学校/经历	考试等级	派赴地方
霍乃晖	33	广东南海	广东法政学堂	中等	分发福建

湖南,6人,宣统二年京师法官考试录取人员分发湖南5人(优等2人,中等3人)。贵州法官考试录取人员分湖南1人

姓名	年龄	籍贯/居住地	毕业学校/经历	考试等级	派赴地方
于大僚	33	湖南安福	拔贡	优等	分发湖南
颜寿	35	四川开县	癸卯科举人	优等	分发湖南
何尔照	36	四川忠州	湖南候补知县	中等	分发湖南
张应藩	36	湖南沅陵	拔贡	中等	分发湖南
周化南	33	湖北沔阳州	京师法政学堂	中等	分发湖南
萧开锦	40	贵州黔西州,原籍江西	由廪生,日本法政大学速成科毕业,京师高等巡警学堂毕业,记名警官,历充法政教员。宣统元年举孝廉方正,二年,贵州第一次法官考试取列中等,奏请以正七品推检用。分发湖南		

注:京外考试录取人员均以正七品推检用;考试等级栏中如无特别标明,均指宣统二年京师法官考试等级。

资料来源:《法官名册》,无朝年(大约宣统三年、民国元年),中国第一历史档案馆藏法部·举叙司档案,档案号:广西、云南、贵州编号31704;河南、陕西、甘肃编号31705;奉天、吉林、山东、山西编号31706;江苏、江西、福建、湖南编号31707。

九　民国元年大理院及京师各级审检厅司法官简表

机构	职别	姓名	籍贯
大理院	院长	章宗祥	浙江吴兴
	庭长、简任推事	姚震	安徽贵池
	庭长、简任推事	汪燨芝	安徽休宁
	推事	廉隅	江苏无锡
	推事	胡诒毂	浙江慈溪
	推事	沈家彝	江苏江宁
	推事	朱献文	浙江义乌
	推事	林行规	浙江鄞县
	推事	林荣	福建闽侯
	推事	潘昌熙	江苏吴县
	推事	张孝栘	湖北武昌
	推事	徐维震	浙江桐乡
	推事	黄德章	四川新繁

机构	职别	姓名	籍贯
总检察厅	检察长	罗文干	广东番禺
	署检察长	刘蕃	湖北安陆
	检察官	朱深	直隶永清
	检察官	李杭文	湖北孝感
	检察官	熊兆周	湖南安乡
	检察官	张祥麟	湖北沔阳
京师高等审判厅	厅长	江庸	福建长汀
	民庭庭长、推事	李祖虞	江苏武进
	刑庭庭长、推事	陈经	江苏江阴
	推事	朱学曾	贵州平越
	推事	郁华	浙江富阳
	推事	张式彝	河南光山
	推事	谭汝鼎	江苏吴县
	推事	蔡元康	浙江绍兴
	推事	龚福焘	湖南长沙
京师高等检察厅	检察长	刘蕃	湖北安陆
	署检察长	匡一	湖北罗田
	检察官	贾晋	四川温江
	检察官	陈兆煌	广东番禺
	检察官	袁青选	湖北黄安
京师地方审判厅	厅长	周泽春	湖北随县
	刑庭庭长、推事	刘豫瑶	江苏江都
	刑庭庭长、推事	徐焕	浙江杭县
	刑庭庭长、推事	潘恩培	满洲正蓝旗
	民庭庭长、推事	张兰	直隶任邱
	民庭庭长、推事	张宗儒	浙江吴兴
	署推事	叶在均	福建闽侯
	署推事	赵从懿	江西南丰
	署推事	胡为楷	四川巴州
	署推事	林鼎章	福建闽侯
	署推事	李在瀛	四川嘉定
	署推事	冯毓德	浙江绍兴
	署推事	王克忠	广东西宁
	署推事	李文羲	山东章丘
	署推事	李受益	广西桂林
	署推事	俞致霈	江苏宜兴
	署推事	李景圻	福建闽侯
	署推事	梁继栋	福建长乐
	署推事	程文谟	浙江杭县
	署推事	陈彰寿	浙江石门
	署推事	熊元翰	安徽宿松
	署推事	邹峰	四川仁寿

续表

机构	职别	姓名	籍贯
京师地方检察厅	检察长	蒋棻	浙江杭县
	署检察官	尹朝桢	四川嘉定府
	署检察官	蒋邦彦	浙江金华县
	署检察官	龙骞	广东顺德县
	署检察官	林尊鼎	福建闽侯县
	署检察官	胡国洗	四川顺庆府
	署检察官	周庆雯	直隶大兴县
	署检察官	马彝德	四川宁远府
	署检察官	杨士毅	浙江义乌县
	署检察官	黎世澄	四川嘉定府
	署检察官	王黻彝	湖北黄冈县
	署检察官	杨允升	江苏铜山县
	署检察官	马为珖	江苏盐城县
	署检察官	王维翰	满洲镶白旗
	署检察官	黄成霖	山东历城县
	署检察官	刘元槱	广东香山县
京师第一初级审判厅	署监督推事	汪庚年	浙江金华县
	署推事	陈延年	广东番禺县
京师第一初级检察厅	署监督检察官	区枢	广东南海县
	署检察官	何瑃	浙江义乌县
京师第二初级审判厅	署监督推事	杨润	直隶宛平县
	署推事	冯寿祺	湖北黄陂县
京师第二初级检察厅	署监督检察官	刘瑞琛	直隶饶阳县
	署检察官	田凤鬶	湖南桃源县
京师第三初级审判厅	署监督推事	赖毓灵	四川内江县
	署推事	鲍忠淇	直隶大兴县
京师第三初级检察厅	署监督检察官	张明哲	湖北黄陂县
	署检察官	苏兆祥	四川华阳县
京师第四初级审判厅	署监督推事	吴汝让	广东恩平县
	署推事	徐九成	湖北蒲圻县
	署推事	陈诚	湖南桃源县
京师第四初级检察厅	署监督检察官	高方潞	河南卫辉府
	署检察官	曹堃	安徽太湖县
	署检察官	石秉铸	安徽宿松县

资料来源：《职员录》（中华民国元年第一期），印铸局刊行。

十 民国二年大理院及京师各级审检厅司法官简表

机构	职别	姓名	籍贯	简 历
大理院	院长	章宗祥	浙江吴兴县	日本东京帝国大学法科毕业;清朝进士馆教习、农工商部主事、修订法律馆纂修;民国总统府秘书、法制局局长
	庭长、简任推事	姚震	安徽贵池县	日本早稻田大学法学士;1910年法科进士;清朝法部员外郎
	庭长、简任推事	汪燨芝	安徽休宁县	日本早稻田大学毕业;清朝工商部主事、京师法律学堂教习、修订法律馆协修;民国法制局参事
	推事	胡诒穀	浙江慈溪县	美国芝加哥大学法学士;清朝邮传部参议厅法制科法律起草员、京师大学堂法科教员
	推事	沈家彝	江苏江宁县	日本东京帝国大学毕业;清朝工部主事、资政院编纂员
	推事	朱献文	浙江义乌县	日本东京帝国大学法科毕业;清朝修订法律馆协修;民国国务院法制局参事
	推事	林行规	浙江鄞县	英国伦敦大学法学士;清朝法制局调用人员
	推事	林棨	福建闽侯县	日本早稻田大学政治经济科毕业;清朝进士馆及仕学馆教习、学部主事、京师法政专门学校教务长、京师大学堂法科监督;民国教育部专门教育司司长
	推事	潘昌煦	江苏吴县	光绪戊戌科进士,日本中央大学法律科毕业;清朝翰林院编修
	推事	张孝杉	湖北武昌县	日本早稻田大学法科毕业;清朝京师法律学堂教员、大理院五品推事、修订法律馆编纂
	推事	徐维震	浙江桐乡县	上海南洋大学毕业,印第安那大学法学士;清朝邮传部法律参订员、海军处司法官
	推事	黄德章	四川新繁县	日本东京帝国大学法科毕业,授法科进士;清朝翰林院编修、京师法政学堂教员;民国司法部编修
	署推事	陆鸿仪	江苏吴县	日本中央大学法科毕业,清朝翰院编修
	署推事	庄璟珂	福建闽侯县	日本早稻田大学法科毕业

机构	职别	姓名	籍贯	简　历
总检察厅	检察长	罗文干	广东番禺县	英国牛津大学法律硕士,获大律师资格;清朝法科进士、广东高等审判厅厅长;民国广东都督府司法司司长
	检察官	朱深	直隶永清县	日本帝国大学法律科毕业;民国法制局法典纂修
	检察官	李杭文	湖北孝感县	日本中央大学法律科毕业,清朝法政科举人;河南补用知事
	检察官	熊兆周	湖南安乡县	日本明治大学法科毕业;清朝广东知县
	检察官	张祥麟	湖北沔阳县	日本早稻田大学政科毕业;清朝法科进士
	检察官	汪祖泽	广东番禺县	日本明治大学法科毕业;清朝广东高等审判厅刑庭庭长、法政学堂教员、司法研究馆监督
	检察官	祁耀川	广东东莞县	日本中央大学法律科毕业,法政科举人;清朝法部主事、充举叙司总核兼法规编纂员;民国司法部佥事、总务厅主任
京师高等审判厅	厅长	江庸	福建长汀县	日本早稻田大学法制经济科毕业,法科进士;清朝大理院详谳处推事、京师法政学堂总教习、修订法律馆纂修;民国大理院代理推事
	民庭庭长推事	李祖虞	江苏武进县	
	刑庭庭长推事	陈经	江苏江阴县	
	推事	朱学曾	贵州平越州	
	推事	郁华	浙江富阳县	
	推事	张式彝	河南光山县	
	推事	谭汝鼎	江苏吴县	
	推事	蔡元康	浙江绍兴县	
	推事	龚福焘	湖南长沙府	
京师高等检察厅	检察长	刘蕃	湖北安陆县	日本法政大学法律科毕业;清朝奉天高等审判厅推事,北洋法政专门学堂、奉天法政学堂教习,大理院候补推事
	检察官	贾晋	四川温江县	
	检察官	陈兆煌	广东番禺县	
	检察官	袁青选	湖北黄安县	
	署检察官	吴家驹		
	署检察官	马彝德		

机构	职别	姓名	籍贯	简　历
京师地方审判厅	厅长	周泽春	湖北随县	德国柏林大学法学博士;清朝法制院民刑律等科主任、陆军部司法官;民国山东交涉使、鲁军都督府外交司长
	刑庭庭长兼推事	刘豫瑶	江苏江都县	
	刑庭庭长兼推事	徐焕	浙江杭县	
	刑庭庭长兼推事	潘恩培	满洲正蓝旗	
	民庭庭长兼推事	张兰	直隶任邱县	
	民庭庭长兼推事	张宗儒	浙江吴兴县	
	署推事	叶在均	福建闽侯县	
	署推事	赵从懿	江西南丰县	
	署推事	胡为楷	四川巴州	
	署推事	林鼎章	福建闽侯县	
	署推事	李在瀛	四川嘉定府	
	署推事	王克忠	广东西宁县	
	署推事	李文羲	山东章丘县	
	署推事	李受益	广西桂林府	
	署推事	俞致霈	江苏宜兴县	
	署推事	李景圻	福建闽侯县	
	署推事	梁继栋	福建长乐县	
	署推事	程文谟	浙江杭县	
	署推事	陈彰寿	浙江石门县	
	署推事	熊元翰	安徽宿松县	
	署推事	邹峄	四川仁寿县	
	署推事	朱养廉	直隶滦州	
	署推事	陈宽香	湖北安陆县	
	署推事	倪宝森	湖北随县	
	署推事	张业广		

机构	职别	姓名	籍贯	简 历
京师地方检察厅	检察长	蒋菜	浙江杭县	仕学馆毕业;清朝奉天民政司佥事;民国司法部编纂
	署检察官	尹朝桢	四川嘉定府	
	署检察官	蒋邦彦	浙江金华县	
	署检察官	龙骞	广东顺德县	
	署检察官	林尊鼎	福建闽侯县	
	署检察官	胡国洗	四川顺庆府	
	署检察官	周庆雯	直隶大兴县	
	署检察官	马彝德	四川宁远府	
	署检察官	杨士毅	浙江义乌县	
	署检察官	黎世澄	四川嘉定府	
	署检察官	王黻彝	湖北黄冈县	
	署检察官	杨允升	江苏铜山县	
	署检察官	马为珧	江苏盐城县	
	署检察官	王维翰	满洲镶白旗	
	署检察官	黄成霖	山东历城县	
	署检察官	刘元梓	广东香山县	
	署检察官	钱承钧		
	署检察官	张更生		
	署检察官	王国钰		
京师第一初级审判厅	署监督推事	汪庚年	浙江金华县	
	署推事	陈延年	广东番禺县	
京师第一初级检察厅	署监督检察官	区枢	广东南海县	
	署检察官	何瑾	浙江义乌县	
京师第二初级审判厅	署监督推事	杨润	直隶宛平县	
	署推事	冯寿祺	湖北黄陂县	
京师第二初级检察厅	署监督检察官	刘瑞琛	直隶饶阳县	
	署检察官	田凤翯	湖南桃源县	

续表

机构	职别	姓名	籍贯	简　历
第三初级审判厅	署监督推事	赖毓灵	四川内江县	
	署推事	鲍忠淇	直隶大兴县	
京师第三初级检察厅	署监督检察官	张明哲	湖北黄陂县	
	署检察官	苏兆祥	四川华阳县	
京师第四初级审判厅	署监督推事	吴汝让	广东恩平县	
	署推事	徐九成	湖北蒲圻县	
	署推事	陈诚	湖南桃源县	
京师第四初级检察厅	署监督检察官	高方潞	河南卫辉府	
	署检察官	曹堃	安徽太湖县	
	署检察官	石秉铸	安徽宿松县	

　　资料来源:《职员录》(中华民国二年第一期),印铸局刊行;李超:《清末民初的审判独立研究:以法院设置与法官选任为中心》,第133、134、136页。

十一　民国二年奉天各级审检厅新任司法官简表

厅别	职别	姓名	籍贯	毕业学校	毕业年限	学位
高等审判厅	庭长	黄耀凤	奉天	日本早稻田大学	三年	得业士
	庭长	陈克正	奉天	直隶法政学堂	三年	最优等毕业生
	推事	黄居颖	奉天	奉天法政学堂	两年	最优等毕业生
	推事	王铭鼎	奉天	京师法律学堂	三年	优等毕业生
	推事	孙世清	奉天	日本法政大学	三年	得业士
	推事	刘彦卿	直隶	日本明治大学	三年	法学士
高等检察厅	首席检察官	李振藩	奉天	日本早稻田大学	三年	得业士
	检察官	王鑑	广西	京师法律学堂	三年	中等毕业生
	检察官	杨名椿	四川	京师法律学堂	三年	中等毕业生
奉天地方审判厅	厅长兼庭长	王伦章	直隶	日本明治大学	三年	法学士
	庭长	周毓岐	奉天	日本早稻田大学	三年	法学士
	独任推事	郭艺林	奉天	京师法律学堂	三年	优等毕业生
	独任推事	杨献廷	奉天	奉天法政学堂	三年	优等毕业生

厅别	职别	姓名	籍贯	毕业学校	毕业年限	学位
奉天地方审判厅	独任推事	王鸿吉	奉天	奉天法政学堂	三年	最优等毕业生
	独任推事	乔恒燕	直隶	奉天法政学堂	三年	最优等毕业生
	陪席推事	王仍兰	奉天	奉天法政学堂	三年	毕业生
	陪席推事	缪澄	奉天	奉天法政学堂	三年	优等毕业生
	陪席推事	韩邦印	直隶	京师法律学堂	三年	中等毕业生
	陪席推事	孙鸿宾	直隶	北洋法政学堂	一年半	中等毕业生
	学习推事	李恩霈	奉天	奉天法政学堂	三年	最优等毕业生
	学习推事	于作舟	直隶	京师法律学堂	三年	优等毕业生
奉天地方检察厅	检察长	邱廷举	四川	日本法政大学	三年	法学士
	首席检察官	舒渭滨	安徽	奉天法律讲习所	一年	优等毕业生
	检察官	洪替钧	奉天	京师法律学堂	三年	优等毕业生
	检察官	杨宝林	奉天	京师法律学堂	三年	中等毕业生
	检察官	商鼎臣	奉天	奉天法政学堂	三年	优等毕业生
	学习检察官	王浚普	奉天	直隶法政学堂	三年	中等毕业生
	学习检察官	康作舟	奉天	直隶法政学堂	三年	优等毕业生
营口地方审判厅	厅长兼庭长	张志嘉	直隶	日本法政大学	一年半	优等毕业生
	庭长	杜锡麟	直隶	奉天法律讲习所	一年	优等毕业生
	独任推事	诚允	奉天	奉天法政学堂	三年	最优等毕业生
	独任推事	王从周	奉天	奉天法政学堂	三年	最优等毕业生
	陪席推事	王庶旃	奉天	奉天法政学堂	三年	最优等毕业生
	陪席推事	颜复礼	奉天	直隶法政学堂	三年	优等毕业生
	学习推事	佟书勋	奉天	直隶法政学堂	三年	优等毕业生
营口地方检察厅	检察长	徐良儒	奉天	奉天法政学堂	三年	最优等毕业生
	首席检察官	马空古	奉天	奉天法政学堂	三年	优等毕业生
	检察官	左承先	奉天	奉天法政学堂	三年	优等毕业生
	检察官	何恩纶	奉天	奉天法政学堂	三年	优等毕业生
	学习检察官	杜守义	奉天	奉天法政学堂	三年	优等毕业生
安东地方审判厅	厅长兼庭长	萧露华	奉天	日本早稻田大学	三年	得业生
	庭长	杨寅恭	浙江	奉天法律讲习所	一年	优等毕业生
	独任推事	徐维新	奉天	奉天法政学堂	三年	优等毕业生
	独任推事	张翘汉	奉天	奉天法政学堂	三年	最优等毕业生
	陪席推事	石成璞	奉天	奉天法政学堂	三年	优等毕业生
	陪席推事	韩德璧	奉天	京师法律学堂	三年	中等毕业生
	学习推事	沙兆镛	直隶	日本法政大学	一年半	中等毕业生

厅别	职别	姓名	籍贯	毕业学校	毕业年限	学位
安东地方检察厅	检察长	董旸	奉天	奉天法政学堂	三年	优等毕业生
	首席检察官	熊子英	湖北	奉天法律讲习所	一年	优等毕业生
	检察官	陈鸿谟	奉天	奉天法政学堂	三年	优等毕业生
	检察官	何殿芳	奉天	奉天法政学堂	三年	最优等毕业生
	学习检察官	吴延绪	奉天	奉天法政学堂	三年	最优等毕业生
辽阳地方审判厅	厅长兼庭长	熊才	浙江	浙江法政学堂	三年	最优等毕业生
	庭长	李仙根	直隶	奉天法律讲习所	一年	最优等毕业生
	独任推事	王者香	奉天	京师法律学堂	三年	优等毕业生
	独任推事	王镇	奉天	奉天法政学堂	三年	最优等毕业生
	陪席推事	明伦	奉天	奉天法政学堂	三年	中等毕业生
	陪席推事	高显祚	江西	京师法律学堂	三年	中等毕业生
	学习推事	祁守康	奉天	奉天法政学堂	三年	毕业生
辽阳地方检察厅	检察长	纪万韬	奉天	日本早稻田大学	三年	法学士
	首席检察官	朱树声	湖北	奉天法政学堂	三年	优等毕业生
	检察官	常廷	奉天	奉天法政学堂	三年	优等毕业生
	检察官	王荃乡	山东	日本法政学堂	一年半	中等毕业生
	学习检察官	叶恩普	奉天	奉天法政学堂	三年	毕业生
新民地方审判厅	厅长兼庭长	陶宗奇	奉天	日本早稻田大学	三年	得业士
	庭长	阎钟鸣	奉天	奉天法政学堂	三年	最优等毕业生
	独任推事	寅绪	奉天	奉天法政学堂	三年	优等毕业生
	独任推事	齐镇东	直隶	奉天法政学堂	三年	优等毕业生
	陪席推事	贾钟庚	奉天	奉天法政学堂	三年	优等毕业生
	陪席推事	沈镕	湖北	日本明治大学	三年	法学士
新民地方检察厅	检察长	春田	奉天	京师法律学堂	三年	优等毕业生
	首席检察官	祝清华	山东	奉天法政学堂	三年	最优等毕业生
	检察官	李长庚	奉天	奉天法政学堂	三年	优等毕业生
	检察官	查贵阳	安徽	吉林法政学堂	三年	优等毕业生
锦州地方审判厅	厅长兼庭长	赛沙敦	山东	日本法政大学	一年半	优等毕业生
	庭长	韩耀堃	江西	北洋法政学堂	一年半	最优等毕业生
	独任推事	张柏龄	奉天	奉天法政学堂	三年	优等毕业生
	独任推事	刘艺林	奉天	京师法律学堂	三年	中等毕业生
	陪席推事	王年庆	奉天	奉天法政学堂	三年	中等毕业生
	陪席推事	宋之斤	奉天	奉天法政学堂	三年	□等毕业生

续表

厅别	职别	姓名	籍贯	毕业学校	毕业年限	学位
锦州地方检察厅	检察长	王裕祖	直隶	直隶法政学堂	三年	优等毕业生
	首席检察官	沈德□	浙江	奉天法政学堂	二年	最优等毕业生
	检察官	陈海超	奉天	奉天法政学堂	三年	最优等毕业生
	检察官	邵邦翰	江苏	京师法律学堂	三年	中等毕业生
奉天初级审判厅	监督推事	冯世凯	奉天	奉天法政学堂	三年	最优等毕业生
	推事	刘廷选	吉林	奉天法政学堂	三年	最优等毕业生
奉天初级检察厅	检察官	董华珍	奉天	京师法政学堂	三年	中等毕业生
抚顺初级审判厅	监督推事	璞玉	奉天	京师法政学堂	三年	最优等毕业生
	推事	王麟祥	直隶	京师法律学堂	三年	中等毕业生
抚顺初级检察厅	检察官	倪文藻	浙江	奉天法政学堂	三年	优等毕业生
营口初级审判厅	监督推事	葛鹏云	奉天	奉天法政学堂	三年	最优等毕业生
	推事	孙承瓒	奉天	奉天法政学堂	三年	最优等毕业生
营口初级检察厅	检察官	张树猷	湖北	奉天法政学堂	三年	中等毕业生
安东初级审判厅	监督推事	孙承武	奉天	直隶法律学堂	三年	优等毕业生
	推事	王汝嘉	奉天	北洋法政学堂	三年	中等毕业生
安东初级检察厅	检察官	孙祖贤	奉天	奉天法政学堂	三年	最优等毕业生
辽阳初级审判厅	监督推事	赞廷	奉天	奉天法政学堂	三年	优等毕业生
	推事	孙宪章	奉天	奉天法政学堂	三年	优等毕业生
辽阳初级检察厅	检察官	袁廷弼	奉天	奉天法政学堂	三年	毕业生
新民初级审判厅	监督推事	柳兆蓉	奉天	奉天法政学堂	三年	优等毕业生
	推事	侯慎先	直隶	奉天法政学堂	三年	毕业生
新民初级检察厅	检察官	孙咸熙	直隶	奉天法政学堂	三年	优等毕业生
锦州初级审判厅	监督推事	许宗谦	直隶	直隶法律学堂	三年	最优等毕业生
	推事	达善	奉天	奉天法政学堂	三年	优等毕业生
锦州初级检察厅	检察官	孟庆恩	奉天	奉天法政学堂	三年	优等毕业生

　　附记：本表二年以下毕业各员，除外国学校毕业，曾充教习或法官者外，均系遵照部电，由厅暂行委署。又，王仍兰、袁廷弼、侯慎先、杜守义、祁守康五员准奉天法政学堂函开均系补习班毕业，尚未发给文凭等，因是未列等第。（引者按：原表中，杜守义等标为优等毕业生。）

　　资料来源：《奉天各级法院新任法官表》，《盛京时报》1913 年 3 月 27、28 日，4 月 2、4、5、6日，均为第 2 版。

十二 民国二年各省司法长官及司法官名单

机构	职别	姓名	籍贯	简　历
直隶司法筹备处	处长	周绍昌	广西灵川县	
直隶高等审判厅	厅长	沈其昌	浙江绍兴县	
直隶高等检察厅	检察长	匡一	湖北罗田县	京师地方审判厅调任
直隶高等审判分厅	署监督推事	王义检		
	署推事	张梯云		
	署推事	吴大业		
	署推事	赵汝梅		
	署推事	朱鼎棻		
	署推事	解云辂		
	署推事	张务本		
直隶高等检察分厅	署监督检察官	王锡銮	广西临桂县	
	署检察官	陈懋咸		
	署检察官	陈芝昌		
	署检察官	熊元楷		
	署检察官	叶翼銮		
奉天司法筹备处	署处长	王耒	浙江杭县	
奉天高等审判厅	厅长	程继元		
奉天高等检察厅	检察长	袁青选	湖北黄安县	
吉林司法筹备处	署处长	廖世经	江苏嘉定县	
吉林高等审判厅	厅长	栾骏声	奉天海城县	
吉林高等检察厅	署检察长	杨光湛	四川遂宁县	
黑龙江司法筹备处	署处长	秋桐豫	浙江绍兴县	
黑龙江高等审判厅	厅长	周玉柄	四川成都府	
黑龙江高等检察厅	署检察长	卢弼		
	暂署检察长	段国垣		
黑龙江龙江地方检察厅	检察官	段国垣		
江苏司法筹备处	处长	张一鹏	江苏吴县	
江苏高等审判厅	署厅长	杨荫杭		
	推事	张康培		
	推事	周衡		
	署推事	孙巩圻		
	署推事	张汝霖		
	署推事	沈鸿		

机构	职别	姓名	籍贯	简 历
江苏高等检察厅	署检察长	陈福民		
	署检察官	单毓华		
	署检察官	孙景贤		
江苏第一高等审判分厅	署监督推事	秦瑞玠		
	署推事	胡霖		
	署推事	朱文焯		
	署推事	瞿曾泽		
	署推事	沙彦楷		
	署推事	韩照		
江苏第一高等检察分厅	署监督检察官	冯国鑫		
	署检察官	吴荣萠		
江苏第二高等审判分厅	署监督推事	孙观圻		
	署推事	曹昌麟		
	署推事	俞钟		
	署推事	薛光锷		
	署推事	连龙山		
江苏第二高等检察分厅	署监督检察官	徐钟恂		
	署检察官	刘重熙		
江苏吴县地方审判厅	推事	秦瑞玠		
	推事	徐潞		
江苏吴县地方检察厅	检察官	徐钟恂		
安徽司法筹备处	署处长	李国棣	安徽合肥县	
安徽高等审判厅	署厅长	郝继贞	直隶内邱县	
安徽高等检察厅	检察长	杨瞽龙	安徽霍山县	
安徽第一地方审判厅	推事	郝继贞	直隶内邱县	
安徽第一地方检察厅	检察官	杨瞽龙	安徽霍山县	
江西司法筹备处	署处长	徐元浩	江西吉水县	
浙江司法筹备处	署处长	范贤方	浙江鄞县	
浙江高等审判厅	署厅长	廉隅	江苏无锡县	
	署推事	冯毓德	浙江绍兴县	
	署推事	许卓然		
	署推事	梅诒毂		
	署推事	张鸿鼎		
	署推事	沈秉诚		
	署推事	邵勋		
	署推事	殷汝熊		

机构	职别	姓名	籍贯	简历
浙江高等检察厅	署检察长	郑文易	浙江黄岩县	
	署检察官	金兆銮		
	署检察官	王序宾		
福建司法筹备处	署处长	高种	福建闽侯县	
福建高等审判厅	署厅长	林蔚章	福建闽侯县	
	署推事	陈炘侯		
	署推事	林祖绳		
	署推事	高震		
	署推事	郭秀如		
	署推事	杨拱		
	署推事	高梦熊		
	署推事	梁同恺		
	署推事	朱振修		
	署推事	刘含章		
福建高等检察厅	署检察长	邱在元	福建长乐县	
	署检察官	吴宪仁		
福建闽侯地方审判厅	署推事	陈与炎		
	署推事	林缉铎		
福建闽侯地方检察厅	署检察长	翁敬棠		
福建闽侯地方审判分厅	署监督推事	高奋		
福建闽侯第一初级审判厅	署推事	陈宝屿		
福建闽侯第一初级检察厅	署检察官	李煊		
福建闽侯第二初级审判厅	署推事	王植		
福建闽侯第二初级检察厅	署检察官	高震勋		
福建闽清初级审判厅	署推事	林祥熊		
福建闽清初级检察厅	署检察官	龚谦义		
湖北司法筹备处	署处长	赵俨葳	湖北安陆县	
	暂行署理处长	周珍		
湖北高等审判厅	厅长	易恩侯	湖北随县	
湖北高等检察厅	检察长	王镇南	湖北汉川县	
湖北武昌地方审判厅	署厅长	邹麟书		
湖北汉口地方审判厅	署厅长	吴炳枞		
湖北汉口地方检察厅	署检察长	袁凤曦		
湖南司法筹备处	署处长	萧仲祁	湖南湘乡县	
	暂行代理处长	刘庚先		

机 构	职 别	姓 名	籍 贯	简 历
湖南高等审判厅	厅长	陈尔锡	湖南湘乡县	
湖南高等检察厅	检察长	许逢时	湖南湘阴县	
湖南长沙地方审判厅	厅长	李芨	湖南平江县	
湖南长沙地方检察厅	检察长	杨禧	湖南长沙府	
山东司法筹备处	署处长	龚积柄	安徽合肥县	
山东高等审判厅	署厅长	张映竹		
山东高等检察厅	检察长	张志		
山东高等审判分厅	署监督推事	房金锜		
山东高等检察分厅	署监督检察官	牟家夒		
山东济南地方审判厅	推事	房金锜		
山东济南地方检察厅	检察官	牟家夒		
河南司法筹备处	处长	李兆珍	江苏	
河南高等检察厅	署检察长	魏祖旭	河南汜水县	
山西司法筹备处	署处长	刘绵训	山西猗氏县	
山西高等审判厅	署厅长	邵修文		
山西高等检察厅	署检察长	王懋昭		
山西太原地方审判厅	署厅长	李金杜		
山西太原地方检察厅	署检察长	叶金扬		
陕西司法筹备处	处长	党积龄	陕西留坝厅	
陕西高等审判厅	厅长	任秉璋		
陕西高等检察厅	检察长	张耀		
陕西西安地方审判厅	署厅长	席凤鸣		
陕西西安地方检察厅	署检察长	赵贞元		
甘肃司法筹备处	署处长	叶尔衡	浙江杭县	
甘肃高等审判厅	厅长	洪延祺		
新疆司法筹备处	署处长	刘长炳		
四川司法筹备处	署处长	邵从恩	四川青神县	
	暂署处长	裴钢	四川	
四川高等审判厅	署厅长	龙灵	四川永川县	
四川高等检察厅	署检察长	安永昌		
四川成都地方审判厅	署厅长	钟树勋		
四川成都地方检察厅	署检察长	苏学海		
广东司法筹备处	署处长	陈融	广东番禺县	
广东高等审判厅	厅长	伍藉磐	广东新宁县	

续表

机构	职别	姓名	籍贯	简　历
广东高等检察厅	检察长	黄兆珪	广东新宁县	
广西司法筹备处	署处长	张仁普	广西桂林府	
云南司法筹备处	署处长	黄德润	云南会泽县	
云南高等审判厅	厅长	孙志曾		
云南高等检察厅	检察长	谢光宗	云南澂江县	
贵州司法筹备处	署处长	周沆	贵州遵义县	
贵州高等审判厅	署厅长	吴绪华		
贵州高等检察厅	署检察长	曹兴蕲		

资料来源：《职员录》（中华民国二年第一期），印铸局刊行。

十三　民国三年大理院及京师各级审检厅司法官简表

机构	职别	姓名	籍贯
大理院	院长	董康	江苏
	推事兼刑庭庭长	姚震	安徽
	推事兼民庭庭长	汪燨芝	安徽
	推事兼民庭庭长	余棨昌	浙江
	推事	胡诒穀	浙江
	推事	林行规	浙江
	推事	潘昌熙	江苏
	推事	张孝栘	湖北
	推事	徐维震	浙江
	推事	黄德章	四川
	推事	陆鸿仪	江苏
	推事	庄璟珂	福建
	推事	李祖虞	江苏
	推事	林志钧	福建
	推事	钱承鋕	浙江
	推事	冯毓德	浙江
	推事	李景圻	福建
	推事	许卓然	浙江
	推事	朱学曾	贵州
	推事	孙巩圻	江苏

机构	职别	姓名	籍贯
总检察厅	检察长	罗文干	广东
	检察官	朱深	直隶
	检察官	李杭文	湖北
	检察官	熊兆周	湖南
	检察官	张祥麟	湖北
	检察官	汪祖泽	广东
	检察官	祁耀川	广东
	检察官	梁宓	广东
京师高等审判厅	厅长	林棻	福建
	推事兼刑庭庭长	潘恩培	满洲
	推事兼民庭庭长	李怀亮	
	推事	郁华	浙江
	推事	张式彝	河南
	推事	谭汝鼎	江苏
	推事	龚福焘	湖南
	推事	吴炳枞	
	推事	陆大勋	
	推事	曹祖蕃	
	推事	林鼎章	福建
	推事	徐焕	浙江
	推事	吴宪仁	福建
京师高等检察厅	检察长	朱深	直隶
	首席检察官	吴家驹	湖南
	检察官	陈兆煌	广东
	检察官	马彝德	四川
	检察官	张耀	陕西
	检察官	王懋昭	山西
京师地方审判厅	厅长	沈家彝	江苏
	推事兼刑一庭长	刘豫瑶	江苏
	推事	俞致需	江苏
	推事	王国钰	江西
	推事	李震彝	湖南
	推事兼刑二庭长	张兰	直隶
	推事	王克忠	广东
	推事	李文𪛕	山东

机构	职别	姓名	籍贯
京师地方审判厅	推事	李受益	广西
	推事	邵勋	浙江
	推事	胡锡安	浙江
	推事	杨润	直隶
	推事兼民一庭长	胡为楷	四川
	推事	朱养廉	直隶
	推事	刘德薰	湖北
	推事	张允同	广东
	推事	张务本	顺天
	推事	沈秉诚	浙江
	推事兼民二庭长	叶在均	福建
	推事	李在瀛	四川
	推事	陈宽香	湖北
	推事	赖毓灵	四川
	推事	张彦楷	江苏
	推事	张更生	安徽
	推事	李昌宪	四川
	推事	吴汝让	广东
京师地方检察厅	检察长	尹朝桢	四川
	检察官	胡国洸	四川
	检察官	周庆雯	直隶
	检察官	杨士毅	浙江
	检察官	王黻彝	湖北
	检察官	杨允升	江苏
	检察官	刘元桦	广东
	检察官	黄成霖	山东
	检察官	钱承钧	浙江
	检察官	王维翰	满洲
	检察官	龙骞	广东
	检察官	黎世澄	四川
	检察官	胡宏恩	安徽
	检察官	杨占鳌	直隶
	检察官	马为珫	江苏
	检察官	徐造凤	湖北
	检察官	钱鸿业	浙江

机构	职别	姓名	籍贯
京师地方检察厅	检察官	翁敬棠	福建
	检察官	高熙	福建
	检察官	杨天寿	江苏
京师第一初级审判厅	监督推事	鲍忠淇	顺天
	推事	艾作屏	江西
京师第一初级检察厅	监督检察官	区枢	广东
	检察官	何琪	浙江
京师第二初级审判厅	监督推事	冯寿祺	湖北
京师第二初级检察厅	监督检察官	刘瑞琛	直隶
	检察官	田凤翥	湖南
京师第三初级审判厅	监督推事	陈延年	广东
	推事	骆腾麟	四川
京师第三初级检察厅	监督检察官	张明哲	湖北
	检察官	苏兆祥	四川
京师第四初级审判厅	监督推事	徐九成	湖北
	推事	陈诚	湖南
	推事	王起孙	湖北
京师第四初级检察厅	监督检察官	高方潞	河南
	检察官	曹堃	安徽
	检察官	石秉铸	安徽

资料来源：《京师现任各级法官一览》，《司法公报》第 2 年第 7 号，1914 年 4 月 30 日，"杂录"，第 1~3 页。

十四　民国三年各省高等审检厅长官一览表

省别	职别	姓名	籍贯
直隶	高审长	廉隅	江苏
	高检长	沈其昌	浙江
奉天	高审长	程继元	安徽
	高检长	袁青选	湖北
吉林	高审长	栾骏声	奉天
	高检长	张映竹	山东
黑龙江	高审长	周玉柄	四川
	高检长	杨光湛	四川

续表

省别	职别	姓名	籍贯
江苏	高审长	蔡元康	浙江
	高检长	徐声金	湖北
安徽	高审长	马振宪	安徽
	高检长	王镇南	湖北
山东	高审长	高种	福建
	高检长	张志	四川
山西	高审长	陈彰寿	浙江
	高检长	王树荣	浙江
河南	高审长	陈官桃	广东
	高检长	周祚章	四川
陕西	高审长	贾晋	四川
	高检长	易恩侯	湖北
甘肃	高审长	任秉璋	陕西
	高检长	黄芝瑞	湖北
福建	高审长	陈经	江苏
	高检长	许逢时	湖南
浙江	高审长	杨荫杭	江苏
	高检长	王天木	顺天
江西	高审长	朱献文	浙江
	高检长	魏祖旭	河南
湖北	高审长	周诒柯	湖南
	高检长	陈福民	江苏
湖南	高审长	潘学海	江西
	高检长	凌士钧	浙江
四川	高审长	龙灵	四川
	高检长	安永昌	四川
广东	高审长	林蔚章	福建
	高检长	叶镜湜	广西
广西	高审长	张学璟	广西
	高检长	张仁普	广西
云南	高审长	丁兆冠	云南
	高检长	保廷樑	云南
贵州	高审长	吴绪华	贵州
	高检长	曹兴蕲	贵州

资料来源:《各省高等现任厅长一览》,《司法公报》第 2 年第 7 号,1914 年 4 月 30 日,"杂录",第 3~4 页。

十五　民国三年全国各级司法官一览表

机构	职别	姓名	籍贯	简　历
大理院	署院长	董康	江苏武进县	
	庭长,简任推事	姚震	安徽贵池县	
	庭长,简任推事	汪爔芝	安徽休宁县	
	庭长,简任推事	余棨昌	浙江绍兴县	
	推事	胡诒榖	浙江慈溪县	
	推事	林行规	浙江鄞县	
	推事	潘昌熙	江苏吴县	
	推事	张孝杙	湖北武昌县	
	推事	徐维震	浙江桐乡县	
	推事	黄德章	四川新繁县	
	推事	陆鸿仪	江苏吴县	
	推事	庄璟珂	福建闽侯县	
	推事	李祖虞	江苏武进县	
	推事	林志钧	福建闽侯县	
	推事	钱承鋕	浙江杭县	
	推事	冯毓德	浙江绍兴县	
	署推事	许卓然		
	署推事	孙巩圻		
	署推事	李景圻	福建闽侯县	
总检察厅	检察长	罗文干	广东番禺县	
	简任检察官	朱深	直隶永清县	
	检察官	李杭文	湖北孝感县	
	检察官	熊兆周	湖南安乡县	
	检察官	张祥麟	湖北沔阳县	
	检察官	汪祖泽	广东番禺县	
	检察官	祁耀川	广东东莞县	
	检察官	梁宓	广东南海县	
京师高等审判厅	厅长	林棨	福建闽侯县	
	民庭庭长,推事	朱学曾	贵州平越县	
	民庭庭长,署推事	李怀亮		
	推事	郁华	浙江富阳县	
	推事	张式彝	河南光山县	
	推事	谭汝鼎	江苏吴县	

机构	职别	姓名	籍贯	简历
京师高等审判厅	推事	龚福焘	湖南长沙县	
	推事	潘恩培	满洲正蓝旗	
	推事	吴炳枞		
	署推事	陆大勋		
	署推事	曹祖蕃		
	署推事	林鼎章	福建闽侯县	
	署推事	徐焕	浙江杭县	
京师高等检察厅	署检察长	朱深	直隶永清县	
	检察官	陈兆煌	广东番禺县	
	检察官	马彝德	四川宁远县	
	检察官	吴家驹	湖南湘潭县	
	署检察官	张耀	陕西长安县	
	署检察官	王懋昭		
京师地方审判厅	署厅长	沈家彝	江苏江宁县	
	刑庭庭长，推事	刘豫瑶	江苏江都县	
	刑庭庭长，推事	张兰	直隶任邱县	
	推事	叶在均	福建闽侯县	
	推事	林鼎章	福建闽侯县	
	推事	胡为楷	四川巴中县	
	推事	王克忠	广东郁南县	
	推事	李文矞	山东章邱县	
	推事	俞致霈	江苏宜兴县	
	推事	赖毓灵	四川内江县	
	推事	陈宽香	湖北安陆县	
	推事	杨润	直隶宛平县	
	推事	李在瀛	四川乐山县	
	推事	王国钰	江西东乡县	
	推事	邵勋	浙江东阳县	
	推事	张更生	安徽寿县	
	署推事	李受益	广西桂林县	
	署推事	朱养廉	直隶滦县	
	署推事	李震彝	湖南长沙县	
	署推事	刘德薰	湖北天门县	
	署推事	胡锡安	浙江镇海县	

320

机构	职别	姓名	籍贯	简　历
京师地方审判厅	署推事	张允同	广东番禺县	
	署推事	张务本	直隶大城县	
	署推事	张彦楷		
	署推事	沈秉诚		
	署推事	李昌宪	四川安县	
京师地方检察厅	署检察长	尹朝桢	四川乐山县	
	检察官	胡国洸	四川南充县	
	检察官	周庆雯	直隶大兴县	
	检察官	杨士毅	浙江义乌县	
	检察官	王黻彝	湖北黄冈县	
	检察官	杨允升	江苏铜山县	
	检察官	黄成霖	山东历城县	
	检察官	刘元桦	广东香山县	
	检察官	钱承钧	浙江嘉善县	
	检察官	王维翰	满洲镶白旗	
	检察官	龙骞	广东顺德县	
	检察官	黎世澄	四川乐山县	
	检察官	胡宏恩	安徽怀宁县	
	检察官	杨占鳌	直隶宛平县	
	署检察官	马为珧	江苏盐城县	
	署检察官	徐造凤	湖北孝感县	
	署检察官	钱鸿业	浙江杭县	
	署检察官	翁敬棠	福建闽侯县	
	署检察官	高熙		
	署检察官	杨天寿		
京师第一初级审判厅	监督推事	鲍忠淇	直隶大兴县	
	署推事	艾作屏		
京师第一初级检察厅	监督检察官	区枢	广东南海县	
	检察官	何琪	浙江义乌县	
京师第二初级审判厅	监督推事	冯寿祺	湖北黄陂县	
京师第二初级检察厅	监督检察官	刘瑞琛	直隶饶阳县	
	检察官	田凤翥	湖南桃源县	
京师第三初级审判厅	监督推事	陈延年	广东番禺县	
	署推事	骆腾麟	四川资中县	

机构	职别	姓名	籍贯	简　历
京师第三初级检察厅	监督检察官	张明哲	湖北黄陂县	
	检察官	苏兆祥	四川华阳县	
京师第四初级审判厅	监督推事	吴汝让	广东恩平县	
	推事	徐九成	湖北蒲圻县	
	推事	陈诚	湖南桃源县	
京师第四初级检察厅	监督检察官	高方潞	河南汲县	
	检察官	曹堃	安徽太湖县	
	检察官	石秉铸	安徽宿松县	
直隶高等审判厅	厅长	廉隅	江苏无锡县	
	署推事	孙如鉴		
	署推事	孙佐廷		
	署推事	张荩臣		
	署推事	董玉墀		
	署推事	李兆泰		
	署推事	胡登第		
	署推事	周景薰		直隶法政学堂法政别科毕业,曾任直隶第一高等审判分厅推事
	署推事	张梯云		
	署推事	吴大业		
	署推事	冯熙运		
	署推事	胡凤起		
	署推事	邵修文	山西安邑县	
	署推事	贺寅清		
	署推事	史棠		
	署推事	卢文钜		
	署推事	李荫森		
直隶高等检察厅	检察长	沈其昌	浙江绍兴县	
	署检察官	吕世芳	安徽旌德县	留学日本法政大学法科毕业,曾任江苏地方厅推事
	署检察官	陈芝昌	广东新会县	
	署检察官	黎炳文	直隶深泽县	
	署检察官	朱重庆	奉天锦县	

机构	职别	姓名	籍贯	简　历
直隶高等检察厅	署检察官	杨玉林	奉天锦西县	
	署检察官	徐世勋		
直隶高等审判分厅	署监督推事	张履谦		
	充推事	贺寅清		
	充推事	史棠		
	充推事	卢文钜		
	充推事	李荫森		
直隶高等检察分厅	署监督检察官	汪兆彭	安徽绩溪县	
	充检察官	朱重庆	奉天锦县	
	充检察官	杨玉林	奉天锦西县	
直隶天津地方审判厅	署厅长	蒋邦彦	浙江金华县	
	署推事	查履忠		
	署推事	李尧楷		
	署推事	赵梯云		
	署推事	胡正章	四川成都县	
	署推事	张德滋		
	署推事	宋祥葵		直隶法政学堂毕业,曾充司法官考试法内主要科目教授三年以上并曾任直隶高等、地方各厅推事
	署推事	殷绳戊		
直隶天津地方检察厅	署检察长	戚运机	湖北沔阳县	
	署检察官	单豫升	山东高密县	
	署检察官	叶国文	浙江萧山县	
	署检察官	王廷弼	吉林	
	署检察官	刘炳藻	直隶蠡县	
	署检察官	费荫绶	直隶汉阳县	
	署检察官	汪埜符	江苏太仓县	留学日本法政大学法科毕业
	署检察官	俞登瀛	湖北武昌县	
直隶天津第一初级审判厅	署推事	杜荫溥		
	署推事	赵毓桂		直隶法政学堂毕业,曾充司法官考试法内主要科目教授三年以上并曾任直隶高等、地方各厅推事
	署推事	胡汝翼		

323

机构	职别	姓名	籍贯	简 历
直隶天津第一初级检察厅	署检察官	李鸿文	直隶宝坻县	
	署检察官	龚世昌	江苏淮阴县	
直隶天津第二初级审判厅	署推事	乔鸿声		
直隶天津第二初级检察厅	署检察官	马士杰	直隶蠡县	
直隶天津第三初级审判厅	署推事	陈绳祖		
直隶天津第三初级检察厅	署检察官	卢士杰	直隶定县	
直隶保定地方审判厅	署厅长	唐肯		
	署推事	孙百福		京师法政学堂法政别科毕业
	署推事	宗景镛		
	署推事	雷筼		
	署推事	赵金镛		
	署推事	温树芳		
	署推事	陈鄂		
直隶保定地方检察厅	检察长	林尊鼎	福建闽侯县	
	署检察官	董敬修	山西太谷县	
	署检察官	曹善同	直隶深泽县	
	署检察官	林福贻	福建闽侯县	
	署检察官	叶翼銮		
直隶保定初级审判厅	署推事	祖兴贤		
	署推事	许殿栋		
直隶保定初级检察厅	署检察官	宋景春	直隶清苑县	
直隶张北地方审判厅	署厅长	吴经铨		
	署推事	王锡九		
	署推事	方寿恒		
	署推事	张永德		
	署推事	邵令泽		
直隶张北地方检察厅	署检察长	曾毓灵	四川叙永县	
	署检察官	赵赓祥	奉天锦西县	
直隶张北初级审判厅	署推事	徐步善		

机构	职别	姓名	籍贯	简　历
直隶张北初级检察厅	署检察官	邓延寿		
奉天高等审判厅	厅长	程继元	安徽休宁县	
	署推事	陈克正		
	署推事	黄耀凤		
	署推事	刘彦卿		
	署推事	王铭鼎		
	署推事	黄居颖		
奉天高等检察厅	检察长	袁青选	湖北黄安县	
	署检察官	王鑑	广西	
	署检察官	杨名椿	四川	
奉天沈阳地方审判厅	署厅长	王伦章	直隶	
	署推事	杨献廷	奉天	
奉天沈阳地方检察厅	署检察长	邱廷举	四川	
	署检察官	邵邦翰		
奉天沈阳初级审判厅	署推事	冯世凯		
奉天营口地方审判厅	署推事	葛鹏云		
奉天营口地方检察厅	署检察长	徐良儒	奉天	
	署检察官	马空古	奉天	
	署检察官	杨宝林		
奉天新民地方审判厅	署厅长	陶宗奇	奉天	
	署推事	韩邦印		
奉天新民地方检察厅	署检察长	富春田		
奉天安东地方审判厅	署厅长	萧露华	奉天	
奉天安东地方检察厅	署检察长	董旸	奉天	
	署检察官	何殿芳	奉天	
	学习检察官	吴延绪	奉天	
奉天辽阳地方审判厅	署厅长	熊才	浙江	
	署推事	高显祚	江西	
奉天辽阳地方检察厅	署检察长	纪万韬	奉天	
奉天锦县地方审判厅	署厅长	赛沙敦	山东	
奉天锦县地方检察厅	署检察长	王裕祖	直隶	
奉天抚顺初级审判厅	署推事	璞玉	奉天	

机构	职别	姓名	籍贯	简历
吉林高等审判厅	厅长	栾骏声	奉天海城县	
	署推事	金陛云		
	署推事	诚允		
	署推事	许育理		
	署推事	许恩麟		
	署推事	李钟濂		
	署推事	傅琛		
	署推事	雷宝森		
	署推事	李文蔚		
吉林高等检察厅	署检察长	张映竹		
	署检察官	魏尧		
吉林省吉林地方审判厅	署厅长	裴黻章		
	署推事	徐守常		
	署推事	陆大成		
	署推事	苏文中		
	署推事	陈海超		
吉林省吉林地方检察厅	署检察长	阚毓泽	安徽合肥	
	署检察官	臧尔寿		
	署检察官	曾达		
	署检察官	张彦伦		
吉林省吉林初级审判厅	署推事	郑文秀		
吉林长春地方审判厅	署厅长	祖福广		
	署推事	孟庆恩		
	署推事	唐荣乔		
	署推事	舒柱石		
吉林长春地方检察厅	署检察长	陈学钊	贵州思南府	
	署检察官	林先春		
	署检察官	陈景昶		
吉林长春初级审判厅	署推事	齐文锦		
吉林长春初级检察厅	署检察官	曹裕生		
吉林延吉地方审判厅	署厅长	王铭绅		
	署推事	刘廷选		
	署推事	张全福		

机构	职别	姓名	籍贯	简 历
吉林延吉地方检察厅	署检察长	张武军		
	署检察官	贾同仁		
	署检察官	赖景煊		
吉林延吉第一初级检察厅	署检察官	富莹煜		
吉林延吉第二初级检察厅	署检察官	王朝宗		
吉林延吉第三初级检察厅	署检察官	吴洪		
吉林珲春初级审判厅	署推事	田奎文		
吉林珲春初级检察厅	署检察官	信鹏超		
吉林和龙第一初级审判厅	署推事	傅荣龄		
吉林和龙第一初级检察厅	署检察官	孙钟岱		
吉林和龙第二初级审判厅	署推事	孙维翰		
吉林和龙第二初级检察厅	署检察官	罗拱振		
黑龙江高等审判厅	厅长	周玉柄	四川成都县	
	署推事	恒璋	湖北江陵县	
	署推事	黄永孚	四川庆符县	
	署推事	玉润	江苏丹徒县	
	署推事	李灵钟	四川云阳县	
	署推事	雷人龙	四川璧山县	
黑龙江高等检察厅	署检察长	杨光湛	四川遂宁县	
	署检察官	张锡銮	四川万县	
	署检察官	程崇		
黑龙江龙江地方审判厅	署厅长	段国垣	山西稷山县	
	署推事	黄容惠		
	署推事	李树滋	奉天梨树县	
	署推事	张伊先	吉林扶余县	
	署推事	刘桢	四川云阳县	
	署推事	白斌安	吉林双城县	
	署推事	郭毓珍	奉天铁岭县	

机构	职别	姓名	籍贯	简　历
黑龙江龙江地方检察厅	署检察长	杜瑞霖	吉林伊通县	
	检察官	段国垣	山西稷山县	
	署检察官	牛毓山	黑龙江大贲县	
	署检察官	常荫钧	奉天昌图县	
黑龙江龙江初级审判厅	署推事	李摺	吉林双城县	
	署推事	石骏声	直隶乐亭县	
	署推事	杨振翩		
黑龙江龙江初级检察厅	署检察官	张慎修		
江苏高等审判厅	厅长	蔡元康	浙江绍兴县	
	推事	张康培		
	推事	周衡		
	署推事	张汝霖		
	署推事	沈鸿		
	署推事	张清泽		
	署推事	萧敏		留学日本中央大学法科毕业
	署推事	张懋续		留学日本中央大学法科毕业
	署推事	徐麟祥		
	署推事	瞿鸿畴		
江苏高等检察厅	署检察长	徐声金		
	署检察官	单毓华		
	署检察官	孙景贤		
江苏第一高等审判分厅	充推事	瞿鸿畴		
	署推事	朱文焯		
	署推事	瞿曾泽		
	署推事	韩照		
	署推事	钟洪声		留学日本法政大学政治科毕业
	署推事	陆澄宙		
江苏第一高等检察分厅	署检察官	倪炳		
	署检察官	陈翱		
	署检察官	江忠章		

328

机构	职别	姓名	籍贯	简　历
江苏第二高等审判分厅	署监督推事	孙观圻		
	署推事	曹昌麟		
	署推事	俞钟		
	署推事	薛光锷		
	署推事	迮龙山		
	署推事	徐杏书		
	署推事	余其贞		
江苏第二高等检察分厅	署检察官	刘重熙		
	署检察官	王景尧		
	署检察官	刘鸿枢		
江苏吴县地方审判厅	署厅长	王慎贤		
	推事	季龙图		
	署推事	杜浚川		
	署推事	章圭璪		
江苏吴县地方检察厅	署检察长	刘祖望		
	检察官	徐钟恂		
	检察官	钱崇威		
江苏上海地方审判厅	署厅长	张青樾		
	署推事	端木棻		
	署推事	杨树猷		
	署推事	恽福钧		
	署推事	董永昌		
江苏上海地方检察厅	署检察长	王驷孙		
江苏武进地方检察厅	署检察长	李琦		
江苏丹徒地方检察厅	署检察长	徐沐三		
安徽高等审判厅	署厅长	马振宪	安徽桐城县	
	署推事	徐观		
	署推事	吴天锡		
	署推事	陈其殷		
	署推事	徐绍熙		
安徽高等检察厅	署检察长	王镇南	湖北汉川县	
	署检察官	胡庆道		

机构	职别	姓名	籍贯	简 历
安徽怀宁地方审判厅	署推事	金殿选		
	署推事	王昌言		
	署推事	陈鸣谦		
	署推事	柏文元		
安徽怀宁地方检察厅	检察官	胡庆道		
	署检察官	朱朝桢		
安徽怀宁初级检察厅	署检察官	濮建猷		
安徽芜湖地方审判厅	署厅长	周达寿		
	署推事	叶自纯		
	署推事	童益渐		
	署推事	郑世郁		
	署推事	吴霖		
	署推事	鲁经藩		
安徽芜湖初级检察厅	署检察官	王炳南		
安徽凤阳地方检察厅	署检察长	张增纯		
江西高等审判厅	署厅长	朱献文	浙江义乌县	
江西高等检察厅	署检察长	魏祖旭		
浙江高等审判厅	厅长	杨荫杭		
	署推事	许卓然		
	署推事	梅诒毅		
	署推事	殷汝熊		
	署推事	经家龄		
	署推事	沈锡庆		
	署推事	金文谔		
	署推事	姜孚		
	署推事	赵之骙		
浙江高等检察厅	署检察长	郑文易	浙江黄岩县	
	署检察长	王天木	直隶涿县	
	署检察官	王序宾	浙江奉化县	
	署检察官	邱兆栋	浙江吴兴县	
浙江杭县地方审判厅	署厅长	袁钟祥	江苏江宁县	
浙江杭县地方检察厅	署检察长	陈毓璇		
浙江鄞县地方检察厅	署检察长	金兆銮	浙江金华县	
浙江临海地方审判厅	署厅长	陈簠		

机构	职别	姓名	籍贯	简　历
福建高等审判厅	署厅长	陈经	江苏江阴县	
	署推事	陈炘侯	福建闽侯县	
	署推事	林祖绳	福建闽侯县	
	署推事	高震	福建闽侯县	
	署推事	郭秀如	福建闽侯县	
	署推事	杨拱	福建闽侯县	
	署推事	高梦熊	福建闽侯县	
	署推事	梁同恺	福建闽侯县	
	署推事	朱振修	福建闽侯县	
	署推事	刘含章	福建闽侯县	
	署推事	陈懋咸	福建闽侯县	
福建高等检察厅	署检察长	许逢时	湖南湘阴县	
	署检察官	吴宪仁	福建闽侯县	
	署检察官	林翔		
福建闽侯地方审判厅	署厅长	林炳勋	福建闽侯县	日本大学法科毕业
	署推事	陈与炎	福建闽侯县	
	署推事	林缉铎	福建闽侯县	
	署推事	郑簏	福建闽侯县	日本东京法政速成毕业，曾任福建高等厅推事
	署推事	林保忻		
	署推事	高奋	福建闽侯县	
	署推事	陈世彬	福建闽侯县	日本法政速成毕业，曾任福建高等以下各厅推检
	署推事	王植	福建闽侯县	
	署推事	陈久宣	福建闽侯县	
	署推事	庄枢元		
	署推事	吴广龄		
	署推事	翁捷三		
福建闽侯地方检察厅	署检察官	杜履中	福建闽侯县	日本法政速成毕业，曾任福建高等以下各厅推检
	署检察官	高震勋	福建闽侯县	
	署检察官	龚谦义	福建闽侯县	
	署检察官	吴兆枚		
	署检察官	郑庆章		
	署检察官	郑中砥		

机构	职别	姓名	籍贯	简　历
福建闽侯第一初级审判厅	署推事	陈宝屿	福建闽侯县	
	署推事	王孝缄		
	署推事	董起桓		
福建闽侯第一初级检察厅	署检察官	李煊	福建闽侯县	
	署检察官	梁寿荣		
福建闽侯第二初级审判厅	署推事	林祥熊	福建连江县	
	署推事	方祖回		
	署推事	杨同翰		
福建闽侯第二初级检察厅	署检察官	吴敢	福建闽侯县	福建法政学堂法政别科毕业
福建闽侯第三初级审判厅				
福建闽侯第三初级检察厅				
福建闽清初级审判厅				
湖北高等审判厅	厅长	周诒柯	湖南湘潭县	
	署推事	王宝善		京师法律学堂法律别科毕业,曾任湖北高等以下各厅推检
	署推事	沈毓煃		京师法律学堂法律别科毕业,曾任湖北高等以下各厅推检
	署推事	刘大魁		日本法政大学法科毕业,曾任湖北高等审判厅推事
	署推事	王承楫		日本中央大学法科毕业,曾任湖北高等厅推事
	署推事	喻兆麟		湖北官立法政学堂法政别科毕业,曾任湖北高等以下各厅推检
	署推事	杨鉴藻		
	署推事	季泽兰		
湖北高等检察厅	署检察长	陈福民		
	署检察官	张景栻		
	署检察官	刘鸿枢		
	署检察官	倪炳		

机构	职别	姓名	籍贯	简　历
湖北武昌地方审判厅	署厅长	苏道衡		留学日本法政大学法科毕业,曾任湖北高等审判厅推事
	署推事	梁柏年		
湖北武昌地方检察厅	署检察长	何奇阳		
湖北黄冈地方审判厅	署厅长	叶旭瀛		湖北官立法政学堂法政别科毕业,曾任湖北高等以下各厅推检
湖北黄冈地方检察厅	署检察长	傅向荣		湖北官立法政学堂法政别科毕业,曾任湖北高等以下各厅推检
湖北襄阳地方检察厅	检察长			
湖北郧阳地方检察厅	署检察长	万敷		京师法律学堂法律别科毕业,曾任湖北高等以下各厅推检
湖北夏口地方审判厅	厅长	邹麟书		
湖北夏口地方检察厅	署检察长	袁凤曦		
湖南高等审判厅	厅长	潘学海	江西武宁县	
	署推事	雷光曙	湖南浏阳县	日本早稻田大学法科毕业,曾充湖南高等厅推事
	署推事	胡曜	湖南宁乡县	京师法律学堂法律别科毕业,曾充湖南、江苏高等及地方各厅推检
	署推事	吴夷吾	湖南湘乡县	京师法政学堂法政科毕业,曾充湖南高等厅推事
	署推事	陈道章	湖南浏阳县	京师法政学堂法政别科毕业,曾充湖南高等厅推事
	署推事	酆更	湖南平江县	日本早稻田大学法科毕业,曾充湖南高等厅推事
	署推事	陈长簇	湖南平江县	
	署推事	刘钟英	湖南湘乡县	
	署推事	银文焕	湖南武冈县	
	署推事	张鼎勋	湖南安乡县	

机构	职别	姓名	籍贯	简　历
湖南高等检察厅	署检察长	凌士钧		
	署检察官	朱得森	湖南慈利县	京师法律学堂法律别科毕业,曾充湖南、江苏高等及地方各厅推检
	署检察官	周茂松	湖南湘乡县	京师法律学堂法律别科毕业,曾充湖南、江苏高等及地方各厅推检
	署检察官	左景昌	湖南湘阴县	
湖南长沙地方审判厅	厅长	李茇	湖南平江县	
	署推事	黄希仲	湖南长沙县	
	署推事	杨玉林	湖南澧县	
	署推事	张声树	湖南沅陵县	
	署推事	吴名钦	湖南湘阴县	
湖南长沙地方检察厅	检察长	杨禧	湖南长沙县	
湖南邵阳地方审判厅	署厅长	黄笃衡	湖南湘潭县	
湖南常德地方审判厅	署厅长	康文宸	湖南湘乡县	
湖南湘潭地方审判厅	署厅长	高大嵩	湖南巴陵县	
山东高等审判厅	署厅长	高种	福建闽侯县	
	署推事	吴继高	山东临清县	京师法政学堂法政科别科毕业,曾充直隶、河南、山东等省推事
	署推事	赵秉琛	山东临清县	京师法律学堂法律别科毕业,曾充山东各级厅推检
	署推事	邱在元	福建长乐县	
山东高等检察厅	检察长	张志		
	署检察官	雷铨衡	湖北蒲圻县	京师法律学堂法律别科毕业,曾充山东各级厅推检
山东高等审判分厅	署监督推事	房金锜		
山东高等检察分厅	署监督检察官	牟家夔		
山东济南地方审判厅	署厅长	熊仕昌	安徽凤阳县	京师法律学堂法律别科毕业,曾充山东各级厅推检
	推事	房金锜		
	署推事	吴文郁	山东博兴县	京师法律学堂法律别科毕业,曾充山东各级厅推检

机构	职别	姓名	籍贯	简 历
山东济南地方审判厅	署推事	王虞耕	山东诸城县	京师法政学堂法政别科毕业,曾充直隶、河南、山东等省推事
	署推事	高棠恩	山东栖霞县	京师法律学堂法律别科毕业,曾充山东各级厅推检
	署推事	郭庆福	山东东河县	京师法律学堂法律别科毕业,曾充山东各级厅推检
	署推事	孔令伟	山东曲阜县	
	署推事	裴子晏	山东聊城县	
山东济南地方检察厅	署检察长	曹宗翰	山东掖县	
	署检察官	牟家夒		
	署检察官	李煜俊	山东利津县	京师法律学堂法律别科毕业,曾充山东各级厅推检
	署检察官	仇梦吉	山东长山县	
	署检察官	辛俊廷	山东平原县	
山东济南第一初级审判厅	署推事	王崧策	山东莒县	京师法律学堂法律别科毕业,曾充山东各级厅推检
山东济南第一初级检察厅	署检察官	张履阶	山东潍县	日本京都法政大学法科毕业,曾充济南地方厅检察官
山东济南第二初级审判厅	署推事	陈桂临	山东邹水县	京师法律学堂法律别科毕业,曾充山东各级厅推检
河南高等审判厅	厅长	陈官桃	广东东莞县	
	署推事	陈策		
	署推事	廖允侨		
	署推事	周丕显		
	署推事	张守靖		
	署推事	戴光国		
	署推事	吴燠仁		
	署推事	雷启南		
	署推事	黄文翰		
河南高等检察厅	署检察长	周祚章	四川泸县	
	署检察官	李振东		
	署检察官	秦永德		

机构	职别	姓名	籍贯	简　历
河南开封地方审判厅	署厅长	林祖式		京师法律学堂法律别科毕业,曾充湖北、河南等省推检
	署推事	牛葆愉		
	署推事	张伟业		
	署推事	孙学文		
	署推事	殷侃		
	署推事	张元恺		
	署推事	袁士鉴		
河南开封地方检察厅	署检察长	李琴鹤	河南荥泽县	日本早稻田大学政治经济科毕业
	署检察官	马寿华		
河南开封初级审判厅	署推事	袁庚		
河南开封初级检察厅	署检察官	杜捷三		
山西高等审判厅	署厅长	陈彰寿		
	署推事	邵箴		日本中央大学法科毕业,曾充山西高等厅推事
	署推事	陈渐贤		日本明治大学法科毕业
	署推事	张凤鸣		京师法律学堂法律别科毕业,曾充山西高等厅推事
	署推事	田如翼		日本明治大学法科毕业,曾充山西高等厅推事
	署推事	李栋		日本明治大学法科毕业
	署推事	王泰辅		
	署推事	李宗沆		
山西高等检察厅	署检察长	王树荣		
	署检察官	曹浚		
	署检察官	曾纪春		
	署检察官	王祖侗		

机构	职别	姓名	籍贯	简　历
山西太原地方审判厅	署厅长	李金杜		
	署推事	卫权临		
	署推事	刘肇州		
	署推事	王肇勋		
	署推事	刘绍瑀		
	署推事	王荩臣		
	署推事	萧提鹏		
山西太原地方检察厅	署检察长	叶金扬		
	署检察官	王九皋		
	署检察官	王迎祉		
	署检察官	郭元章		
山西河东地方审判厅	署厅长	梁启哲		
山西河东地方检察厅	署检察长	阎秉真		
山西临汾地方检察厅	署检察长	王迎祉		
山西阳曲初级审判厅	署推事	李善庆		
陕西高等审判厅	署厅长	贾晋	四川温江县	
	署推事	罗仁博		
	署推事	张维		
陕西高等检察厅	署检察长	易恩侯	湖北随县	
	署检察官	孟梻林		
陕西长安地方审判厅	厅长			
陕西长安地方检察厅	署检察长	赵贞元		
甘肃高等审判厅	署厅长	任秉璋		
	署推事	陈滋镐		
	署推事	林钟蕃		
	署推事	洪绍祖		
	署推事	虞锡晋		
	署推事	刘春溥		
甘肃高等检察厅	署检察长	黄芝瑞	湖北钟祥县	
	署检察官	万宗周		
	署检察官	赵廷钧		
新疆司法筹备处	署处长	刘长炳		
四川高等审判厅	署厅长	龙灵	四川永川县	
四川高等检察厅	署检察长	安永昌	四川绵竹县	

机构	职别	姓名	籍贯	简　历
四川成都地方审判厅	署厅长	钟树勋	四川云阳县	
四川成都地方检察厅	署检察长	苏学海	四川犍为县	
广东高等审判厅	厅长	林蔚章	福建闽侯县	
广东高等检察厅	检察长	叶镜湜	广西岑溪县	
广东广州地方审判厅	署厅长	崔斯哲	广东东莞县	
广东广州地方检察厅	署检察长	鲍文		
广西高等审判厅	厅长	张学璟	广西岑溪县	
	署推事	石泉	广西桂林县	
	署推事	蒙启谟	广西桂平县	
	署推事	郭汝楣	广西灵川县	
	署推事	黄周	广西阳朔县	
	署推事	王汝森		
	署推事	熊赞虞		
	署推事	张廷甲	广西贺县	
	署推事	莫芳春		
	署推事	王焕	广西百色县	
广西高等检察厅	署检察长	张仁普	广西桂林县	
	署检察官	李炳年	福建瓯县	
	署检察官	冯汝翼	广西北流县	
	署检察官	关和钧	广西苍梧县	
	署检察官	黄用中	广西桂林县	
	署检察官	廖鹤龄	广西桂林县	
广西高等审判分厅	充监督推事	莫芳春		
	充推事	王汝森		
	充推事	熊赞虞		
	充推事	张廷甲	广西贺县	

机构	职别	姓名	籍贯	简　历
广西高等检察分厅	充监督检察官	关和钧	广西苍梧县	
	充检察官	黄用中	广西桂林县	
	充检察官	廖鹤龄	广西桂林县	
广西南宁地方审判厅	署厅长	唐毅	广西灵川县	
	署推事	黎拱宸		
	署推事	梁鸿举		
广西南宁地方检察厅	署检察官	陈宝书		
广西南宁初级审判厅	署推事	蒙兆柳		
广西南宁初级检察厅	署检察官	陈赓彬		
广西桂林地方审判厅	署厅长	黄榜标		
广西桂林地方检察厅	署检察长	秦树勋	广西雒容县	
	署检察官	陈葆光		
	署检察官	梁钧		
广西梧州地方审判厅	署厅长	蔡敷猷		
广西梧州地方检察厅	署检察长	胡家乂	广西桂林县	
	署检察官	曹立鉴		
	署检察官	刘枝华	广西桂林县	
广西龙州地方审判厅	厅长			
广西龙州地方检察厅	署检察长	李光	广西苍梧县	
	署检察官	黄贞		
云南高等审判厅	署厅长	丁兆冠	云南石屏县	
	署推事	易文煃		
云南高等检察厅	署检察长	保廷樑	云南昆明县	
云南昆明地方审判厅	署厅长	郝架福		
云南昆明地方检察厅	署检察长	杨思源		
云南昆明初级检察厅	署检察官	袁丕铺		
贵州高等审判厅	署厅长	吴绪华	贵州贵筑县	
	署推事	赵希岳	贵州贵阳县	
	署推事	花相	贵州贵阳县	
贵州高等检察厅	署检察长	曹兴蕲	贵州遵义县	
贵州贵阳地方审判厅	署推事	徐翼孙	贵州修文县	
贵州贵阳地方检察厅	署检察长	蔡铣		

资料来源：《职员录》（中华民国三年第一期），印铸局刊行。

十六 民国十四年全国各级司法官一览表

机构	职别	姓名	字/号	籍贯
大理院	院长	余荣昌	戟门	浙江绍兴县
	民一庭庭长	潘昌熙	由笙	江苏吴县
	推事	李栋	纪云	直隶藁城县
	推事	殷汝熊	肃详	浙江平阳县
	署推事	蒋福琨	赞丞	江苏武进县
	民二庭庭长	李怀亮	特威	湖南湘乡县
	推事	林鼎章	西智	福建闽侯县
	推事	张式彝	蓝田	河南光山县
	推事	林祖绳	希周	福建闽侯县
	推事	魏大同	羡唐	吉林扶余县
	民三庭庭长	胡诒毂	文甫	浙江慈溪县
	推事	张康培	醉石	江苏崇明县
	推事	刘含章	仲缋	福建闽侯县
	推事	徐观	听涛	安徽桐城县
	推事	刘志敳	抱愿	江苏武进县
	民四庭庭长	陈瑾昆	克生	湖南常德县
	推事	刘钟英	湘山	湖南湘乡县
	推事	左德敏	子捷	湖北应城县
	推事	陈渐贤	可均	山西荣河县
	推事	张志让	季龙	江苏武进县
	民五庭庭长	陈尔锡	壬林	湖南湘乡县
	推事	邵勋	禹敷	浙江东阳县
	推事	梅鹤章	介节	江苏武进县
	推事	洪文澜	赋林	浙江富阳县
	署推事	酆更	子卤	湖南平江县
	刑一庭庭长	李景圻	仲奋	福建闽侯县
	推事	钱承鋕	念慈	浙江杭县
	推事	潘恩培	植生	满洲正蓝旗
	推事	许泽新	用康	四川屏山县
	推事	朱得森	瑞男	湖南慈利县
	推事	陈懋咸	虚谷	福建闽侯县
	刑二庭庭长	徐彭龄	企商	江苏青浦县
	推事	祁耀川	劲庵	广东东莞县
	推事	郁华	曼陀	浙江富阳县
	推事	陈经	礼庭	江苏江阴县
	推事	孙观圻	补笙	江苏无锡县
	推事	钱鸿业	谨庵	浙江杭县

机构	职别	姓名	字/号	籍贯
总检察厅	检察长	汪燨芝	鹿园	安徽休宁县
	首席检察官	张孝栘	棣生	湖北鄂城县
	检察官	熊兆周	钥青	湖南安乡县
	检察官	汪祖泽	通甫	广东番禺县
	检察官	麦鼎华	公立	广东顺德县
	检察官	徐焕	章夫	浙江杭县
	检察官	翁敬棠	剑洲	福建闽侯县
	检察官	龙灵	国桢	四川永川县
	检察官	张乘运	时清	湖北宜昌县
	检察官	夏勤	兢民	江苏泰县
京师高等审判厅	厅长	沈家彝	季让	江苏江宁县
	民一庭庭长			
	署民二庭庭长	吴汝让	博骞	广东恩平县
	刑庭庭长	张允同	子郑	广东番禺县
	推事	李昌宪	绍原	四川安岳县
	推事	周锟辉	玉甫	湖南湘阴县
	署推事	何隽	凤丹	福建闽侯县
	署推事	李凤标	锦唐	山东海阳县
	署推事	于光熙	梅僧	山东蓬莱县
	署推事	陈伊炯	初白	江苏江阴县
	署推事	季手文		湖南华容县
	署推事	杨寿岑		
京师高等检察厅	署检察长	吴家驹	子昂	湖南湘潭县
	检察官	张耀	南轩	陕西长安县
	检察官	陆澄宙	松琴	江苏无锡县
	检察官	王炽昌	豫恟	湖南湘潭县
京师地方审判厅	厅长	邵修文	竹琴	山西安邑县
	民庭庭长			
	刑庭庭长兼推事	李受益	朴卿	广西桂林县
	署庭长	陈宽香	伯双	湖北安陆县
	推事	李在瀛	仲洲	四川乐山县
	推事	朱养廉	亦培	直隶滦县
	推事	陈耀奎	艳灵	四川巴县
	推事	姜丙奎	梦佣	浙江嘉兴县
	推事	雷人龙	雨春	四川璧山县

341

机构	职别	姓名	字/号	籍贯
京师地方审判厅	推事	王席珍	锡玉	浙江龙游县
	推事	马鸿远	雄州	浙江临海县
	推事	徐九成	夔琴	湖北蒲圻县
	推事	陈邦达	际隆	四川新都县
	推事	李宗理	浑一	江苏宿迁县
	推事	陈鸣谦	牧田	安徽六安县
	署推事	吴奉璋	伯阶	浙江黄岩县
	署推事	李元熙	柳溪	江西永新县
	署推事	谢道仁	掬尘	福建闽侯县
	署推事	周屋业	培之	山东即墨县
	署推事	徐士桢	辅之	江西玉山县
	署推事	田畴	毓灵	湖南桃源县
	署推事	常守箴	秉谦	奉天铁岭县
	署推事	陈元魁		直隶定县
	署推事	籍孝箴	刚伯	直隶任邱县
	署推事	石峻	平卿	河南偃师县
	署推事	叶俊	梗楠	江西临川县
	署推事	胡宝麟	蔗园	广东顺德县
	署推事	鲁师曾	省吾	湖北黄梅县
京师地方检察厅	署检察长	戴修瓒	君亮	湖南常德县
	首席检察官	杨士毅	锡生	浙江义乌县
	检察官	王戴彝	常黼	湖北黄冈县
	检察官	刘瑞琛	佩珩	直隶饶阳县
	检察官	石秉铸	镕士	安徽宿松县
	检察官	罗潜	少帆	四川古兰县
	检察官	张明哲	雨千	湖北黄陂县
	检察官	杨绳藻	重宏	江西清江县
	检察官	巫德源	绍修	四川德阳县
	检察官	胡绩	章甫	浙江镇海县
	检察官	魏金寿	仁山	山东黄县
	检察官	吴则韩	弼侍	福建福清县
	检察官	袁潢	海峙	江西丰城县
	署检察官	王起孙	同慈	湖北襄阳县
	署检察官	顾大征	鼎秋	浙江上虞县
	署检察官	刘澄	敬方	湖北汉川县

机构	职别	姓名	字/号	籍贯
京师地方检察厅	署检察官	曾繁樾	伯孚	四川内江县
	署检察官	黄秉堃	通甫	安徽桐城县
	署检察官	孙葆衡		山西浑源县
	署检察官	盛世弼		
直隶高等审判厅（驻天津县）	厅长	朱颐年	隰苓	京兆昌平县
	庭长	周祖琛		浙江绍兴县
	署庭长	杨继楷	润陬	奉天辽阳县
	署庭长	李棠	辉山	湖南宁乡县
	署庭长	胡凤起	英甫	安徽桐城县
	推事	仇梦吉		山东长山县
	推事	王绍毅	诒孙	浙江衢县
	推事	陈之伟	孝侯	浙江开化县
	推事	王克忠	朴川	广东郁南县
	署推事	袁青选	友僧	湖北黄安县
	署推事	梁同恺	肖澜	福建闽侯县
	署推事	陆大城	哲夫	江苏太仓县
直隶高等检察厅（驻天津县）	署检察长	尹朝桢	尧新	四川乐山县
	首席检察官			
	检察官	刘肇福		江西泰和县
	署检察官	苏宗轼	忱山	浙江海宁县
直隶第一高等审判分厅	监督推事			
	署推事	郑㰏	籍苏	福建闽侯县
	署推事	刘金选	曜唐	安徽怀宁县
	署推事	李灵钟	鹤琴	四川云阳县
直隶第一高等检察分厅	监督检察官			
	署检察官	华祝唐	竹塘	浙江萧山县
直隶天津地方审判厅	厅长			
	署庭长	陈士杰		湖北安陆县
	推事	俞钟	琴生	浙江富阳县
	署推事	方寿恒	子年	安徽怀宁县
	署推事	傅荣龄	仁山	京兆顺义县
	署推事	王存仁	泽长	浙江绍兴县
	署推事	迮龙山	希孟	江苏高邮县
	署推事	祝宗尧	仲襄	浙江萧山县
	署推事	张会辰	学先	吉林榆树县
	署推事	李廷俊	子杰	河南汤阴县

机构	职别	姓名	字/号	籍贯
直隶天津地方检察厅	检察长	徐步善	选楼	直隶南和县
	署首席检察官	叶翼銮		福建闽侯县
	检察官	李鸿文	啸秋	京兆宝坻县
	检察官	郭锡范		山东莒县
	检察官	余鉴澄	智宇	浙江黄岩县
	检察官	李宝森		浙江富阳县
	署检察官	杨占鳌	金波	京兆宛平县
	署检察官	田美棠	邵甫	湖北江陵县
	署检察官	周锡九	延龄	浙江江山县
	署检察官	张其煌		
直隶保定地方审判厅	厅长	谭汝鼎	问羹	江苏吴县
	署庭长	管景铭	镜远	山东诸城县
	推事	许殿栋	炳然	江苏武进县
	署推事	翁赞年	翊亭	福建福清县
直隶保定地方检察厅	检察长	包凤苞	竹如	江苏太仓县
	检察官	邓照銮		湖北黄梅县
直隶万全地方审判厅	厅长	刘大魁	绍卿	湖北汉阳县
	庭长	赵金铺	翕如	京兆涿县
	推事	刘明墉		四川铜梁县
	署推事	严永恩	荫荪	京兆武清县
直隶万全地方检察厅	检察长	柴宗瀠	映波	浙江杭县
	署检察官	曲致中	及堂	奉天岫岩县
热河审判处	处长	朱重庆		奉天锦县
	审理员	袁士铭	铁僧	贵州贵阳县
察哈尔审判处	署处长	王廷弼	右丞	吉林吉林县
	民庭庭长、署审理员	吴坪奎	江春	江苏江宁县
奉天高等审判厅（驻沈阳县）	厅长	单豫升	瑞卿	河北抚宁县
	署庭长	史延程	伊源	江西丰城县
	署庭长	贾振声	冠瀛	直隶清苑县
	署推事	王殿俊	杰三	直隶完县
	署推事	朱应中	伯孚	安徽休宁县
	署推事	杨廷秀	晓春	浙江新昌县
	署推事	赵曙岚	晚秋	湖北阳新县
奉天高等检察厅（驻沈阳县）	检察长	赵梯青	云平	直隶安国县

机构	职别	姓名	字/号	籍贯
奉天沈阳地方审判厅	厅长			
	署庭长	蒋廉正	庄亭	直隶蠡县
	署推事	杜日新	铭斋	山东安邱县
	署推事	杨士庸	伯周	浙江新昌县
	署推事	王裕德		直隶定县
奉天沈阳地方检察厅	检察长			
	署检察官	璞玉		旗人
	署检察官	曹鹏飞	程九	直隶抚宁县
	署检察官	茹逌杰	伟民	山东蓬莱县
奉天营口地方审判厅	厅长			
	署推事	张跃鸾	叔龙	江苏东台县
奉天营口地方检察厅	检察长			
	署检察官	李宝瑞	丕忱	山东惠民县
奉天安东地方审判厅	署厅长	章坤	莼泉	浙江富阳县
	署推事	杨同翰	钦丞	福建闽侯县
	署推事	陈绳祖	子□	直隶文安县
奉天安东地方检察厅	检察长			
奉天辽阳地方审判厅	厅长			
	署推事	刘奉璋	廷献	直隶广宗县
奉天辽阳地方检察厅	署检察长	刘炳藻	黻卿	直隶蠡县
奉天锦县地方审判厅	厅长			
奉天锦县地方检察厅	署检察长	倪文藻	凤山	浙江绍兴县
	署检察官	王镇	洗凡	直隶滦县
奉天铁岭地方审判厅	厅长			
奉天铁岭地方检察厅	检察长			
奉天洮南地方审判厅	厅长			
奉天洮南地方检察厅	检察长			
奉天海龙地方审判厅	署厅长	刘荣嵩	佑丞	湖北沔阳县
奉天海龙地方检察厅	检察长			
	署检察官	常珽	润蒲	旗人
奉天辽源地方审判厅	署厅长	黄国柱	任甫	湖南湘乡县
	署推事	沈许虔		安徽南陵县
奉天辽源地方检察厅	署检察长	孙咸熙	绩辰	京兆大兴县
奉天复县地方审判厅	厅长			
奉天复县地方检察厅	检察长			

续表

机构	职别	姓名	字/号	籍贯
吉林高等审判厅（驻吉林县）	署厅长	诚允	执中	奉天辽阳县
	署庭长	赵芝云	兰馨	山东莒县
	署庭长	李文蔚	味秋	奉天海城县
	推事	舒柱石		湖北干城县
	推事	谢邦枬	让安	福建龙岩县
	署推事	查贵阳	民纲	安徽铜陵县
	署推事	刘恩荣	甲一	奉天铁岭县
	署推事	萧敷详	伯严	江西泰和县
吉林高等检察厅（驻吉林县）	检察长	何同椿	来忱	山东桓台县
	署首席检察官	彭芝芳	漱兰	山东聊城县
	署检察官	吕兴周	纪昌	直隶乐亭县
	署检察官	何奇伟		湖北随县
吉林省吉林地方审判厅	署厅长	富春田	雨亭	奉天义县
	署庭长	孟庆恩	则友	镶白旗人
	署推事	邵令泽	韵涵	浙江余姚县
	署推事	雷永康	嗣千	湖北黄冈县
	署推事	黄开藩		湖北恩施县
	署推事	周冠		湖北黄陂县
	署推事	陈文楷	品三	江苏江宁县
	署推事	郭鼎周	禹风	奉天辽阳县
吉林省吉林地方检察厅	署检察长	萧露华	渥均	奉天北镇县
	署首席检察官	黄治香		江苏盐城县
	署检察官	李齐芬	愈三	湖北江陵县
	署检察官	贾钟庚		奉天辽阳县
	署检察官	李宝书		直隶永年县
吉林长春地方审判厅	署厅长	鲁同恩	沐波	直隶遵化县
	署庭长	荆光鼎		
	署庭长	李缵绪	绍庭	奉天盖平县
	署推事	贾庆春	景阳	奉天抚顺县
	署推事	祝文耀		
	署推事	李树声		
吉林长春地方检察厅	署检察长	徐良儒	聘珊	山东昌邑县
	署首席检察官	辛俊廷		山东平原县
	署检察官	郭伯坚		直隶清苑县
	署检察官	笪世英	剑青	江苏丹徒县
	署检察官	郑澧	雅山	浙江临安县

机构	职别	姓名	字/号	籍贯
吉林延吉地方审判厅	署厅长	曾达	九达	四川金堂县
	署庭长	王泽深	惠卿	山西陵川县
	署推事	吴景滨	梦苏	直隶新城县
	署推事	刘艺林	干臣	奉天辽阳县
吉林延吉地方检察厅	检察长			
	署首席检察官	杨溥	博如	直隶清苑县
吉林延吉地方审判分厅（驻珲春县）	署监督推事	马空古	冼凡	奉天辽阳县
	署推事	金家爵	尊之	安徽休宁县
吉林延吉地方检察分厅	署监督检察官	吴钟灵	秀清	奉天辽阳县
	署检察官	周承觐		
吉林滨江地方审判厅	署厅长	王铭鼎	禹声	奉天海城县
	署庭长	韩其铭	新之	浙江绍兴县
	署庭长	于作舟	海门	直隶阜新县
	署推事	陈柏谦	洛九	山西荣河县
	署推事	李景莲	仙甫	吉林长春县
	署推事	李正春	润之	奉天沈阳县
	署推事	张鉴	望杏	江苏武进县
	署推事	廉泉	砺斋	江西鄱阳县
	署推事	关荣睿		
吉林滨江地方检察厅	署检察长	陈桂临		山东桓台县
	署检察官	王从周		奉天桓仁县
	署检察官	刘景琨		湖南新化县
	署检察官	黎培元	溥泉	直隶深泽县
东省特别区域高等审判厅（驻哈尔滨）	厅长	陈克正	止中	奉天辽阳县
	署庭长	陈海超	樾青	镶黄旗
	署庭长	马僖铭		
	署推事	陈广德	仲辅	奉天庄河县
	署推事	龙灿雅	伯刚	江西永新县
	署推事	李荫森	奉璋	直隶昌黎县
	署推事	王梦龄	锡大	奉天新民县
东省特别区域高等审判厅检察所	署主任检察官	祝谏	果忱	浙江兰溪县
	检察官	魏大同		吉林扶余县
东省特别区域地方审判厅	署厅长	朱树声	韵生	湖北竹山县
	署庭长	吴镇岳	南侯	福建闽侯县
	署庭长	葛鹏云	书春	奉天凤城县

续表

机构	职别	姓名	字/号	籍贯
东省特别区域地方审判厅	署推事	李师沆	怀真	江西丰城县
	署推事	沈国桢	品璋	浙江义乌县
	署推事	赵林鱼	游之	京兆宛平县
	署推事	秦允獬	正侯	直隶滦县
	署推事	刘毓俊		
	署推事	彭永祥		
	署推事	于克容		
东省特别区域地方审判厅第一分庭	署推事	唐荣乔		
东省特别区域地方审判厅第二分庭	署推事	韩德璧		
东省特别区域地方审判厅检察所	署主任检察官	李葆光	子建	直隶南宫县
	署检察官	郑成绩		
	署检察官	赵鸿焘		
	署检察官	杨立堂		
东省特别区域地方审判厅第一分庭检察所	署检察官	孟泽芳	兰堂	直隶南宫县
东省特别区域地方审判厅第二分庭检察所	署检察官	孙蓉昌		
黑龙江高等审判厅（驻龙江县）	署厅长	马德彝	秉心	四川会理县
	庭长	王德懿	念庶	四川江津县
	署庭长	闻人植	立堂	浙江金华县
	推事	李树滋	润生	奉天梨树县
	署推事	杨玉林	汝珊	奉天锦西县
	署推事	王之栋		
黑龙江高等检察厅（驻龙江县）	检察长	邱廷举	竹勋	四川宜宾县
	署首席检察官	金五瑛	伯常	湖北武昌县
	署检察官	秦超海		湖北武昌县
黑龙江龙江地方审判厅	厅长			
	署庭长	郭苍锡	庆三	山东济宁县
	署推事	黎汝霖	沛苍	广西富川县
	署推事	张兆麟	子厚	直隶徐水县
	署推事	杨定清		
	署推事	朱凤翔		安徽无为县

机构	职别	姓名	字/号	籍贯
黑龙江龙江地方检察厅	署检察长	杨名椿	伯年	四川三台县
	署首席检察官	石补天	卓英	湖北通山县
	署检察官	黄居颖		奉天铁岭县
	署检察官	沈乃康		
	署检察官	张百川		
黑龙江呼兰地方审判厅	厅长	郭毓珍	聘如	奉天铁岭县
	推事	李曜西	星莲	直隶东光县
	署推事	于作宾		直隶清苑县
	署推事	蔡日新	润春	湖北房县
黑龙江呼兰地方检察厅	检察长			
山东高等审判厅（驻历城县）	厅长	张志	易吾	四川富顺县
	庭长	孙如鉴	镜湖	安徽巢县
	庭长	卢文钜	铁铮	四川富顺县
	推事	欧阳樛	木初	江西彭泽县
	推事	李煊		福建闽侯县
	署推事	王天伟		江西安福县
	署推事	曹腾芳	希仲	四川巴县
	署推事	王九皋		
	署推事	答份		湖北沔阳县
	署推事	欧阳煦		
山东高等检察厅（驻历城县）	检察长	梅光羲	撷云	江西南昌县
	首席检察官	万敷	钵公	湖北潜江县
	检察官	王鑑	知伯	广西马平县
	署检察官	涂景新		
山东济南地方审判厅	厅长	曾毓灵	访澄	四川叙永县
	署庭长	易新		河南商城县
	推事	陈沂	光燏	福建闽侯县
	署推事	朱鼎荣		京兆
	署推事	张聚庆		直隶隆平县
	署推事	李谦益		福建福清县
	署推事	叶自纯	德修	安徽黟县
	署推事	贺家耀		湖南长沙县
	署推事	高显祚	少遐	江西新建县
	署推事	李甲科		河南商水县
	署推事	徐炳		

机构	职别	姓名	字/号	籍贯
山东济南地方检察厅	检察长	郭秀如	啸馀	福建闽侯县
	首席检察官	蔡炯		江西南昌县
	检察官	李长黻		直隶定县
	检察官	潘荫庭		浙江新昌县
	检察官	喻建勋		湖北沔阳县
	署检察官	刘世卿	席丰	奉天绥中县
山东福山地方审判厅	厅长	吴宪仁	翊台	福建闽侯县
	庭长	凌汉	慎深	浙江崇德县
	推事	丁亦葵	岳忱	浙江义乌县
	推事	姚文楷	式如	直隶青县
	推事	叶振宗		江苏吴县
	推事	李绍言	子固	江苏淮安县
山东福山地方检察厅	检察长	阚毓泽	润斋	安徽合肥
	检察官	王锡温	莲舫	四川富顺县
	检察官	卢文献	征蜀	四川富顺县
山东青岛地方审判厅	署厅长	戚运机		湖北沔阳县
	署推事	石广垣		直隶滦县
	署推事	章鸿烈	子承	浙江绍兴县
	署推事	张宗庚	穀民	江西星子县
	署推事	贺家耀		湖南长沙县
山东青岛地方检察厅	署检察长	王毓昆	让耕	湖南攸县
河南高等审判厅（驻开封县）	厅长	徐声金	兰如	湖北天门县
	庭长	陈道章	邵屏	湖南浏阳县
	庭长	王宝善	子泉	湖北黄安县
	署庭长	邓廷桂	秋粹	江西临川县
	推事	张焜		湖北黄安县
	推事	徐沐三	吉庵	湖北江陵县
	推事	谢孝先		浙江萧山县
	署推事	周庆雯	晴舫	京兆涿县
	署推事	徐家驹	仲华	浙江吴兴县
	署推事	邱珍	果轩	江西宁都县
	署推事	杨玉林	荔珊	湖南澧县
	署推事	吴燠仁	寿彭	直隶丰润县
河南高等检察厅（驻开封县）	检察长	杨长溶	季龙	山西万全县
	首席检察官	廖鹤龄	伯筹	广西桂林县

机构	职别	姓名	字/号	籍贯
河南高等检察厅（驻开封县）	检察官	傅廷桢	荣廷	湖北沔阳县
	检察官	邱祖藩		湖北兴山县
河南第一高等审判分厅	署监督推事	张鼎勋	岑安	湖南安乡县
	庭长			
	推事	王瑞曾		江苏砀山县
	推事	于建书	麘缄	湖北广济县
	推事	赵协会		浙江兰溪县
河南第一高等检察分厅	监督检察官			
	检察官	祝锦桂	丹五	江西上饶县
河南开封地方审判厅	署厅长	吴宝桢	保丞	浙江吴兴县
	庭长	杨资洲		直隶大名县
	署庭长	刘燕嘉		浙江杭县
	署推事	刘善钧		直隶玉田县
	署推事	徐梦熊		河南临汝县
	署推事	楼观光		浙江诸暨县
	署推事	彭时俊		湖北广济县
河南开封地方检察厅	署检察长	陆大勋	兰洲	江苏太仓县
	首席检察官	李祖庆		京兆宛平县
	署检察官	潘鄌	仲民	浙江新昌县
河南洛阳地方审判厅	厅长			
	庭长			
	推事	万身正		河南临颍县
	推事	鲁宗孔	素儒	湖北天门县
	署推事	凌熙		湖南衡阳县
河南洛阳地方检察厅	检察长			
	署检察官	边文泉	浩然	直隶满城县
山西高等审判厅（驻阳曲县）	厅长	徐维震	旭瀛	浙江桐乡县
	庭长	宋沅	芷生	浙江绍兴县
	署庭长	宋孟年	延华	浙江嵊县
	署庭长	崔斯哲	卓吾	广东东莞县
	推事	韩祖植	竹轩	浙江萧山县
	推事	王璲	式儒	直隶新城县
	推事	陈恩普	志濠	江苏吴县
	推事	吴廷琪	玉堂	湖南巩县
	署推事	朱锡祚	受之	湖南蓝山县

机构	职别	姓名	字/号	籍贯
山西高等检察厅(驻阳曲县)	检察长	王慎贤	冀海	江苏吴县
	署首席检察官	萧培身		浙江桐乡县
	检察官	黄周		广西阳朔县
	检察官	董起桓		福建闽侯县
山西第一高等审判分厅(驻安邑县)	监督推事			
	署庭长	黄成霖	雨人	山东历城县
	署推事	邱开骏		浙江黄岩县
山西第一高等检察分厅(驻安邑县)	监督检察官	汪兆彭	翰卿	安徽绩溪县
	检察官	徐嗣甲	士蘅	安徽宿松县
山西第二高等审判分厅(驻大同县)	署监督推事	楼英	玉书	浙江义乌县
	署庭长	傅琛	葆忱	京兆顺义县
	推事	杨拱辰		山西长子县
山西第二高等检察分厅(驻大同县)	监督检察官	王橺	朴庵	浙江江山县
	检察官	徐步善	选楼	直隶南和县
	署检察官	黄炳道	星如	浙江平阳县
山西太原地方审判厅	厅长	李钟翘	祖荪	浙江东阳县
	庭长	王肇勋	芷生	山东历城县
	推事	徐仕钟	毓丞	浙江常山县
	署推事	诸葛銮	衡卿	浙江兰溪县
	署推事	张峻显		直隶南宫县
	署推事	罗人骥		江西清江县
山西太原地方检察厅	检察长	万宗周	毓棠	湖北随县
	首席检察官	钱协同		浙江金华县
	署检察官	杨步月		山西河津县
	署检察官	申福康		江苏吴县
绥远审判处	署处长	孙巩圻	挹英	江苏无锡县
	审理员	于景文		山东桓台县
	附设地方庭审理员	丁履绥		山东日照县
江苏高等审判厅(驻吴县)	厅长	朱献文	郁堂	浙江义乌县
	庭长	王黼袞	粲忱	浙江杭县
	署庭长	林大文	文伯	浙江温岭县
	推事	彭棨	个臣	湖北武昌县
	推事	王序宾		浙江奉化县
	署推事	周浩	性之	湖南平江县
	署推事	沈沅	芷馨	云南楚雄县

机构	职别	姓名	字/号	籍贯
江苏高等审判厅（驻吴县）	署推事	童光瓒	玉阶	湖南长沙县
	署推事	胡亦三		江西宜丰县
	署推事	莫宗友	益三	湖北当阳县
江苏高等检察厅（驻吴县）	检察长	周诒柯	心约	湖南湘潭县
	首席检察官	钟尚斌		安徽巢县
	署检察官	严彭龄	象峰	浙江奉化县
	署检察官	周达寿	伯眉	安徽桐城县
江苏第一高等审判分厅（驻淮阴县）	署监督推事	俞致霈		
	庭长	郑济洵	惠亭	江西玉山县
	推事	林缉铎		福建闽侯县
	署推事	高棠恩		山东栖霞县
	署推事	郑簏		
江苏第一高等检察分厅（驻淮阴县）	署监督检察官	汪堃符	贞夫	江苏太仓县
	署检察官	沈秉谦	巽之	浙江吴兴县
	署检察官	傅济泰	益笙	浙江绍兴县
	署检察官	周璟		
江苏江宁地方审判厅	署厅长	钟之翰		
	庭长			
	推事	彭望邺	仰侯	江苏吴县
	署推事	王果		
	署推事	陈秉璋		
江苏江宁地方检察厅	检察长	高方潞	彦青	河南汲县
	署首席检察官	徐景孺		湖北襄阳县
	检察官	何琪	菁园	浙江义乌县
	署检察官	沈秉诚	仲芳	浙江吴兴县
江苏上海地方审判厅	厅长	沈锡庆	庆生	浙江绍兴县
	庭长	施霖	芍孙	浙江杭县
	署庭长	邢福颐		
	署庭长	陈同寿		
	推事	堵福曜	季珩	浙江绍兴县
	推事	简昃	叔明	湖南宝庆县
	推事	陈备三		浙江东阳县
	推事	许文镕	陶丞	浙江嘉善县
	推事	朱庭耀	同钦	江西余干县
	推事	郑畋	德门	浙江金华县

机构	职别	姓名	字/号	籍贯
江苏上海地方检察厅	署检察长	车显承	湛清	广东番禺县
	署首席检察官	郭寿璜		浙江兰溪县
	署检察官	张坪	润甫	直隶安新县
	署检察官	杨文浚		浙江汤溪县
江苏吴县地方审判厅	厅长	岳秀华	莲西	河南开封县
	署庭长	黎冕		
	推事	胡善偶	希禹	安徽黟县
	推事	钱声教	伯扬	浙江上虞县
	署推事	汪鸣豫		
	署推事	蔡成瑞		
江苏吴县地方检察厅	署检察长	黄用中	建侯	广西桂林县
	署检察官	吴式璧		
	署检察官	孙原		
江苏丹徒地方审判厅	署厅长	仇预	立甫	江苏江宁县
	署庭长	林学明		
	署推事	丁德翰		
	署推事	管之楫		
	署推事	欧阳靖		
	署推事	朱广文		
江苏丹徒地方检察厅	署检察长	董邦干		
	署检察官	钱纪龙		
	署检察官	朱人杞		
安徽高等审判厅（驻怀宁县）	厅长	李杭文	汉屏	湖北孝感县
	庭长	廖文洵		四川富顺县
	庭长	喻兆麟	铭卿	湖北竹山县
	推事	欧阳煦	周辅	四川开县
	推事	李培业	仲凉	四川长寿县
	推事	端木棻	典周	江苏江宁县
	推事	刘振宗	奠基	直隶赞皇县
	署推事	金启华	晴崖	江苏武进县
安徽高等检察厅（驻怀宁县）	检察长	袁凤曦	烈青	湖北咸宁县
	首席检察官	汪学海	少卿	湖北黄冈县
	署检察官	向百衡		湖南龙山县

机构	职别	姓名	字/号	籍贯
安徽第一高等审判分厅	监督推事			
	署推事	敬心地		四川南部县
	署推事	艾作屏	柏庵	江西高安县
安徽第一高等检察分厅	监督检察官	傅向荣	鹤岑	湖北监利县
安徽怀宁地方审判厅	署厅长	费有浚	孟舆	四川蓬安县
	署庭长	刁天培	福田	直隶南皮县
	推事	陈斌	毅庵	浙江新昌县
	署推事	邵善诠		
	署推事	萧福骥		
	署推事	徐家驹		
安徽怀宁地方检察厅	署检察长	黎世澄	质卿	四川乐山县
	检察官	王凤球		江苏太仓县
	署检察官	唐荫芬		
安徽芜湖地方审判厅	厅长	孙振魁		山东平度县
	署庭长	孙伟		浙江富阳县
	推事	张春瀛		直隶东光县
	推事	陈鄂		湖南汉寿县
	推事	余觉	先民	湖南临湘县
	推事	王烈岐	曾山	浙江东阳县
	署推事	王敬信		四川富顺县
安徽芜湖地方检察厅	检察长	何宗瀚	幼冕	湖北汉川县
	检察官	陈步高		湖北沔阳县
	署检察官	章奇光	惠初	福建龙岩县
江西高等审判厅（驻南昌县）	署厅长	王泳	汉池	湖北黄冈县
	庭长	余其贞	干丞	江苏宜兴县
	署庭长	萧敏	子学	福建闽侯县
	推事	蒋福琨	赞丞	江苏武进县
	推事	杨拱	廷元	福建闽侯县
	推事	瞿鸿畴	范九	江苏武进县
	署推事	赵毓璜	季珩	浙江吴兴县
	署推事	张伟业	希浚	河南商城县
江西高等检察厅（驻南昌县）	检察长	王淮琛	厚斋	安徽六安县
	首席检察官	刘寿莲	梅叔	湖南益阳县
	检察官	林克俊	杰夫	福建闽侯县

机构	职别	姓名	字/号	籍贯
江西第一高等审判分厅（驻赣县）	监督推事			
	署推事	萧笃秀	舫斋	江苏宿迁县
江西第一高等检察分厅（驻赣县）	署监督检察官	莫芳春	树南	广西古化县
江西南昌地方审判厅	厅长			
	署庭长	杜铣	策青	湖北黄冈县
	署推事	许作梅	裕稣	福建长汀县
	署推事	高春熊	尚志	直隶束鹿县
	署推事	徐恩海	仲涵	安徽歙县
江西南昌地方检察厅	检察长	李琴鹤	彝斋	河南荥泽县
	首席检察官	许其襄	少卿	河南汜水县
	署检察官	王崇铭	惺三	湖北江陵县
	署检察官	凌锡蕃	荆坡	湖北沔阳县
江西九江地方审判厅	署厅长	张秉慈	仲堪	京兆宛平县
	署庭长	胡恕	依仁	安徽怀宁县
	署推事	李泽之	仲经	湖北宜昌县
	署推事	沈炳荣		
	署推事	宋成性	葆初	湖北孝感县
江西九江地方检察厅	检察长	朱孔文	书楼	江苏上海县
	首席检察官	吴家玭	蠡生	湖北京山县
	检察官	杜捷三	香波	河南新乡县
福建高等审判厅（驻闽侯县）	暂署厅长	郑烈	晓云	福建闽侯县
	署庭长	俞乃恒		浙江诸暨县
	署推事	童枬勋		湖南宁乡县
福建高等检察厅（驻闽侯县）	暂署检察长	李炳年	午亭	福建建瓯县
	首席检察官			
	检察官	周茂松	耀东	湖南湘乡县
	署检察官	唐燕诒	绍修	湖南长沙县
福建第一高等审判分厅				
福建闽侯地方审判厅	署厅长	薛光锷	季峰	江苏无锡县
福建闽侯地方检察厅	署检察长	金启华	晴崖	江苏武进县
	署检察官	李振军	星邦	湖南临湘县
福建思明地方审判厅	厅长			
福建思明地方检察厅	检察长			

续表

机构	职别	姓名	字/号	籍贯
浙江高等审判厅（驻杭县）	厅长	陈福民	哲侯	江苏吴县
	庭长	叶旭瀛	丹羲	湖北蒲圻县
	推事	瞿曾泽	润初	江苏崇明县
	推事	钟洪声	朗渠	江苏江宁县
	推事	沈鸿	孝侯	江苏常熟县
	推事	曹凤箫	仲韶	江苏高邮县
	推事	朱文焯	儒藻	江苏昆山县
	推事	郑文楷	式庭	江苏仪征县
	署推事	谢振采	仲良	江西宜黄县
	署推事	唐燕诒		湖南长沙县
浙江高等检察厅（驻杭县）	检察长	陶思曾	叔惠	湖南安化县
	首席检察官	左赋才	云霖	湖南衡阳县
	检察官	赵寿春		安徽太湖县
	署检察官	孔庆余	保滋	四川华阳县
浙江第一高等审判分厅（驻永嘉县）	监督推事	杨树猷	允升	湖南晃县
	推事	孙廷瓒	干甫	江苏无锡县
浙江第一高等检察分厅	署监督检察官	徐世勋	松如	湖北利川县
浙江第二高等审判分厅	监督推事	沈敏树	培滋	浙江杭县
	推事	吴绍昌	浩如	江苏武进县
	署推事	刘光鼐	仲彝	浙江绍兴县
浙江第二高等检察分厅（驻金华县）	监督检察官			
浙江杭县地方审判厅	厅长			
	署庭长	庄浩	果诚	江苏武进县
	署庭长	韩照	慕荆	江苏无锡县
	推事	赵钲镗	汉声	江苏东台县
	推事	王凤禾		江苏太仓县
	署推事	韦维清	缉熙	江苏盐城县
浙江杭县地方检察厅	署检察长	左景昌	伯曾	湖南湘阴县
	首席检察官	谢鸿恩		四川合川县
	检察官	屠振鹄	宾彝	京兆大兴县
	署检察官	徐士桢	辅之	江西玉山县
浙江杭县地方厅嘉兴县分庭	署监督推事	王秉彝		
	署监督检察官	徐用锡		

续表

机构	职别	姓名	字/号	籍贯
浙江杭县地方厅吴兴县分庭	署监督推事	沈铨		
浙江杭县地方厅绍兴县分庭	署推事	周冠		
	署监督检察官	范贤礽		
浙江鄞县地方审判厅	署厅长	陈宝玙	莲生	福建闽侯县
	庭长	朱甘霖	左泉	安徽婺源县
	推事	何嵩生	让之	江苏溧水县
	署推事	冯忠	菊仙	江西赣县
	署推事	邱信炘	镜人	福建长乐县
浙江鄞县地方检察厅	检察长	金兆銮		浙江金华县
	首席检察官	楼守廉		浙江义乌县
	检察官	郑庆章	鹤州	福建仙游县
	署检察官	朱景云	伯琴	湖北孝感县
浙江鄞县地方厅临海县分庭	署监督推事	方壮猷	聘三	浙江定海县
浙江金华地方审判厅	署厅长	郑汝璋	孟特	浙江平阳县
	推事	朱启晨	云曙	江苏盐城县
	署推事	沈家璠		浙江绍兴县
浙江金华地方检察厅	检察长			
	检察官	洪达	觉夫	浙江瑞安县
	署检察官	洪泽		湖南宁乡县
浙江金华地方厅建德县分庭	署监督推事	张蠹	飞若	浙江余姚县
浙江永嘉地方审判厅	厅长	曹昌麟	明甫	江苏淮安县
	庭长	陈时政	春元	浙江义乌县
	推事	金鹤年	与龄	江苏吴江县
	推事	任世翰	屏卿	浙江海盐县
	推事	徐景骧	菱舟	浙江鄞县
浙江永嘉地方检察厅	检察长			
	署检察官	曾南金	锦湘	湖南湘乡县
湖北高等审判厅（驻武昌县）	署厅长	林棨	少旭	福建闽侯县
	署庭长	孟昭侗	与愿	山东长清县
	署庭长	雷光曙		湖南浏阳县
	署庭长	宋润之	志恒	湖南湘潭县
	推事	刘毓俊	子杰	直隶宣化县
	署推事	莫润华		浙江萧山县
	署推事	唐熙万		湖南慈利县
	署推事	程文睿	醉陶	浙江杭县
	署推事	李琥	纯白	湖南长沙县

358

机构	职别	姓名	字/号	籍贯
湖北高等检察厅（驻武昌县）	检察长	王树荣	仁山	浙江吴兴县
	署首席检察官	曹瀛		湖南永兴县
	署检察官	王自新	子异	湖南湘潭县
	署检察官	胡宏恩	伟堂	安徽怀宁县
湖北第一高等审判分厅（驻宜昌县）	署监督推事	吴夷吾		湖南湘乡县
	推事	鲁经藩		安徽合肥县
	推事	张人镜		湖南湘潭县
	署推事	欧阳昇		江西萍乡县
湖北第一高等检察分厅（驻宜昌县）	署监督检察官	朱道融		湖南长沙县
	署检察官	李世恩		江苏江宁县
湖北第二高等审判分厅（驻襄阳县）	署监督推事	袁士镡		安徽太湖县
	推事	陈珍		江西临川县
	署推事	牛金钊	伯晶	河南开封县
湖北第二高等检察分厅（驻襄阳县）	署监督检察官	贺寅清	静山	安徽宿松县
	检察官	黄道藩	常梣	浙江嵊县
湖北武昌地方审判厅	署厅长	李昀	君辨	广西苍梧县
	署庭长	陶嘉春		江苏六合县
	署推事	左受经		湖南宝庆县
	署推事	刘瑗章		江苏江宁县
湖北武昌地方检察厅	检察长	袁士鑑	润民	安徽太湖县
	首席检察官	谢梦龄	楚儒	湖南新化县
	检察官	饶呈桢		江西临川县
湖北夏口地方审判厅	厅长	陈长簇	右钧	湖南平江县
	庭长	王祖培	益山	京兆安次县
	署庭长	罗文麟		福建连城县
	推事	王登		浙江黄岩县
	推事	凌嘉谟	巽文	湖南平江县
	署推事	杨鸿钧	子元	浙江常山县
	署推事	樊中央		湖南襄城县
	署推事	罗瑨阶	邵伯	湖南浏阳县
湖北夏口地方检察厅	署检察长	马寿华	木轩	安徽涡阳县
	首席检察官	胡絜		浙江镇海县
	检察官	程尚丰	次山	安徽歙县
	署检察官	周文滨	显岐	浙江江山县

续表

机构	职别	姓名	字/号	籍贯
湖南高等审判厅（驻长沙县）	厅长	高种	子来	福建闽侯县
	署推事	欧阳樛	木初	江西彭泽县
	署推事	张元通	公达	江西奉新县
	署推事	陈炘侯	肖洁	福建闽侯县
	署推事	严彭龄	象峰	浙江奉化县
	署推事	邓廷桂	秋粹	江西临川县
湖南高等检察厅（驻长沙县）	检察长			
湖南第一高等审判分厅（驻沅陵县）	监督推事			
湖南第一高等检察分厅（驻沅陵县）	署监督检察官	康文宸	阜蕃	湖南湘乡县
湖南长沙地方审判厅	厅长	郭秀如	啸馀	福建闽侯县
湖南长沙地方检察厅	检察长	柴宗濚	映波	浙江杭县
	署检察官	卓荦	贵苓	湖南慈利县
	署检察官	胡善俪	希禹	安徽黟县
	署检察官	郝树宝	子善	山东蓬莱县
湖南常德地方审判厅	署厅长	王凤苞	竹如	江苏太仓县
	署推事	张坪	润甫	直隶安新县
	署推事	涂丙熙	季畴	江西丰城县
湖南常德地方检察厅	检察长			
	署首席检察官	周锡九	延龄	浙江江山县
陕西高等审判厅（驻长安县）	署厅长	易恩侯	仲孚	湖北随县
	署庭长	刘希烈	韻松	四川中江县
	推事	张履谦	六吉	热河朝阳县
	推事	周致泽	润生	直隶定县
	署推事	金镛		四川灌县
陕西高等检察厅（驻长安县）	检察长	安永昌	凤楷	四川绵竹县
	署首席检察官	余俊	辉宜	湖北随县
	署检察官	李梦庚	仙洲	四川新都县
陕西第一高等审判分厅	监督推事	何宝铨		山西灵石县
	署庭长	李沛		京兆涿县
	署推事	叶西垣		

机构	职别	姓名	字/号	籍贯
陕西第一高等检察分厅	监督检察官	刘锡璠	粹畲	四川什邡县
	检察官	杨鑑藻	衡平	湖北黄安县
陕西长安地方审判厅	署厅长	彭则荣		湖北汉川县
	署庭长	李荫川		四川什邡县
	署庭长	高广德		山西夏县
	署推事	廖允祚		河南商城县
	署推事	廖体仁		江西奉新县
	署推事	孙祖贤		浙江萧山县
	署推事	陈振名		河南光山县
陕西长安地方检察厅	检察长	周丕显		河南南阳县
	署首席检察官	江鸿勋	履平	四川德阳县
	署检察官	曾师孔		湖北黄冈县
	署检察官	何立言	钦武	浙江诸暨县
	署检察官	李光祖	耀卿	湖北武昌县
陕西南郑地方审判厅	署厅长	宋维经	纬明	四川富顺县
	署推事	刘崇庆	霭云	湖北广济县
陕西南郑地方检察厅	署检察长	赖毓灵	诚昭	四川内江县
	署检察官	赵克仁	寿山	山西阳曲县
	署检察官	安宝光	明九	直隶丰润县
甘肃高等审判厅（驻皋兰县）	厅长	苏兆祥	琢章	四川华阳县
	庭长	王久道	化成	陕西城固县
	署庭长	王承楣	济川	湖北黄陂县
	推事	冯致祥		湖北汉川县
	署推事	熊赞虞	叔琴	广西桂林县
	署推事	施召愚	芔士	浙江绍兴县
甘肃高等检察厅（驻皋兰县）	检察长	张荩臣	清濂	直隶正定县
	首席检察官	王觐墀	芝庭	陕西鄠县
	检察官	成昌藩	汉屏	湖南新化县
	署检察官	张履廷	子尉	山东潍县
	署检察官	李荫川	泽溥	直隶定县
甘肃第一高等审判分厅（驻平凉县）	署监督推事	向泽藩		四川万县
	推事	刘春溥		直隶濮阳县
	推事	孟楙林		陕西郃阳县
	署推事	郭青	渊如	四川仁寿县

续表

机构	职别	姓名	字/号	籍贯
甘肃第一高等检察分厅 （驻平凉县）	监督检察官			
	检察官	许建烈	啸麟	湖北房县
	署检察官	李光邺	毓嵩	湖南宁乡县
甘肃第二高等审判分厅	署监督推事	曹文焕	俊生	陕西长安县
	署推事	米金堂	樾弦	直隶定县
甘肃第二高等检察分厅	署监督检察官	李宗沆	凝度	山西洪洞县
	署检察官	徐邦治	际唐	安徽合肥县
甘肃第三高等审判分厅	署监督推事	褚辛培	近升	湖北云梦县
	推事	刘骏声	筱石	陕西长安县
	署推事	匡银汉	钜卿	四川合江县
甘肃第三高等检察分厅	监督检察官			
甘肃皋兰地方审判厅	厅长			
	署庭长	王士杰	卓卿	湖北孝感县
	署推事	冯庆鸿	子宾	江苏铜山县
	署推事	陈翼良	耀南	福建闽侯县
	署推事	杜荫溥		直隶吴桥县
甘肃皋兰地方检察厅	检察长	王汝霖	沛尘	直隶滦县
	署首席检察官	李学源	廉清	湖南宝庆县
	署检察官	张正源	浚川	山东桓台县
新疆司法筹备处	处长	张正地		湖南岳阳县
四川高等审判厅（驻成 都县）	暂署厅长	薛仲良		
	署推事	王道昌		湖北黄陂县
	署推事	施召愚		浙江绍兴县
四川高等检察厅（驻成 都县）	署检察长	张仲孝		四川内江县
	署检察官	蹇先昌	经叔	贵州遵义县
四川高等审判分厅（驻 巴县）	监督推事			
四川高等检察分厅（驻 巴县）	监督检察官	蔡铣	镕甫	贵州遵义县
四川成都地方审判厅	署厅长	王德恒		四川安岳县
	署推事	杨宜湛		四川渠县
四川成都地方检察厅	检察长			
	署检察官	莫芳春	树南	广西古化县
四川巴县地方审判厅	署推事	刘大朴	毅之	湖南岳阳县
四川巴县地方检察厅	署检察长	苏学海		四川犍为县

机构	职别	姓名	字/号	籍贯
广东高等审判厅（驻番禺县）	厅长			
	推事	王序宾	菉轩	浙江奉化县
广东高等检察厅（驻番禺县）	检察长			
	检察官	王焕	圆叔	广西百色县
	署检察官	石泉	季苏	广西桂林县
	署检察官	李光	君铎	广西苍梧县
广东广州地方审判厅	厅长			
广东广州地方检察厅	署检察长	林翔	璧予	福建闽侯县
广西高等审判厅（驻桂林县）	署厅长	何庆云		广东新会县
	推事	潘焱熊	梦岩	广东南海县
	推事	陈国镛	侣笙	广东顺德县
	推事	霍玉麒	舜农	广东南海县
	推事	莫开琼	紫琴	广东南雄县
	推事	潘应荣	步云	广东南海县
	署推事	张健行	仲乾	四川绵竹县
广西高等检察厅（驻桂林县）	署检察长	叶镜湜		
	检察官	李炳年	午亭	福建建瓯县
广西桂林地方审判厅	厅长	湛湽芬	辉榆	广东增城县
	推事	马宝森	觐亭	广东台山县
	推事	周锵鸣	雅若	广东南海县
	署推事	赵曙岚	晓秋	湖北阳新县
广西桂林地方检察厅	检察长			
	检察官	梁钧	齐甫	贵州贵阳县
	检察官	何成烈	侣云	广东新会县
云南高等审判厅（驻昆明县）	署厅长	唐启虞	宥在	湖南慈利县
	署推事	周安和	希惠	广西桂林县
	署推事	陆培鑫	植卿	广西平乐县
云南高等检察厅（驻昆明县）	署检察长	易文焜	从皋	贵州绥阳县
云南昆明地方审判厅	厅长			
云南昆明地方检察厅	署检察长	杨思源	继美	云南昭通县
贵州高等审判厅（驻贵阳县）	厅长			
	署推事	汤子植	岫云	湖南湘潭县
	署推事	刘昶育	廓寰	四川云阳县

续表

机构	职别	姓名	字/号	籍贯
贵州高等检察厅（驻贵阳县）	署检察长	胡曜	良翰	湖南宁乡县
贵州贵阳地方审判厅	厅长			
	署推事	周晓峰		四川巴县
贵州贵阳地方检察厅	检察长			
贵州镇远地方检察厅	署检察官	徐翼孙	谷人	贵州修文县

资料来源：《职员录》（中华民国十四年第三期），印铸局刊行。

十七 民国北京政府大理院司法官简表（1912～1928）

姓名/字号/生卒年份	籍贯	学历	经　　历	著作
曹祖蕃（实卿）	江西新建	日本法政大学毕业	江苏苏州地方检察厅检察官；江苏高等审判厅推事；江苏吴县地方审判厅厅长；直隶高等检察厅检察官；京师高等审判厅推事；大理院推事；北京大学法律系讲师	
陈尔锡（壬林）1881～？	湖南湘乡	日本京都帝国大学法学士	湖南法政学堂教员；湖南司法司次长；湖南高等审判厅民庭庭长；湖南高等审判厅厅长；大理院推事	
陈渐贤（可均）	山西荣河		甘肃省高等审判厅厅长；大理院推事	
陈瑾昆（克生）1887～1959	湖南常德	日本东京帝国大学法学士	1917年任奉天高等审判厅推事、庭长；1918年修订法律馆纂修；1922年司法部参事；1924年大理院推事兼庭长；国立北平大学、朝阳大学教授；1933年国民政府司法行政部民事司司长；北京大学法律系讲师；1949年后历任中共第一、二、三届全国政协委员，并曾参与制定《中华人民共和国婚姻法》（1950年）、《中华人民共和国宪法》（1954年）	《民法总则》《民法通义总则》《刑事诉讼法通义》《刑事诉讼法实务》

姓名/字号/ 生卒年份	籍贯	学历	经　　历	著作
陈经（礼庭） 1878～1927	江苏江阴	京师大学堂毕业	民国建立后任江阴地方审判厅厅长，1914年调任福建高等审判厅厅长，1919年调任江西高等审判厅厅长，后调任大理院推事	
陈懋咸（虚谷） 1881～1965	福建闽侯	举人	大理院推事；1928年国民政府最高法院推事；上海地方法院院长；最高法院检察署检察官	
陈彰寿（仲文）	浙江崇德		山西、甘肃、湖南高等审判厅厅长；直隶高等检察厅检察长；大理院推事	
戴修瓒（君亮） 1889～1957	湖南常德	日本中央大学法科毕业	曾任北京法政大学法科教务长，北京大学法律系讲师，京师地方检察厅检察长，总检察厅检察官，国民政府最高法院首席检察官，上海法学院、中国公学法律系主任等	《民法债编各论·总论》《票据法》等
单毓华（枚叔） 1883～1955	江苏泰县	光绪二十五年入南京实业学堂；1903年留学日本，入东京法政大学，获法学士学位；1908年回国，中举人	总检察厅代理检察官，上海震旦大学、上海政法学院、上海法学院教授，上海东吴大学法学院院长，执业律师	
董康（绶经） 1867～1947	江苏武进	光绪庚寅科进士；1912年赴日本研习法律；1922年赴欧美考察司法	清刑部主事；修订法律馆纂修兼京师法律学堂教务提调；大理院推事、推丞。民国北京政府时期，历任大理院院长、修订法律馆总裁、司法总长、财政总长等职。南京国民政府时期，先后担任上海法科大学校长兼北京大学法科教授；执业律师；东吴大学法学院教授；法官训练所所长。1940年出任汪伪政府"华北政务委员会"委员	《书舶庸谭》《刑法比较学》，辑有《读曲丛刊》，校订《曲海总目提要》等
鄷更（子卤）	湖南平江		大理院署推事	
冯毓德	浙江绍兴		大理院推事	
高种（子来）	福建闽侯	法政科举人；日本中央大学法学士	清法部主事；资政院秘书官；法制局参事；福建省司法司长；山东高等审判厅厅长；大理院推事	曾主持修订《大清民律草案》亲属编、继承编

姓名/字号/ 生卒年份	籍贯	学历	经　　历	著作
郭云观（闵畴） 1889～？	浙江玉环	北洋大学法律系；外交官考试及格、美国哥伦比亚大学研究院研究国际法	1919年巴黎和会中国代表团帮办秘书；1920年修订法律馆纂修；1920年北京政府外交条约委员会委员；1920年司法部法权讨论会委员；1922～1925年大理院推事；1926年9月后，历任北京、清华大学讲师、燕京大学法学教授、法律系主任兼代副校长；1932年10月任国民政府司法行政部参事；11月调上海第一特区地方法院院长；1946年12月任上海高等法院推事兼院长	《大理院判例要旨》
何基鸿（海秋） 1892～？	河北藁城	日本东京帝国大学法学士，留学德国	大理院书记官、推事；司法部参事；国民政府考试院编撰；北京大学法律系主任、教务长；1939年任监察委员；1945年任国民参政会参政员；1946年当选为"制宪国大"代表	
洪文澜（赋林） 1891～1971	浙江富阳	浙江法政学校	大理院推事；1948年7月司法院第一届大法官	《民法债编通则释义》等
胡诒穀（文甫）	浙江慈溪	美国芝加哥大学法学士	邮传部参议厅法制科法律起草员；京师大学堂法科教员；上海南洋公学教务长；大理院推事兼民庭庭长；上海租界临时法院上诉院民庭庭长；江苏高等法院第二分院民庭庭长	
黄德章（滋护）	四川新繁	日本帝国大学法科毕业，授法科进士	翰林院编修；司法部编修；大理院推事；京师地方审判厅厅长	
江庸（翊云） 1877～1960	福建长汀	1906年日本早稻田大学高等师范部法制经济科毕业，1908年应东西洋留学生廷试，授法科举人，1909年法科进士	清修订法律馆纂修；京师大学堂总教习、学部参事；大理院详谳处推事；民国大理院推事；京师高等审判厅厅长；司法部次长；修订法律馆副总裁、总裁；司法总长；1923年在北京创办《法律评论》周刊，任社长；1918年任驻日本中国留学生监督；朝阳大学校长；故宫博物馆古物馆馆长；执业律师；1924年任国立北京法政大学校长；1948年经提名为司法院第一届大法官，未到职；1949年后历任全国政协委员、全国人大代表，以及上海文史馆副馆长、馆长	《趋庭随笔》《百花山诗草》《南游诗草》等

姓名/字号/生卒年份	籍贯	学历	经　历	著作
蒋福琨（赞丞）	江苏武进		大理院署推事	
李栋（纪云）	直隶藁城	日本明治大学法科毕业	大理院推事	
李杭文（汉屏）	湖北孝感		总检察厅检察官	
李怀亮（特成）1886～？	湖南湘乡	日本中央大学法科毕业	河南法政学堂教员；国立北京法政专门学校教务主任；大理院推事；司法讲习所及司法储才馆教授；国民政府最高法院庭长；国立北平大学法学院讲师；国立北京大学法律系讲师	
李景圻（仲奋）1887～？	福建闽侯	日本早稻田大学政治学士	出使日本考察宪政大臣随员；京师法律学堂教员；京师法政学堂教员；京师地方审判厅、高等审判厅推事；大理院推事、庭长；1928 年国民政府最高法院庭长	
李祖虞（梦驹）1888～？	江苏武进	日本早稻田大学政治经济科毕业，1921 年赴欧洲考察司法	1912 年京师高等审判厅推事、厅长；1913 年大理院推事、庭长；1922 年执业律师；1934 年福建省政府委员兼民政厅厅长；1940 年任汪伪政权"交通部常务处长"	《民事诉讼法》
廉　隅	江苏无锡	法政科进士，日本京都大学	清大理院推事；浙江、直隶等省高等审判厅厅长	
梁敬錞（和卿、和钧）1892～1984	福建闽侯	北京大学法科毕业；英国伦敦大学经济学院硕士	北京大学法科讲师；司法部参事兼北京大学、朝阳大学教授；国民政府最高法院推事；宁夏省高等法院院长；1948 年 10 月应聘美国哥伦比亚大学客座教授；圣若望大学亚洲研究中心研究教授；1968 年任台湾"总统府国策顾问"、"国史馆"顾问、"中华学术院"哲士；1971 年 7 月任台湾中研院近代史研究所所长	《在华领事裁判权论》《马歇尔使华始末》等
梁宓（卤铭）	广东南海		总检察厅检察官	
林棻（少旭）1884～？	福建闽侯	日本早稻田大学政治经济科毕业	进士馆及仕学馆教习；学部参事；京师法政专门学校教务长；京师大学堂法科监督；1912 年教育部专门教育司司长；1913 年大理院推事；1918 年京师、江苏等地高等审判厅厅长；1932 年伪满洲国"最高法院院长"	

姓名/字号/生卒年份	籍贯	学历	经历	著作
林鼎章（西智）1879~？	福建闽侯	庚子辛丑并科举人，京师法律学堂毕业	京师法官养成所教务长；京师地方审判厅、高等审判厅推事；大理院推事；上海大夏大学法科教授；国民政府最高法院庭长	《亲属法》
林行规（斐成）1844~？	浙江鄞县	英国伦敦大学法学士	大理院推事；法律编查会编查员；北京大学法科学长；1915年北京政府司法部民事司司长；1916年调查治外法权委员会专门委员；执业律师	
林祖绳（希周）	福建闽侯		大理院推事	
刘蕃（季衍）	湖北安陆	日本早稻田大学法科毕业	总检察厅署检察长	
刘含章（仲缵）1880~1952	福建闽侯		大理院推事；国民政府最高法院庭长	《亲属法》等
刘志敿（抱愿）1886~？	江苏武进	日本东京帝国大学法科毕业	北京法政专门学校教务主任，京师高等审判厅推事，大理院署推事，南京国民政府最高法院推事，司法行政部法官训练所主任，北京大学法律系教授	
刘钟英（湘山）	湖南湘乡	举人，京师法政学堂毕业	大理院推事；国民政府最高法院推事	《民法继承释义》
龙灵（国桢）1877~？	四川永川	日本中央大学法科毕业	1913~1914年任四川高等审判厅厅长，总检察厅署检察官，1931年任四川高等法院院长，次年去职，1946年为"制宪国大"代表	
陆鸿仪（棣威）1880~1952	江苏吴县	光绪癸卯科进士日本中央大学法科毕业	翰林院编修；国史馆协修；法制局参事；大理院推事、庭长；修订法律馆副总裁；执业律师	
罗文干（钧任）1888~1941	广东番禺	英国牛津大学法律硕士，获大律师资格，1911年应学部留学生考试，授法科进士	宣统元年广东审判厅厅丞；1912年以后，历任广东都督府司法司司长，广东高等检察厅检察长，北京政府总检察厅检察长，修订法律馆副总裁，北京政府司法次长，财政总长，大理院院长，司法总长；1931年后任国民政府司法行政部部长、外交部长等职，1938年任西南联合大学教授	《狱中人语》

姓名/字号/生卒年份	籍贯	学历	经　历	著作
吕世芳（忆园）	安徽旌德	光绪癸卯科举人；日本留学生	京师内城地方检察厅检察官；江苏高等检察厅检察官；江苏高等审判厅推事、民庭庭长；直隶高等检察厅检察官；京师高等审判厅推事；奉天高等审判厅厅长；安徽省长公署秘书长；大理院推事	
马彝德（秉心）	四川会理		总检察厅代理检察官	
麦鼎华（公立）	广东顺德		总检察厅检察官	
梅鹤章（介节）	江苏武进		大理院推事	
潘昌煦（由笙）1877～？	江苏吴县	光绪戊戌科进士，日本中央大学法科毕业	清翰林院编修；国史馆协修；政事堂法制局参事；1915 年司法官惩戒委员会委员；1915 年大理院推事兼庭长，并代理院长；燕京大学法科教授；1929 年国立清华大学政治学系教员	
潘恩培（植生）	河北藁城	优贡生，京师法律学堂毕业	农工商部科员；司法部佥事；京师地方审判厅庭长；京师高等审判厅庭长；大理院推事；国民政府最高法院推事；司法院参事	《刑法实用》
戚运机（愚勤）	湖北沔阳		总检察厅代理检察官	
祁耀川（劲菴）	广东东莞	日本中央大学法科毕业	总检察厅检察官、大理院推事	
钱承鋕（念慈）	浙江杭县	进士，日本东京帝国大学法科毕业	清农工商部员外郎；清度支部会计司司长；大理院推事	
钱鸿业（谨庵）	浙江杭县	监生	清度支部主事；京师检察厅检察官；大理院推事	
邵勋（禹敷）	浙江东阳		民初任京师地方审判厅推事；江西高等审判厅庭长；大理院推事，国民政府最高法院东北分院庭长；新民储才馆讲师；朝阳大学、清华大学教授	《中国民事诉讼法论》等
邵修文（竹琴）1880～？	山西安邑	日本明治大学毕业	清末曾任京师大学堂法制教习、法部小京官。民国建立后，历任山西法政专门学校教员、山西高等审判厅厅长、直隶高等审判厅推事、大理院总检察厅检察官、京师高等检察厅检察长，南京国民政府时期，历任河北、河南、山西高等法院院长等职	

姓名/字号/生卒年份	籍贯	学历	经　　历	著作
沈家彝（季让）1882~？	江苏江宁	光绪癸卯科举人，日本帝国大学毕业	清政府工部郎中；资政院编纂员；大理院推事；京师地方审判厅厅长；奉天、京师等处高等审判厅厅长；1929年北京特别市政府秘书长；上海中国公学法律系教授；1930年国民政府司法行政部参事；1948年司法院大法官	
石志泉（友儒）1885~1960	湖北孝感	日本第一高等学校，日本东京帝国大学法律科毕业	奉天高等审判厅推事；大理院推事；修订法律馆总纂、副总裁；调查治外法权委员会专门委员；司法部民事司司长，1922年司法部次长；朝阳大学法学院院长；国立北京法政大学教育长；国立北平大学法学院教授、系主任；北京大学教授；1948年司法院副院长，1950年台湾"总统府资政"，1955年任司法官训练所所长	《民事诉讼条例释义》《战后日本司法制度之改革》等
孙巩圻（挹英）	江苏无锡		绥远审判处处长；大理院推事	
孙观圻		早年留学日本，专攻法律	民国后曾任上海嘉定地方审判厅审判官；大理院推事；北平地方法院院长；开滦煤矿法律顾问；执业律师	《论国籍之效果》
汪燨芝（鹿园）1882~1928	安徽休宁	日本早稻田大学毕业	清工商部主事；京师法律学堂教习；修订法律馆协修；民国法制局参事；大理院推事兼庭长；法典编纂会调查员；总检察厅检察长	
汪有龄（子健）1879~？	浙江杭县	日本法政大学毕业	1912年南京临时政府法制局参事；1912年北京政府司法部次长；法律编查会副会长；1914年参政院参政、议员；大理院推事；1921年北京朝阳大学院长；执业律师	
汪祖泽（通甫）	广东番禺	日本明治大学法科毕业	总检察厅检察官	

370

姓名/字号/生卒年份	籍贯	学历	经　历	著作
王宪惠（亮畴）1881～1958	广东东莞	香港皇仁书院，天津北洋大学法科，1901年赴日，攻研法政，美国耶鲁大学法学博士	1912年1月南京临时政府外交总长，1912年3月北京政府司法总长，1913年复旦大学副校长，修订法律馆总裁，国立北京大学教员，1920年大理院院长，国际联盟及华盛顿会议代表，国际常任法庭副审判官，国务总理，教育总长，国民政府司法部部长，1928年国民政府司法院院长，1945年代表中国出席联合国创立会议，制度《联合国宪章》，1948年当选为中研院院士	《宪法刍议》《宪法危言》《比较宪法》《中华民国刑法》等，译著有《德国民法》等
王凤瀛		东吴大学法学学士	修订法律馆纂修；民初时期为法学刊物《法学会杂志》主要撰稿人；大理院推事	《起草票据法之管见》
王义检	直隶易县		总检察厅代理检察官	
魏大同（羡唐）1893～1950	吉林扶余	朝阳大学法科毕业	大理院推事；福建高等法院推事兼院长；国民政府最高法院推事；司法行政部民事司司长；陕西省高等法院推事兼院长；吉林、辽宁、湖北高等法院推事兼院长；1949年司法院大法官	
翁敬棠（剑洲）1885～1957	福建闽侯	全闽大学堂毕业，日本法政大学毕业，回国授予法政举人	总检察厅署检察官；民国建立后，历任闽侯地方检察厅检察长，北京地方检察厅检察官、检察长，总检察厅检察官；1927年3月任武汉国民政府最高法院刑事庭长，后任南京国民政府最高法院民庭庭长	《刑法论》《公司法释义》等
夏勤（敬民）1892～1950	江苏泰县	北京法政专门学校法律本科毕业；日本中央大学毕业；东京帝国大学法科研究室毕业	京师地方检察厅检察官；京师高等审判厅厅长；1917年大理院推事；1924年大理院总检察厅检察官、首席检察官；北京大学法律系教授；国民政府最高法院庭长；1928年国民政府最高法院刑庭庭长、法官惩戒委员会委员；1936年最高法院推事；1938年司法行政部常务次长；1945年最高法院院长；1949年大法官	《法学通论》《刑法总论》《刑法政策学》《指纹学》《刑事诉讼法》等

姓名/字号/生卒年份	籍贯	学历	经　　历	著作
熊兆周（钥青）	湖南安乡		总检察厅检察官	
徐观（听涛）	安徽桐城		大理院推事；国民政府最高法院推事	
徐焕（章夫）	浙江杭县		大理院代理推事	
徐彭龄（企商）	江苏青浦		大理院推事、司法部刑事司司长	
徐维震（旭瀛）1880～？	浙江桐乡	上海南洋大学毕业；留学美国加利福尼亚大学、芝加哥大学，获印第安纳大学法学士	1909年邮传部法律参订员；海军处司法官；大理院推事；国立北京大学法科讲师；1919年山西高等审判厅副厅长；1925年调查法权委员会秘书长；1927年上海租界临时法院院长；上海东吴大学法学院教授；1928年国民政府工商部参事；司法行政部参事；1930年江苏高等法院第二分院院长	
许世英（俊人）1873～1964	安徽至德	光绪丁酉科拔贡	刑部主稿、主事；1908年奉天高等审判厅厅丞；1910年赴欧美考察法制副代表；1911年山西提法使、布政使；1912年直隶都督府秘书长；1912年5月大理院院长；1912年7月司法总长；1913年奉天民政长；1914年福建巡按使；1916年内务、交通总长；1921年安徽省省长；1925年段祺瑞执政府国务总理；1936年驻日大使；1947年国民政府行政院政务委员兼蒙藏委员会委员长；1950年台湾"总统府资政"	《许世英回忆录》《治奉七十日政记》等
许泽新（用康）	四川屏山	京师法律学堂毕业	山西高等检察厅首席检察官；国务院法制局佥事；京师高等检察厅检察官；大理院推事；国民政府司法行政部刑事司科长；司法行政部参事	
许卓然（修直）	江苏无锡	留学日本	大理院推事	
姚震（次之）1884～1935	安徽贵池	日本早稻田大学法学士，1910年法科进士	日本司法省及裁判所实习；清法部员外郎；大理院推事；司法官惩戒委员会委员长；北京政府大理院庭长；大理院院长；1922年任段祺瑞政府秘书长；1927年司法总长	
叶衍华（柳宅）1874～1941	广东东莞	日本大学法科毕业	大理院署推事	

姓名/字号/ 生卒年份	籍贯	学历	经　历	著作
叶在均（乃崇） 1885～？	福建福清	京师法政学堂法律正科毕业	京师地方审判厅庭长；京师高等审判厅推事；大理院推事；1928年国民政府最高法院推事；1930年最高法院庭长；1949年司法院大法官	
殷汝熊（肃祥）	浙江平阳	留学日本	1916年湖南省高等审判厅厅长；1922年大理院推事；1927年浙江高等法院院长；1929年山东高等法院院长；执业律师	
余棨昌（戟门） 1881～？	浙江绍兴	日本东京帝国大学法学士	清户部主事；法制局参事；司法官惩戒委员会委员；大理院推事、庭长；司法讲习所所长；修订法律馆顾问；1923年大理院院长；1928年修订法律馆总裁、国立北平大学法学院教授；国立北京大学法律系教员	《民法要论总则》《物权》《亲属继承》等
郁华（曼陀） 1884～1939	浙江富阳	日本早稻田大学师范科毕业，日本法政大学法科毕业	京师高等审判厅推事；大理院推事；朝阳大学、东吴大学、司法储才馆刑法教授；国民政府司法行政部刑事司第三科科长；最高法院东北分院刑庭庭长兼代分院院长	《刑事总则》《郁曼陀陈碧岑诗抄》等
张乘运（时清）	湖北宜昌		总检察厅署检察官	
张康培（醉石）	江苏崇明		大理院推事	
张式彝（蓝田） ？～1948	河南光山	直隶法律专门学校毕业	河南公立法政学堂教习；抚顺地方检察厅检察官；辽阳初级审判厅推事；京师高等审判厅推事、庭长；大理院推事；1929年国民政府最高法院推事；1948年司法院第一届大法官	
张祥麟	湖北沔阳		总检察厅检察官	
张孝琳（剑青）	浙江杭县		大理院推事；国民政府最高法院推事；国立中央大学法律系副教授	
张孝栘（逖省、棣生） 1881～？	湖北武昌	日本早稻田大学法科毕业	京师法政学堂教习；清大理院五品推事；修订法律馆编纂；大理院推事；总检察厅检察官，1915年总检察厅检察长；国立北平大学法学院教授；国立北京大学法律系教员	

姓名/字号/ 生卒年份	籍贯	学历	经 历	著作
张志让（季龙） 1894～1978	江苏武进	北京大学预科，复旦大学，哥伦比亚大学法律硕士，于柏林大学进修法学	大理院推事，北京大学法律系教员；执业律师并兼职东吴大学法学院；复旦大学法律系教授、系主任兼法学院院长；1949 年以后任中共第一、二、三、四届全国人大代表	
章宗祥（仲和） 1879～1962	浙江吴兴	廪贡生；日本第一高等学校；日本东京帝国大学法科毕业；授法科进士	进士馆教习；农工商部主事；法律馆纂修；1905 辅助商部尚书载振编纂商法；1912 年任袁世凯总统府秘书；法制局局长；1912 年大理院院长；修订法律馆总裁；1914 年任司法总长；1916 年驻日公使；1919 年代表北京政府参加巴黎和会，回国后被免职	《日本留学指南》《东京三年记》
郑天锡（茀庭） 1884～1970	广东中山	香港皇仁书院肄业；1912 年英国伦敦大学法律系毕业，英国伦敦大学法律学博士	1917 年香港执业律师；1918 年北京政府司法部法律翻译监督，修订法律馆纂修、总纂；1919 年大理院推事；1921 年华盛顿会议中国代表团专门委员；调查治外法权委员会委员；商标局法律顾问；1928 年执业律师；上海东吴大学法学院兼任教授；1931 年司法行政部政务次长；1936 年 10 月当选国际联盟国际法庭法官；1945 年重任司法行政部政务次长；1946 年 8 月任中国驻英大使	《国际私法中关于确定契约能力的法规》《中国文化与艺术》《八十感言》等
朱得森（瑞澜） 1886～1954	湖南慈利	京师法律学堂毕业	总检察厅代理检察官；大理院推事；国民政府最高法院推事	
朱深（博渊） 1879～1943	直隶永清	日本东京帝国大学法科毕业	民国建立后，任京师高等检察厅检察长，总检察厅检察官、检察长，内务总长，司法总长；抗战时期出任汪伪"华北政务委员会司法部长""委员长"等职	
朱献文（郁堂） 1876～1949	浙江义乌	日本东京帝国大学法科毕业	修订法律馆协修；1912 年国务院法制局参事；1912 年大理院推事；1914 年江西高等审判厅厅长；1919 年司法院参事；1927 年国民政府司法部司长；1943 年浙江省临时参议会第二届议长	曾主持修订《大清民律草案》之亲属编、继承编

姓名/字号/ 生卒年份	籍贯	学历	经　历	著作
朱学曾（文伯） 1885～1924	贵州平越	东京中央法政大学毕业；1909年留学生考试，授举人；廷试，授内阁中书	河南官立法政学堂教授；京师高等审判厅推事、庭长；1914年大理院推事、庭长；1919年法律编修馆总纂；京师法政学堂、朝阳大学兼任教授；执业律师	《民法物权》《朱文伯先生遗著》
庄璟珂（景高） 1886～1934	福建闽侯	日本早稻田大学法科毕业	民国建立后，任大理院推事，司法部民事司司长，浙江高等审判厅厅长	
左德敏（子捷）	湖北孝感		国立北京大学法律系教授；大理院推事；国民政府最高法院推事	

　　资料来源：《职员录》（民国元年第一期，二年第一期，三年第一期，四年第一期，五年第二期，六年第三期，七年第二期，九年第一期，十一年第四期，十二年第二期，十三年第二期，十四年第三期），印铸局刊行；黄源盛：《民初大理院与裁判》，第64～82页；陈玉堂编著《中国近现代人物名号大辞典》（全编增订本）；等等。

参考文献

一 档案、官书、资料汇编

北图社影印室辑《清末民初宪政史料辑刊》，北京图书馆出版社，2006。

卞孝萱、唐文权编《辛亥人物碑传集》，团结出版社，1991。

蔡鸿源主编《民国法规集成》，黄山书社，1999。

《参议院议决案汇编》，中国社会科学院近代史研究所图书馆藏。

《大清律例》，田涛、郑秦点校，法律出版社，1999。

《调查法权委员会报告书》，法律评论社，1926年12月。

杜春和等编《北洋军阀史料选辑》，中国社会科学出版社，1981。

法权讨论委员会编《考查司法记》，北京日报馆，1924。

《奉天省各级审判检察厅统计书》，出版者不详，宣统元年印行，中国政法大学图书馆藏。

敷文社编《最近官绅履历汇编》，台北，文海出版社，1970。

甘厚慈辑《北洋公牍类纂》，京城益森印刷有限公司，光绪丁未年。

故宫博物院明清档案部编《清末筹备立宪档案史料》，中华书局，1979。

湖南省泸溪县志编纂委员会编《泸溪县志》，社会科学文献出版社，1993。

《吉林提法司第一次报告书》，出版者、时间不详，中国政法大学图书馆藏。

崑冈等编《钦定大清会典》，商务印书馆，宣统元年。

来新夏主编《北洋军阀》，上海人民出版社，1988~1993。

刘雨珍、孙雪梅编《日本政法考察记》，上海古籍出版社，2002。

马保超：《河北古今编著人物小传》，河北人民出版社，1991。

闵尔昌录《碑传集补》，台北，文海出版社，1973。

潘荣胜主编《明清进士录》，中华书局，2006。

《钦定大清现行刑律》（点校本），陈颐点校，北京大学出版社，2017。

秦国经主编《中国第一历史档案馆藏清代官员履历档案全编》，华东师范大学出版社，1997。

清华大学图书馆、科技史暨古文献研究所编《清代缙绅录集成》，大象出版社，2008。

日本法政大学大学史资料委员会编《清国留学生法政速成科纪事》，裴敬伟译，广西师范大学出版社，2015。

商务印书馆编译所编纂《大清新法令》，商务印书馆，2010、2011。

沈尔乔等编辑《"〈现行律〉民事有效部分"集解四种》，陈颐点校，法律出版社，2016。

司法部参事厅编《司法例规》，1916年印行。

天津图书馆、天津社会科学院历史研究所编《袁世凯奏议》，天津古籍出版社，1987。

万仁元、方庆秋主编《中华民国史史料长编》，南京大学出版社，1993。

汪庆祺编《各省审判厅判牍》，李启成点校，北京大学出版社，2007。

吴稚晖档案，台北中国国民党党史馆藏。

《宪政最新揩绅全书》，京都荣宝斋刊，宣统辛亥秋季，中国社会科学院近代史研究所图书馆藏。

《新定官制揩绅全函》，荣录堂刊，辛亥冬季，中国社会科学院近代史研究所图书馆藏。

《新疆审判厅筹办处报告书》，出版者不详，宣统三年正月印，中国国家图书馆藏。

《新译日本法规大全》（点校本），南洋公学译书院初译、商务印书馆编译所补译校订，商务印书馆，2007～2008。

刑（法）部、民政部等档案，中国第一历史档案馆藏。

徐世昌：《退耕堂政书》，台北，文海出版社，1968。

许世英：《司法计划书》，中华民国元年十一月，中国国家图书馆藏书。

《云南第一次考试法官闱文》，出版者不详，宣统二年九月排印，中国国家图书馆藏。

章伯锋、李宗一主编《北洋军阀》，武汉出版社。1990。

赵尔巽等：《清史稿》，中华书局，1977。

《职员录》，印铸局刊行，中国社会科学院近代史研究所图书馆藏。

中国第一历史档案馆、海峡两岸出版交流中心编《清宫辛亥革命档案汇编》，九州出版社，2011。

中国第一历史档案馆编《光绪宣统两朝上谕档》，广西师范大学出版社，1996。

《中华民国新文牍汇编》，广益书局发行，1913。

朱寿朋编《光绪朝东华录》，中华书局，1958。

二　报纸杂志

《北京公益报》

《大公报》

《东方杂志》

《法轨》

《法律评论》

《法学季刊》

《法学杂志》

《法政杂志》

《法制史研究》（台北）

《佛学丛报》

《广东司法五日报》

《国立北京大学社会科学季刊》

《近代史研究》

《近代史资料》

《京报副刊》

《历史研究》

《临时公报》（北京）

《民立报》

《申报》

《神州日报》

《盛京时报》

《时报》

《顺天时报》

《司法公报》

《浙江公报》

《政府公报》

《政治官报》

三　文集、日记、年谱、回忆录等

爱新觉罗·载沣：《醇亲王载沣日记》，群众出版社，2014。

安徽政协文史资料委员会、东至县政协文史资料委员会编《许世英》，中国文史出版社，1989。

曹伯言整理《胡适日记全集》，台北，联经出版事业股份有限公司，2004。

曹汝霖：《曹汝霖一生之回忆》，中国大百科全书出版社，2009。

陈锡祺主编《孙中山年谱长编》，中华书局，1991（2003年重印）。

陈寅恪：《陈寅恪集》，三联书店，2001。

丁文江、赵丰田编《梁启超年谱长编》，上海人民出版社，2009。

丁贤俊、喻作凤编《伍廷芳集》，中华书局，1993。

董康：《书舶庸谭》，辽宁教育出版社，1998。

《顾维钧回忆录》，中国社会科学院近代史研究所译，中华书局，1983。

韩策、崔学森整理《汪荣宝日记》，中华书局，2013。

何勤华、李秀清主编《民国法学论文精萃》，法律出版社，2003。

何勤华、魏琼编《董康法学文集》，中国政法大学出版社，2005。

胡汉民：《胡汉民回忆录》，东方出版社，2013。

胡思敬：《国闻备乘》，中华书局，2007。

华友根编《董康法学文选》，法律出版社，2015。

黄伯度编《许世英先生纪念集》，台北，文海出版社，1978。

黄尊三：《黄尊三日记选载》，中国人民政治协商会议湘西土家族苗族自治州委员会文史资料研究委员会编《湘西文史资料》第3辑，1984。

黄尊三：《清国人日本留学日记：1905～1912》，实藤惠秀、佐藤三郎译，日本东方书店，1986。

黄尊三：《三十年日记》，湖南印书馆，1933。

江庸：《江庸法学文集》，法律出版社，2014。

李贵连编著《沈家本年谱长编》，山东人民出版社，2010。

梁敬錞：《余庐谈往——余（越园）林（宰平）交谊特述》，《传记文学》（台北）第25卷第3期，1974年9月。

梁启超：《饮冰室合集》，中华书局，1989。

林志钧：《北云集》，1963年排印（线装书）。

刘大鹏：《退想斋日记》，乔志强标注，山西人民出版社，1990。

刘泱泱整理《宋教仁日记》，中华书局，2014。

鲁迅：《鲁迅全集》，人民文学出版社，1981。

骆宝善、刘路生主编《袁世凯全集》，河南大学出版社，2013。

马寿华：《服务司法界六十一年》，台北，马氏思上书屋，1987。

马叙伦：《我在六十岁以前》，三联书店，1983。

蒙默编《蒙文通学记》，三联书店，1993。

缪荃孙：《艺风堂友朋书札》，顾廷龙校阅，上海古籍出版社，1981。

穆湘玥：《藕初五十自述》，商务印书馆，1926。

任玉田：《民国的法律、法院与司法人员》，中国人民政治协商会议陕西省汉中市委员会文史资料研究委员会编《汉中市文史资料》第3辑，1985。

阮毅成：《记余绍宋先生》，《传记文学》（台北）第 18 卷第 2 期，1971年 2 月。

绍英：《绍英日记》，国家图书馆出版社，2009。

申报馆编《最近之五十年》，申报馆，1923。

释印顺编著《太虚法师年谱》，宗教文化出版社，1995。

孙宝瑄：《忘山庐日记》，上海古籍出版社，1983。

汤志钧编《章太炎年谱长编》（增订本），中华书局，2013。

唐德刚：《胡适杂忆》，台北，传记文学出版社，1980。

《唐烜日记》（手稿本），中国社会科学院近代史研究所档案馆藏。

唐芸海：《虞渊集注》，赵键注，香港，中国民盟文化出版社，2009。

汪祖泽、莫擎天：《辛亥前后的广东司法》，中国人民政治协商会议广东省委员会文史资料研究委员会编《广东文史资料》第 8 辑，1963。

王子壮：《王子壮日记》，台北，中研院近代史研究所，2001。

温世霖：《昆仑旅行日记》，李德龙、俞冰主编《历代日记丛钞》第167 册，学苑出版社，2006。

吴朋寿：《京师法律学堂和京师法政学堂》，中国人民政治协商会议全国委员会文史资料委员会编《文史资料选辑》第 142 辑，中国文史出版社，2000。

吴长翼编《八十三天皇帝梦》，文史资料出版社，1983。

夏晓虹辑《〈饮冰室合集〉集外文》，北京大学出版社，2005。

谢冠生：《簋笙堂文稿》，台北，商务印书馆，1973。

谢健：《谢铸陈回忆录》，台北，文海出版社，1973。

徐世昌编《晚晴簃诗汇》，中华书局，1990。

徐世虹主编《沈家本全集》，中国政法大学出版社，2010。

徐一士：《谈林长民》，《古今半月刊》第 38 期，1944 年 1 月 1 日。

徐一士著，徐禾选编《亦佳庐小品》，中华书局，2009。

许恪儒整理《许宝蘅日记》，中华书局，2010。

许世英：《许世英回忆录》，台北，人间世月刊社，1966。

闫晓君整理《乐素堂文集》，法律出版社，2014。

严云绶等主编《桐城派名家文集》，安徽教育出版社，2014。

杨琥编《宪政救国之梦：张耀曾先生文存》，法律出版社，2004。

杨天石主编《钱玄同日记》，北京大学出版社，2014。

余绍宋：《余绍宋集》，浙江人民美术出版社，2015。

余绍宋：《余绍宋日记》，北京图书馆出版社，2003。

苑书义等主编《张之洞全集》，河北人民出版社，1998。

恽毓鼎：《恽毓鼎澄斋日记》，史晓风整理，浙江古籍出版社，2004。

张国华、李贵连编著《沈家本年谱初编》，北京大学出版社，1989。

张肇元：《张肇元回忆录》，台北，正中书局，1976。

章宗祥：《新刑律颁布之经过》，中国人民政治协商会议全国委员会文史资料委员会编《文史资料存稿选编》（晚清北洋上），中国文史出版社，2002。

中共中央马克思恩格斯列宁斯大林著作编译局编《马克思恩格斯选集》，人民出版社，1972。

中国国民党中央委员会党史委员会编《邵元冲先生文集》，台北，中国国民党中央委员会党史委员会，1983。

周月峰编《中国近代思想家文库·杜亚泉卷》，中国人民大学出版社，2014。

朱希祖：《朱希祖日记》，中华书局，2012。

朱峙三：《朱峙三日记》，国家图书馆出版社，2011。

四 研究著作

〔美〕艾恺：《世界范围内的反现代化思潮——论文化守成主义》，贵州人民出版社，1991。

毕连芳：《北京民国政府司法官制度研究》，中国社会科学出版社，2009。

别琳：《进步党与民初政治》，四川大学出版社，2015。

〔美〕波斯纳：《法官如何思考》，苏力译，北京大学出版社，2009。

〔美〕伯尔曼：《法律与宗教》，梁治平译，中国政法大学出版社，

2003。

〔英〕布兰德：《英格兰律师职业的起源》，李红海译，北京大学出版社，2009。

蔡枢衡：《中国法理自觉的发展》，清华大学出版社，2005。

蔡晓荣：《法界往事：民国时期民法学家群体及其志业》，中国政法大学出版社，2016。

陈兵、邓子美：《二十世纪中国佛教》，民族出版社，2000。

陈顾远：《中国法制史概要》，商务印书馆，2011。

陈惠馨：《德国法制史：从日耳曼到近代》，中国政法大学出版社，2011。

陈同：《近代社会变迁中的上海律师》，上海辞书出版社，2008。

陈新宇：《寻找法律史上的失踪者》，广西师范大学出版社，2015。

陈煜：《清末新政中的修订法律馆：中国法律近代化的一段往事》，中国政法大学出版社，2009。

程燎原：《清末法政人的世界》，法律出版社，2003。

川岛真：《中国近代外交的形成》，田建国译，北京大学出版社，2012。

〔德〕茨威格特、克茨：《比较法总论》，潘汉典等译，法律出版社，2003。

〔美〕达玛什卡：《司法和国家权力的多种面孔：比较视野中的法律程序》，郑戈译，中国政法大学出版社，2015。

〔日〕大木雅夫：《比较法》，范愉译，法律出版社，1999。

邓野：《巴黎和会与北京政府的内外博弈：1919年中国的外交争执与政派利益》，社会科学文献出版社，2014。

费孝通：《乡土中国 生育制度》，北京大学出版社，1998。

〔日〕冈田朝太郎等：《检察制度》，郑言笔述，中国政法大学出版社，2003。

高放等：《清末立宪史》，华文出版社，2012。

韩涛：《晚清大理院：中国最早的最高法院》，法律出版社，2012。

贺卫方：《司法的制度与理念》，中国政法大学出版社，1998。

贺卫方编《中国法律教育之路》，中国政法大学出版社，1997。

〔美〕亨廷顿：《变化社会中的政治秩序》，王冠华等译，上海人民出版社，2008。

侯欣一：《创制、运行及变异——民国时期西安地方法院研究》，商务印书馆，2017。

侯宜杰：《二十世纪初中国政治改革风潮——清末立宪运动史》，中国人民大学出版社，2011。

华友根：《中国近代立法大家：董康的法制活动与思想》，上海书店出版社，2011。

黄福庆：《清末留日学生》，台北，中研院近代史研究所，1974（2010年再版）。

黄源盛：《民初大理院与裁判》，台北，元照出版有限公司，2011。

黄宗智：《法典、习俗与司法实践：清代与民国的比较》，上海书店出版社，2003。

季卫东：《法治秩序的建构》（增补版），商务印书馆，2014。

〔比〕卡内冈：《法官、立法者与法学教授——欧洲法律史篇》，薛张敏敏译，北京大学出版社，2006。

来新夏等：《北洋军阀史》，东方出版中心，2011。

李超：《清末民初的审判独立研究：以法院设置与法官选任为中心》，法律出版社，2009。

李贵连：《沈家本传》，法律出版社，2000。

李剑农：《中国近百年政治史》，复旦大学出版社，2002。

李启成：《晚清各级审判厅研究》，北京大学出版社，2004。

李文杰：《中国近代外交官群体的形成（1861~1911）》，三联书店，2017。

李喜所：《近代中国的留学生》，人民出版社，1987。

李细珠：《张之洞与清末新政研究》，上海书店出版社，2003。

李新总编《中华民国史》，中华书局，2011。

李学智：《民国初年的法治思潮与法制建设》，中国社会科学出版社，2004。

林子勋：《中国留学教育史（1874～1975）》，台北，华冈出版有限公司，1976。

柳诒徵：《中国文化史》，上海古籍出版社，2001。

〔美〕罗斯科·庞德：《法律史解释》，邓正来译，中国法制出版社，2002。

〔德〕马克思：《资本论》，人民出版社，1975。

〔美〕马丁·夏皮罗：《法院：比较法上和政治学上的分析》，张生、李彤译，中国政法大学出版社，2005。

毛建波：《余绍宋：画学及书画实践研究》，中国美术学院出版社，2008。

〔美〕梅利曼：《大陆法系》，顾培东、禄正平译，法律出版社，2004。

〔英〕梅特兰：《英格兰宪政史》，李红海译，中国政法大学出版社，2010。

美国国务院国际信息局编《美国法律概况》，金蔓丽译，辽宁教育出版社，2006。

〔德〕穆勒：《恐怖的法官：纳粹时期的司法》，王勇译，中国政法大学出版社，2000。

那思陆：《清代中央司法审判制度》，北京大学出版社，2004。

欧阳湘：《近代中国法院普设研究：以广东为个案的历史考察》，知识产权出版社，2007。

裴艳：《留学生与中国法学》，南开大学出版社，2009。

〔法〕皮埃尔·特鲁仕主编《法国司法制度》，丁伟译，北京大学出版社，2012。

钱实甫：《北洋政府时期的政治制度》，中华书局，1984。

邱志红：《现代律师的生成与境遇：以民国时期北京律师群体为中心的研究》，社会科学文献出版社，2012。

瞿同祖：《清代地方政府》，范忠信等译，法律出版社，2003。

瞿同祖：《中国法律与中国社会》，中华书局，1981。

〔日〕仁井田陞：《中国法制史》，牟发松译，上海古籍出版社，2011。

桑兵：《清末新知识界的社团与活动》，三联书店，1995。

尚小明：《留日学生与清末新政》，江西教育出版社，2002。

沈殿成主编《中国人留学日本百年史》，辽宁教育出版社，1997。

沈家本：《历代刑法考》，中华书局，1985。

实藤惠秀：《中国人留学日本史》（修订译本），谭汝谦、林启彦译，北京大学出版社，2012。

史新恒：《清末提法使研究》，社会科学文献出版社，2014。

舒新城：《近代中国留学史》，中华书局，1927。

苏力、贺卫方主编《20世纪的中国学术与社会》（法学卷），山东人民出版社，2001。

苏力：《送法下乡：中国基层司法制度研究》，中国政法大学出版社，2000。

孙慧敏：《制度移植：民初上海的中国律师（1912～1937）》，台北，中研院近代史研究所，2012。

〔美〕泰格、利维：《法律与资本主义的兴起》，纪琨译，学林出版社，1996。

唐仕春：《北洋时期的基层司法》，社会科学文献出版社，2013。

陶孟和：《北平生活费之分析》，社会调查所出版、商务印书馆印行，1930。

田涛：《不二法门》，法律出版社，2004。

〔法〕托克维尔：《论美国的民主》，董果良译，商务印书馆，1991。

汪朝光：《民国的初建》，江苏人民出版社，2007。

汪楫宝：《民国司法志》，商务印书馆，2013。

王汎森：《权力的毛细管作用：清代的思想、学术与心态》（修订版），台北，联经出版事业股份有限公司，2013。

王桧林等主编《中国通史》（近代后编），上海人民出版社，1999。

王健：《中国近代的法律教育》，中国政法大学出版社，2001。

王聿均：《泰戈尔及其他》，台北，世界文物出版社，1974。

王奇生：《国共合作与国民革命》，江苏人民出版社，2006。

王奇生：《中国留学生的历史轨迹（1872～1949）》，湖北教育出版社，1992。

王泽鉴主编《英美法导论》，北京大学出版社，2012。

魏泉：《士林交游与风气变迁：19世纪宣南的文人群体研究》，北京大学出版社，2008。

肖宗志：《候补文官群体与晚清政治》，巴蜀书社，2007。

谢彬：《民国政党史》，中华书局，2007。

谢蔚：《晚清法部研究》，中国社会科学出版社，2014。

谢振民编著《中华民国立法史》，张知本校订，中国政法大学出版社，2000。

许章润：《法学家的智慧：关于法律的知识品格与人文类型》，清华大学出版社，2004。

于明：《司法治国：英国法庭的政治史（1154～1701）》，法律出版社，2015。

余英时：《士与中国文化》，上海人民出版社，2003。

张从容：《部院之争：晚清司法改革的交叉路口》，北京大学出版社，2007。

张德泽：《清代国家机关考略》，学苑出版社，2001。

张海鹏、李细珠：《新政、立宪与辛亥革命》，江苏人民出版社，2006。

张晋藩总主编《中国法制通史》，法律出版社，1999。

张勤：《中国近代民事司法变革研究：以奉天省为例》，商务印书馆，2012。

张玉法：《民国初年的政党》，岳麓书社，2004。

张玉法：《清季的立宪团体》，台北，中研院近代史研究所，1985。

章开沅、余子侠主编《中国人留学史》，社会科学文献出版社，2013。

郑秦：《清代法律制度研究》，中国政法大学出版社，2000。

朱汉国、杨群主编《中华民国史》，四川人民出版社，2006。

〔日〕滋贺秀三等著，王亚新、梁治平编《明清时期的民事审判与民间契约》，法律出版社，1998。

Andrew J. Nathan, *Peking Politics*, *1918 – 1923*, *Factionalism and the Failure of Constitutionalism*, Berkeley: University of California Press, 1976.

William Mckinley Runyan：《生命史与心理传记学——理论与方法的探索》，丁兴祥、张慈宜等译，台北，远流出版公司，2002。

Xiaoqun Xu, *Trial of Modernity*: *Judicial Reform in Early Twentieth-Century China*, *1901 – 1937*, Stanford, California: Stanford University Press, 2008.

五　论文

陈家林：《许世英拔贡前后史实小考》，《安庆师范学院学报》（社会科学版）1993 年第 3 期。

陈新宇：《向左转？向右转？——董康与近代中国的法律改革》，《法制史研究》（台北）第 8 期，2005 年 12 月。

范铁权：《黄尊三留日史事述论——以黄尊三〈留学日记〉为依据》，《徐州师范大学学报》（哲学社会科学版）2012 年第 4 期。

郭斌：《黄尊三的留日活动初探》，《北方文学》2010 年第 3 期。

郝铁川：《中国近代法学留学生与法制近代化》，《法学研究》1997 年第 6 期。

贺跃夫：《清末士大夫留学日本热透视——论法政大学中国留学生速成科》，《近代史研究》1993 年第 1 期。

黄源盛：《沈家本法律思想与晚清刑律变迁》，博士学位论文，台湾大学法律学研究所，1991。

孔祥吉：《难得一见的百日维新史料——读唐烜稿本〈留庵日钞〉》，《学术界》2004 年第 1 期。

孔祥吉：《谭嗣同〈狱中题壁〉诗刑部传抄本之发现及其意义——以唐烜〈留庵日钞〉为线索》，《历史研究》1996 年第 5 期。

李启成：《宣统二年的法官考试》，《法制史研究》（台北）第 3 期，2002 年 12 月。

李文杰：《继承与开新之间——清末民初外务（交）部的人事嬗替与结构变迁》，《社会科学》2014 年第 6 期。

李喜所、李来容：《清末留日学生"取缔规则"事件再解读》，《近代史研究》2009 年第 6 期。

刘平平：《余绍宋与民国〈龙游县志〉》，《中国地方志》2009 年第 5 期。

鲁卫东：《军阀与内阁——北洋军阀统治时期内阁阁员群体构成与分析（1916～1928）》，《史学集刊》2009 年第 2 期。

罗志田：《西方的分裂：国际风云与五四前后中国思想的演变》，《中国社会科学》1999 年第 3 期。

马国华：《有道平生无党籍，听山余事做诗人——郭家声先生的〈忍冬书屋诗集〉》，《东京文学》2009 年第 5 期。

缪树红：《论北洋军阀统治下的文官主体——以国务院为考察对象》，硕士学位论文，北京大学历史系，2007。

彭砺志：《余绍宋 1924 年出任北京美专校长始末考略》，《美术研究》2006 年第 1 期。

浦依莲：《二十世纪初中国留日学生的法政教育》，许苗杰译，法国汉学丛书编辑委员会编《法国汉学》第 8 辑，中华书局，2003。

秦裕芳、赵明政：《关于"取缔规则事件"的若干流行说法质疑》，《复旦学报》（社会科学版）1980 年第 2 期。

桑兵：《接收清朝与组建民国》，《近代史研究》2014 年第 1、2 期。

沈慧瑛：《陆鸿仪档案》，《中国档案》2007 年第 2 期。

沈松平：《从余绍宋看民国志家对传统方志学理论的扬弃》，《宁波大学学报》2003 年第 4 期。

孙慧敏：《从东京、北京到上海：日系法学教育与中国律师的养成（1902～1914）》，《法制史研究》（台北）第 3 期，2002 年 12 月。

天僇生：《中国历代小说史论》，《月月小说》第 1 卷第 11 期，光绪丁未年十一月。

王天华：《国家法人说的兴衰及其法学遗产》，《法学研究》2012 年第 5 期。

王志强：《辛亥革命后基层审判的转型与承续——以民国元年上海地区为例》，《中国社会科学》2012 年第 5 期。

徐保安：《清末地方官员学堂教育述论——以课吏馆和法政学堂为中心》，《近代史研究》2008 年第 1 期。

杨瑞：《辛亥变局与留日学人心态裂变——以湘人黄尊三心路历程为个案的考察》，《史学月刊》2013 年第 10 期。

杨天宏：《法政纠结："罗文干案"的告诉与检审》，《近代史研究》2016 年第 5 期。

叶龙彦：《清末民初之法政学堂（1905～1919）》，博士学位论文，台北中国文化大学历史研究所，1974。

余子安：《余绍宋与方志学》，《浙江学刊》1983 年第 3 期。

俞江：《清末奉天各级审判厅考论》，《华东政法学院学报》2006 年第 1 期。

翟海涛：《法政人与清末法制变革研究——以日本法政速成科为中心》，博士学位论文，华东师范大学历史系，2012。

张海荣：《北洋初期司法界与湖北军政当局的矛盾与抗争——以刘豫瑶案为例》，《北京社会科学》2016 年第 8 期。

张勤：《法律精英、法律移植和本土化：以民国初期的修订法律馆为例》，《法学家》2014 年第 4 期。

郑师渠：《论欧战后中国社会文化思潮的变动》，《近代史研究》1997 年第 3 期。

朱腾：《清末日本法政大学法政速成科研究》，《华东政法大学学报》2012 年第 6 期。

朱先华：《清民政部简述》，中国第一历史档案馆编《清代档案史料丛编》第 9 辑，中华书局，1983。

左玉河：《评民初历法上的"二元社会"》，《近代史研究》2002 年第 3 期。

六　工具书

陈玉堂编著《中国近现代人物名号大辞典》（全编增订本），浙江古籍出版社，2005。

成春有、汪捷主编《日本历史文化词典》，南京大学出版社，2010。

韩信夫、姜克夫主编《中华民国史·大事记》，中华书局，2011。

刘寿林等编《民国职官年表》，中华书局，1995。

钱实甫编著《北洋政府职官年表》，黄清根整理，华东师范大学出版社，1991。

熊月之主编《晚清新学书目提要》，上海书店出版社，2014。

徐友春主编《民国人物大辞典》，河北人民出版社，1991。

俞剑华编《中国美术家人名辞典》，上海人民美术出版社，1985。

人名索引

B

巴尔多鲁　220

宝熙　102

比斯麦　45

伯尔曼　200

布兰代斯　219

布兰克　41，44

C

蔡枢衡　221，222，226

蔡桐昌　65

蔡寅　162

蔡元培　111，158，175，181，182

曹吉甫　133

曹汝霖　157，174，194

曹寿麟　129

岑春煊　61，66，113

查士丁尼　220

陈璈僧（璈生）　159

陈白沙　41

陈衡恪（师曾）　159

陈华圃　11

陈经　128

陈夔龙　84

陈梦坡　184

陈彭寿　128

陈其美　119，182，185，187

陈善同　20，87~89

陈天华　53

陈撷芬　184

陈延年　130

陈寅恪　189

陈用光　77

陈长簇　170

陈兆煌　131

陈振先　114

诚允　77

程德全　113，136

程定远　170

程颢（明道）　45

程克　153，157，161~163，177

D

达寿　97，99

392

X

图书在版编目（CIP）数据

变动时代的法律职业者：中国现代司法官个体与群
体：1906 - 1928 / 李在全著. -- 北京：社会科学文献
出版社，2018.3
ISBN 978 - 7 - 5201 - 2350 - 1

Ⅰ.①变… Ⅱ.①李… Ⅲ.①法官 - 工作 - 研究 - 中
国 - 1906 - 1928 Ⅳ.①D926.17 ②D929.6

中国版本图书馆 CIP 数据核字（2018）第 040971 号

国家社会科学基金项目研究成果（09CFX008）

变动时代的法律职业者
—— 中国现代司法官个体与群体（1906 - 1928）

著　　者／李在全

出 版 人／谢寿光
项目统筹／宋荣欣
责任编辑／邵璐璐

出　　版／社会科学文献出版社·近代史编辑室（010）59367256
　　　　　地址：北京市北三环中路甲 29 号院华龙大厦　邮编：100029
　　　　　网址：www.ssap.com.cn
发　　行／市场营销中心（010）59367081　59367018
印　　装／三河市尚艺印装有限公司

规　　格／开　本：787mm × 1092mm　1/16
　　　　　印　张：26　字　数：408 千字
版　　次／2018 年 3 月第 1 版　2018 年 3 月第 1 次印刷
书　　号／ISBN 978 - 7 - 5201 - 2350 - 1
定　　价／98.00 元

本书如有印装质量问题，请与读者服务中心（010 - 59367028）联系